图二　张谊墓志盖拓片

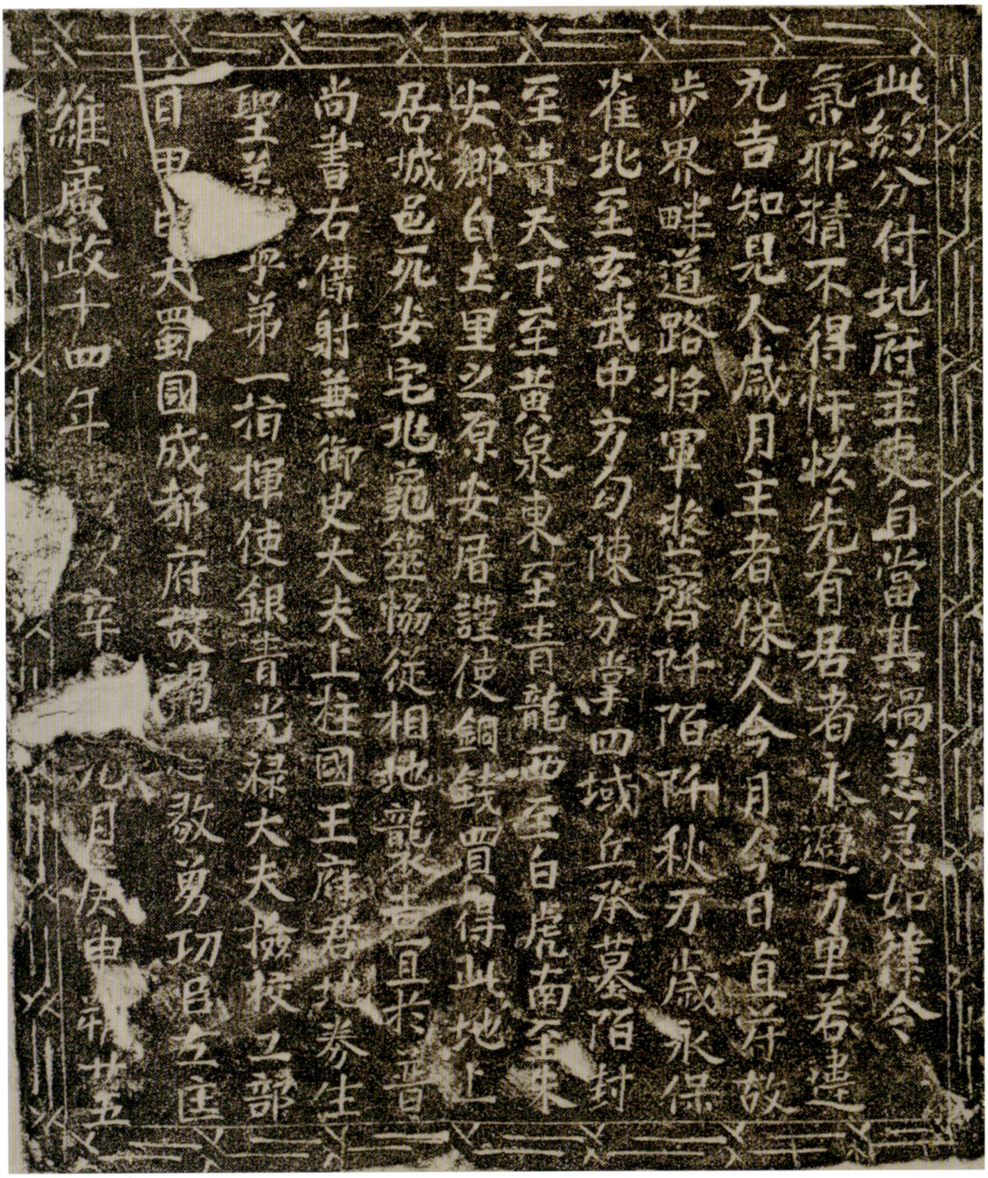

图三　王府君买地券拓片

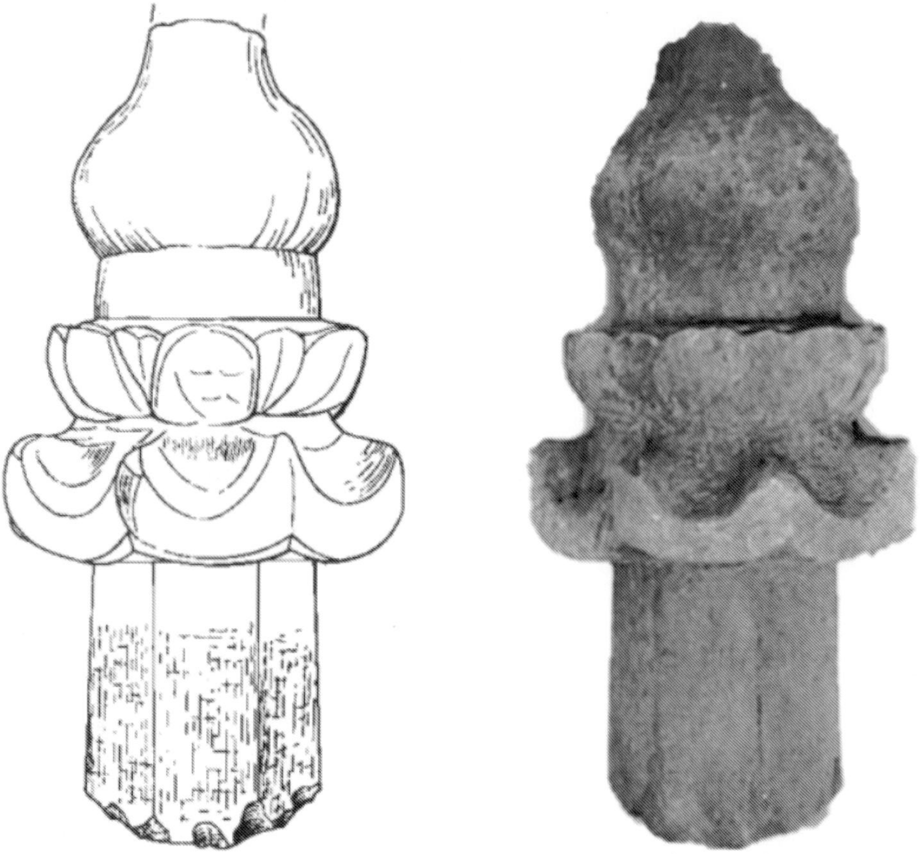

图四　海滨村五代后蜀墓M24墓幢

图五　海滨湾M8中央黄帝荐拔真文券

图六　东林四组M149：8华盖宫文券

图七　昭觉寺费隐容禅师舍利塔铭

图八　范家祠堂木刻

成华区碑刻录释

成都市成华区文化体育和旅游局
成都市成华区文物保护管理所
编著

巴蜀书社

图书在版编目（CIP）数据

成华区碑刻录释 / 成都市成华区文化体育和旅游局，成都市成华区文物保护管理所编著 . -- 成都 : 巴蜀书社，2024. 12.

ISBN 978-7-5531-2360-8
I.K877.4

中国国家版本馆 CIP 数据核字第 2024RE4735 号

CHENGHUAQU BEIKE LUSHI
成华区碑刻录释

成都市成华区文化体育和旅游局
成都市成华区文物保护管理所 编著

策划编辑 王群栗 肖 静
责任编辑 沈泽如 杨 波
责任印制 田东洋 谷雨婷
出版发行 巴蜀书社
四川省成都市锦江区三色路238号新华之星A座36楼 邮编：610023
总编室电话：（028）86361843
发行科电话：（028）86361852
照　　排 成都象帝文化传播有限公司
印　　刷 雅艺云印（成都）科技有限公司
四川省成都市经济技术开发区（龙泉驿区）龙安路214号附2号
电话：（028）84844320
版　　次 2024年12月第1版
印　　次 2024年12月第1次印刷
成品尺寸 185mm × 260mm
印　　张 52.5
插　　页 16
字　　数 980千字
书　　号 ISBN 978-7-5531-2360-8
定　　价 138.00元

《成华区碑刻录释》编委会

主　任

陈庆睿

副主任

杨　楠　陶　棠

主　编

索德浩

副主编

卢素文　温　涛

编　写

庞智彬　肖林芝　邱　琴　王　森

彭汝月　黄　芬　韩泓佚　王璐琪

张爱玲　满彩虹

目录

凡例

一、本书收录了成华区从汉延续至民国的各类碑刻图文，将碑刻分为石阙、墓志、买地券、墓幢、真文券、敕告文券及华盖宫文券、昭觉寺碑刻和其他共八大类进行编撰，在各类下又以碑刻年代为序排列。书中介绍了每一件碑刻的出土、馆藏、尺寸等信息，对碑文进行释读，并尽量配以照片或拓片。

二、未发表照片或拓片的碑刻，受文献资料查阅所限，仅从相关公开发表的材料中，将释文照录，以保证碑刻收集的完整性，便于读者阅读。

三、首题部分主要是介绍墓志主人、撰者、书者的身份，其名字依文如实释出，不作考证变更。

四、释文均采用简体字，其中部分文字难以释读或空缺者，以□表示；文字模糊不清，但可勉强辨识者，则在释文外套以□表示；缺字较多且字数不详，位于碑文一行中间时，用……表示，位于行首或行尾时，则用▨表示；避讳字、异体字或通假字，以及根据相关资料补充的漏字、碑上缺损的字、难以释读的字，在释文外加（ ）标识；释文的分行以原碑文分行为依据。原件字迹漫漶或缺失时，直接在释文板块下加以说明。

五、引用及参考的相关资料都已在脚注中注明。

六、部分碑刻没有原图，仅存拓片，或有原图而无拓片，或既无原图也无拓片，其释文是参考其他文献资料而得。凡此类情况，已皆在脚注中注明出处。

前言

一、成华区自然地理概况

成华区设立于1990年9月，位于成都市中心城区东北部。因地处古成都县和华阳县之域，故取两县名之首字而命名。全区幅员面积109.3平方千米，是成都市主城区幅员面积最大的城区。成华区东与龙泉驿区交界，南与锦江区相连，西与金牛区毗邻，北与新都区接壤。地理位置介于东经103° 53′—104° 03′、北纬30° 33′—30° 44′之间。至2022年，辖双桥子、猛追湾、府青路、二仙桥、跳蹬河、万年场、保和、双水碾、青龙、龙潭、白莲池11个街道。

成华区地势平坦，城市部分地貌特征总体属于平原型，涉农部分位于龙泉山边缘，地势以浅丘为主，坝区约占三分之一。全区地表广布黏性土层，土层深厚，土壤有机含量占50%以上，适宜各种农作物生长。

成华区属亚热带湿润季风气候，终年温暖湿润，四季分明，冬暖，春早，夏热，秋凉，常年平均气温16.2℃。区域内多为南风或北风，风力为1—3级；年平均降雨量900毫米—1300毫米，降雨分布呈现春旱少雨、秋多连绵雨、夏多暴雨、冬旱多雾的气候特征；年平均日照1228.3小时，日照率28%，太阳辐射量为每平方厘米90.94千卡，属全国低值区；年无霜期大于337天，初霜期一般出现在11月底，终霜期一般在2月下旬，能满足各种作物对热量的需求。

成华区水系源于岷江，地处都江堰自流灌溉区，地表水和地下水资源丰富；过境河流有锦江、沙河、东风渠，区内沟渠纵横交错，水量充沛。境内无径流站，地面径流主要由降雨形成，常年总径流量4712立方米，6月—9月径流量占全年的77.12%。[1]

总之，成华区自然地理环境优越，自先秦以来就吸引了大量先民定居于此，留下了丰富的古代遗存。

二、成华区历史沿革

成华区地域在历史上曾分属原成都县、华阳县，也分属过成都市金牛区和东城区。

成华区区境最早为古蜀国地，历史悠久。秦惠文王后元九年（前316）秦灭蜀置成都县起，其隶属关系及行政区划变动频繁。唐贞观十七年（643），成都县析置蜀县。《唐会要》卷七十一载："蜀县，贞观十七年六月十七日，分成都县置。"[2]蜀县为蜀郡郡治成都府的附郭县。乾元元年（758），更名华阳县。《元和郡县图志》："华阳县，本汉广都县地，贞观十七年分蜀县置。乾元元年改为华阳县，华阳本蜀国之号，因以为名。"[3]治所一直在今成都城内。

民国十七年（1928），置成都市，该时建立的成都市政府合并了成都、华阳两县的城区部分，成、华两县只辖乡区。20世纪50年代，成华区区境属成都市东城区、郊区及双流县、华阳县。20世纪60年代以后，属成都市东城区和金牛区。

1990年9月，经国务院批准，划原成都市东城区的部分街道和金牛区的部分乡村组成新城区，因其境域在历史上分属原华阳县和成都县而得名"成华"。

---

[1] 成都市成华区地方志编纂委员会编：《成都市成华区志（1990—2005）》，新华出版社2014年版，第27—30页。

[2] [宋]王溥撰：《唐会要》卷七十一《州县改置下》，上海古籍出版社1991年版，第1511页。

[3] [唐]李吉甫撰：《元和郡县图志》卷三十一《剑南道上》，中华书局1983年版，第769页。

三、成华区古代遗存概况

自中华人民共和国成立以来在成华区范围内发现了众多遗迹、遗物。

成华区的古迹以地下遗存为主。除了昭觉寺、龙潭寺等寺庙建筑及东郊记忆、中车车辆厂部大楼、量具刃具厂大楼等革命和建设时期的地面文物建筑外，其他均为地下遗存。下面列举重要遗址介绍。

著名的羊子山遗址位于成华区北部的双水碾街道。1953 年，原西南博物院发现此土丘并进行发掘。[1]其中最重要的就是三级台的建筑，根据林向、孙华等研究者的考证，都认为其为宗教祭祀场所[2]。羊子山土台为方形，北偏西 55°。土台共为三级，三级土台逐次递高，高度不低于 10 米。每级台的外侧用土坯砖垒砌成墙，墙内填土夯实，夯层厚而不匀。筑墙用土坯砖内掺茅草，草叶均经过选择，泥、草掺和均匀。据测算，使用的土坯砖大概有 1 376 496 块之多。夯具为圆木棒或石锤。土台在夯土层间铺灰层的做法，当源于成都平原宝墩文化遗址的夯筑方法，目的是为了防止筑墙时粘连夯具。用土坯砖垒砌郭墙的技术跟三星堆遗址的城墙建造方法相似。推算整个土台的土方量达 7 万余立方米。

成华区墓葬遗存数量最多，时代横跨战国秦汉至明清时期，墓葬种类包括竖穴土坑墓、石室墓、砖室墓等。竖穴土坑墓主要为战国秦汉时期，多分布于成华区北部的双水碾街道、青龙街道、白莲池街道，部分分布于保和街道。墓葬多出青铜器、玉器、漆器、陶器等文物。砖室墓在成华区分布较广，东汉以后常见。以五代墓葬等级最高，目前已发现帝陵一座，为后蜀皇帝孟知祥与其夫人合葬墓，该墓葬为少见的穹庐顶式墓葬，同时期的南方地区基本不见。其他多为文臣武将墓，如后唐高晖墓、前蜀晋晖墓、后蜀李铧墓、后蜀张虔钊墓、后蜀孙汉韶墓、后蜀徐铎夫妇墓等。这些墓葬多出土有碑刻（后文均有介绍），为判定墓主身份提供了确切证据。两宋时期的墓葬在成华区发现最多，延续了唐、五代家族合葬和夫妻合葬

---

[1] 四川省文物管理委员会：《成都羊子山土台遗址清理报告》，《考古学报》1957 年第 4 期。

[2] 林向：《羊子山建筑遗址新考》，《四川文物》1988 第 5 期；孙华：《羊子山土台考》，《四川文物》1993 第 1 期。

的特点，并呈增加趋势。但墓葬形制和规模都要小于唐、五代墓葬，墓室空间逐渐变小。至南宋时期，长宽不过 1 米的小型火葬墓较为流行。石室墓在成华区发现得较少。

众多遗址和墓葬出土了大量珍贵文物，包括石器、玉器、陶器、铜器、铁器、漆器、瓷器、金银器等质地的文物，年代涵盖旧石器时代、新石器时代、商周时期、秦汉至明清各个时段。

1. 石器

成华区发现的石器较少。史前石器仅出土于羊子山土台遗址，由于冲积搬运的结果，沉积于羊子山土台遗址第四层，为旧石器时代晚期较后阶段文化的零散遗存，发现的 5 件打制石器皆为两次加工而成。其后零星使用石器，如羊子山遗址第二层灰层中出土西周晚期至春秋早期的磨制石斧、石凿。另，海滨村海滨社区出土有战国晚期的石斧。

2. 玉器

成华区的此类玉器基本出土于战国及汉墓之中。玉质以白、青、碧玉为主。器形以玉璧、玉环出土较多，零星出土玉瑗、玉璜、玉玦、玉觿、玉髓环、绞索纹环、管形玉饰、玉剑具等。除玉璧外，多数玉器尺寸较小。唐、五代墓中零星出土玉器，多为玉带、玉饰佩件，如后蜀孟知祥墓出土镂雕凤鸟白玉饰，凤鸟呈飞翔状，双翅伸展，羽翼雕刻精细，玉饰上有穿孔，便于系带，该玉饰反映了后蜀时期高超的玉雕技艺。

3. 漆器

成华区考古发现的漆器一般保存都较差，多数只留下漆痕或漆皮，主要出土于成华区北部的双水碾街道、青龙街道和白莲池街道。器形多为生活用器，包括漆盘、漆盒、漆奁等。羊子山 172 号墓出土了一件保存较好的圆漆盒，盖身大小相同，底部接铜圈足。制法是先在木胎上涂黑漆，然后再在黑漆上朱绘龙纹，最后饰错银花纹，图案精美，颜色鲜艳，绘工精巧。[1]

4. 青铜器

成华区出土的青铜器包括容器、兵器、车马器等，年代多为战国、秦

---

[1] 四川省文物管理委员会：《成都羊子山第 172 号墓发掘报告》，《考古学报》1956 年第4期。

汉时期。

容器发现不多，器形有鼎、钫、罍、鍪、提梁壶、盉、盘、匜、甗等。集中发现于羊子山遗址，基本为战国中晚期。羊子山 85 号墓的铜制提梁壶较为精美，顶部提梁为两兽形，下端与双铺首所衔大圆环相连，颈部饰一周三角垂叶纹，腹部由四道凹槽界定为三条宽带纹，每条带状纹内有粟纹规整排列。羊子山 172 号墓出土铜鼎，鼎口沿下至腹中部及耳两侧均有精美的蟠虺纹，间隙处以三角雷纹和粟纹填充，足上部为饕餮纹，三足皆更换过，其中一只为铁足。整体造型纹饰风格都具有明显的楚式风格，反映了巴蜀与楚地的文化交流。

车马器数量较少，多见马衔、辔饰、衡末铜饰、当卢、铜铃、铜扣、车盖、弓帽等。兵器可见剑、戈、矛、弩机、箭镞等，如洪家包西汉墓所出带铭文戈[1]。二仙桥街道出土的青铜矛，短骹，圆形骹口，弧形双耳位于骹上部紧贴叶耳，叶较宽，弧形刃装饰有虎纹和手心纹，为典型的巴蜀式兵器。白莲池支路出土的楚式剑，长近 60 厘米，圆形剑首，剑茎处有凸箍两道，剑格呈菱形，剑身中间突起，剑刃锋利，该剑反映了战国时期巴蜀与楚地紧密的文化交流。

5. 铜镜

成华区发现的铜镜以战国时期为最多，类型多为连弧纹镜、弦纹镜、羽鳞纹镜、羽状地纹镜、八叶四山镜、凤鸟纹镜。多数铜镜仿制楚镜样式，少数为典型秦镜样式。其中最具特点的当属羊子山 172 号墓出土的羽鳞纹镜。羽鳞纹镜纹饰独特，镜饰复杂，圆钮座，四弦钮，钮外有弦纹三周，弦纹外有精美的环纹、羽毛纹、云雷纹、蜗纹、三角形雷纹构成的图案，蜗纹中心突起成乳钉，图案不对称。该类铜镜在我国目前仅出土两面，另一面在湖南长沙。至唐宋时期，铜镜常见十二生肖镜、湖州镜等。

6. 铁器

成华区出土的铁器多数已腐朽，器类有容器、兵器、农具等，主要属

[1] 四川省文物管理委员会：《成都北郊洪家包西汉墓清理简报》，《考古通讯》1957 年第 2 期。

于汉代。容器多数为釜，保存较差，部分铁釜与铁质三脚架同出。农具一般铸造厚重，保存情况较好，多见锄、锛、锸、凿、斧、锤、斩等。兵器多环首刀、剑等。

7. 画像砖

成华区出土的画像砖均出自北郊双水碾、青龙街道。分别出于羊子山[1]、昭觉寺[2]、青杠包[3]、青龙包[4]四处，年代为东汉至三国时期。羊子山画像砖内容有阙、导车、骑吹、骑吏、宴饮、盐井、弋射收获图、车马仪仗出行、轺车骖驾、车马过桥等，分别藏于中国国家博物馆、重庆中国三峡博物馆、四川博物院等。昭觉寺出土的画像砖内容有导车、棨车、斧车、骑吹、骑吏、主车过桥、亭前迎谒、凤阙、宾主见礼、宴饮起舞、乐舞百戏、弋射收获、山林盐场、西王母、羽人等。青杠包出土的画像砖内容有阙、宴饮、斧车、导车、骑吏、君车、骑吹等，与羊子山画像砖内容相近。青龙包发现三国时期画像砖，图像为单阙、双阙、车马过桥、斧车、轺车导从、骑吹、西王母等内容，均采用浮雕、凸形浅雕、圆弧雕等雕刻手法。

8. 画像石刻

成华区的画像石刻分布较广，从南到北皆有发现。其时代主要为汉晋、五代两个时期。扬（羊）[5]子山一号墓中室两壁嵌有画像石刻，右壁为车马出行图，左壁为乐舞百戏、家居、车马出行图等[6]。羊子山晋代墓门石刻，左右雕人像各一，左侧执版，右侧执帚[7]。五代时期的石刻主要雕刻

---

[1] 于豪亮：《记成都扬子山一号墓》，《文物参考资料》1955 年第 9 期；冯汉骥：《四川的画像砖墓及画像砖》，《文物》1961 年第 11 期；叶琳：《简析“车马过桥”与“轺车骖驾”——以重庆中国三峡博物馆藏羊子山汉墓画像砖中的两种轺车为例》，《长江文明》第 18 辑。

[2] 刘志远：《成都昭觉寺汉画像砖墓》，《考古》1984 年第 1 期。

[3] 徐鹏章：《成都站东乡汉墓清理记》，《考古通讯》1956 年第 1 期。

[4] 尔太：《我市发现三国时期画像砖墓》，《成都文物》1990 年第 2 期。

[5] 编者按，参考文献资料皆为“扬子山”，亦即“羊子山”。下同，统一用“羊子山”。

[6] 于豪亮：《记成都扬子山一号墓》，《文物参考资料》1955 年第 9 期。

[7] 沈仲常：《成都扬子山的晋代砖墓》，《文物参考资料》1955 年第 7 期。

在石棺和石棺床上，在后唐高晖墓、后蜀孟知祥墓、后蜀孙汉绍墓、后蜀张虔钊墓等皆有发现，题材以龙、虎、力士、祥瑞等为主。如孙汉韶墓棺床四周边角有长方形红砂石柱，柱上雕抬棺力士像，每方石刻壶门间均隔以抬棺力士石柱，围绕棺床四周。壶门上雕刻有狮、鹿、羊、象、虎等瑞兽。

9. 碑刻

成华区的碑刻文物极为丰富，种类包括石阙、墓志、铭文砖、买地券、镇墓券、经幢等。这些碑刻中不仅有重要史料，部分还有很高的艺术价值。“王君平阙”和“王文康阙”铭文分别有163字和69字。“福庆长公主墓志铭”楷体直书，文笔畅茂，书法娟秀，刻工精细，极具书法价值。该墓志的出土修改了史书之误，证明福庆长公主为后唐太祖李克用长女，而非史书所记的李克让之女。

10. 陶器

陶器是成华区出土最多的文物，从西周晚期至明清墓葬中皆有出土。商周时期以夹砂陶为主，质地较差。西周至春秋早期器形以日用陶为主，多为罐。春秋早期至汉代早期的器形以仿铜陶礼器和日用陶器为主，仿铜陶礼器可见鼎、壶、钫等。日用陶器除常见的罐、盥、缶等，有羊子山172号墓发现的秦式茧形壶，泥质灰陶，制作精良。汉早期至六朝时期陶器质地多为泥质陶，器种类增加，除零星可见的仿铜陶礼器外，多为日用器、俑、模型明器及祭祀器，其中陶俑和模型明器极具生活气息，如羊子山出土的俳优俑，俳优坐于一圆榻之上，头戴平顶小帽，两肩高高耸起。上身袒露，下身穿一条浅裆长裤，赤着双足，一足前蹲，一足跪屈。左手抱一圆鼓置于膝上，右手臂屈伸向上；圆脸眉开眼笑，额头堆出几道皱纹，人物面部刻画极其生动，反映出东汉时期高超的艺术水平。至唐、两宋时期，陶器种类减少，主要为成套的陶俑，包括武士俑、文俑、侍俑、仰观俑、匍匐俑、神怪俑、鼓、鸡、狗等。

11. 瓷器

成华区出土的瓷器最早为羊子山3号、23号晋代墓葬出土的印花青瓷碗和六系瓷罐[1]。这一时期的瓷器釉薄且易脱落。青瓷六系罐为灰白胎，侈口，圆唇，微束颈，溜肩，鼓腹，平底，腹部饰有布纹，肩部有四个桥形系，其中两侧另有对称纵向桥形系。此时期瓷器非本地生产，源自长江中下游地区。至隋唐、五代时期，瓷器数量增加，多为成都地区生产，器形有四系罐、双耳罐、盘、盏、炉、碗等。至两宋时期，成都地区瓷业和器类兴盛，常见双耳罐、瓷碗、瓷盒、瓷炉等，多为琉璃厂窑、邛窑制品，少数来自北方及长江中下游地区。

12. 金银器

唐宋时期多见银簪、金饰件。明清时期，金银制品数量和种类增加，除银簪、金饰件外，还有金银手镯、金银耳饰等。龙潭街道出土的清代金指套，纹饰精美，工艺精湛，是清代护指套中的精品。

13. 其他文物

昭觉寺南路战国墓、羊子山 172 号墓和羊子山 207 号战国晚期墓皆出土有蜻蜓眼式玻璃珠。M207 的玻璃珠较为精美，通体为圆球形，直径 2 厘米，中间有一圆形小穿孔，器表为墨绿色，嵌有 24 个浅蓝色底白圈的同心圆纹层状眼珠，并用嵌入的小白点连接呈菱形。

总之，自先秦以来，成华区就有人类在此生活、繁衍，留下了丰富的遗迹和遗物。这是成华区碑刻繁多的历史背景和物质背景。碑刻是众多遗物中重要的一类，不仅为判断相关墓葬时代提供了最直接的依据，还为探索该区域相关遗址和墓葬的背景提供了线索。

四、成华区碑刻释录课题缘起

1. 成华区碑刻概况

所谓“碑刻”，是在碑碣、石壁上刻写、雕镌文字、图案或宗教造像等，赋予其文化信息的石质载体[2]。由于偏重于有文字的石刻，现在已经形成

---

[1] 沈仲常：《成都扬子山发现六朝砖墓》，《考古通讯》1956 年第 6 期；沈仲常：《成都扬子山的晋代砖墓》，《文物参考资料》1955 年第 7 期。

[2] 毛远明著：《碑刻文献学通论》，中华书局 2009 年版，第 7 页。

一门独立的学问——碑刻学。碑刻产生于先秦时期，如著名的战国《石鼓文》。东汉以后，刻石之风大盛，为后世留下了十分丰富的碑刻。魏晋时期实施了禁碑政策，碑碣转入“地下”，从而促使了墓志的发展。南北朝时期，佛教的繁荣促成了新的碑刻文献材料——造像题记的产生。唐宋明清以来，碑刻更是日益盛行。碑刻种类繁多，依据文字内容及质地，大致可以分为碣（含摩崖）、碑（含墓碑、功德碑、寺观祠庙、诏敕文牒、地图、界至、医方、书目）、墓志、地券、镇墓文、塔铭（附带舍利函等佛塔的附属石刻）、经幢、造像题记、经版、建筑物题记（阙、柱、塔、黄肠、石人石兽、桥、井）及附属零散刻铭（幢竿石、石灯台、石香炉、石盆、石硙）等类别。碑刻文献价值巨大，是其他文献不能代替的。凡山川、城池、宫室、桥道、坛井、神庙、家庙、古迹、冢墓、寺观随处立碑，土风、灾祥、制度、功德、宗教无所不涉，故碑刻对于考察古代山川城池、风土民情、名宦乡贤、嘉言懿行、典章制度、政教布施等都具有非常重要的学术价值。

成华区碑刻资料丰富。据初步调查，成华区内的碑刻数量当在 400 件以上。但由于历史原因，长期以来成华区出土的碑刻大部分藏于成都文物考古研究院、成都市博物馆等机构，另有部分仍立于野外。本书调查和搜集到碑刻 316 件，其中近年新发现 139 件，收藏于成都文物考古研究院、成都市博物馆、成华区文物保护管理所、四川博物院、金牛区文物保护管理所、永陵博物馆等相关机构中。已有相关报道的 177 件，零散发表于各类考古简报、方志文献、图录等中，由于早期发表的资料照片或拓片不清晰，故又对其中 51 件碑刻进行重新拓片和照相。

成华区碑刻的时代从汉延续至民国，以宋代最多，唐、五代、明代的也有不少发现。

成华区碑刻以买地券、墓志最多，真文券、敕告文券、华盖宫文券也有较多发现，其他还有碑铭、石阙、经幢、塔铭、匾额等。碑铭内容多与墓葬相关，另外还有记事、题记、游记碑等。

2. 成华区碑刻整理意义

成华区碑刻的梳理具有重要的学术价值和现实意义。

第一，系统梳理这批碑刻资料，不仅有助于更好地发掘、阐释、整合、传承成华区古代优秀传统文化，增强成华区市民的凝聚力和向心力，增强文化自信，而且将为成华区的旅游和文化发展提供坚实的科学支撑与理论支持，具有重要的现实意义与实践价值。

第二，成华区碑刻数量较多，大多出土于墓葬之中，不仅记录了重要历史人物，更是涉及了市井乡野之事和大量普通百姓的生活细节，让成华区的社会、历史、文化更加立体、丰满，对于研究成华区乃至成都地区的行政沿革、丧葬礼俗、堪舆之术、宗教信仰、官职品级、政治制度、百姓生活及部分重要历史事件等都具有重要的价值。

第三，部分碑刻具有较高的书法艺术和文物价值。碑刻不仅记录了大量历史信息，部分碑刻更是由书法名家撰写，具有较高的艺术性和观赏性。

第四，成华区碑刻质地以红砂石居多，容易损坏、风化，部分碑刻已经消失不存，保护迫在眉睫。对这批碑刻进行整理、记录、释读、出版，一方面可为进一步的保护提供科学依据，另一方面也有助于将碑刻信息保留下来，供后世研究。

第五，相对于以往的金石学著录，本书对成华区碑刻信息的梳理更为客观、全面。以往的金石学著作以文字释录为主，很少收录拓片或者照片，部分碑刻来源不明，存在作伪的可能性。本书所搜集的碑刻大多为考古发掘出土，包含了碑刻拓片、照片及相关背景信息，不仅能让读者全面了解碑刻信息，而且能尽可能地保证释文与拓片及照片相核验。

总之，本书不仅具有重要的学术价值，也有着重要的现实意义。对成华区碑刻进行调查、整理、释录、出版等工作，有助于保证这批珍贵的文物及其所蕴含的信息能够传于后世，传承成华区优秀传统文化，为成华区文化旅游开发提供科学支撑和理论支持。

有鉴于此，成都市成华区文化体育和旅游局、成都市成华区文物保护管理所委托四川大学考古文博学院对成华区碑刻进行了系统的调查、搜集、整理、释读等工作。

五、成华区碑刻的调查和编写

四川大学考古文博学院接受了成都市成华区文化体育和旅游局、成都市成华区文物保护管理所委托的碑刻释录、撰写工作，制订了详细、科学、有效的工作方案。2021 年 12 月至 2022 年 4 月，对相关机构及野外保存的成华区碑刻进行了系统调查。2022 年 9 月至 2023 年 6 月，对搜集到的资料进行了初步释读。2023 年 6 月至 9 月，进行了本书的撰写。2023 年 9 月至 12 月，定稿并提交巴蜀书社。

碑刻调查队伍由成华区文物保护管理所和四川大学考古文博学院共同安排专人组成，人员有成华区文物保护管理所庞智彬、温涛及四川大学索德浩、王璐琪、满彩虹、张悦、李瑞瑶、郜一宁、罗豪等。碑刻的拓片和照相由四川大学博物馆霍大清、卢素文完成。碑文的整理和释读由索德浩、卢素文、王璐琪、张爱玲、满彩虹、杨平（三星堆博物馆）等完成。温涛撰写了成华区古代遗存概况。全书由索德浩统稿。

本书主要按照类别介绍每一件碑刻的出土信息，对碑文进行释读，并尽量配以照片和拓片。这样读者可以根据照片和拓片来核对碑文内容，保证了释文的可检验性。

第一章

石阙

石阙，《说文》：“阙，门观也。”[1]徐锴曰：“中央阙而为道……以其阙然为道，谓之阙；以其上可远观，谓之观。”[2]阙立于宫观门、庙门、城门、神道等两侧。川渝地区是发现汉魏石阙最多的地方。

成华区发现两方石阙：一为东汉王君平阙，一为东汉王文康阙。

---

[1] [汉] 许慎撰，[清] 段玉裁注：《说文解字注》，上海古籍出版社 1988 年版，第 588 页。

[2] [南唐] 徐锴撰：《说文解字系传》，中华书局 1987 年版，第 234 页。

图一　王君平阙拓片1

铭文

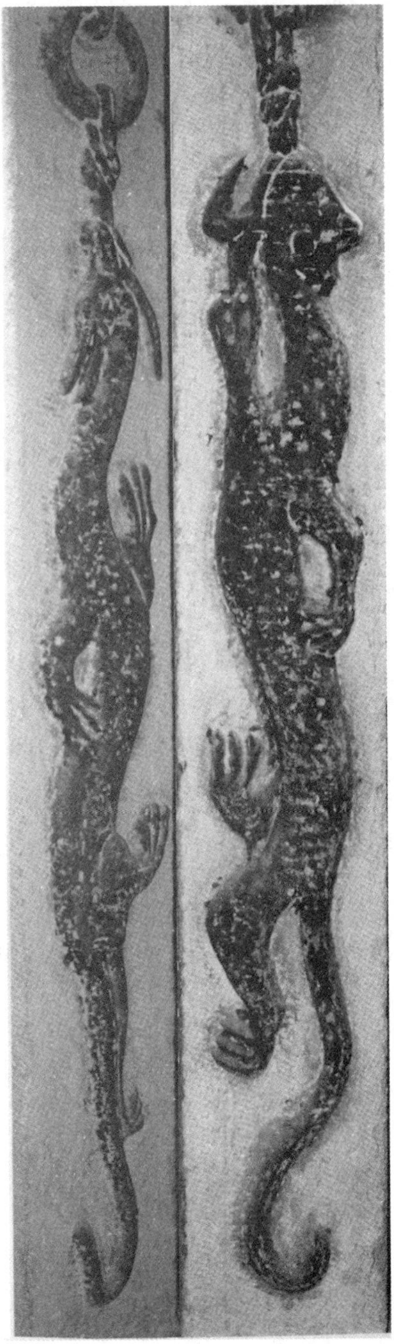

青龙（左）和白虎（右）

图二　王君平阙拓片2

东汉王君平阙[1]

（图一、图二）

简介

该阙1980年发现于圣灯乡猛追村明墓中，其阙高221厘米，宽57厘米，厚33厘米。正面刻题记3行，侧面刻铭文5行。

释文

正面文字：

永元九年七月己丑，

楗为江阳长王君平，

君字伯鱼。

侧面文字：

永寿元年，孟秋中旬，己酉之日，王求人进赵，率孝子孟恩、仲□、叔廉，忉恺悔厉，▨

▨□消荆，斯志颠仆，心怀弗宁，发愤修立，以显光荣。惟乾动运，川道静贞，夫人淑▨

▨川之灵，十六适配，教诲有成，来□□瑛，束脩舅姑，洁己不顾，年逾七十，如▨

▨如□，阴阳衰度，三纲离道，明星陨坠，□□□表，侵疾固绡，大命催□，魂灵归▨[2]。

---

[1] 邓代昆：《成都汉阙刻石铭文考释》，《四川文物》1988年第3期。

[2] 释文主要参考邓代昆：《成都汉阙刻石铭文考释》，《四川文物》1988年第3期。

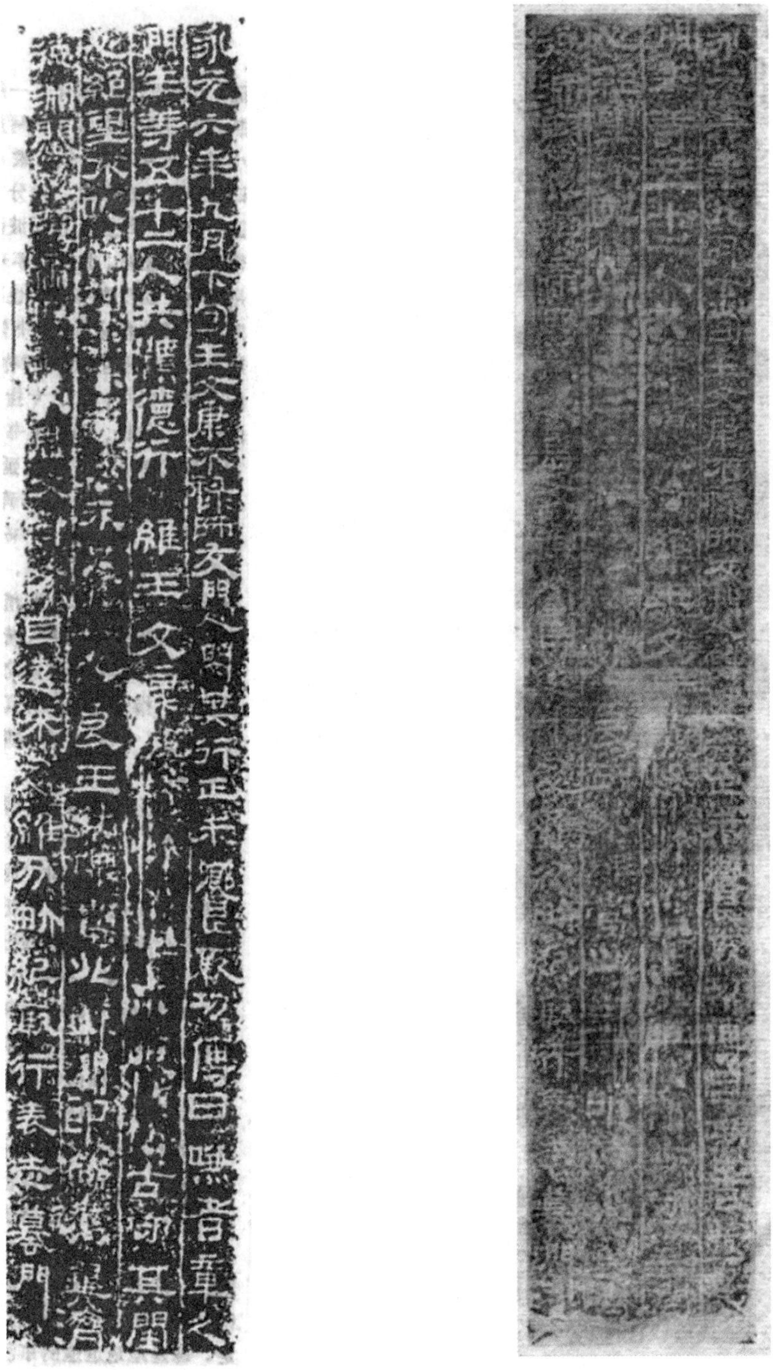

图三　王文康阙拓片二种

东汉王文康阙

（图三）[1]

简介

该阙 1980 年发现于圣灯乡猛追村明墓中，与王君平阙同出于明墓。其阙高 225 厘米，宽 57 厘米，厚 39 厘米；正面开槽，槽长 147 厘米，宽 35 厘米，深 3 厘米，上下左右留边宽度对称；有铭文一组，镌于槽内底部。

释文

永元六年九月下旬，王文康不禄，师友门人，闵其行正，来飨厥功。传曰：嗛者章之，

门生等五十二人，共绩德行维王文康□□……古守其闺

心绝望不以□……良王□□□北当□□□□□翼济

德渊□□帝□□……自远来□谁分畤纪厥行表志墓门。

---

[1] 邓代昆：《成都汉阙刻石铭文考释》，《四川文物》1988 年第 3 期。两张拓片清晰度不一致，置于此，供读者比较、参考。

第二章

墓志

墓志，又有“墓碣”“圹志”“圹刻”“圹铭”“葬志”“坟记”“墓记”“志文”“埋铭”“椁铭”“神铭”“墓版文”“玄堂志”“阴堂文”“灵舍铭”“铭闻”等称谓。始于汉代，兴起于魏晋南北朝，盛行于宋元明清时期。墓志埋葬于墓葬之中，主要记录墓主姓名、籍贯、谱系、履历、寿年、卒葬年月、官阶品级、生平事迹、子孙概况等相关内容。[1]

本书收集墓志 54 件（套），时代从唐至明。石刻质地较好，大部分为青石质。其中不乏重要人物，如福庆长公主、宋京家族等，其中五代墓志是成华区碑刻中的亮点。

---

[1] 毛远明著：《碑刻文献学通论》，中华书局 2009 年版，第 104 页。

图四　石凝墓志盖拓片

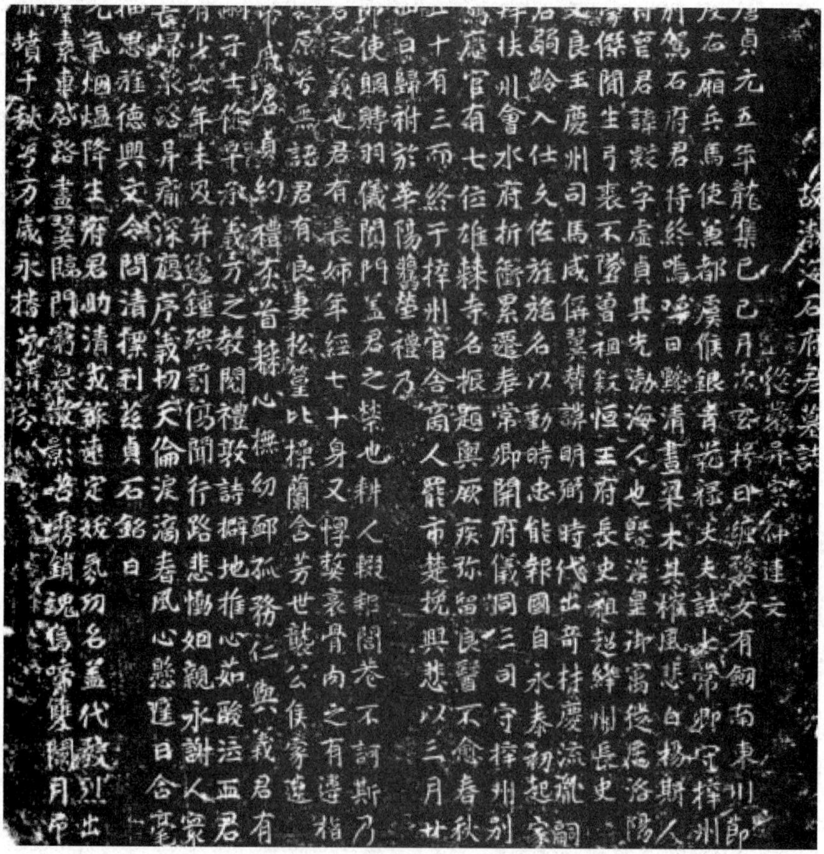

图五　石凝墓志铭拓片[1]

[1] 编者按，此拓片上部分文字不全，系原文献拓片如此，无补。

唐贞元五年（789）石凝墓志铭[1]

（图四、图五）

简介

该墓志出土于成都市北郊羊子山唐代砖室墓第 70 号墓中，现藏于四川博物院。墓志呈正方形，高 43.2 厘米，宽 42.3 厘米，厚 7.2 厘米。志盖呈盝顶形，顶面刻正书竖三行“唐故渤海石府君墓志”9 字，四刹镌刻牡丹花纹饰。志文楷书竖行，计 24 行，满行 23 字，全文共 485 字。

释文

墓志盖：

唐故渤

海石府

君墓志

墓志铭：

故渤海石府君墓志。

从弟异字仲连文。

唐贞元五年，龙集己巳，月次玄枵，日缠婺女，有剑南东川节度右厢兵马使兼都虞候、银青光禄大夫、试太常卿、守梓州别驾石府君将终。呜呼！日黪清昼，梁木其摧。风悲白杨，斯人将丧。君讳凝，字虚贞。其先渤海人也。暨汉皇御寓，徙居洛阳。豪杰间生，弓裘不坠。曾祖叙，恒王府长史。祖超，绛州长史。父良玉，庆州司马。咸称翼赞，谟明弼时。代出奇材，庆流胤嗣。君弱龄入仕，久佐旌旄，名以动时，忠能报国。自永泰初起家，拜扶州会水府折冲，累迁奉常卿、开府仪同三司、守梓州别

---

[1] 刘舜尧、肖碧瑞：《成都羊子山遗址两座唐代墓葬的发现与初步研究》，《长江文明》2020 年第 3 期。

驾。历官有七，位雄棘寺，名振题舆。厥疾弥留，良医不愈，春秋五十有三，而终于梓州官舍。商人罢市，楚挽兴悲。以三月廿四日归袝于华阳旧茔。礼乃
节使赗赙，羽仪阗门，盖君之荣也。耕人辍耜，闾巷不诃，斯乃君之义也。君有长姊，年经七十，身又茕嫠，哀骨肉之有违，指鸰原兮无托。君有良妻，松篁比操兰含芳，世袭公侯，家连
帝戚，居贞约礼，灰首棘心，抚幼邺孤，务仁与义。君有
嗣子士俭，早承义方之教，阅礼敦诗，擗地推心，茹酸泣血。君有少女，年未及笄，遽钟殃罚，伤闻行路。悲恸姻亲，永谢人寰，长归泉路。异痛深雁序，义切天伦，泪滴春风，心悬迟日，含毫抽思，旌德兴文，令问清标，刊兹贞石。铭曰：
元气烟煴，降生府君。助清戎旅，远定妖氛。功名盖代，毅烈出群。素车启路，画翣临门。穷泉散影，苦雾销魂。鸟啼双阙，月吊荒坟。千秋兮万岁，永播兮清芬。[1]

[1] 部分释文参考刘舜尧、肖碧瑞：《成都羊子山遗址两座唐代墓葬的发现与初步研究》，《长江文明》2020 年第 3 期。

唐贞元十六年（800）李府君夫人程氏墓志铭[1]

简介

该墓志在1954年11月18日，收集于成都羊子山，现藏重庆中国三峡博物馆。志石高38厘米，宽38厘米，厚6厘米。志盖长38厘米，宽37厘米，厚5厘米。盖文正书4行，每行4字。志文正书24行，满行24字。

释文

墓志盖：

大唐陇西李府君故夫人广平程氏墓志

墓志铭：

☒□□□郎□作坊判官行成都府华阳县尉李钬故夫人程氏墓志铭，一首并叙。文林郎前成都府参军高叔骥撰。

有唐贞元十六年，岁次庚辰，六月戊辰朔十七日甲申，华阳县李公孺人程氏于府之龙兴观，以遘疾而终，享龄卅八，乌呼哀哉！夫人姓程氏，广平人也。曾祖光衮（与“衮”同），祖茂实，皇朝散大夫、太□仆，父霈，皇银青光禄大夫、沁州刺史、右卫将军，外祖同安郡王，让皇帝之英胤也。祖妣王蔡国公主之长女也。皆勋华冠族，赫奕天枝，内承士贵之荣，外席三王之庆，夫人即将军府君之长女也。生则窕淑，性惟柔顺，风容简敬，姿望秾华，宜乎合配公宫，允光门范，是用归于李公矣。亲迎之日，调补蜀州晋原尉，寻以干白，累膺任使，转双流尉，又迁今任焉。夫人好合有光，琴瑟谐韵，虔修德用，允肃闺门，则其于妇道，盖窕如也。况地清中外，代习仁贤，自奉良人，立于团壶，如烝尝之献，綦组之修，任用周于族姻，友爱彰于娣姒，此又妇仪之可观也。宜乎延兹寿考，偕老于宫，胡宁鞠凶，奄□泉户，可哀也哉。以其□□□廿有三日庚寅，窆于华阳县升迁里牛头

[1] 四川省文物管理局编：《四川文物志》上，巴蜀书社2005年版，第251页。该书未发表拓片及照片，照录释文于此。下同。

原之连岗，盖□□礼也。有子五人，长曰元和，未能弱冠，次子四人，女二人，皆□□□，已知修习，侁侁庭户，实禀母仪，今则恤然，茹兹偏罚，涂刍□□，哀挽在途，如慕如疑，冤号莫逮，乌乎！齐体之痛，有切心灵，顾□尚之如存，俾幽明之永诀。铭云：内勋华兮外荣贵，以令质兮仁德至。合配为光兮全禄位。令子贤女兮俨已行，保持家室兮宜延长，魄气奄化兮如哀伤，□□门之北兮升迁里，礼有从权兮兆于此，存殁万恨兮何时已。

图六　张谊墓志盖

图七　张谊墓志盖拓片

图八　张谊墓志铭

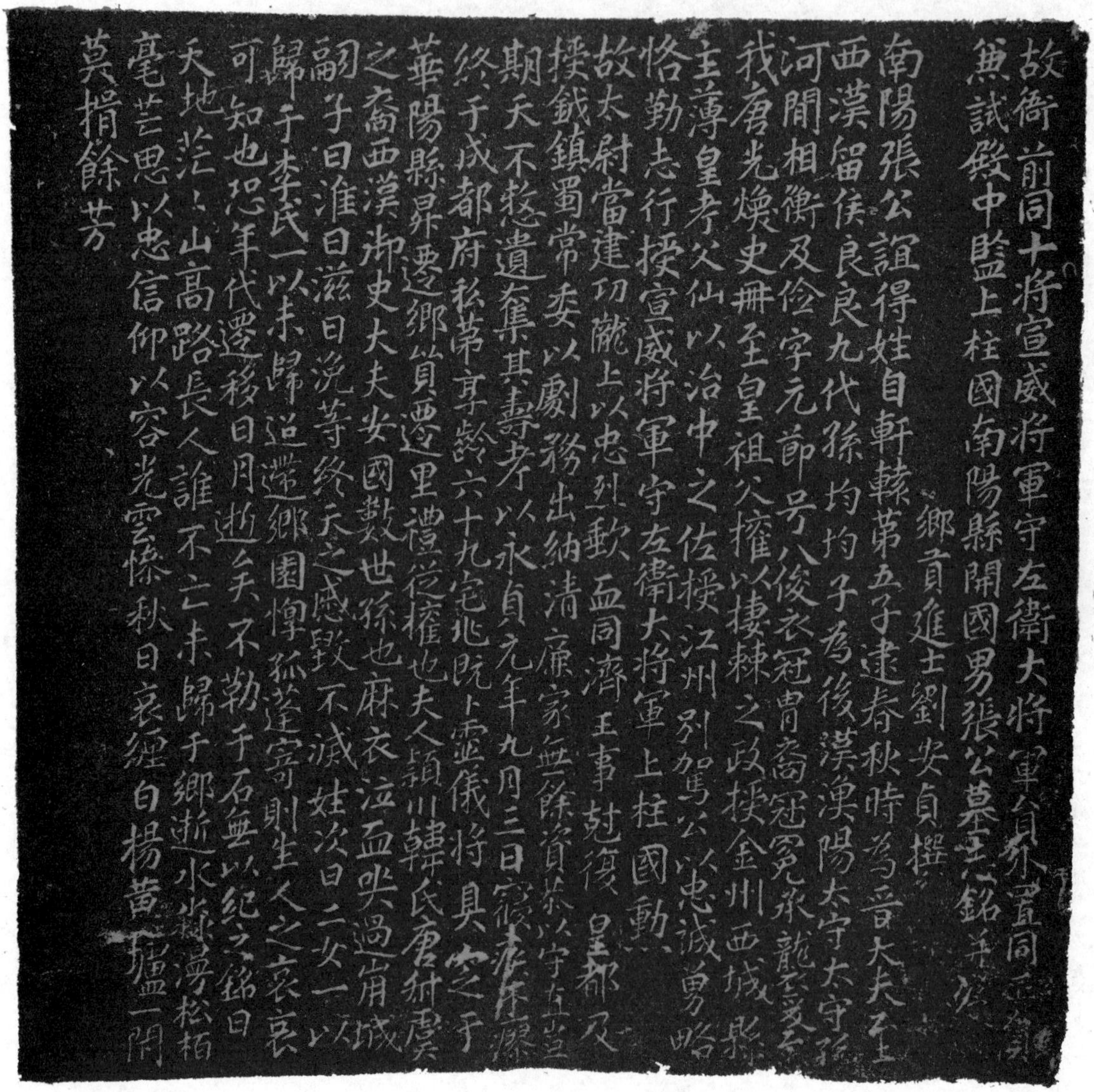
故衛前同十將宣威將軍守左衛大將軍員外置同正員
兼試殿中監上柱國南陽縣開國男張公墓志銘并序
鄉貢進士劉安貞撰
南陽張公諱得姓自軒轅第五子建春秋時爲晋大夫至
西漢留侯良良九代孫均均子爲後漢漁陽太守太守孫
河間相衡及俭字元節号八俊衣冠胄裔冠冕承襲爰至
我唐先煥史冊至皇祖父權以棲棘之政授金州西城縣
主簿皇考父仙以治中之佐授江州別駕公以忠誠勇略
恪勤志行授宣威將軍守左衛大將軍上柱國勳
故太尉當建功隴上以忠烈勳盈同濟王事剋復皇都又
授鉞鎮蜀常委以劇務出納清廉家無餘資
期天不愸遺奄棄其壽考以永貞元年九月三日寢疾薨
終于成都府私第享齡六十九宅兆既卜靈儀將具窆于
華陽縣昇遷鄉貿遷里禮從權也夫人潁川韓氏唐衍虞
之裔西漢御史大夫安國數世孫也麻衣泣血哭過崩城
嗣子曰淮曰滋曰泌等終天之感毀不滅姓次曰二女一以
歸于李氏一以未歸道邇鄉園悼孫蓬寄則生人之哀哀
可知也恐年代遷移日月逝矣不勒于石無以紀之銘曰
天地茫茫山高路長人誰不亡未歸于鄉逝水凝淨松栢
毫芒思以忠信仰以容光雲慘秋日哀經白楊黃壚一閉
莫揖餘芳
图九　张谊墓志铭拓片

唐永贞元年（805）张谊墓志铭[1]

（图六、图七、图八、图九）

简介

该墓志出土于成都市北郊羊子山唐代砖室墓第53号墓中，现藏于四川博物院。其墓材为青色砂石质。其墓志碑为近正方形，高37.5厘米，宽38.7厘米，厚5.8厘米。志盖顶边长20厘米，斜边长18厘米，底边长38厘米。志盖为盝顶式，表面打磨光滑。顶面四周浅刻双线边框，内阴刻楷书3行9字，为“大唐故张府君墓志铭”。四刹阴刻单线边框，内饰阔叶牡丹花。志石从右至左阴刻竖行楷书21行，计400余字。

释文

墓志盖：

大唐故

张府君

墓志铭

墓志铭：

故衙前同十将，宣威将军，守左卫大将军，员外置同正员，

兼试殿中监，上柱国，南阳县开国男张公墓志铭并序。

乡贡进士刘安贞撰。

南阳张公谊，得姓自轩辕第五子，逮春秋时，为晋大夫，至

西汉留侯良，良九代孙均，均子为后汉渔阳太守，太守孙

河间相衡及俭字元节，号八俊，衣冠胄裔，冠冕承袭，爰至

我唐，光焕史册，至皇祖父权，以栖棘之政，授金州西城县

主簿，皇考父仙，以治中之佐，授江州别驾。公以忠诚勇略，

---

[1] 刘舜尧、肖碧瑞：《成都羊子山遗址两座唐代墓葬的发现与初步研究》，《长江文明》2020年第3期。

恪勤志行，授宣威将军，守左卫大将军上柱国勋。
故太尉当建功陇上，以忠烈歃血，同济王事，克复皇都，及授钺镇蜀。常委以剧务，出纳清廉，家无余资，恭以守直，岂期天不憖遗，夺其寿考，以永贞元年九月三日寝疾不瘳，终于成都府私第，享龄六十九。宅兆既卜，灵仪将具，窆于华阳县升迁乡贸迁里，礼从权也。夫人颍川韩氏，唐叔虞之裔，西汉御史大夫，安国数世孙也。麻衣泣血，哭过崩城。嗣子曰淮、曰滋、曰浼等，终天之戚，毁不灭姓，次曰二女，一以归于李氏，一以未归。迢遰乡园，茕孤蓬寄，则生人之哀哀可知也。恐年代迁移，日月逝矣，不勒于石，无以纪之。铭曰：
天地茫茫，山高路长。人谁不亡，未归于乡。逝水淼漫，松柏毫芒。思以忠信，仰以容光。云惨秋日，哀缠白杨。黄垆一閇，莫捐余芳。

唐开成四年（839）崔协墓志铭[1]

简介

该墓志现藏于四川博物院。墓志呈正方形，高、宽各 56.1 厘米。志盖呈盝顶形，四面坡线刻牡丹花纹，四角刻日月星辰，盝顶边框内篆书四行“大唐故博陵郡崔府君墓志铭”12 大字。志文楷书竖行，计 27 行，满行 27 字，约计 640 字。

释文

墓志盖：

大唐故博陵郡崔府君墓志铭。

墓志铭：

博陵崔公墓志铭。

前乡贡进士胡璩撰。

公讳协，博陵第三房，冠冕著于谱籍。曾祖侃，虢州司户参军。祖陟，太中大夫、梓州司马，娶陇西李氏。父观，左骁卫兵曹参军、广府节度判官，娶河东卫氏。其先讳伯玉，乾元至德之间，战伐立功，累授旌棨。公少以分义自任，尝叹儒家子循秩州县，白首掾曹尔，何能立事，奈投笔何！丞相邹平公，姻属之旧，自西川、淮南、荆南之为帅，复临西川，皆以公为右职。其莅军也，甘无自嗜，少必傍及，奉役甚严，处常甚忧，以是诸校诸卒，若逐程李。大同诸侯之守土也，如龙如虎，部据山海，苟妖狐驳鲸，幻挠吞突，必劈嚼示威，以怡以澄。主劈嚼者，在乎牙爪，公为牙爪，其用甚利，以是元臣递借其用焉。先时节度使设候于庭，方冬阅射，白银锻器，置为射的，畀夫中者，以器为赉。公平正得法，两发两中，袖金以拜，色若常度，同列环视，唧唧心服。然自此之前，未尝言执弓调箭之事，妙

❶ 四川省文物管理局编：《四川文物志》上，巴蜀书社 2005 年版，第 252—253 页。

于机械，能以索弯木，削木具镞，彀于隘途，覆以纤稿，来者投足，践其远键，索捽镞跃，可洞十札。复以索联木，潜机于前，奋击来者，当膝如刈。而美铁纽革，窴陷战马，其术数十焉。荆州之封，傍极山岭，搏人之兽，群害乡部，公往与设穽，月才再望，而孤童径野。前年丞相杨公朝京师，选以从去，丞相李公镇益部，得以导来。当贷亩赡边、练军驭吏之初，公为西厢马步都虞候，奉事所局，讫无纤阙。璩尝与公亡弟诸樊段氏生评公，以为丁四夷蚁伏，两河羔跪，岁月已矣，筋力已矣，期于为郡，必分主忧。期果不偶，今也云殁，呜呼哀哉！享年五十八。阶银青光禄大夫，官太子通事舍人，职节度押衙，勋上柱国。开成四年七月廿四日终于成都府私第，以其年十月廿二日葬成都府华阳县升仙乡贸仙里。俟夫力备，当卜先域。夫人彭城刘氏，邓州内乡令诠之女，不幸早逝。长子承玢，举进士。次子承庆，举孝廉。女三人，长未笄。铭曰：此坟之筑高崇崇，灵其安兮坟之中，日月霜露漫无穷。

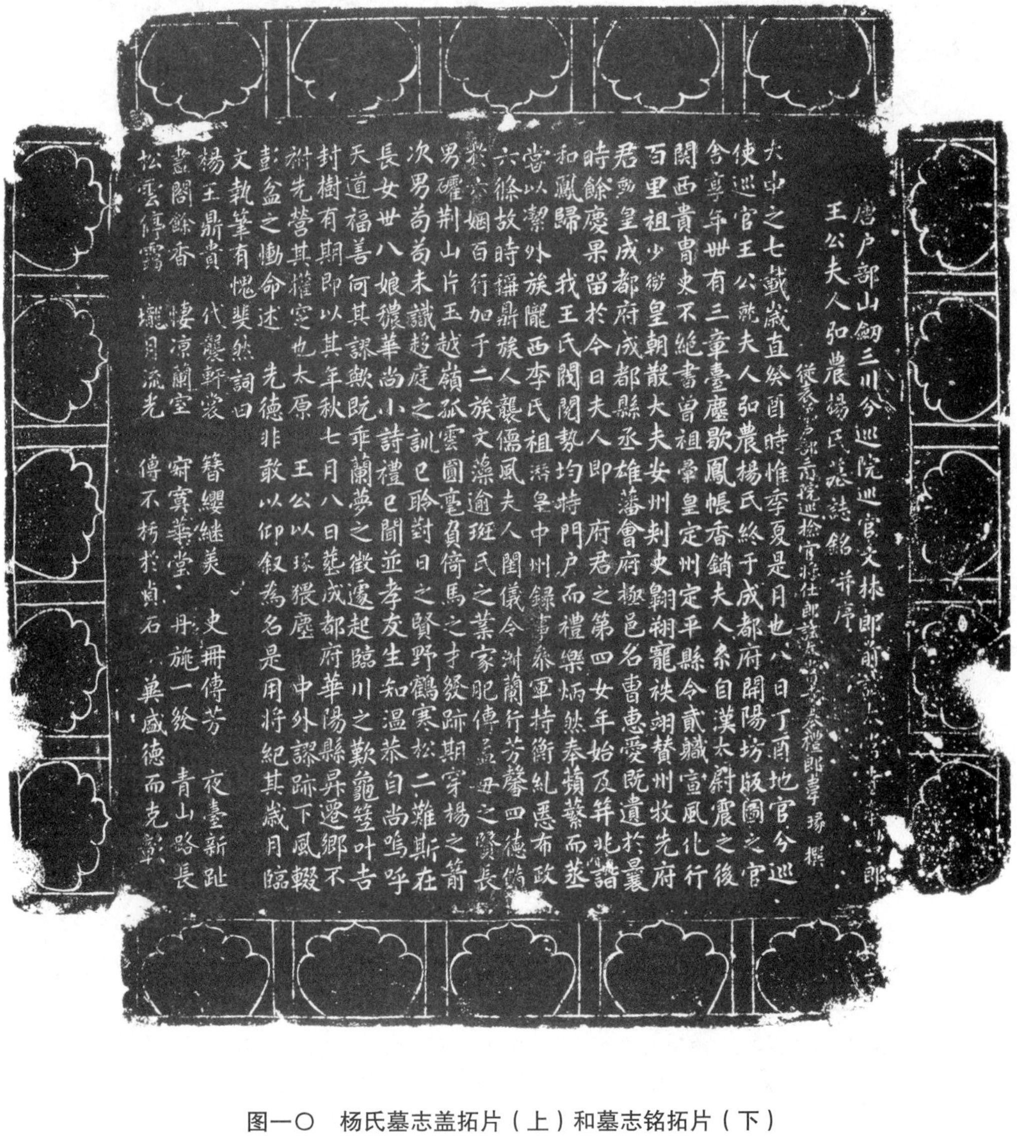

图一〇　杨氏墓志盖拓片（上）和墓志铭拓片（下）

唐大中七年（853）杨氏墓志铭[1]

（图一〇）

简介

该墓志出土于成都市北郊将军碑附近，现存于成都文物考古研究院。其墓材为红砂石质。志石略呈正方形，高50.8厘米，宽51厘米，厚7.8厘米。志盖呈盝顶形，四刹线刻牡丹、菊花等图案。盖顶线刻双栏边框，双栏之间镌刻有连枝花卉图案，框内篆刻3行3排，共9字。盖底面略呈正方形，边长58.5厘米，厚13厘米。志文为楷书，共25行，满行24字，全文共577字。

释文

墓志盖：

大唐故

弘农杨

氏墓志

墓志铭：

唐户部山剑三川分巡院巡官文林郎前试太常寺奉礼郎

王公夫人弘农杨氏墓志铭并序。

从表弟户部三川院巡检官将仕郎试太常寺奉礼郎韦瑑撰。

大中之七载，岁直癸酉，时惟季夏是月也。八日丁酉，地官分巡，使巡官王公就夫人弘农杨氏终于成都府开阳坊版图之官舍，享年卌有三，章台尘歇，凤帐香销。夫人系自汉太尉震之后，关西贵胄，史不绝书。曾祖彙皇定州定平县令贰职，宣风化行

---

[1] 成都文物考古研究所、成都博物院编著：《成都出土历代墓铭券文图录综释》，文物出版社2012年版，第32—34页。

百里。祖少微皇朝散大夫、安州刺史，翱翔宠秩，翊赞州牧。先府君勋皇成都府成都县丞，雄藩会府，极邑名曹，惠爱既遗，于曩时余庆果留于今日。夫人即 府君之第四女，年始及笄，兆谐和凤，归我王氏，阀阅势均，持门户而礼乐炳然，奉蘋蘩而蒸尝以洁。外族陇西李氏，祖潜皇中州录事参军，持衡纠慝，布政六条，故时称鼎族，人袭儒风。夫人闺仪令淑，兰行芳馨，四德备于六姻，百行加于二族，文藻逾班氏之业，家肥传孟母之贤。长男礭，荆山片玉，越岭孤云，圆毫负倚马之才，发迹期穿杨之箭。次男苟，苟未识趋庭之训，已聆对日之贤。野鹤寒松，二难斯在。长女卅八娘，秾华尚小，诗礼已闻，并孝友生知，温恭自尚。呜呼！天道福善，何其谬欤？既乖兰梦之征，遽起临川之叹。龟筮叶吉，封树有期，即以其年秋七月八日葬成都府华阳县升迁乡。不祔先营（茔），其权窆也。太原王公以瑑猥尘中外，谬迹下风，辍彭（鼓）盆之恸，命述先德，非敢以仰叙为名，是用将纪其岁月，临文执笔，有愧斐然。词曰：

杨王鼎贵，代袭轩裳。簪缨继美，史册传芳。夜台新趾，
画合余香。凄凉兰室，寂寞华堂。丹旐一发，青山路长。
松云停霭，垄月流光。传不朽于贞石，冀盛德而克彰。

图一一　胡林墓志盖拓片（上）和墓志铭拓片（下）

唐咸通十四年（873）胡林墓志铭[1]
（图一一）

简介

该墓志出土于成都市金牛区（现属成华区），现存于成都市金牛区文物保护管理所。志石边长73厘米，厚5.8厘米。志盖呈盝顶形，高60厘米，宽59厘米，厚7.5厘米。志盖篆刻3行3排，共9字。志文为楷书，共27行，满行27字，全文计660余字。

释文

墓志盖：

唐安定

胡府君

墓志铭

墓志铭：

有唐监察御史胡君墓志铭并序。乡贡进士罗蔚述。

君名林，字阮之，安定人也。远祖伯始，能明经学，起徒步为东汉名臣，官

位事业，详诸国史，枝泒邮徜，禅联不绝。裔孙愔为普州户曹参军。户曹

生信，为太子舍人。舍人生鄑，官终普州乐至县令。乐至生珂，仕为成都

府参军，则君之王父。君生于岷峨，长而纯孝，三余之暇，百氏备尝。切

于晨夕，不克骞翥。君以丈夫生代，惟忠与孝，兢兢业业，罔有二事，毛

---

[1] 成都文物考古研究所、成都博物院编著：《成都出土历代墓铭券文图录综释》，文物出版社2012年版，第35—36页。

义捧擞，黄香扇枕，远惟则哲，彼何人斯，几从潘岳，之舆屡随，匡衡之牒，

偪侻从事，倥偬下僚，不褫黄绶，积有岁矣。洎连师吴公以君材貌可称，

文武未坠第，改前辙别徇良途。君以为遇知则伸，岂可凝滞？遂拜君西

运粮使兼镇静军使，遽投定远之笔，乃奏司宪之衔，蜚刍挽粟，俾昼

作夜，报政之后，方义超升，因而川主授代。君亦随罢，既扈钱谷，良为

重难，不虞吏欺，卒陷天网。君以为兰摧玉折，是所甘心，萧敷艾荣，昔人

厚媿弊脂韦以求免，终壹郁而奚愬，莫刷明诚竞谢昭代，以咸通十

三年十二月一日殁于成都府，享年三十八，明年二月七日归葬北郭，

祔先茔，礼也。君之伯父曰璩，有文章重名，开成年中进士擢弟（第），累

佐藩府。君有令姊，被服德义，出适贵平邑宰陇西李氏。君有男一人，小

字天奴，女一人，小字阿参。夙宵号咷，孺慕罔辍。君立性敏惠，周人急难，

杯酒谭谐，出于流辈，方期腾踔，以曜亲宾，未及中年，忽闻迁窆。君太

夫人栎阳鱼氏，春秋七十有九，虽同椿寿，不见彩裳，欲宝明珠，难追过

隟，朝露所叹，佳城之归，愚智攸齐。君何太早不尽高堂之庆，奄作

下泉之客，楚人纵在，宁可问天。

敬为铭曰：

贤矣胡君，卓然不群。仁义孝友，操持有文。职小州县，心蔵风云。

一旦遇知，改服从军。冀书竹帛，冀立功勋。祸福倚伏，是非纠纷。

诚于骤得，古人所云。君之不谅，谓无此文。剖竹分符，期于唾掌。

指河誓山，庶几影响。足迹一跌，珉砾同壤。数兮命兮，良难为状。

都成北郭，里曰升迁。龟筮契合，丘封俨然。爰勒贞石，爰告后贤。

他日陵谷，斯铭在焉。

唐咸通十五年（874）盖巨源墓志铭[1]

简介

该墓志四川省博物馆旧藏出土文物，现藏四川博物院。其墓材为红砂石质，呈正方形，高、宽各61厘米，厚10厘米。志盖呈盝顶形，边长为39.5厘米，内刻篆书竖行“唐故盖府君墓志之铭”9字，排列为3行。又在顶面四周的双线边框间距2.6厘米之内饰以线刻勾连云纹。而在四刹，则于上边约40厘米，下边约51厘米，高11厘米的梯形内线刻缠枝菊花。其上下方各有花5朵，左右两旁各有花3朵，虽两两对称，但构图略有变化。志文楷书竖行，共40行，计1350余字。

释文

墓志盖：

唐故盖府君墓志之铭

墓志铭：

唐故银青光禄大夫检校国子祭酒守兴元少尹兼侍御史清河盖府君墓志铭并序。

前摄泸州司马兼军事判官将仕郎试太常寺协律郎崔璲撰。

盖氏之先，起于神农时姜姓，封于齐，是为襄公之裔。襄公生桓公，当周世，与晋同称霸。后姜氏族分吕氏，亦为周尚父。周天子复封于齐，始自王父字为氏焉。逮于西汉，司隶校尉讳宽饶，家于魏郡，冠冕（冕）相继，皆族冠清河，今为清河人。昔者校尉直声大振于本朝，抗礼每持于卫尉，道秉刚毅，千古美谈，馀庆不泯，钟于南阳贰尹。府君之德行，可谓绍继祖先也。府君讳巨源，字匡济。文武上才，金玉重器，立名既彰于流派，立字可表于智谋。故名之与字，得谓其实矣。曾祖讳庭佺，骁卫大

[1] 四川省文物管理局编：《四川文物志》上，巴蜀书社2005年版，第249—251页。

将军。王父讳俶，河南府巩县令。皇考讳自正，剑南镇静军使。公即镇静之子也。公筮仕西蜀，年始佩觿，职虽列于军戎，道每亲于儒墨。尔后艺业双茂，书剑齐声。攻笔扎而八体是精，耽典坟而五行俱下。故名儒之词藻刊在贞石者，多请公之能事，即郪中《牛头山寺冯翊公瑞圣记》《益部江渎庙酒泉公广源碑》，皆公之遗迹也。以数善皆绝，吾道益高。节制相承，见待独异。主连营而训齐有序，临军镇而关戍无虞。既多立事之功，累授中权之职。大中初，冉駹故俗首率归降时，节度使扶风公，虑扣关之精诚，恐蕃情之多诈。将为侦逻，慎选全才。公去，乃单车深逾雪岭，斥候边徼，具审戎心。不劳百战之功，归复数城之地。因权郡印，以报殊功。自后监抚汶山，假领僰道，皆闻异绩，布在人谣。咸通四年，蛮寇凭凌，烽燧相警，一郡既失，万井未安。是时丞相兰陵公委公以左厢军候，司察巡警，人心怗然。殊绩是列于奏章，竹使俄分于严道。公褰帷问俗，化洽藩条。廉每投钱，俭唯洗帻。长河既闻于兽去，合浦果见于珠还。开铃阁而琴尊满床，登庾楼而履舄交错。盖以公操剸有守，莅理无私，以致郡斋居多暇日。及闻受代，耆老乞留。事类卫平之叩头，不坠次公之厚德。他日征黄之后，阖境去思。果闻新恩，再临旧地。寇恂之重来河内，异世齐名；黄霸之再莅颍川，今不让古。熊伏前轼，隼飞旧旟。仁化复霑于齐人，颂庭更增于茂草。公修孟氏之天爵，味老聃之退名。累至乞骸，因而辞禄。虽罢符竹，爰奉诏书；惭息繁机，又授兴元亚尹。居官未几，疾疹所侵，以至挂冠，寻医旧里。遽闻大限，风烛俄随，名德将沉，远迩伤悼！以咸通十四年正月廿六日，殁于成都府成都县花林坊之私第，享年六十有三。夫人太原郝氏，故黎州刺史郝同美之女。闺门令德，姻族所推。公已歌鼓盆，早□舞镜，先公七年而终。子二人，长曰居训，兼殿中侍御史。义遵慈教，训禀趋庭。亦擅二王之殊踪，□负七步之才思，职列已重，宪秩兼崇。次子居诲，始总角之岁，有国士之风。皆公之行义所积，钟□令嗣矣。女三人，长适将仕郎吕庆。次适吴郡陆翱，早年夭逝。次适兼侍御史杜武。皆泣血居丧，时□达礼。即以来（有改误痕迹）年五月廿三日葬于成都府华阳县升仙乡贸迁里，附夫（有改误痕迹）人权茔。嗣子居训，虑陵谷之变迁，恐遮节之莫辩。因捧官讳，求族人而铭纪。铭曰：

盖氏之先，齐襄之裔。分族姜吕，辅佐周世。周复封齐，冠冕相继。奇节大名，汉朝司隶。当时名士，前古清风。德行独彰，秉直在躬。绵绵远派，积庆是钟。南梁亚尹，不坠强宗。束发戎行，风标迥美。才艺优长，职业勤至。藩府重难，次第莅履。节制相承，见待独异。才赡八斗，书侔二王。金错连珠，鸟跱鸾翔。大儒词藻，翰墨是彰。援毫贞石，处处垂芳。冉駹故俗，姜维旧地。蕃浑向化，降书日至。将侦深情，慎选其使。既审戎心，因复故垒。五权郡印，二真竹符。移文请火，置水投书。六条化洽，千里人苏。郡斋多暇，雅歌投壶。考绩既周，人惜贤守。卫平叩头，今而复有。惟惧徵黄，前思借寇。一境蒸黎，同心异口。旋闻新命，重褰旧帷。班白相庆，尫瘵伸眉。化理益静，良术重施。严道于今，未息去思。亚尹南梁，官声才振。将迎宠徵，遽闻疾疹。哲人其萎，高岳颓峻。逝水云流，哀悼远近。所叹者何，公之才长。清名虽振，大位未彰。幸有令子，其门必昌。松楸永茂，嗣续传芳。

图一二　李氏内志铭

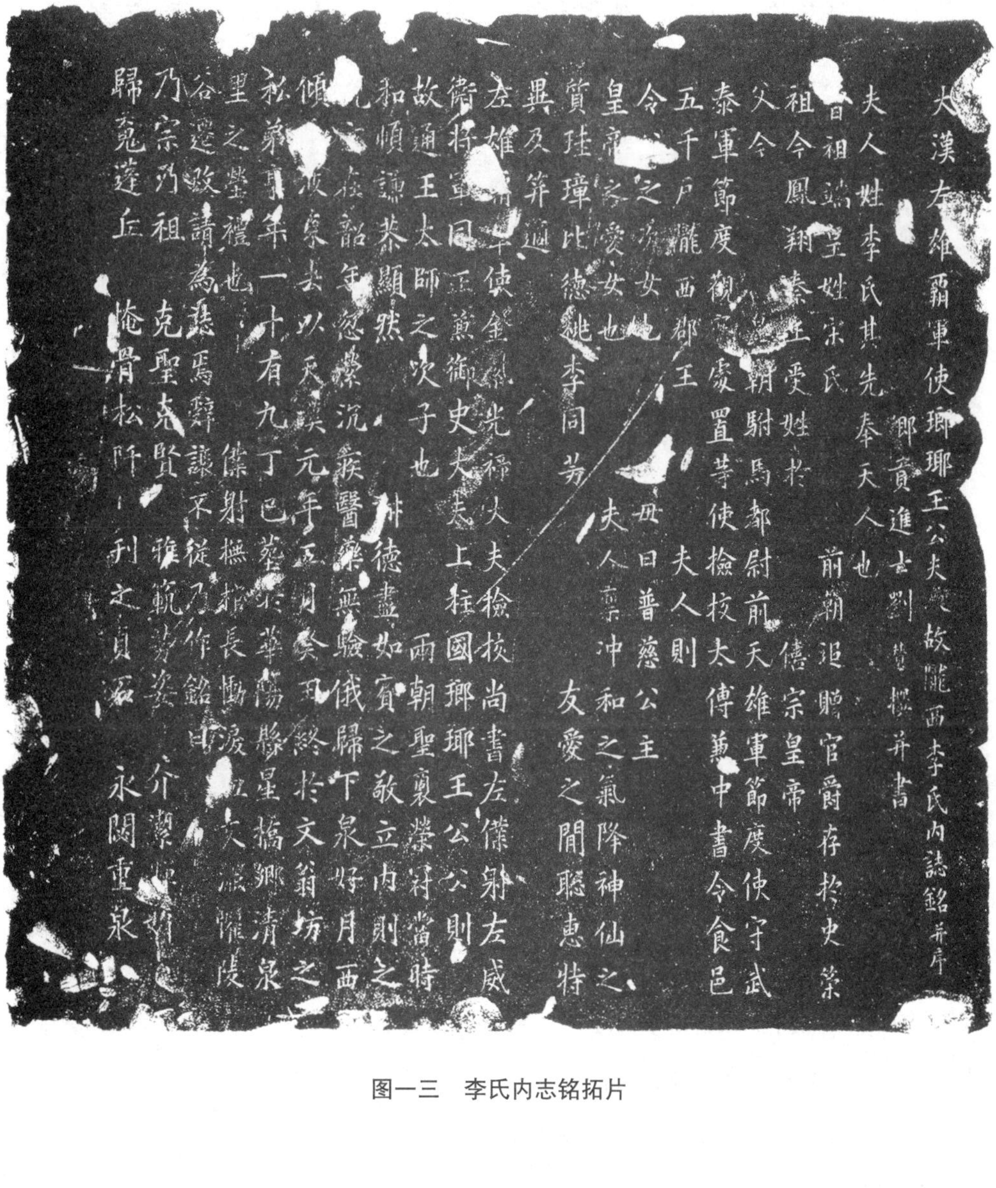

图一三　李氏内志铭拓片

前蜀天汉元年（917）李氏内志铭[1]

（图一二、图一三）

简介

该墓志出土于成都市东北郊青龙乡东林村五代砖室墓，现存于成都市金牛区文物保护管理所。其墓材为青石质，略呈正方形。墓石高 69.5 厘米，宽 70 厘米，厚 8.5 厘米。志文字体为楷书，共 23 行，满行 20 字，约计 470 字。

释文

大汉左雄霸军使琅琊王公夫人故陇西李氏内志铭并序。

乡贡进士刘赞撰并书。

夫人姓李氏，其先奉天人也。

曾祖端，皇妣宋氏，前朝追赠官爵，存于史策。

祖今凤翔秦王，受姓于僖宗皇帝。

父今[皇]朝驸马都尉、前天雄军节度使、守武

泰军节度观[察]处置等使、检校太傅、兼中书令、食邑

五千户陇西郡王。夫人则

令□之次女也，母曰普慈公主，

皇帝之爱女也。夫人禀冲和之气，降神仙之

质，珪璋比德，桃李同芳，友爱之间，聪惠特

异。及笄，适

左雄[霸][军]使、金[紫]光禄大夫、检校尚书左仆射、左威

卫将军同正、兼御史大夫、上柱国琅琊王公。公则

故通王太师之次子也，两朝圣裔，荣冠当时。

和顺谦恭，显然[淑]德，尽如宾之敬，立内则之

---

[1] 成都文物考古研究所、成都博物院编著：《成都出土历代墓铭券文图录综释》，文物出版社 2012 年版，第 37—39 页。

⍁。[方]在韶年，忽萦沉疾，医药无验，俄归下泉，好月西
倾，□波东去。以天汉元年五月癸丑终于文翁坊之
私第，享年一十有九。丁巳葬于华阳县星桥乡清泉
里之茔，礼也。仆射抚棺长恸，泪血交洒，惧陵
谷迁改，请为志焉。辞让不从，
乃作铭曰：
乃宗乃祖，克圣克贤。雅范芳姿，介洁婵娟。
归魂蓬丘，掩骨松阡。刊之贞石，永闷重泉。[1]

---

[1] 成都文物考古研究所、成都博物院编著：《成都出土历代墓铭券文图录综释》，文物出版社 2012 年版，第 37—39 页；仇鹿鸣、夏婧辑校：《五代十国墓志汇编》下，上海古籍出版社 2022 年版，第 506—507 页；马文彬：《五代前蜀李氏墓志铭考释》，《四川文物》2003 年第 3 期。

图一四　晋晖墓志铭拓片

前蜀乾德五年（923）晋晖墓志铭[1]
（图一四）

简介

该碑入选《第一批古代名碑名刻文物名录》，出土于成都市东北郊八里庄附近前蜀晋晖墓。原墓志与墓盖本应相合置于棺台前方。因墓葬被盗，墓志位置也被移动，志盖翻落于前室中部，残存数块，而志身立于中室棺台的西壁下，基本保存完好。墓志与志盖均系红砂石雕刻而成，均为正方形，边长106厘米。墓志厚9.5厘米，侧边刻单朵莲花纹，底面内凹，正面打磨平整。墓盖为盝顶式，厚9厘米，盖顶面边长52厘米。上刻篆文“大蜀前故武泰军节度使赠太师弘农王赐谥献武晋公墓志铭”，共计5行25字，四刹上线刻缠枝莲花纹，志盖底面内凹。镌刻楷书铭文，共60行，满行60字，共计约2920字。

释文

大蜀故忠贞护国佐命功臣前武泰军节度观察处置等使开府仪同三司检校太师兼中书令守黔州刺史上柱国弘农王食邑五千户赠。

太师弘农王赐谥献武晋公墓志铭并序。

朝议大夫检校尚书户部郎中行成都县令兼御史中丞上柱国赐紫金鱼袋严居贞撰。

昔高祖岗出王山，不信相者，劝图霸业，果得里人，追惟宿旧之元勋，最在册书之首纪，弼我万乘，迨今两朝，褒饰有终，殁存无愧。

太师讳晖，字光远，弘农其望也。及甫以生焉，间五百年祯祥，扶亿万岁宗社，源流甚远，枝派素繁。族谱半遗，爰因多难，征寻盛事，聊以叙陈。文笔罄□□□□

---

[1] 成都文物考古研究所、成都博物院编著：《成都出土历代墓铭券文图录综释》，文物出版社2012年版，第46—50页；四川省文物管理委员会：《前蜀晋晖墓清理简报》，《考古》1983年第10期。

光于照耀，岁华迁易，历位乃极于人臣。树戟一门，传芳累世。曾祖璋，左武卫长史，因家于许州之许昌县。曾祖妣天水赵氏夫人。

祖弘祚，唐青州司马、检校左散骑常侍。祖妣清河张氏夫人。考和，忠武军节度副使、检校工部尚书，累追赠司空。乃□乃考，皆以出逢昌运□⊠

明朝，蝉联之克嗣轩裳，豹变之各扬风彩。以文宝式陈于东序，以武威或列于西班，荫自先人，福垂后裔。妣乐安孙氏，追封楚国太夫人。朱弦[雅][韵]，⊠

⊠贞标，柔明之德显彰，慎淑之风夙著，母仪不忒，妇道有光。

太师辰象垂休，山河钟秀，燕颔有封侯之相，龙章真间代之仪。节挺松筠，才兼文武，加以蕴深沉之器度，抱倜傥之襟怀，动合神明，静符礼律。真将帅之匡⊠

事业，乃自生知；大英雄之经济筹谋，迥从天授。自伸壮志，克显宏图，佩韃而鹗立军戎，负羽而鹰扬宇宙。初为黄头主将，便绾五百余人，累静狼烟，叠清雁塞。

⊠至起家许下，别国沛中，因同

⊠皇帝参从禄公，驻留南郑。初领诸军马步使，旋授兴州官，官貂蝉，未赴之任。值

⊠宗皇帝幸蜀，俄乃归京，时拥五都锐师，来至三泉迎驾。自此主忠义都都知兵马使并诸都都指画使。迁检校兵部尚书，割隶左神策军，加五都营使，仍

授金州防御使，亦如兴州，未令赴任。为藉拱宸，直至再起銮舆，不离扈从，充一百步外都斩斫使，悉委指踪，千万人中，独司权握。复充宝鸡、河南诸军

都塞使，迁检校尚书右仆射。及大驾巡狩山南，与先皇同为先锋使，部领四都，黑水、三泉等把截并修斜谷阁道等使。似雪之戈铤齐至，如化之栈阁立

成。遂授怀忠耀武卫国功臣兼集州刺史，迁光禄大夫、检校司空、弘农县开国男、食邑三百户。壬子岁夏内，又除遂州防御使，迁特进、检校司徒、

食邑五百户。

先皇帝收蜀时，部领兵士，赴大玄城下，太尉韦公补充罗城外西北面都指画使，先皇帝为东南面使。太师手提众旅，职长千夫，应呼吸而风从，展辅

佐以云集。未离方义，山南节度使杨太师以管内方求岳牧，署请蓬州。翌日，除授巴州。又次迁阆苑。但是问俗之处，则喧歌袴之谣。

先皇帝亲收梓潼，请充壕寨使。有功翊佐，料敌无疑，率先诸军，再领武信。复移近地，牧守阳安，初只权知，续乃正授。又迁开府仪同三司、检校太保，食邑七百

户。爰移清化，又刺天彭，迁检校太尉，加封爵户邑，仍赐开国护圣佐命功臣。当仄席求贤之时，尚耀武书勋之日，又迁依前开府仪同三司、检校太尉、同中

书门下平章事、充武泰军节度管内观察处置等使，封开国公，食邑一千五百户。临罢之日，爰以为政超异，群情请留，难改替除，是迁别拜，依前检校太尉、兼

侍中，加食邑二千户。不逾数载，并陟殊荣，依前检校太尉、兼中书令、食邑三千户。至乾德元年，封弘农郡王，食邑四千户，以至五千户。

太师出身入仕五六十年间，掌领兵权，践履侯府，不可胜数，难以尽书，四塞无氛祲不平，百姓是疮痍即愈。紫泥黄绢，无非宝箧

诏书；钿轴花绫，尽是瑶函官告。将相之盛，勋贤罕俦。先皇帝重始末相随，

今上念勤劳尽瘁，尚期别加于委寄，为择迩近藩宣，叠升韩信之坛，更佩酂侯之印。宁谓偶婴美疢，无效良医，俄逼风霜，遽成今古，莫问藏舟之壑，难追游岱之魂。

上帝悲凉，不忍读其遗表；旧交呜咽，难胜报处绝弦。公竟以乾德五年岁次癸未六月四日薨于在京成都县碧鸡坊之私第，享年七十有九。

明廷三日，为辍朝参；同曲四邻，不违舂相，礼寺征于旧典，有司式举于盛仪。圣朝遂命册赠使中大夫守右谏议大夫上柱国赐紫金鱼袋曹邽、副使

将仕郎守秘书省著作郎赐绯鱼袋王昱赐谥曰献武。以晦以显，终地终天，俱荣涣汗之恩，共感褒崇之泽。公婚陇西郡夫人李氏，即刑部尚书嵩之女

也。传芳天族，禀秀德门，赞帝师以贤明，处闺门以雍睦。夫人亲弟景仁，在军历职，颇著勤劳。堂叔李坦，检校左散骑常侍、前黔州司马，娶罗氏。

堂弟李郃，检校工部尚书，娶清化王太尉长女琅琊王氏。表弟任全勖，并抱器能，皆精武略，肃睦布谦恭之道，纵横阐仁义之风。令子七人：

长曰匡晏，忠义第一军使、金紫光禄大夫、检校司空，婚故铁林刘知温太尉女彭城夫人，儿孙寄哥。次曰匡议，忠义第二军使、检校尚书左仆射，婚左威

胜太尉长女琅琊王氏。次曰匡顺，金紫光禄大夫、检校兵部尚书。次曰匡信，婚前武定副使女唐氏。次曰匡遇，婚故黔南陈侍中女。幼曰匡成，

次曰匡义。皆山河间气，文武全材，抱许国之忠贞，蕴安邦之经济。或列三公之贵，或居端揆之荣，或方俟腾凌，或且敦诗礼。昔裴家诸骥，卞氏八龙，犹恐盛

荣，无此伦比。绝浆茹戚，俱持礼制之中；叩地号天，各尽孝思之道。女一十四人：长适夔王太师，封赵国夫人。秋月凝光，春云瑞彩，奉

华姻于朱邸，彰内助于亲贤。夔王太师巨浸涵空，崇规镇地，功参缔构，业大匡扶，冠社稷之元臣，实磐维之间杰。分忧求瘼，妙施绥抚之能；仗钺登坛，

克显训齐之令。次女适清河张氏，早亡，有外孙贵哥。次女适左雄胜第四军使、金紫光禄大夫、检校司空、兼御史大夫、上柱国解延朗，外孙长曰承嗣，

次曰什得、搔奴，外女孙喜喜、道道、小喜。次女适右龙捷第二军使、光禄大夫、检校太傅、琅琊郡开国子，食邑五百、上柱国王承毂，封弘农郡夫人。

太傅则通王太师之长子也，器珍蒋器，材挺楚材，穷七略之玄深，洞六韬之奥妙。云路方高于腾趠，鹏程即大于搏扶。次女适光禄大夫、检校司徒、守左领

军卫大将军、开国子、食邑五百户王承扆，外孙翁奴、延寿。次女适左神武第三军使、金紫光禄大夫、检校司空、兼御史大夫、上柱国王承胤。

次女适谯氏，次女适毛氏，次女适胡氏，次女适右云骑军使韩彦能，早亡。小女四人：胜都、道迁、翁孙、果报。

并皆或玉润未称于品秩，或华堂早就于亲姻，或尚在闺帏，年至幼小。

太师亲兄思悰，故检校兵部尚书，婚耿氏，有侄女一人第十二，适左亲从第三军副都张友珪尚书。亲弟思武，故检校尚书左仆射、前忠義第一军

使，婚陇西李氏，有侄男一人匡文，娶姜氏。鸰原已丧，爵秩尚编，外氏诸姻，不复备录。

太师功推第一，德播累朝，直气凌云，高情冠古。

门馆将吏，勋旧勤劳，或已居节钺之荣，或尚在趋参之内。故凤州节度使、同平章事王宗鲁，军内都虞候，表公之贵矣，睹（睹）王公之盛哉。散军使魏昌能，

乃军内判官，始开将幕，便列掾曹，颇怀通变之材，每仰机谋之略。外宅长男彦球，外宅次男弘道，第一军都虞候康景绍，第二军都虞候单全德，

先锋兵马使、充元随都押衙、检校尚书左仆射王文晟等，并皆强干，各效劳能，或伸征战之功，或展勤劬之积。悉备送终之节，俱陈竭尽之心，涕泣鸣号，不任填咽。

☑龟告叶吉，以乾德五年岁次癸未十二月辛丑朔三日癸卯归窆于华阳县积善乡永宁里其原，礼也。画翣露洒，铭旌粉书，陈仪注取象生时，

☑卤薄以光去日。发引占天街数曲，置祎启沿路诸筵，骈阗皆送往轩车，栉比尽看来士庶。生而至贵，殁也极荣，斯盖臣也。

☑□以忠，君葬臣以礼。居贞叨因眷顾懿分，获托戚里门阑，受

太师恩知，由此积岁，无以报生前恩德，何幸传

☑上指踪。既沐诸龙遂以志文见请，敢辞遵奉，唯愧荒芜。

其铭曰：

☑阳月阴，乾天坤地。覆载九有，生育万汇。屏翰得人寰，区无事动植。咸宁兵革，斯弭如此。其来以何而致赖，竭忠臣弼明天子。

☐心事上，皎日质诚。叠膺重寄，累换高旌。是求理处则安，物情狂暴必煞。茕独遂生，弊讹厘革。教化兴行为丰，军食能劝农耕。

☐调雨顺，国泰时清。余粮栖亩，多稼冬成。牧十余大郡，活百万疲氓。满奉丹诏，征还玉京。刻千字以[树]碑，犹谦纪德受一。钱之送路，岂是沽名。

☐马琱鞍，雉裘金甲。昔受恩赐，今将进纳。曾骑破虏，久著征辽。致其禄位，因此尊高。龙厩却归，武库复入。海岳从安，干戈□☐

☐赐渥泽，但是功臣。[睹][物]有怀贤之叹，援毫追悼往之真。勋铭鼎鼐，仪画麒麟。刻盛烈于贞石，冀万古而永存。

☐检校左散骑常侍前涪州司马徐远书。

勾当修坟墓十☐[1]

---

[1] 部分释文参考仇鹿鸣、夏婧辑校：《五代十国墓志汇编》下，上海古籍出版社2022年版，第519—523页。

图一五　樊德邻墓志铭

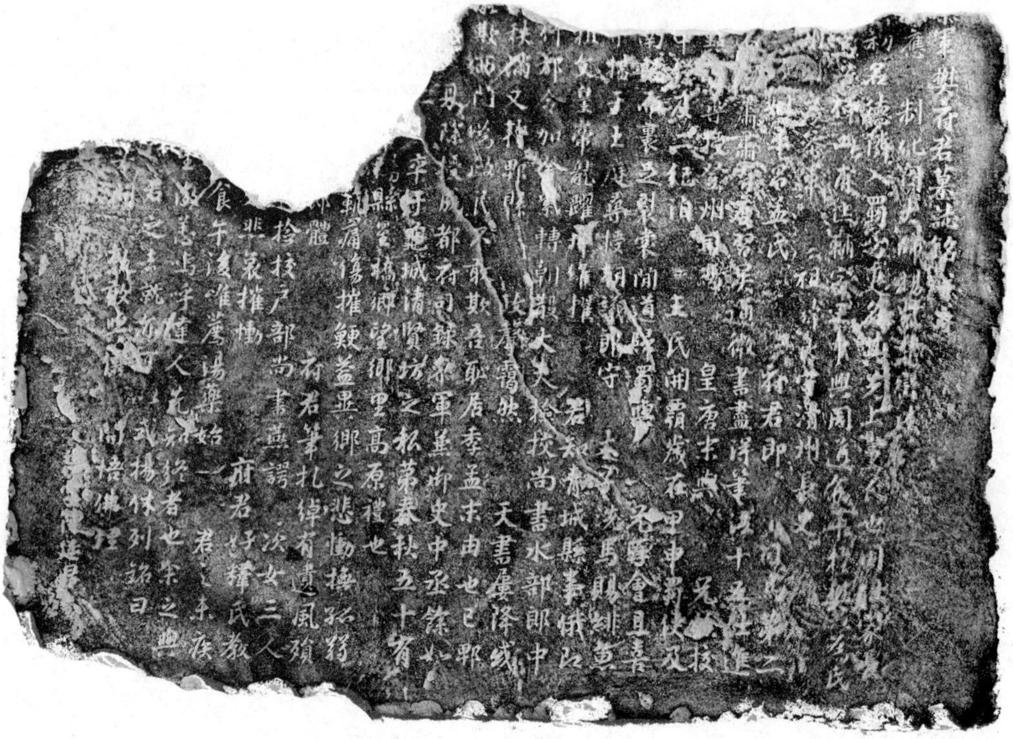

图一六　樊德邻墓志铭拓片

前蜀（907—925）樊德邻墓志铭[1]
（图一五、图一六）

简介

该墓志出土时间、地点不详，现存于成都文物考古研究院。其墓材为红砂石质，志石上半部残断，残高 51 厘米，宽 72 厘米，厚 8 厘米。志文字体为楷书，共 27 行，现存约 470 字。

释文

☒[参]军樊府君墓志铭并序。

☒应制化因大师赐紫楚峦述。

☒初名德邻，入蜀方更名。其先上党人也，因仕家长

☒焉。昔仲山甫匡辅宣王，中兴周道，食菜于樊，以为氏

☒州司户参军。祖讳良，守滑州长史。

☒妣平昌孟氏。府君即司马第二

☒□□，肃肃有度，习吴通微书，尽得笔法。十五仕进

☒点□。寻授登州司马。皇唐末，与兄检校

☒中，仅及二纪。洎王氏开霸，岁在甲申，蜀使及

☒南。既而裹足裂裳，间道归蜀，与兄再会，且喜

☒扬于王庭。寻授朝议郎、守太子洗马、赐绯鱼

☒祖文皇帝龙跃坤维，擢君知青城县事，俄改

☒什邡令，加金紫，转朝散大夫、检校尚书水部郎中

☒秩满，又转郫县。政声蔼然，天书屡降，或

☒欺。西门为政，民不敢欺，吾耻居季孟，末由也已。郫

☒恩，除授成都府司录参军、兼御史中丞，余如

☒卒于龟城清贤坊之私第，春秋五十有

---

[1] 成都文物考古研究所、成都博物院编著：《成都出土历代墓铭券文图录综释》，文物出版社 2012 年版，第 62—63 页。

☐华阳县星桥乡望乡里高原，礼也。

☐范，痛伤摧鲠，益异乡之悲恸，抚孤弱

☐郎。体府君笔札，绰有遗风，殒

☐检校户部尚书燕谔。次女三人

☐悲哀摧恸。府君好释氏教

☐食，午后唯荐汤药。始君之未疾

☐生微恙。呜呼！达人先觉，知终者也。余之与

☐君之去就，亦可以式扬休列。

铭曰：

☐芳问，孰敢与俦。开悟佛理，

☐嘉猷

隽字陈延昌。[1]

---

[1] 部分释文参考仇鹿鸣、夏婧辑校：《五代十国墓志汇编》下，上海古籍出版社 2022 年版，第 550—551 页。

图一七　福庆长公主墓志盖

图一八　福庆长公主墓志盖拓片

图一九　福庆长公主墓志铭拓片

后唐长兴三年（932）福庆长公主墓志铭[1]

（图一七、图一八、图一九）

简介

该碑入选《第一批古代名碑名刻文物名录》。该墓志出土于成都市北郊磨盘山后蜀高祖孟知祥墓，即和陵内。现存四川博物院。其墓材为青石质。志石略呈正方形，规格、尺寸与志盖相同。志盖呈盝顶形，高108厘米，宽110厘米，厚约15厘米，四刹线刻缠枝葵花纹，志盖顶部篆刻3排3行，共9字。志文字体为楷书，共44行，满行44字，全文共计约1690字。

释文

墓志盖：

大唐福

庆长公

主墓志

墓志铭：

唐推忠再造致理功臣剑南两川节度使管内营田观风处置统押近界诸蛮兼西山八国云南安抚制置等使开

府仪同三司检校太尉兼中书令行成都尹上柱国清河郡开国公食邑一千五百户食实封一百户孟公夫人福

庆长公主墓志铭并序。

摄东川节度判官判军州等事金紫光禄大夫检校刑部尚书兼御史大夫上柱国崔善奉命撰。

将仕郎前守秘书省秘书郎令狐峤奉命书。

[1] 成都文物考古研究所、成都博物院编著：《成都出土历代墓铭券文图录综释》，文物出版社2012年版，第67–70页；成都市文物管理处：《后蜀孟知祥墓与福庆长公主墓志铭》，《文物》1982年第3期。

福庆长公主李氏，即后唐太祖武皇帝之长女，光圣神闵孝皇帝庙号庄宗之长姊，母曰贞简

皇后。初，太祖代袭师坛，位尊侯伯，英姿伟量，惟孝与忠，居文公虎视之乡，拥高祖龙潜之境。礼贤无

倦，纳谏如流，务全尊奖之忠，雅罄匡扶之力。于是朝庭降制，册封晋王，莫不朱邸分华，维城益固，擢金柯

于盘石，茂玉叶于本枝。姬周之所重宗盟，麟趾之所推信厚，别显亲贤之命，载弘仁寿之乡。长公主性禀

天和，荣分圣绪，四德纯茂，六行兼修，贤明雅契于典经，谦敬仍光于懿范。未笄而归

我令公焉，时也灵龟入兆，威凤和鸣，衿鞶当展于盛仪，秦晋乃洽于嘉礼。群仙奉职，百福延休，如宾之敬将崇，

中馈之仪允穆。加以位隆将相，德合天人，谅惟匡辅之名，遐畅恢弘之业。必欲永安王室，再纫皇纲。壮志未伸，

銮舆播越。洎太祖即世，庄宗绍兴，天命中缺于咸秦，神器潜移于巩洛。八纮鼎沸，四海尘昏，赞成

一统之尊，光阐九重之贵。当畴功之际，以遂良为先，暂辍洪钧，远安全蜀。今上睠言硕德，继有

渥恩，旌贤别举其徽章，下诏显开于汤沐。是以同光三年十一月封琼华长公主，天成三年十月三日进封

福庆长公主，皆宠报我令公德重三朝，勋高百揆，亭育坤维之众，控临边徼之虞者也。尔后义切尊周，诚

坚奉主，任土赋充庭之实，苞茅供缩酒之勤。不谓衅起邻藩，猜生险巧，每构沉舟之羽，多兴投杼之疑。贡奉不通，

奏章不达，以至训齐十乘，备御四封。赖上玄之昭昭，成宇内之晏晏，军民辑睦，稼穑丰登，咸安惠养之恩，更懋神明

之政。虽灾临分野，而福荫山河，转祸乱为休徵，变忧勤为康悆。时论以为皇天无亲，惟德是辅，《春秋》所谓在其

君之德也。况乃三时不害，四远怀柔，崇卫侯大帛之冠，蹑吴王不重

之席，约恭俭以设教，行礼乐以律人。兽去珠还，

不独传于往古；政清事简，实亦盛于当今。俄以长公主疾恙经时，药石无验，既牵修短之分，难移殄瘁之期。长

兴三年正月十三日长公主享年六十，薨于正寝，殓于咸宜之堂，礼也。呜呼！人无定检，数有恒程，云衢已造于

仙阶，世路徒哀于物化。我公乃制祟庐杖，馔彻膏梁，轩悬顿止于笙镛，帏弈不施于组绣。于是法惟辩贵，礼

重送终，虔祝蓍龟，卜安陵兆。考青乌之妙术，询金马之名岗，长亭近控于牛头，列宿上分于鹑首。晓登兰坂，嗟

玉叶之雕零；遐眺云轩，痛银河之杳绝。然后缭墙周亘，飞阁纷纶，逶迤无异于莲宫，偃蹇还同于梵宇，珍台互构，广

庑联甍。燕遂将封，叹悬黎之掩耀；雁池斯窆，伤龙辅之韬光。长主有郎君二人：长曰贻范，官至银青光禄大夫、检

校左散骑常侍、守代州长史、右威卫将军同正、兼御史大夫、上柱国，早亡；次曰贻邕，官至银青光禄大夫、检校右散

骑常侍、守忻州长史、左威卫将军同正、兼御史大夫、上柱国，早亡。皆学奥典坟，情敦孝爱，棣萼得联荣之宠，晨昏通不

匮之名，福善无征，追思莫及。今有郎君三人：长曰贻矩，见任摄彭州刺史、银青光禄大夫、检校尚书左仆射、兼御史

大夫、上柱国；次曰贻郕，见任左右牢城都指挥使、金紫光禄大夫、检校尚书右仆射、兼御史大夫、上柱国；次曰仁赞，

见任节度行军司马、兼都总辖义胜定远两川衙内马步诸军事、银青光禄大夫、检校尚书右仆射、兼御史大夫、上

柱国。小娘子二人：长曰久柱，次曰延意，并玉莹珠明，敦诗说礼，宛是保家之主，居然经世之材，孝敬兼优，令淑有

则。自长主薨变，涕泣无时，既彰孺慕之哀，不阙问安之礼。令公悲深念往，惧及伤生，徘徊永诀之情，

怅望幽扃之际。以长兴三年十一月廿四日葬于成都县会仙乡，即良辰也。又以善叨依门馆，粗熟

勋庸，令叙风徽，俾刊贞琰。况善才非颖迈，学谢渊深，固惭润色之工，但以悲哀为主。

敢为铭曰：

银潢缅邈，圣绪灵长。下降侯国，遐辞帝乡。稽诸上古，显忠遂良。彝伦攸叙，如珪如璋。其一为善不同，

同臻于理。斯焉取斯，其归一揆。五纬迭兴，万国错峙。周流六虚，肇修人纪。其二举不失德，王化之基。

苴茅锡土，大旆高麾。治定制礼，其安易持。进退有度，事美一时。其三恩降丝纶，邑封汤沐。咸与惟新，

宜其遐福。莲盖蔆车，文茵畅毂。服冕乘轩，保天之禄。其四龙战于野，河出马图。诞膺天命，万邦作孚。

心悬玉镜，手握乾符。下民胥悦，八纮大酺。其五天命有常，隙不留驷。梦竖成灾，秋霜夜坠。涉水泣珠，

莫不代匮。药石无徵，邦国殄瘁。其六庭悬丹旐，楹敞繐帏。易箦告谢，中外兴悲。咸伤失俪，丧容累累。

乐止轩悬，薄言慕之。其七爰祝蓍龟，谨其封树。白日西沉，逝川东注。贵有常尊，礼亦异数。远迩叹嗟，

诸侯赠赙。其八马鬣佳制，龙耳名岗。安贞之吉，至理馨香。愁云惨雾，载飞载扬。窀穸之事，率由旧章。其九镌字节度使随军陈德超。[1]

---

[1] 部分释文参考成都市文物管理处：《后蜀孟知祥墓与福庆长公主墓志铭》，《文物》1982年第3期；仇鹿鸣、夏婧辑校：《五代十国墓志汇编》下，上海古籍出版社2022年版，第528—530页。

图二〇　高晖墓志盖拓片

后唐长兴三年（932）高晖墓志铭[1]
（图二〇）

简介

该墓志出土于成都站东乡双水碾高晖墓中。其墓志高、宽皆为79厘米，厚7厘米。志盖顶部篆刻3排3行，共9字。

释文

墓志盖：

大唐故

渤海高

公墓志

墓志铭：

唐故北京留守押衙前左崇武军使兼宣威军使西川节度押衙银青光禄大夫检校工部尚书兼

御使大夫上柱国渤海高公墓志铭并序。

朝议郎检校尚书祠部员外郎前□梁州录事参军兼侍御史柱国赐绯鱼袋崔昭象撰。

夫天地之间，其如橐籥，处四海之内，谁超生死。向百年中，焉定短修。日落虞泉，宜有再中之分；川奔巨☒，

终无却返之由。贵贱虽殊，后先而已。繇是尼父显梦楹之衅兆，曾生启手足之孝思，在乎人伦，宜遵轨范。

其有名扬位显，列职居官，生值明时，享兹考寿，殁归厚□，合纪行藏。欲使云来，知门风之覆远；俟其

桑海，不泯坠于声光。虽竭荒芜，莫得觏缕述行。按高氏系自一家，瓜分八望，粤自齐宗卿傒之后也。傒曾

[1] 徐鹏章等：《成都北郊站东乡高晖墓清理简报》，《考古通讯》1955年第6期。

孙固，桀石以救人，曰：欲勇者，赏余余勇。食邑于高，以邑为氏。又惠公孙虿，字子尾，亦为高氏，于姜得姓，谱

☐备传自远，源流于今不绝。降自魏晋，迄至隋唐。袭武也，树勋王室，仗钺秉麾，出镇山河，英贤继出；居

文也，□天理地，入辅皇猷。是知勇冠关西，族称山北，不可备载，聊陈纪纲者欤。

尚书讳晖，字光远。郡联渤海，今为河东晋州人也。曾祖以性便云水，志尚希夷，避世怡情，不参禄位。

祖亮，皇任右神策军衙前虞候、检校太子宾客。

父行本，皇任朝散大夫、前行石州司马、柱国。

公即故石州典午之令子也。

渤海公少而好奇，长负大志，处众则谦和为最，居家则孝悌为先。瞻□无过，雄才颖脱，临事不惧，好谋而

成。洎壮年，爰初入仕。历和门而岁久，常以尽忠；□□校而时深，独身许国。解弓在手，频施汗马之劳；霜

锷悬腰，继破鱼丽之阵。僖皇自蜀还京之载，例□溥见，首锡恩衔，俾加弄印。迩后

昭宗践祚，复示宠徽，特转貂蝉，徒□负荷。相次北都守职，随从先晋王，充留守押衙、兼甲院军使。久

从征伐，粗晓□虚，历试艰危，出无不捷。

庄宗皇帝龙飞之后，凡是卫驾功臣，懋赏策勋，各膺□睿渥，特

敕授银青光禄大夫、检校工部尚书、兼御史大夫、上柱国、充左崇武军使。是岁也，

我府主中令选自国戚，出镇坤维，旧沐

台恩，并蒙录使。公于此际特署西川节度押衙、□监都作院使。况乃修仁可重，积德弥高，□齐

松鹤之遐龄，永保门庭之余庆。谁料遘侵□□，景慕桑榆，蛇影见于□□，□□喧于枕侧。偶因微恙，

莫起良医，遽及苍惶，俄随风烛。以唐长兴三年岁次壬辰三月癸未朔

十日壬辰终于成都府华阳县

果园坊之私第也，享年八十有一。有男一人□□，西川节度押衙、银青光禄大夫、检校左散骑常侍、兼御

史大夫、上柱国、充昭武军主客马步军都押衙。□玉奇姿，隋□□□，□□气概，卓荦宏□。屺岵情伤，缠哀

义切，泣高柴三年之血，绝蒋诩七日之□。显□令□，□□□□。有女一人，在河东，适刘氏。有孙子三人：儿

曰全义，女曰孃子、喜子。并皆歧嶷，骨秀神清。公娶清河郡夫人张氏，早驰妇德，□称闺闱，爰备三周，归于

君子。昭明妇礼，肃穆亲邻，久播母仪，每彰慈善。偕老之期必俟，如宾之敬何□，□悲瞩圹之辰，永绝齐眉

之理。衔冤茹慕，堕睫潺湲，幸有子而承家，望夫形之空在。公生居禄位，寿享遐延，□操不□，倜傥自负，扬

名立事，善始令终。至于丘垄松榆，輀车旐纛，悉皆备矣，后谁及乎。以其年十有一月二十八日葬于华阳县

升仙乡暮二里，礼也。于戏！良木坏，泰山颓，蒿里迎归，泉扃即掩。清风永□，想游岱之青容；长恨难裁，痛终

天之诀别。象奉哀托修志文，

略铭曰：

渤海华枝，齐卿后裔。得姓于姜，出芳于世。公之世族，历代所传。公之

德行，弈叶相联。勇冠关西，族称山北。积善垂休，承家可则。辕门发迹，衙闻立身。忠孝事主，谦和奉亲。履历

官资，弥臻考寿。蒲柳相侵，膏肓莫□。音容眇邈，光景逝徂。莫驻风艳，难留隙驹。陟岵情深，游魂何处。夕叶

杜鹃，朝晞薤露。形销影绝，物是人非。翔鸾先去，彩凤无依。佳城一閟兮封之苍苔，贞珉万古兮藏之隧表。[1]

---

[1] 部分释文参考仇鹿鸣、夏婧辑校：《五代十国墓志汇编》下，上海古籍出版社，2022年，第530–532页。

图二一　蜀高晖妻张氏墓志盖拓片

蜀高晖妻张氏墓志盖[1]

（图二一）

简介

该墓志出土于成都站东乡双水碾高晖墓中。墓中仅有墓志盖，墓志可能因被盗而不存。

释文

蜀故清
河张氏
墓志铭

[1] 徐鹏章等:《成都北郊站东乡高晖墓清理简报》,《考古通讯》1955 年第 6 期。

图二二　周府君墓志铭

后蜀广政八年（945）周府君墓志铭
（图二二）

简介

该墓志由成华区文管所提供。其志石残损，形状略呈方形。志文字体为楷体，共 32 行，满行约 30 字，共计 800 余字。

释文

⍁□光禄大夫检校户部尚[书]……大夫上柱国汝南

⍁铭并序。

大蜀故□□军节度掌书记将仕郎试大……监风御史冯鉴撰并篆盖。

周府君丙□□载周之姓源族，系有家……祖德世功有

前昭武□惠公墓碑在⍁

公讳彦广，字□封，吴国⍁

烈考赠太师□⍁

皇妣清河张氏⍁

忠惠太师第三……生为……□□□诗书怀□□之友爱年十

五，授银青光……检……散骑常侍、兼御史大夫柱国，寻加□紫光禄大

夫、检校工部□尚书

⍁□登遐嗣□即位。乾德初，转授光禄大夫、检校尚书、左仆[射]、守右千

牛卫……年补左□威第三军使。咸□□年加特进检校□□□□南县开

国男、食邑□百户。鹏程益峻，爵秩仍加，方期袭冯树之功名，享□门之福庆，而

时钟否剥运□□崩……亡国之悲，自得归田之趣。长兴庚寅岁，

高祖文皇帝将□□□初招疆剑门□值于战争，驿路正劳于馈□两□☒

公监督皆副程期□举国之深□，济供军之急务，

今上皇帝缵承丕绪录……降鸿恩伟居清□……年，

授金紫光禄大夫、检校户部尚书、行将……监、兼御史大夫、上柱国。□武之道，

承荣克备于两□□□从时奉……□呜呼！未□大用忽遘沉

痾，禀命不融，享年四十有□，以广政八年乙巳秋……于净德坊之

私第，是岁冬□一月三日丙申葬于华阳县星桥乡清……从

先太师之茔，礼也。公□□二……长□彦操前蜀右☒

使检校太□仲曰□□龙武□□检校司徒并已即世夫人陇

西李氏……□雄军节度使镇□□中之长女也。子五人，长□光，祚已，逾

冠岁，宛……父风。其次光裕、住哥□□□哥，咸□幼。稚女三人，长女笄□未

出嫁。次女适故山南节度使太原武公之□□西头供奉□□谦。次女连

哥，年□岁俱抱蓼莪之痛，共伤栾棘之容，哭无常声，□无违……永诀日月

有时。□勒贞珉，合资鸿笔，鉴谬承遗，占莫敢固辞……呜呼哀哉！乃为铭曰：

☒□生兮志无所苟，公□浸兮庆垂厥后。金如玉兮葬☒

☒□为陵兮名不朽。

将仕郎前守罗目县□王廷遂书，刻□陈延昌。

图二三　张虔钊墓志盖

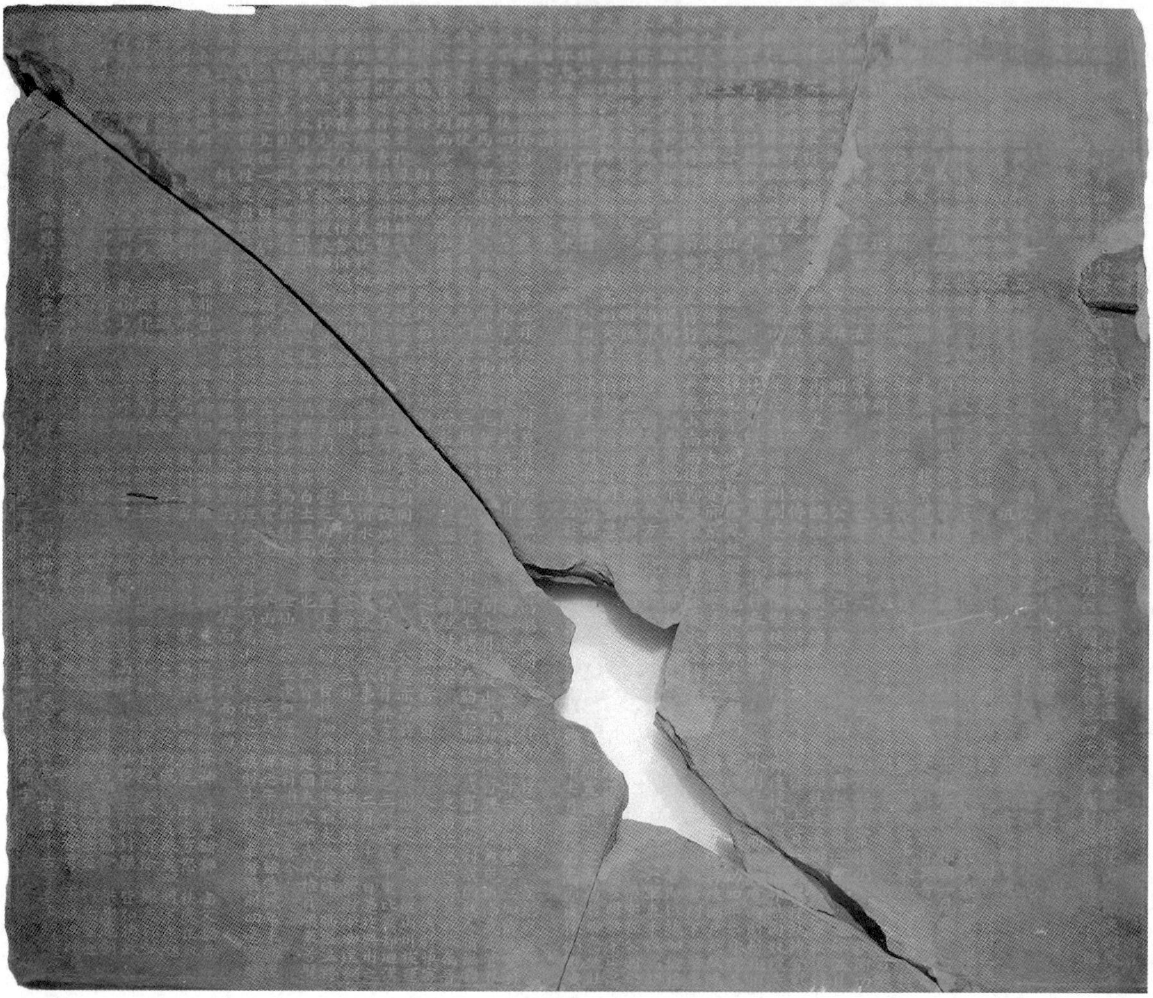

图二四　张虔钊墓志铭

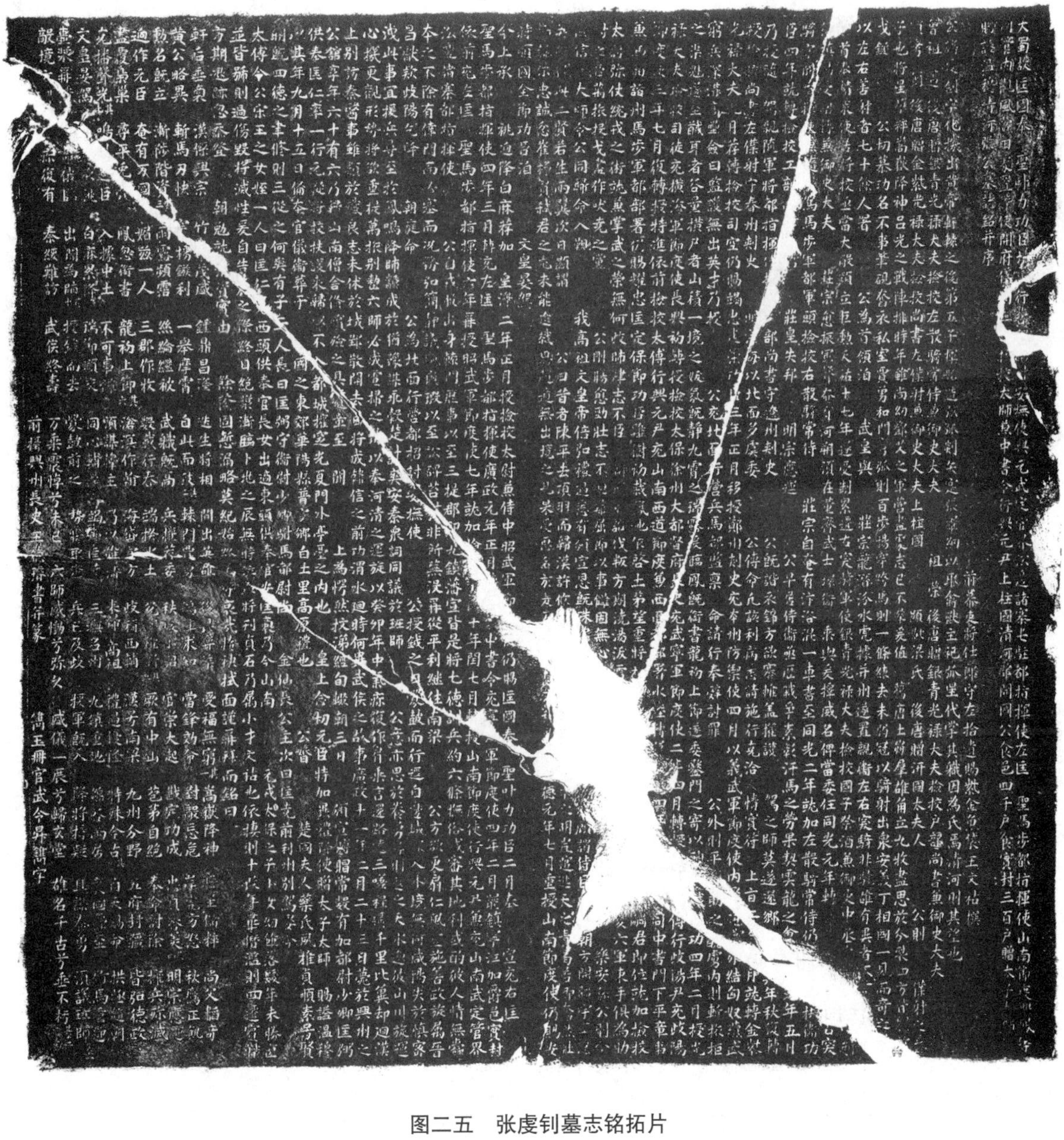

图二五　张虔钊墓志铭拓片

后蜀广政十一年（948）张虔钊墓志铭[1]

（图二三、图二四、图二五）

简介

该墓志出土于成都市东郊金牛区保和公社光荣大队（今成都市成华区保和街道）五代砖室墓内，现存于成都文物考古研究院。其墓材为细红砂石质，平置于前室正中。墓志平面呈边长为100厘米的正方形，厚15.5厘米。志盖为盝顶形，四周阴刻云纹、莲花纹和卷草纹，中间篆书“大蜀故赠太子太师赐谥温穆清河郡张公墓志铭”，共4排5行20字。志文楷书，有残损，共54行，满行约55字，约2540字。

释文

墓志盖：

大蜀故赠

太子太师

赐谥温穆

清河郡张

公墓志铭

墓志铭：

大蜀故匡国奉圣叶力功臣北[路]行营[都][招]讨安抚使兴元武定管界沿边诸寨屯驻都指挥使左匡圣马步都指挥使山南节度兴凤等

州管内观风营田处置等使开府仪同三[司]检校太师兼中书令行兴元尹上柱国清河郡开国公食邑四千户食实封三百户赠太子太师

赐谥温穆清河张公墓志铭并序。

---

❶ 成都文物考古研究所、成都博物院编著：《成都出土历代墓铭券文图录综释》，文物出版社2012年版，第73—77页；成都市文物管理处：《成都市东郊后蜀张虔钊墓》，《文物》1982年第3期。

前幕吏将仕郎守左拾遗赐紫金鱼袋王文祐撰。

公讳虔钊，字化机。出黄帝轩辕之后，第五子挥始造弦弧剡矢，寔张罗网，以取禽兽，主祀弧星，代掌其职，因为氏焉，清河则其望也。

曾祖迈，后唐赠银青光禄大夫、检校左散骑常侍、兼御史大夫。祖荣，后唐赠银青光禄大夫、检校户部尚书、兼御史大夫。

显考简，后唐赠金紫光禄大夫、检校尚书左仆射、兼御史大夫、上柱国；显妣梁氏，后唐赠汧国太夫人。公则仆射之长

子也。将星[储]粹，嵩岳降神。吕光之战陈排时，年虽尚幼；邓艾之军营画处，志已不群。爰值旧唐土崩，群雄角立，九牧尽思于分裂，四方皆耀于

戈鋋。公切慕功名，不事笔砚，奋衣私室，贾勇和门，弯弧则百步杨穿，跨马则一条练去。未弱冠，以骑射出众，安义丁相国一见而奇之，▨

以左右善射者七十余人，署公为首领。洎武皇与庄宗龙潜汾水，虎据并州，遂置亲卫左右突骑。非骁雄有异者，不[可]□□▨

▨首奉请求，便居将校，亟当大敌，频立巨勋。天祐十七年，遂受制累迁右突骑军使、银青光禄大夫、检校国子祭酒、兼御史中丞、□□□制

▨慎[清]，受诏转兼御史大夫。庄宗愈振军声，奄有河朔，须在董齐武士，环卫乘舆，爰择威名，俾当委任。同光元年，转……[右]突

骑，守斗指挥使、兼随驾马步军都军头、检校右散骑常侍。庄宗自奄有汴洛，混一车书，至同光二年，就加左散骑常侍，仍□□□拱卫功

臣。四年，就转检校工部[尚]□。□□庄皇失邦，明宗应运，公早居侍卫，亟历战争，素彰汗马之劳，果契云龙之会。□□[元]年五月，

乃授随驾亲随军将都指挥使、[检][校]□部尚书、守辽州刺史。公既谐衣锦，方欲褰帷，盖权护驾之师，莫遂还乡□□。[六]年秋，复转

授检校尚书左仆射、守春州刺史。明宗每以北面多虞，委公传命，凡该利病，悉请施行，克洽人情，实符上旨。二[年]□月，就转金紫

光禄大夫。九月，荐转检校司空，仍赐竭忠建荣（策）功臣。三年正月，移授郑州刺史、充本州防御使。四月，以义武军节度使内[聚]逆党，外结匈奴，

黩武

穷兵，深沟高垒。佥曰：监护无出英才。乃授公充北面行营兵马都监，禀命请行，奉辞讨罪。公外则平□助之丑虏，内则斩旅拒

之渠魁，遂至馘耳者谷量，横尸者山积，一境之妖氛既静，九霄之瑞露爰临。凤既衔书，龙初上节，遂委凿门之寄，以酬□□□功。四年二月，授光

禄大夫、检校司徒、充横海军节度使。长兴初，转授检校太保、徐州大都督府长史、充武宁军节度使。二年四月，转授检校太傅、行岐阳尹、充岐阳

节度使。三年七月，复转授特进、依前检校大傅、行兴元尹、充山南西道节度、兼西面都部署、水陆转运使。□四年□□，□□同中书门下平章事、

兼西面诸州马步军都部署，仍赐耀忠匡定保节功臣。鸡树初栽，凤池乍启，土茅望重，将□……嗣君即位，就加检校

太尉，弥仗统戎之术，就兼掌武之荣。无何，岐帅肆志不臣，朝庭下诏伐叛。方期浇汤沃雪……六军束手，俱为助

纣之臣；万旅投戈，尽作吠尧之党。公刚肠愈劲，壮志不回，难屈节以事雠，固无心……乐安孙公则今

武信大师令公同归命入觐。我高祖文皇帝倍弘礼遇，悉有颁宣，恩既殊……顾谓侍臣□，□朝方开疆宇，正急

英雄，得此二贤，若生两翼。次日显谓公曰：昔者陈平去项羽而归汉，许攸……之明，岂逭逃天之责，曷若即奋然壮

节，赫尔忠诚。忿崔杼负弑君之尤，未能进戮；思赵遁无出境之见，果受恶名。于是乃□□□□□□□明德元年七月，重授山南节度使，仍赐安

时顺国全节功臣。洎文皇晏驾，

今上承祧，迥降白麻，荐加皇泽。二年正月，授检校太尉、兼侍中、昭武军节度使，仍赐匡国奉圣叶力功臣。二月，奉宣充右匡

圣马步都指挥使。四年三月，转充左匡圣马步都指挥使。广政元年正月，

□□□中书令、充宁[江]军节度使。四年二月，罢镇宁江，加爵邑实封，

依前充左匡圣马步都指挥使。六年，再授昭武军节度使。七年，就加检[校]□□。十年闰七月，转授山南节度使、行兴元尹、兼充山南武定管界

沿边诸寨都指挥使。公自戎服出身，辕门历事，以至三提郡印，九镇藩宣，皆是将七德训兵，约六条抚俗。或审其地利，或酌彼人情，无蠹

本之不除，有倖门而必塞。而况务弘简静，议绝疵瑕，以至讼碑苔□，非所芜没。再从平利，继往南梁，公方欲更扇仁风，重施善政。旋属晋

昌献款，岐阳乞降，朝庭命公为北面行营都招讨安抚使。公授钺之日，衅鼓而行，径自边城，深入外境。无何，咸阳失于慎密，

泄此事宜，援兵寻至于凤鸣，降帅翻成于犹豫。谋乖谷楚，计爽安秦，众词同议于班师，公意亦思于养勇。□则□之天水，迴彼山川，旋运

心机，更观形势。将欲重提万旅，别整六师，必成电扫之[功]，以奉河清之运。旋以癸卯年中气疹复作，肩乘言还，路远三嵯，程遥千里。比翼却回汉

上，别访秦医，事虽类于歼良，志未休于城郢。散关去日，将成韩信之前功；渭水回时，何异武侯之故事。广政十一年二月二十三日薨于兴州之

公馆，享年六十有六，乃归山南僧舍，备殡殓之具。遗章至阙，上为愕然，抆涕经旬，辍朝三日，颁宣赙赗，常数有加。都尉少卿匡弼、

供奉匡仁率一行元从将校扶护来归，以不入都城，权窆光夏门外亭台之内也。皇上念切元臣，特加异礼，降使赠太子太师，赐谥温穆。

以其年九月十五日备本官仪卫葬于国之东郊华阳县普安乡白土里高原，礼也。公婚楚国夫人药氏，夙推贞顺，素号贤

明，既四德之聿修，则三从之何爽。有子二人：长曰匡弼，守卫尉少卿、驸马都尉，尚金仙长公主；次曰匡尧，前利州别驾，娶今

太傅令公宋王之女。侄一人，曰匡仁，[充]西头供奉官。长女出适东头供奉官安匡裔，乃今山南元戎太保之子；小女幼虽落发，年未胜丧。

并皆号则过伤，毁将灭性。爰自告□之际，终日绝浆；渐临卜兆之辰，无时泣血。将刊贞石，乃属小才文祐也，依栖则十改年华，僭滥则四迁宾职，

方期退迹，忽忝登朝，勉就□资，实由余荫，固惭漏略，莫纪始终。呜呼哀哉！掩袂拭面，谨再拜而铭曰：

轩后垂裔，汉杰兴宗。竹□茂盛，钟鼎昌隆。迭生将相，间出英雄。后昆弈叶，受福无穷。其一嵩岳降神，将星储粹。尚父韬奇，

黄公略异。斩马刃快，穿杨镞利。一举摩霄，自此而致。其二辕门贯勇，鹳上求知。当锋效命，对敌忘危。岸虎方怒，秋鹰正饥。

勋名既立，渐陟阶资。其三雨露频沾，丝纶继被。武职既高，兵权荐委。秩峻小貂，官崇大起。戡定功成，忠贞誉美。其四明宗应运，

迥作元臣。奄有万国，媚兹一人。三郡作牧，数载行春。端揆水土，兑泽惟新。其五厥有中山，苞茅自绝。奉命讨除，拥兵殄灭。

尽覆枭巢，寻平兔穴。凤忽衔书，龙初上节。其六沧溟作翰，海岱守方。岐称西辅，汉号南梁。九州分野，五府封疆。皆弘德政，

克播声光。其七鸣□逆臣，入据中土。不可事雠，须谋择主。乃以雄藩，来归高祖。礼遇优隆，特殊今古。其八自天锡命，拱极趋朝。

文皇晏驾，今上承祧。白麻累降，瑞节频交。同心辅舜，竭节匡尧。其九三抚名州，九镇重地。绵谷两居，襄国叠至。竹马重迎，

壶浆再□。□命俄临，出关为帅其十，授钺而去，衅鼓前之。势将取豳，兵已及歧。援军既入，降将持疑。且谋养勇，须议班师。其十一

敌境方□，□疹复有。秦缓难访，武侯终寿。万乘震悼兮未已，六师感恸兮弥久。盛仪一展兮归玄堂，雄名千古兮垂不朽。其十二

前摄兴州长史王德璿书并篆镌玉册官武令升镌字。[1]

[1] 部分释文参考仇鹿鸣、夏婧辑校：《五代十国墓志汇编》下，上海古籍出版社2022年版，第536—540页。

图二六　韩府君夫人刘氏墓志铭

图二七　韩府君夫人刘氏墓志铭拓片

后蜀广政十二年（949）韩府君夫人刘氏墓志铭

（图二六、图二七）

简介

该墓志出土于成都市北郊将军碑，属于五代时期墓。其铭文 35 行，每行字数不等，约计 1000 字。

释文

蜀故韩府君夫人蔡国太夫人刘氏内志铭并序。

武泰军节度掌书记将仕郎检校尚书水部员外郎赐绯鱼袋张麟述。

大懿范懋陶亲之德既嘿芳音令猷高孟母之贤合编遗美将传异代共播慈风

故蔡国太夫人，姓□氏，生籍雍州，其先任尧帝掌龙之职焉，以至垒叶重柯，摽时闲代。或则临花县而政

能反火，永作嘉□□射□方州而化，美示蒲垂为理本，门流积善庆钟令仪。国太夫人即其后也。

显考昱，任将仕郎□凤州河池县令。妣陇西郡李氏，柱史洪源，仙舟令派。国太夫人即

李氏所出□，乃明府之第二女也。历历华宗，绵绵贵胄，备传青史，不更殚书。

国太夫人长□良家，归于茂族，即

故韩府君也，□□已先顺世。府君推心梗概，禀性温良，兼人之虑，素高莅事之才，至博累兮，镇遏

并著嘉声。当□王用武之秋，虽观虎战，及先帝称尊之日，不见龙飞开马，髡以悲人。俄成

故事，佩鱼符而□俗，莫预新恩。国太夫人以令淑移天，贞规就室，爰垂女范，迥秀坤仪。举

桉伸恭，敬奉出三□之外；择邻垂训，贤明加四德之中。明德二载，

圣朝以黔帅太保肇兮

符竹之贵，封彭城县太君。三年冬十有一月，进封彭城郡太君。广政十有一载秋九月，

进封蔡国太夫人。内训风高，中闱道盛。花明绣户，绮罗延王谢之亲；歌远画梁，云雨簇幽燕之妓，其富也

如此。金乌见处，问安兴仗节之人；玉兔藏时，侍膳立封侯之子，其贵也如是。不意灯悬晓

焰，月闪晨光，初有告于灵医，方闻违裕。终无验于枚卜，遽至弥留。冬十有二月五日终于甘泉坊之第，

享年七十有四。呜呼！流光独迈，难评电逝之疑；瞑色交兴，无辨虹藏之处。

国太夫人九霄降制，三授进封以古，以今享福享寿，石窌之贵，无以加焉。以十二年春三

月二十有九日合祔于成都县会仁乡承恩里先府君之茔，礼也。九族尊卑，执绋而咸趋葬所；

一朝卿相，驱车而尽至茔丘。令子继（勋），竭诚奉义，保节功臣，宣徽南院使、兼左右两街功德使、武泰

军节度，黔、涪、思、费、溱、南夷、播等州管内观风处置等使，光禄大夫、检校太保、使持节黔州诸军事、守黔州

刺史、兼御史大夫、上柱国、南阳县开国子、食邑五百户。自服粗縗，备彰哀毁，居丧有礼，泣血无时。

新妇王氏，封琅琊郡夫人，缠哀捧奠，致敬如生，雨泪临丧，兢恭若在。嫡孙德远，正议大夫、行太府

少卿、上柱国、赐紫金鱼袋，前程可验，渥洼千里之驹；逸势难量，丹穴九苞之凤。礼娶宋王爱女，天

水郡赵氏，齐姜族大，谢女门高，奉箕帚而自勤，事舅姑而愈敬。孙女三人：长封南阳县君，适

给事中、赐紫金鱼袋王德钧，即前武德军节度使、检校太傅、兼中书令致仕之长子也；次适

守尚书礼部郎中、赐紫金鱼袋范从龟，即今御史中丞之长子也；少适前嘉州长

史王守训，即今兴元府护军、检校司徒之第三子也。皆生知妇道，誉袭兰香，咸归

轩冕之家，并执贤和之礼。至孝太保，以麟名叨记室，职忝掌文，许贡荒芜，固约辞让，仰承

尊旨，跪献铭云：

贵绳华裔，秀出高门。归于韩氏，荣承国恩。一懋声光，高堂振美。三授封号，因生令子。

言贵言富，至荣至华。享年有数，享福无涯。永别重离，长归习坎。得礼饰终，其谁不感。

盈路车盖，泛若川流。举朝卿相，尽至茔丘。疑岁久兮随陵变，虑时迁兮同岸易。固磨金兮刊此。

铭向贞珉兮藏閟穸随使孔目官张谦书。

玉册官武璋镌字。

图二八　徐铎墓志盖

图二九　徐铎墓志盖拓片（上）和墓志铭拓片（下）

后蜀广政十五年（952）徐铎墓志铭[1]

（图二八、图二九）

简介

该墓志出土于成都市城东五桂桥附近、成都无缝钢管厂三号门附近一座大型多耳室长方形券拱砖室墓，现存于成都永陵博物馆。其墓材为细红砂石质。墓志呈正方形，高79厘米，宽78厘米，厚8厘米。志盖高77厘米，宽76厘米，厚14.8厘米。正方形顶面，边长38厘米。四刹上阴刻卷叶纹和莲花图案，每两边对称一朵莲花、一种繁花、一种剑莲；顶面中心上刻篆文“大蜀故高平徐墓志铭”，共3行9字；底面内凹。志正面经过打磨平整，以楷书镌刻铭文，个别镌字已蚀毁，共38行，满行40字，存字约计1160字。

释文

墓志盖：

大蜀故

高平徐

墓志铭

墓志铭：

故竭诚耀武功臣左匡圣步军都指挥副使兼第二明义指挥使金紫光禄大夫检校太保使持节彭州

诸军事守彭州刺史兼御史大夫上柱国高平县开国男食邑三百户徐公内志。

公讳铎，字宣武，本帝颛顼之裔，大业之苗。至伯翳左禹平土有功，

---

[1] 成都文物考古研究所、成都博物院编著：《成都出土历代墓铭券文图录综释》，文物出版社2012年版，第80—83页；成都市博物馆考古队：《成都无缝钢管厂发现五代后蜀墓》，《四川文物》1991年第3期。

舜赐嬴姓，其后始封于徐，即彭城，其

本望也。至后汉徐范八代孙绩为高平太守，家于高平，故以高平为望也。公即绩之苗裔矣。

曾祖讳承肇，皇任银青光禄大夫、检校刑部尚书、镇州左都押衙。

祖讳令钊，皇任银青光禄大夫、检校国子祭酒、镇州土客马步使。

考讳宥德，皇任银青光禄大夫、检校工部尚书、守梓州别驾，妣广平宋氏，公即其长子也。仕

后唐庄宗皇帝，同光初，补充左羽林效义指挥第二都军使。及庄宗克平梁菀（苑），以军功，三年夏六

月除授银青光禄大夫、检校太子宾客，兼监察御史，仍赐忠义功臣，宣从兴圣太子，令公入蜀。

高祖文帝作镇成都，改补充剑南西川节左厢第五怀忠指挥使，用是训齐士仵，习练干戈，郁有机谋，勋

业始著。天成三年，奏加殿中侍御史。长兴元年春二月，改转充左厢第四宣威指挥使。明年，集州行营，大

显殊功，还归京辇。寻属东川董相加兵，涉于雁水，大战棕桥，复立巨功，高祖褒其英勇，署

摄普州刺史。施仁布义，去弊除讹，百姓咸归焉。四年，高祖真封，承制加检校工部尚书，正守

普州刺史。明德元年，高祖龙飞。夏六月，就加检校兵部尚书，依守普州刺史。是岁，

高祖晏驾，今上践祚，不忍改年。二年春，考袄未满，复加检校尚书右仆射，改转使持节渝州

诸军事、守渝州刺史，仍赐竭诚耀武功臣、峡路行营都指挥使，威振吴越，惠安夔万。广政元年春二月，改

转充左匡圣步军都指挥副使、兼第二明義指挥使、检校尚书左仆射，赴 圣主之忧勤，定边疆

之烽燧。二年春三月，除授使持节渠州诸军事、守渠州刺史，既正六条，雄歌五袴。六年春二月，加司空、使

持节眉州诸军事、守眉州刺史，守子罕清廉，行国乔之惠爱。七年秋，

就加金紫光禄大夫，依前检校司空，

进封高平县开国男，食邑三百户，增封示贵，列爵称荣，望重世家，永隆宗祖。十年，奉宣充北路行

营，势动关西，威加陇右。十年秋八月，加检校司徒，九霄雨露，沛沾战伐之劳；一品元勋，沐浴优隆之泽。十

三年夏五月，加检校太保，寻奉

宣旨，补充峡路行营兼宁江军管内沿边诸寨屯驻都指挥使。十四年冬十月，除

授使持节彭州诸事、守彭州刺史。

睿泽既降，梁柱已摧，空悲定远之心，独继伏波之志。以其年十有二月廿二日薨于宁江军屯驻官舍，春

秋六十有三。维广政十五年岁次壬子四月丙戌朔日葬于华阳县普安乡沙坎里之茔，礼也。

夫人清河县君张氏。男十三人：长男思言，左骁锐马军指挥第三都头、银青光禄大夫；次男殿直延楷；

次男延矩，前任凤州长史；又次男延范，任源州别驾；又次男延瑫，前任眉州长史；又延祯，前源州长史；

次男延蕴，前任兴州长史；

余二子年龄尚幼，未有成立。

长女适弓箭殿直、银青光禄大夫、检校太子宾客扶风郡马延超，

中女适殿前承旨太源郡王崇遇，又中女适殿前承旨京兆郡黎绍美，又

中女适广平郡焦重谔，余二女方当稚齿，遽失所恃。

公之季弟审唐，比俟急难，先殒于世……并兢持仁子之道。

公发迹镇州，起于蜀，辅翼

明主，亲总军戎，拱卫两朝，五持郡印，被坚执锐，破敌摧凶，勋绩劳能，备于外志。虑其风雨寝渍，文字

虑其磨灭，故以直书正事，秘于幽壤焉。

乡贡进士赵延龄撰镌字官武仁永刻字。[1]

---

[1] 部分释文参考仇鹿鸣、夏婧辑校：《五代十国墓志汇编》下，上海古籍出版社2022年版，第540—542页。

后蜀广政十八年（955）韦毅夫人张氏墓志铭[1]

简介

该墓志于中华人民共和国成立前由成都收集。其墓志宽 51 厘米，高 54 厘米。志文正书 24 行，每行 27 字，共计约 690 字。

释文

蜀故清河郡夫人张氏墓志铭并序。

侄婿前源壁等州观风判官将仕郎检校尚书虞部员外郎兼监按御史赐绯鱼袋罗济撰。

贤妃助治于国，哲妇赞成其家，德教内修，礼文外化，故《诗》纪鹊巢采蘩，美

后妃夫人之德也。有蜀将仕郎、检校尚书水部员外郎、前守蜀州新津县令、兼侍御史、赐绯鱼

袋京兆韦公毅故夫人之谓与。张之氏，乃轩辕皇帝子挥为弓矢以张之，因而命

氏。《易》曰：弧矢之利，以威天下。自姬周炎汉，降及隋唐，代有其人，辉华简策，此不云矣。

夫人曾王父讳远，唐皇任万州安边指挥使。王父讳章，皇任万州西厢都知兵马使。

皇考讳球，前蜀皇任左百捷第二军使。弓裘奕世，韬略承家，将期烈岳之封，俄起逝川之叹。

夫人即总戎次女也。前蜀嘉王太师仗节镇江，奏公充掌记，

夫人字道华，年十六归于记室。方及美职，获偶嘉姻，匪唯其淑德茂才，可谓其

---

[1] 四川省文物管理局编：《四川文物志》上，巴蜀书社 2005 年版，第 294—296 页。

将门相族，克叶和鸣之兆，允符齐体之规。况禀秀星躔，分辉月冕，礼容闲雅，词旨贤

明。澄澹而宝匣霜寒，肃穆而兰蘩露冷。女功妇德，家法母仪，严整自持，慈裕无爽。闺门之

内，畏爱得中，已谐偕老之期，冀保宜家之道。呜呼！修短之数，今古同悲，琼钟谢响于清晨，

玉蕊飘英于厚夜。以广政十七年甲寅岁寝疾，九月二十七日终于左绵私第，享年五十九。越明

年冬十月八日葬于成都府华阳县星桥乡清泉里，礼也。夫人有三子四女：长男令均，前

任眉州司户参军，婚赵氏；次男令弼，前任秘书省秘书郎，婚王氏；季男令恭，前任绵州司户参军，

婚仲氏；长女娉前遂州方义县主簿王崿；二女娉铜山县令王延昭；

夫人即世，三女、四女幼年，皆承慈训，郁有士风。[遽]此偏孤，愈增摧毁，宅兆有期于远日，

音容已诀于终天。公抚存悼亡，感今怀昔，俾书世[籍]，以志

玄堂。济谬奉旨踪，辄直纪叙。

铭曰：

贤妃哲妇，治国承家。兴言设教，从俭去奢。受氏分封，肇自轩帝。弧矢威戎，冠裳奕世。

《诗》称女德，《礼》载妇容。环佩肃肃，词旨雍雍。幻化难穷，浮生若寄。命也有涯，人之不讳。

将归真宅，乃启玄堂。华阳故国，眠牛旧岗。迥野萧条，寒泉呜咽。万古千秋，悲风夕月。[1]

---

[1] 释文照录自仇鹿鸣、夏婧辑校：《五代十国墓志汇编》下，上海古籍出版社2022年版，第542—543页。

后蜀广政二十一年（958）韦縠墓志铭[1]

简介

该墓志出土于成都市东郊十里店。其墓材为红砂石质。志石呈正方形，高 61.7 厘米，宽 62.3 厘米，厚 8.5 厘米。志盖为盝顶式，在盝顶边长为 28 厘米的正方形顶面上，篆刻竖 3 行 11 字，曰：“大蜀京兆郡韦府君墓志铭。”四刹边宽 16.5 厘米，上下边阴刻牡丹花，左右刻窜枝莲花。志文为正书，共 40 行，满行 40 字，全文共计约 1280 字。

释文

墓志盖：

大蜀京兆郡韦府君墓志铭。

墓志铭：

☒□故蜀州新津县令韦府君墓志铭并序。

侄婿将仕郎检校尚书虞部员外郎守彭州九陇县令兼监按御史赐紫金鱼袋罗济撰。

韦之氏出颛顼大彭之后，夏封于豕韦，因以命氏。自楚太傅孟徙于鲁，至玄孙贤为汉丞相，始居京兆之

杜陵。公族望高，洪源派远，逮自魏晋，降及隋唐，相印兵符，鸿儒硕学，光昭世籍，辉映士林，此不备载矣。

府君讳縠，字致文。曾祖讳式，皇任晋州洪洞县令，累赠尚书户部侍郎。祖讳宗武，皇任复

州刺史，赠右谏议大夫。父讳贻范，皇任尚书户部侍郎、同中书门下平章事、诸道盐铁转运等使、

判度支。相国道在致君，才推命世，文章可以经纬天地，器局可以苞

---

[1] 四川省文物管理局编：《四川文物志》上，巴蜀书社 2005 年版，第 294—296 页。

括古今，负周召之雄图，蕴

房杜之远略，屡平多难，亟拯横流，方济般舟，重安汉鼎，克盟带砺，载耀旗常，功德被于生民，福庆钟其

华胤。相国有子六人、女二人。遭家不造，执亲之丧，四海未宁，中原多事，遂扶侍

先国太夫人孔氏入蜀，认鹿头之王气，出鹑首之危邦。

王先主早托洪钧，曲回青眼，优容厚礼，改馆加笾。旋属正位金行，开基玉垒，盛簪裾于霸国，选名器

于相门。长兄栾，皇任东川节度副使。仲兄縠，皇任侍御史。

次兄瑕，起家授简州金水县、广都县，赐绯鱼袋，寻转守礼部郎中兼太常博士，赐紫金鱼袋。

今朝先皇帝镇临之初，首蒙拔擢，云霄路稳，羽翮风高，践履清华，便蕃贵盛。

今上弥隆倚注，迥降丝纶，乃自大仪兼领彭郡，久悬众望，即副具瞻。次弟宏，皇任源州

观风判官。季弟毂，前守陵州录事参军。长姊归御史大夫刘公，封扶风郡夫人。次妹

归丞相赵国张公，封燕国夫人。

府君即相国第四子也。风神爽秀，宇量弘深，负不羁之才，待不器之用。海鹏凌厉，一飞伫徹于天

门；星骥腾骧，平步将追于日驭。起家授邛州蒲江县令，罢调鹄箭，暂屈牛刀，弹绿绮以化民，制美锦以为

政。嘉王太师爰自朱邸，出拥碧油，奏请充镇江军节度掌书记，检校尚书水部员外郎、赐绯鱼袋。渌水

红莲，酝藉独推于昔日；朱衣象笏，风流正是其少年。次任汉州绵竹县令，吏畏严明，民感弘恕。次任阆州

南部县令，政优事简，远肃迩安，地征既集于常期，天爵伫旌于殊考。

今朝文皇帝差摄蜀州新津县令，载扬干敏，咸伏公清，仓箱并实于军储，布帛皆豊（豐）于国用。次任阆州

阆中县令、次任录事参军，错节盘根，提纲振领，奸邪自息，茕独咸苏。次任眉州洪雅县令，次再任新津县

令。每叹徒劳之职，孰縻不系之舟，思起林泉，情忘簪组，闭关却扫，居常待终。广政十九年丙辰八月二十

四日寝疾终于绵州履善坊私第，春秋七十二。呜呼！生也有涯，人之不讳。晦明迭代，修短无恒。不得志于

清朝，良可悲于终古。以府君之智谋宏远，可以作明天子之股肱；以

府君之言行端庄，可以作士大夫之标准。时不我与，天何言哉！夫人清河张氏，先

府君即世。有三子、四女：长子令均，次曰令弼，次曰令彬；长女嫁岳池县主簿王崿，次女嫁前铜山县

令王延昭，并先殒逝，三女未字，四女嫁董氏，早承训谕，各禀温恭，号噎衔哀，毁瘠过礼。二十一年戊午

岁七月二十七日，自左绵扶护，归就华阳县星桥乡清泉里，祔于先夫人之茔，礼也。

彭牧尚书以手足凋零，肝心殒裂，津济丧事，轸恤诸孤，既谐卜日之期，益痛终天之诀。济幸联

末戚，过忝殊慈，追攀徒感于生平，叙述实多于漏略，辄陈世德，用纪玄堂。

铭曰：

颛顼其先，大彭之后。裔自夏封，氏因国受。间生硕德，来赞大君。盘盂颂美，竹帛书☒

诗礼传家，轩裳弈世。汉鼎重调，殷舟克济。道系消长，时有污隆。天命于改，家艰遽☒

负笈离秦，扶侍入蜀。脱免兵戈，蝉联爵禄。淹留五纪，扬历四朝。相门贵盛，士族清高。

沉玉波浑，摧兰露重。智愚同尘，古今所痛。将□真宅，乃启玄丘。荒郊草白，灌木烟秋。

锦水澄清，岷山浮翠。琴瑟道存，初终礼备。晦明修短兮，物数难逃。得丧悲欢兮，人生总定。

积善之家，必有余庆。

彭城郡刘铸书，陈允胤镌字。[1]

---

[1] 释文照录自仇鹿鸣、夏婧辑校：《五代十国墓志汇编》下，上海古籍出版社2022年版，第546—548页；四川省文物管理局编：《四川文物志》上，巴蜀书社2005年版，第294—296页。

图三〇　孙汉韶墓志盖拓片（上）和墓志铭拓片（下）

后蜀广政十八年（955）孙汉韶墓志铭[1]

（图三〇）

简介

该墓志出土于成都市金牛区青龙乡西林村（现属成华区）一座大型长方形砖室墓。墓志平放于前室和中室之间，棺床之前，形状为正方形，边长 82 厘米，厚 10 厘米。志盖位于前室中部南壁下，边长为 82 厘米；盖顶四刹阴刻缠枝花纹、蝴蝶、卷云纹等，正中篆书“大蜀故守太傅乐安郡王赠太尉梁州牧赐谥忠简孙公内志”共 6 行 24 字。志文为楷书，共 45 行，满行 44 字，但志石中部断裂，现仅存 1630 字左右。

释文

墓志盖：

大蜀故守

太傅乐安

郡王赠太

尉梁州牧

赐谥忠简

孙公内志

墓志铭：

大蜀故匡时翊圣推忠保大功臣武信军节度遂合渝泸昌等州管内观风营田处置等使开府仪同三司守太

傅、兼中书令使持节、遂州诸军事守遂州刺史、上柱国、乐安郡王，食邑三千户，食实封二伯户，赠太尉梁州牧，赐谥

[1] 成都文物考古研究所、成都博物院编著：《成都出土历代墓铭券文图录综释》，文物出版社 2012 年版，第 86—88 页；成都市博物馆考古队：《五代后蜀孙汉韶墓》，《文物》1991 年第 5 期。

忠简孙公内志。

门吏前遂合渝泸昌等州观风支使将仕郎、兼监按御史、赐绯鱼袋王义撰。

前摄保胜军团练巡官将仕郎、试秘书省秘书郎白守谦书并篆。

公讳汉韶，字享天，其先太原人也。昔周武王克商，成王定之，选建明德，以藩屏周，封康叔于卫。至武公子惠孙曾耳

仕卫为卿，因以为氏。公即唐云州别驾讳□之曾孙，岚州使君、司徒讳昉之孙，

后唐振武军节度使、赠太尉讳存进之长子。大昴传精，洪□降气，早亲弓剑，素蕴机谋。爰属后唐高祖武皇

帝潜龙并汾，先太尉握兵辅翼，岁在庚申，遂内举公，武皇录公充随使军将。天祐初，转

充定海军副兵马使。三年，武皇赋代，庄宗嗣兴。四年春，署公定安军使，墨制授银青

光禄大夫、检校国子祭酒、兼御史中丞、上柱国。于时宝位未定，戎事方殷，公累历艰危，继伸劳効，至

癸酉，转五院第五院军使。丁丑，以功升第二院兼都知兵马使，加检校左散骑常侍、兼御史大夫。庚辰，迁牢城都指

挥使，授金紫光禄大夫、检校兵部尚书。同光元年，庄宗克复梁朝，奄有区宇，以麟州蕃落背叛，命

公剪除。氛祲才消，丝纶荐至。三年冬十有二月，授公检校尚书右仆射、守蔡州刺史。四年，

庄宗晏驾，明宗鼎新，改元天成。至二年秋八月，就加公竭忠建策兴复功臣，超授检校司空，依前守

蔡州刺史。向国输忠，临民布惠，土丰襦袴，境绝凶荒，千里无虞，一郡大理。三年春三月，除检校司徒、充彰国军节度

观风留后，封乐安县开国男，食邑三百户。四年春三月，天子以故林在乎彰国，荐其祖宗。公躬奉

诏书，修崇清庙，厥工才毕，宠泽爰覃，就加光禄大夫、检校太保，

依前充彰国军节度观风留后。其年夏

四月，值太夫人凶变，俄返北京。哭即过哀，毁而几灭，虽[频]加起复，而终被缞麻。长兴二年秋，服满

朝参，寻奉宣充西面行营步军都指挥使。三年春正月，除依前检校太保，遥授昭武军节度使、充西面行营

副都部署，迁封开国子，加食邑二百户。四年夏六月，移授武定军节度使、兼西面诸州本城屯驻马步军副都部署，

封开国伯，加食邑二百户，改赐耀忠匡定保节功臣。更峻军权，显持龙节，师戎集睦，黎庶安康，举申令以严明，致封

疆而肃静。明年春正月，就转检校太傅，迁封开国侯，加食邑三百。会明宗遗剑，嗣主承乾，

公方竭孝忠，欲匡运祚，而歧帅肆无君之志，坚篡立之心。公乃请行营都部署、山南节度使故温穆

张公，劲领锐师，欲平患难。及军情翻变，神器迁移，遂与故温穆张公远贡表章，同归明圣。

高祖文皇帝以公有太原之旧，礼遇加崇。明德元年秋七月，制赐公安时顺国全节功臣，授永平军

节度使，依前光禄大夫、检校太傅，封开国公，加食五百户。是月，高祖登遐，

今上纂极。二年春正月，就加公开府仪同三司、同中书门下[平]章事，添食邑五百户，改赐匡国奉圣叶力功

臣。四年春三月，奉宣充右匡圣马步军都指挥使。广政元年春正月，除昭武军节度使，加食邑五百户，食实

封一伯户。二年春二月，上以公世为华族，家[有]名才，爰遵归妹之文，遂展

降嫔之礼。秋七月，遽转授公山南节度使。自秩满归朝，至七年春正月，复加检校太尉、兼中书令，增

食邑五百户，食实封一伯户。其年夏六月，再授山南节度使。十年春正月，雄武帅臣，将山河而仗顺；凤集郡

守，据兵甲以携离。公奉命专征，筹谋制胜，洎成勋烈，益腆渥恩。秋七月，除武信军节度使。旋

年转左匡圣马步军都指挥使。十有三年春正月，公以圣主昭彰一德，表正万邦，乃竭赤

诚，同献徽号。册礼既饰，命数弥隆，就加公守太保，改赐匡时翊圣推忠保大功臣。十有四年春正

月，转充捧圣控鹤都指挥使。十有七年春三月，再授武信军节度使，加守太傅，依前兼中书令，封乐安郡王。旋年

赐肩舆出入，崇恩厚也。公历仕数朝，久登贵位，□戎有截，事主无回，以至位正公台，爵

分王土。将觊长施宏略，永奉明时，何期忽染微痾，□成美疹，顾短长而有数，谅药石以无征。以广政十

有八年岁次乙卯秋八月丁酉朔十日丙午，未罢藩镇，薨于成都县武檐坊私第，享年七十有二。

上闻之出涕，辍朝七日，降使持节行礼，追赠太尉、梁州牧，赐谥忠简。其年冬十有二月乙丑朔

六日庚午，以本官仪卫葬于华阳县升仙乡贺仙里之原，礼也。赠谯国夫人李氏，

公之夫人也，先公殁世。有子五人：长曰晏琮，怀忠秉义功臣、银青光禄大夫、检校司空、守右威卫大将军、守

眉州刺史、兼御史大夫、驸马都尉，尚兰英长公主；次曰晏琦、晏珍，充东头供奉官；幼曰晏珪、晏玫，未

仕。一女妻于武定军节度使吕公之第二男、西头供奉官宗祐。公巨绩殊庸，备载外志，惟虑土昏苔驳，

以昧厥文，别刻贞珉，兼藏閟室，故直书其事者矣。蹇弘信刻字。[1]

---

[1] 部分释文参考仇鹿鸣、夏婧辑校：《五代十国墓志汇编》下，上海古籍出版社2022年版，第543—546页。

图三一　大蜀高氏墓志盖

大蜀高氏墓志盖

（图三一）

简介

该墓志盖现存于成都文物考古研究院，其墓盖图案精美，上用篆隶书“大蜀故陆州刺史高公墓志铭”12 个大字。

释文

大蜀故陆州刺史高公墓志铭。

图三二　赵世良墓志铭阳面拓片

妣夫人吴氏先亡葬於右穴
曾祖妣夫人勾氏墳在今昇遷橋下黄
由小路入數射地近南郭家地
嘉祐七年歲次壬寅十二月五日孫

图三三　赵世良墓志铭阴面拓片

北宋嘉祐七年（1062）赵世良墓志铭[1]

（图三二、图三三）

简介

该墓志出土于成都市成华区青龙乡东林村东林花园第八号墓，墓葬为北宋券拱双室砖室墓，现存于成都文物考古研究院。其墓材为细红砂石质。志石呈竖长方形，上半部残断，残高 97.5 厘米，宽 40.9 厘米，厚 5.7 厘米。志文字体为楷书，共 13 行，满行 50 字，现仅存约计 580 字。志石背面剥蚀严重，部分文字缺泐，或漫漶不清。额题“赵府君墓铭”，字体为篆书。首题“亡考内志碣”等字，现存的 83 字，字体为楷书。

释文

阳面：

故外舅天水赵府君墓志铭。

婿乡贡进士陈景撰，孤[复]书。

[外]舅府君讳世良，其先广汉什邡人也。祖讳能，祖妣勾氏。考讳余庆，妣张氏。当伪蜀孟氏时，大父以刀笔入事王[府]，故家⊠

⊠宋乾德中，王师伐蜀，大父随孟氏归，命朝见。祖妣勾氏与考君获免。蜀既平，考君治生业，奉养勾氏。府君生[于]太

[平]兴国二年，总角逮事勾氏，已而大父莫知存殁，岁遭寇乱而考君逝，府君始胜冠，乱中逃命，几不免者数焉。□平家产破散

[荡]尽，零丁孤苦，有兄而亡，府君无所从，乃束发隶名藩府，服事侯伯，奉公谨严，不黩货利，见者惮之，履历职员曾……纶诰。

年过五十，倦其劳，以病谢去。事母至孝，治生勤俭，不喜虚华，性刚直，与人居见事不如其宜，必形于言，见端悫有德，必亹亹钦[慕]⊠

重佛法因果，好诵金刚经，持秘密真言。晚龄尤焉，常对佛焚香，祝曰：

---

[1] 成都文物考古研究所、成都博物院编著：《成都出土历代墓铭券文图录综释》，文物出版社 2012 年版，第 127—130 页。

愿长往之日如眠梦。且在岁寒年逾七十，为寿藏棺椁毕具。嘉

祐七年秋九月二十有一日，寝疾。至冬十月二十有三日卒于成都县市东团之居，如其愿言，享寿八十有六，即以其年十二月十

有一日归葬于华阳县升仙乡常平里，从考妣之茔兆焉，礼也。府君娶吴氏，先府君九年而殁。吴氏生一男，复庆历二年

登进士第，曾任汉州绵竹县尉，就移嘉州平羌县令，又就除府学……兼教授，以府君一子恩听就养故也。二女，长适进

士罗君章，次归末族。

铭曰：

▨绪如线，重遭离乱，逮见太平，出于涂□，□难如何，禀性刚直……□杜闻见，有德亹亹，钦向其人，如何享年，耆耊有子，起家累任，

天道不遐，其报显焉，信重佛法，顶□精专，及其长往，一如□□，□归安焉。呜呼！山峩峩兮水潺潺，松萧萧兮草芊芊。谓

▨固皦然于乎其间，其不□□其不泯乎？

▨士郭胥堂篆额，王震刻字。

阴面：

▨赵府君墓铭

亡考内志碣▨

▨寿藏左右二穴同其▨

▨妣夫人吴氏先亡葬于右穴

曾祖妣夫人勾氏坟在今升迁桥下黄土寺▨

由小路入数射地，近南郭家地。

嘉祐七年岁次壬寅十二月五日孤复记。[1]

---

❶ 部分释文参考成都文物考古研究所、成都博物院编著：《成都出土历代墓铭券文图录综释》，文物出版社 2012 年版，第 127—130 页。

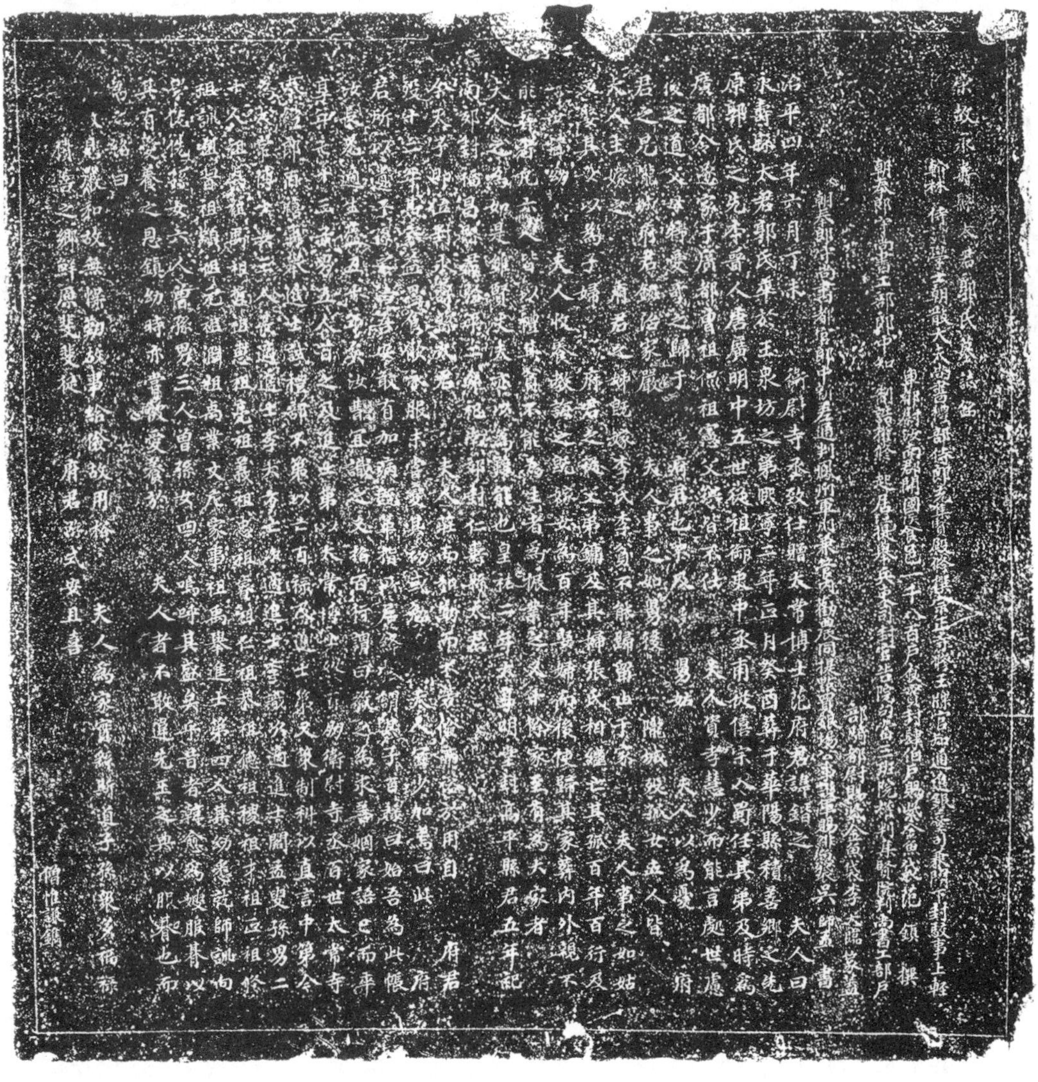

图三四　郭氏墓志铭拓片

北宋熙宁二年（1069）郭氏墓志铭[1]
（图三四）

简介

该墓志出土于成都市东郊麻石桥四川省抗生素研究所，现存于成都文物考古研究院。志石拓片幅宽 77 厘米，高 77 厘米。志文字体为楷书，共 26 行，满行 32 字，共约 900 字。

释文

宋故永寿县太君郭氏墓志铭。

翰林侍读学士朝散大夫尚书礼部侍郎充集贤殿修撰宗正寺修玉牒官知通进银台司兼门下封驳事上轻

车都尉汝南郡开国侯食邑一千八百户食实封肆佰户赐紫金鱼袋范镇撰。

朝奉郎守尚书工部郎中知制诰权修起居注提举兵吏司封官告院句当三班院权判集贤院判尚书工部户

部骑都尉赐紫金鱼袋李大临篆盖。

朝奉郎守尚书都官郎中新差通判凤州军州兼管内劝农同提点买银场公事护军赐绯鱼袋吴师孟书。

治平四年六月丁未，卫尉寺丞致仕赠太常博士范府君讳锴之夫人曰：

永寿县太君郭氏卒于玉泉坊之第，熙宁二年正月癸酉葬于华阳县积善乡之先

原。郭氏之先本晋人。唐广明中，五世从祖御史中丞甫，从僖宗入蜀任，其弟及，时为

广都令，遂家于广都。曾祖侃、祖究、父珙皆不仕。夫人资孝慧，少而能言处世虑

[1] 成都文物考古研究所、成都博物院编著：《成都出土历代墓铭券文图录综释》，文物出版社 2012 年版，第 151—160 页。

后之道，父母特爱奇之，归于府君也。不及舅姑，夫人以为忧，府

君之兄陇城府君镃治家严，夫人事之如舅。后陇城殁，孤女五人皆

夫人主嫁之。府君之姊既嫁李氏，李贫，不能归，留止于家，夫人事之如姑，

又娶其女以为子妇。府君之从父弟镛及其妇张氏相继亡，其孤百年、百行及

一女皆幼，夫人收养教诲之。既嫁女，为百年娶妇，而后使归其家。葬内外亲不

能葬者，凡六人，皆以礼。其贫不能为生者，为振业之，又十余家。至有为大家者，

夫人之为如是，虽贤丈夫亦以为难能也。皇祐二年，大享明堂，封高平县君。五年祀

南郊，封福昌县君。治平二年祀南郊，封仁寿县太君。

今天子即位，封永寿县太君。夫人庄而和，勤而不劳，俭而裕于用。自府君

殁十二年，其家益昌，食饮衣服未尝变其初，或勉夫人宜少加焉，曰：此府

君所以遗子孙之□，吾安敢有加。病既革，指所居绛帐谓其子百禄曰：始吾为此帐，

汝长兄适生，盖五十年矣，汝曹宜识之。又指百行谓曰：教之为求善姻家。语已而卒，

享年七十三。子男五人，百之及进士第，以太常博士终；百朋卫尉寺丞；百世太常寺

奉礼郎；百禧再举进士，试礼部，不第以亡；百禄及进士第，又策制科，以直言中第，今

为太常博士。女三人，长适进士李大方，亡；次适进士李识；次适进士阎孟叟。孙男二

十人，祖禼、祖禹、祖哲、祖惠、祖亮、祖义、祖忠、祖睿、祖仁、祖恭、祖德、祖稷、祖才、祖正、祖修、

祖训、祖习、祖颛、祖元、祖渊。祖禼业文，庀家事，祖禹举进士第，四人其幼，悉就师训，向

学侁侁。孙女六人，曾孙男三人，曾孙女四人。呜呼！其盛矣乎，昔者韩愈为嫂服期，以

其有爱养之恩。镇幼时亦尝被爱养于夫人者，不敢违先王之典，以服期也，而

为之铭曰：

[仁][故]见严，和故无[悮]。勤故事给，俭故用裕。夫人为家，实繇斯道。子孙众多，福禄

寿□。积善之乡，鲜原斐斐。从府君游，式安且喜。

僧惟谦镌。

图三五　赵复墓志盖拓片（上）和墓志铭拓片（下）

北宋元祐四年（1089）赵复墓志铭[1]

（图三五）

简介

该墓志出土于成都市成华区青龙乡东林村东林花园北宋中期墓葬第四号墓，该墓为夫妻合葬墓，为双室券拱砖室墓。现存于成都文物考古研究院。其墓材为细红砂石质。志高 83.5 厘米，宽 83.5 厘米，厚 8 厘米。志盖高 83.9 厘米，宽 83.6 厘米，厚 8 厘米。其上篆刻两行共 10 字，即“宋故太常博士赵公墓铭”。志文字体为楷书，从右至左共 32 行，满行 37 字，共 1200 余字。

释文

墓志盖：

宋故太常博

士赵公墓铭

墓志铭：

宋故太常博士赵公墓志铭。

表弟朝奉大夫通判广州军州兼管内劝农事护军赐紫金鱼袋吴师道撰。

朝散郎通判衡州军州兼管内劝农事轻车都尉赐绯鱼袋杨宗惠书。

婿应贤良方正直言极谏科陵井监仁寿县令张咸篆盖。

公姓赵氏，其先汉州什邡人也，徙居成都，遂家焉。曾祖讳能，祖讳余庆，皆晦德不仕。父讳世良，累

赠大理寺丞。母吴氏，累赠成都县太君。公初名南薰，字舜和，后更名复，字先之。庆历二年，擢进士

第。是时，尚名南薰也。公少力学，以孝行称里闾，蜀之大儒皆器之。

---

[1] 成都文物考古研究所、成都博物院编著：《成都出土历代墓铭券文图录综释》，文物出版社 2012 年版，第 183—187 页。

始授鼎州桃源县主簿，虞部李

公畋饯以诗曰：不待循资拜省郎。闻者皆言李公慎与可，而独称公，公才行益可信也。庆历旧制，

川广福建之士始进者连任远地，公以亲垂老不复赴调。是时，太师文公彦博位相府，深伟其行，

累章恳请乞官于蜀。由是，四路之士许便官者自公始也。已而为汉州绵竹县尉，完葺堤堰，除划铲

寇盗，赫然有治声。郡守何公郯、宪台孙公长卿交章荐举，遂移嘉州平羌县令，未满任丁成都县。太

君忧服除，当赴阙，公迟留亲闱，不复有仕志，亲友强起之，公谓曰：幼而学，壮而行，孰无是志哉。委

亲事君，君子所耻也，向也。汉嘉近地，虽便于奉养，固已非吾所欲，况亲益老矣，岂敢复仕乎。言者

卒不敢强，由是旦暮养视，未尝须臾去亲侧，盥漱饮食必躬进之，若此者历八九载而未尝倦。翰

林学士王公素以孝行奏除成都府府学教授，以便养侍。

天子嘉其请，乃命官焉。丁大理寺丞忧，摧毁骨立，虽经禫其貌犹癯然，忽忽忆慕不辍。服除，授绵

州龙安县令。龙安处山谷间，俗不向学，公为立孔子祠，朝诵夕讲，未及朞翕然大化，公唱导之力

也。用举者改著作佐郎，知定州新乐县事，转秘书丞，时

天子用大臣议开滹沲河故道，河北两路兴夫无虑数万。公于是时躬领一邑之役，以董其事。间

有奸民怙众，所过剽掠暴悍莫能制，公深患之，欲物色其为奸者，乃召队长而令曰：率尔众坐，无

哗起者执之，既而为奸者怀不自安，突出于众，公命执之械，送瀛州鞠隐慝，加之深法。由是两路

之役畏避震慄，地不敢采落钱，不旬月而河告成，公功最多焉。

天子考其功绩，赐绯鱼，复知邛州大邑县事。县有茶榷，薄书浩繁，

累治积弊，患不能裁决，公剸（专）断

疏辨，各有条目，龙图阁待制李公[稷]谓曰：公可谓拨烦手也，惜夫老矣。秩满用举者监邛州蒲江盐

井监，转太常博士加朝奉郎骑都尉，未满任终于蒲江之官舍，享年六十五。公质性柔缓，然一有

非义犯之，奋然力辩，则虽柔也而未尝懦。治身清洁，然俯仰曲折善应于物，则虽清也而未尝介。

由是士大夫与之交者久而益亲，未与之交者莫不爱慕之也。及其居官以恭恪慎畏为主，故自

⧄家至于其终，凡四十余年，任事无纤芥之失，可不谓之贤乎？公博学，百氏九流无所不观，观者

⧄不深究其精微，尤长于歌诗，少好文丽，及其老也，唯爱遒劲而已。有诗集三十卷，传于家。以元

[祐]四年三月十四日葬于华阳县升仙乡常平里先茔之侧。公始娶杨氏，早卒，赠新繁县君，生一

女，适双流县进士严振。再娶黎氏，始封长安县君，进封万年县君，生三子三女，子曰：求己、治己、霖，皆应

进士举。长女适唐安乡贡进士周济，次适郫县进士王师禼，季适陵井监仁寿县令张咸公，母成都

县太君师道之姑也。师道于公亲且友，昔公之亡哭不及棺，今公之葬送不及墓，恨固深矣，铭可辞乎。

铭曰：

菽水其贫，杖屦其勤。公之于亲，治不辞烦。事不知难，□□□⧄

蜀山青青，蜀江泠泠。乃公之名，列列其楸。累累其丘，乃公之休。

成都赵璨刻石。

图三六　赵复夫人墓志盖拓片（上）和墓志铭拓片（下）

北宋元祐四年（1089）赵复夫人墓志铭[1]
（图三六）

简介

该墓志出土于成都市成华区青龙乡东林村东林花园北宋中期墓葬第四号墓，该墓为夫妻合葬墓，为双室券拱砖室墓。现存成都文物考古研究院。其墓材为细红砂石质。志高67.5厘米，宽67厘米，厚11厘米。志盖高68.3厘米，宽68厘米，厚10厘米。志盖篆刻2行10字，即“宋故万年县君黎氏墓志”。志文字体为楷书，从右至左共25行，满行26字，全文约计590字。

释文

墓志盖：

宋故万年县

君黎氏墓志

墓志铭：

宋故万年县君黎氏墓志铭。

婿应贤良方正直言极谏科陵井监仁寿县令张咸撰并篆盖。

太常□士赵公讳复之夫人黎氏，元祐二年七月二十一□□疾终

于成都之故第。其孤以书抵予曰：先君太博稿殡于净林之僧舍已

八年矣，具其衣椁，卜其宅兆，称家之有无，非不给也。然先妣之志以

为人子之于其亲，不得，不可以为悦，无财，不可以为悦，竭力以奉其

亲而不可俭也，扬名以显其亲而不可揜也。故克家者训之以勤俭，

[1] 成都文物考古研究所、成都博物院编著：《成都出土历代墓铭券文图录综释》，文物出版社2012年版，第183—187页。

而欲其有富家之吉，胥堂者训之以诗书，而欲其有胥构之庆今也。
不幸志未克遂而先妣云亡，卜以元祐四年三月十四日，奉双亲之
丧以葬于先茔之侧，子其为我志而铭之，以告诸幽。咸夫人之婿
也，闻夫人始终之行，甚熟于其亡与葬也，皆不克一奠灵帏以尽
其悲哀惨怆之情，其可以无铭乎？夫人天性敏悟，勤于治生，药性
[释]典无不通习。皇考以为贤，而择其所嫁，遂归于太博君，归未数年
而皇舅以老疾卧于家，太博君丐乡任以便亲，虽相距数舍，而夫人未
尝之官所也。谨视晨昏寒暑之节，[与]夫药剂饮膳之候，始终不
懈。凡十五年，亲族之贫寠困病者，夫人护视救恤，若疾痛在己，不
幸而死丧，则又为之具棺敛、佛事之费，而太博君亦未尝知其处办
之详且至也。男三人，曰求己，曰治己，曰霖，皆举进士。女三人，
长适进士[周]
济，两尝试礼部矣，今与乡书之首，而 夫人不及见也。次适进士王
师禹，次即[适]咸也。夫人年十九而归，归四十二年而卒，卒三年而葬。
以夫之□[封][长]安县君，进封万年县[君]，铭曰：
[为]妇而顺，为母而严。宜其家室，其德惟兼。
⧄于君子，克绥永禄。两封大邑，[锦][纶]□⧄
⧄苍水深，吉协于龟。卜此新[吉]，昭于□[诗]。
⧄男霖泣血书。[1]

[1] 部分释文参考成都文物考古研究所、成都博物院编著：《成都出土历代墓铭券文图录综释》，文物出版社 2012 年版，第 183—187 页。

图三七　张确墓志盖拓片（上）和墓志铭拓片（下）

北宋元祐八年（1093）张确墓志铭[1]
（图三七）

简介

该墓志出土于成都市东郊圣灯乡208厂北宋时期夫妻合葬墓，墓葬为长方形双室券顶砖室墓。现存于成都文物考古研究院。其墓材为细砂石质。志石呈正方形，边长74厘米，厚10.5厘米。志盖呈正方形，边长80厘米，厚10厘米，其上篆刻3行3排9字。志石字体为楷书，从右至左共27行，满行30字，共计约630字。

释文

墓志盖：

宋武阳

张府君

墓志铭

墓志铭：

☒故武阳张府君墓志铭。

宣德郎新差知绵州巴西县事张若讷撰。

前知彭州九陇县事张企先书。

前雅州司理参军句麒篆。

武阳张府君考终于其第，其孤无逸。卜元丰七年十二月七日壬申葬君成

都县金泉乡濯锦里，祖茔之西。及期，状君平生求予铭，予尝闻马伏波云，乘下

---

[1] 成都文物考古研究所、成都博物院编著：《成都出土历代墓铭券文图录综释》，文物出版社2012年版，第192—200页；成都市博物馆考古队、翁善良、罗伟先：《成都东郊北宋张确夫妇墓》，《文物》1990年第3期。

泽车，御款段马，乡里称善人，足矣。若君者乃以善人名乡里，则铭予安得而

辞。君讳确，字守道。其先出于汉司空皓，皓生纲，纲生续，续之孙为火井令，火井

公生昕，自邛徙蜀之永康，昕生嗣，嗣生鹏，避五季之乱，皆恬隐不仕，鹏生三子，

长曰元贵，实君之祖。方国初，孟氏纳土诏豪赀，见 都下，乃与其子尚

行。朝廷欲爵之，弗受。旅京七累闰，逮卒，尚护丧还蜀，遂置田石犀以居，实

君之父，娶陈氏，生五子，君其一也。君幼颖悟力学，蓄深蕴厚，不得试于用，浩

歌长往为林泉之适，时有感叹，则为诗著文以见意资严正，每读书见忠臣义

士则慷忼欣慕，至奸佞恨不及手夷其恶。事亲孝，诲子义。而尤致诚于友悌，至

急难虽捐生弗顾也，尝救兄砺于白刃之仇，免弟天爵于图圄之难。里评多之。

其殖产以义饰利，时斥其余以赒贫，而往往折券于久负未寝疾。尝著时议数

十篇，欲闻诸朝，非以谋己，意与人息弊起利尔。言未及上而卒，实元丰四年

四月九日也，享年五十有九。娶杜氏，有妇道，生八子，男无逸、无惑、无党应进士

举，无咎善治产，无逸尤笃学而文，熙宁初尝以诗义献阙下者。女四人，长适

鲜于勉，次适瞿右仁，次适荣州荣德县令扈贻永，幼许嫁乡贡进士周泽。孙男

五人，女七人。张氏于蜀为右族，然自祖至君皆晦匿，光采弗耀于时，

疑以道

廉进不数，数于世故者。今君之诸子类诜诜，有立意者，善饫庆稔，虽湮郁其

初，而卒大发越于其后欤。

铭曰：

内养以高，外冥诸微。弗耀其光，

弗役于时。后嶷以宏，实篑于基。

孤子无逸卜以元祐七年岁在壬申十二月二十三日壬寅，奉先妣丧葬于华阳县积善乡东庙里之吉兆，谨迁

先考丧改葬于此，庶不违同穴之义，且于葬日辄书其所以然于墓铭之左，无逸泣血书。

图三八　张确夫人杜氏墓志盖拓片（上）和墓志铭拓片（下）

北宋元祐八年（1093）张确夫人杜氏墓志铭[1]
（图三八）

简介

该墓志出土于成都市东郊圣灯乡208厂北宋时期夫妻合葬墓，墓葬为长方形双室券顶砖室墓。现存于成都文物考古研究院。其墓材为细砂石质地。志石为正方形，边长75厘米，厚10.5厘米。志盖为正方形，边长75厘米，厚8.5厘米。志文字体为楷书，从右至左，共33行，满行33字，共计约990字。

释文

墓志盖：

宋武阳张

府君夫人

杜氏墓志

墓志铭：

宋故武阳张府君夫人杜氏墓志。

元丰四年四月九日先考寿终于宅，以七年十二月七日葬于成都县金泉乡濯锦

里。后七年，当元祐之庚午五月七日，母氏寿终于其寝，享年六十有八，孤子无逸卜

得华阳县积善乡东庙里之兆，谨迁先考之丧，以岁在癸酉三月二十日，奉母氏

之丧同穴而葬焉。无逸因思古人谓亲无美而称之是诬也，有而不知不

[1] 成都文物考古研究所、成都博物院编著：《成都出土历代墓铭券文图录综释》，文物出版社2012年版，第192—200页；成都市博物馆考古队、翁善良、罗伟先：《成都东郊北宋张确夫妇墓》，《文物》1990年第3期。

明也，知而不

称不仁也。先考之言行，宣德郎张若讷昔为铭矣。无逸虽不敏，念母氏徽美不可

不述，且葬期伊迩，必托知者而后可传，祇惧不逮，谨次叙其实而为志曰：母氏姓杜，

其先京兆人，始居蜀者未得其详。曾祖良臣，耻逢伪乱，隐晦不仕。至祖言旦父羲辅率

以儒道，遂志以殖产资，生为邛郡著姓，世籍依政县。父娶同邑赵氏生八子，母氏其

长女也，聪敏正淑，孝敬顺悌，十岁有成人之风，王父母异而爱之，试以家务悉能干理，

事无巨细，辄与详议，内外咨禀，咸叹仰焉。先考之元兄与母氏之季父同学，稔闻

母氏之善，乃白我祖以先考求为婚。既大归，事舅姑如事父母。先意承志，温恭朝

夕，曾无倦怠，舅姑命与诸妇还相职事，均其劳逸。母氏不辞难，不厌苦，非己所掌亦

须助为默，使宜合舅姑之心，诸妇亦赖其能而相与欢爱，闺门雍穆。每至舅姑安寝矣，

命适私室矣。姑中夜必起，虽多侍从，而母氏已执灯烛在前迎奉之，姑复寝矣，姑命

之而后退。此乃孝由中出，天性然也。见郎伯则尊敬如神，奉叔妹则克己尽礼，事夫则

能以柔济其刚，以顺守其正，得相成之道。御诸子则慈爱，为先曰：有父焉，有师训焉，吾

曷用严然犹。遇它人之善者，指以为劝恶者，指以为诫温，温其言循循其诱不已也。无逸

兄弟同气四人，母氏终方逾月，而季弟卒。唯三人者奉兹遗体，当勉强于善庶无失，

坠以示诸孙俾，虽数十百世不违谆谆犹在之语，则母氏虽亡，固有不亡者在于

窆也。复论母氏生而知礼，克自敛制，语不闻外，履不逾阈，雅性安静，不憙游观，乃曰：

妇女不出为贵。自归张氏，家道日隆，内治号为得人不可一日阙，已常思归宁父母而

莫可得，历二十余载不越户庭。年过四十时，有污吏构陷伯砺，欲致于罪，先考救之，

得逃其难。吏勒先考寻兄，母氏劝先考亦避去。吏呼家人，无逸将就吏，母氏

曰：吾夫妻爱养汝，望汝兴门户，或为吏所害，则汝其奈何，我妇人无罪彼焉，能虐我哉?

吾当往遂诣吏。吏有言，母氏随言应答，辞正理直，吏穷赧，竟不敢肆其毒，母氏归

见舅姑而谢曰：子妇不孝，贻翁家忧，赖福荫免矣。舅姑忻慰，斯则人生不幸而人情勿

言。无逸以古之列女多矣，甚此者，至于死辱，传记不可不载重。念母氏当危急之际，

能全身以蔽夫与夫之兄皆免于难，而解舅姑之忧，诚谓义也，烈也，而孝在其中可不

纪欤。况无逸蒙母氏保护如此，而不肖不能立身扬名，早酬父母之志，追思母

氏恩育之苦，是以昭著其事，觊能老有所立，则庶几免罪，终无所成则负罪入地，痛恨

奚释。故刻于石，永示后人，无忘先世艰苦之事，而思所以光显云。孤子无逸泣血谨志，

孙男敦仁篆盖，孙男处宁书丹成都赵璨刻。

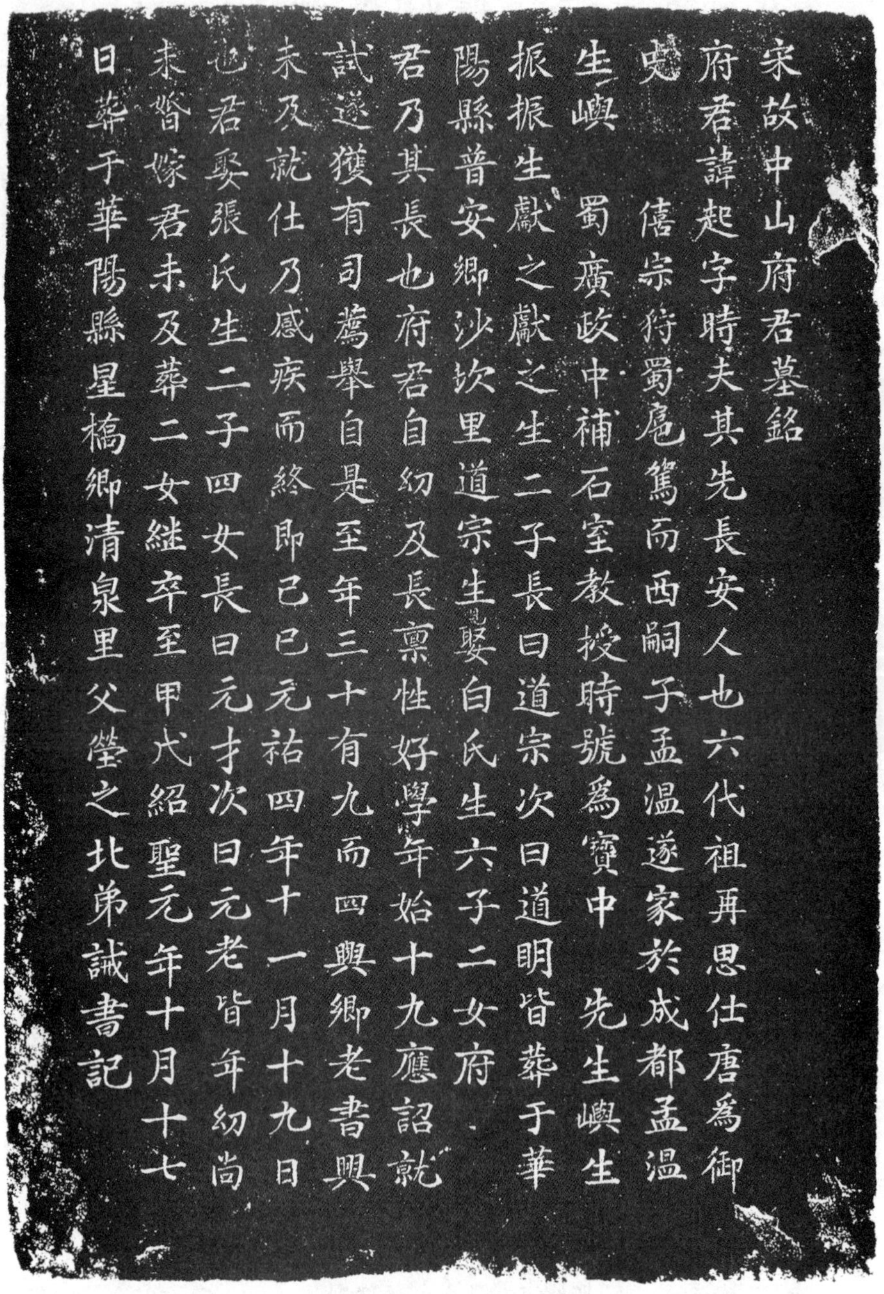

宋故中山府君墓銘
府君諱起字時夫其先長安人也六代祖再思仕唐爲御
史 僖宗狩蜀扈駕而西嗣子孟溫遂家於成都孟溫
生嶼 蜀廣政中補石室教授時號爲寶中 先生嶼生
振振生獻之獻之生二子長曰道宗次曰道明皆葬于華
陽縣普安鄉沙坎里道宗生娶白氏生六子二女府
君乃其長也府君自幼及長稟性好學年始十九應詔就
試遂獲有司薦舉自是至年三十有九而四興鄉老書興
未及就仕乃感疾而終即己巳元祐四年十一月十九日
也君娶張氏生二子四女長曰元才次曰元老皆年幼尚
未婚嫁君未及葬二女繼卒至甲戌紹聖元年十月十七
日葬于華陽縣星橋鄉清泉里父塋之北弟誠書記

图三九　刘起墓志铭拓片

北宋绍圣元年（1094）刘起墓志铭[1]
（图三九）

简介

该墓志出土于成都市成华区青龙乡海滨村第五号砖室墓中，现存于成都文物考古研究院。其墓材为红砂石质。高65.4厘米，宽46.5厘米，厚8.2厘米。志文字体为楷书，从右至左共12行，满行22字，全文约计240字。

释文

宋故中山府君墓铭。

府君讳起，字时夫。其先长安人也，六代祖再思仕唐为御史，僖宗狩蜀，扈驾而西，嗣子孟温遂家于成都。孟温生屿，蜀广政中补石室教授，时号为宝中先生。屿生振，振生献之，献之生二子，长曰道宗，次曰道明，皆葬于华阳县普安乡沙坎里。道宗生观，娶白氏，生六子二女，府君乃其长也。府君自幼及长，禀性好学，年始十九应诏就试，遂获有司荐举，自是至年三十有九而四与乡老书兴，未及就仕，乃感疾而终，即己巳元祐四年十一月十九日也。君娶张氏，生二子四女，长曰元才，次曰元老，皆年幼，尚未婚嫁，君未及葬，二女继卒。至甲戌绍圣元年十月十七日，葬于华阳县星桥乡清泉里父茔之北。弟诚书记。

---

[1] 成都文物考古研究所、成都博物院编著：《成都出土历代墓铭券文图录综释》，文物出版社，2012年，第201–211页；成都市文物考古研究所：《成都市青龙乡海滨村墓葬发掘简报》，《成都考古发现2003》，科学出版社2005年版，第266—307页。

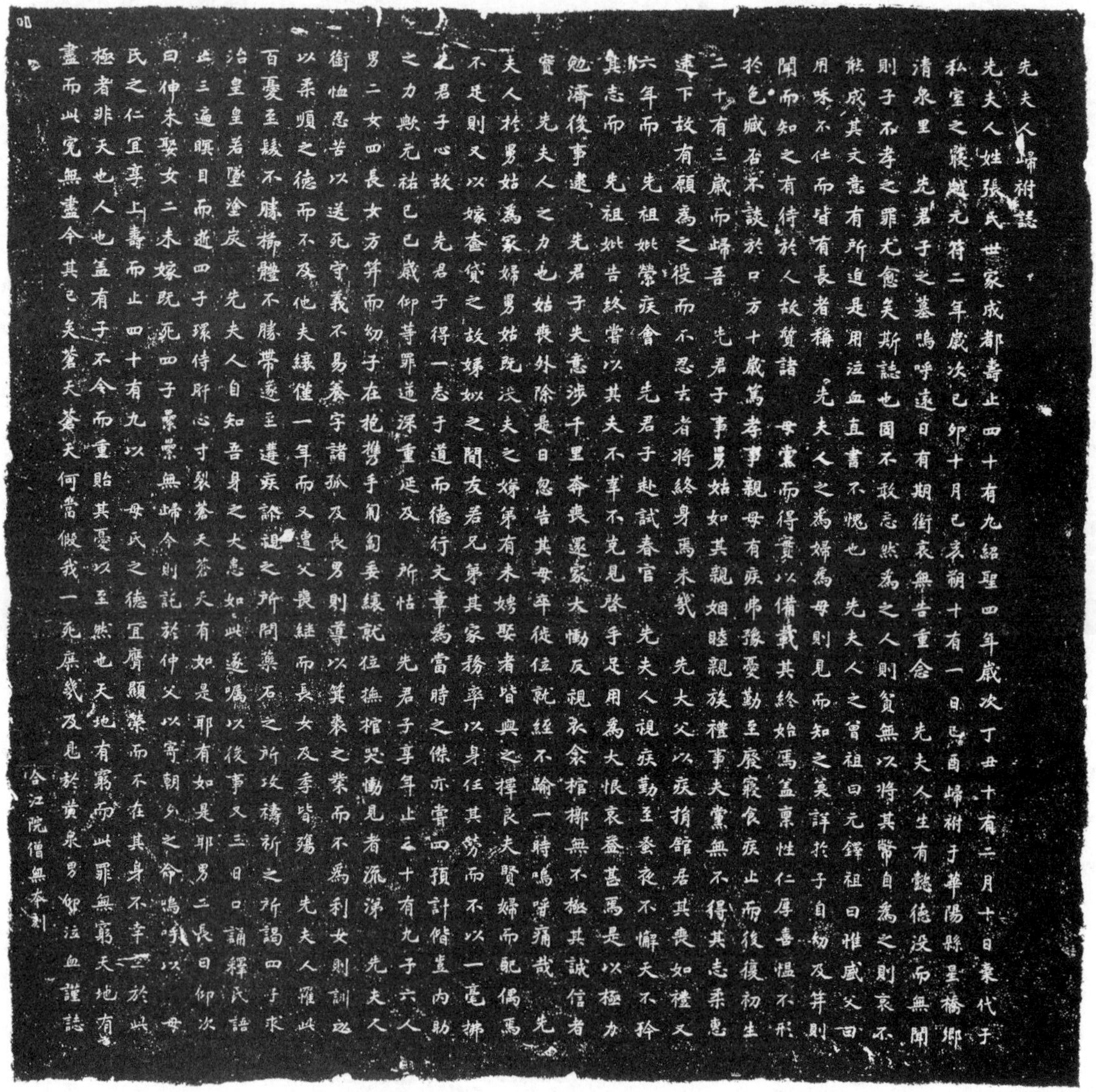
先夫人歸祔誌
先夫人姓張氏世家成都壽止四十有九紹聖四年歲次丁丑十有二月十日棄代子
私室之寢越元符二年歲次己卯十月己亥朔十有一日己酉歸祔于華陽縣星橋鄉
清泉里　先君子之墓嗚呼遠日有期銜哀無告重念　先夫人生有懿德没而無聞
則子不孝之罪尤愈矣斯誌也固不敢忘然為之人則貧無以將其幣自為之則哀不
能成其文意有所迫是用泣血直書不愧也　先夫人之曾祖曰元鐸祖曰惟威父曰
用咻不仕而皆有長者稱　先夫人之為婦為母則見而知之莫詳於子自幼及笄則
聞而知之有待於人故質諸　母黨而得實以備載其終始焉蓋稟性仁厚喜慍不形
於色臧否不談於口方十歲篤孝事親母有疾弗豫憂勤至廢寢食疾止而後復初生
二十有三歲而歸吾　先君子事舅姑如其親姻睦親族禮事夫黨無不得其志柔惠
逮下故有願為之役而不忍去者將終身焉未幾　先大父以疾捐館居其喪如禮又
六年而　先祖妣縈疾會　先君子赴試春官　先夫人視疾勤至蚤夜不懈天不矜
其志而　先祖妣告終嘗以其夫不革不克見啟手足用為大恨哀毀甚焉是以極力
勉濟後事逮　先君子失意涉千里奔喪還家大慟反視衣衾棺槨無不極其誠信者
實　先夫人之力也姑喪外除是日忽告其母卒徒位就經不踰一時嗚咽痛哉　先
夫人於舅姑為冢婦舅姑既没夫之娣弟有未娉娶者皆與之擇良夫賢婦而配偶焉
不足則又以嫁奩貸之故娣姒之間友若兄弟其家務率以身任其勞而不以一毫拂
先君子心故　先君子得一志于道而德行文章為當時之傑亦嘗四預計偕豈内助
之力歟元祐己巳歲仰等罪逆深重延及　所怙　先君子享年止五十有九子六人
男二女四長女方笄而幼子在抱攜手匍匐委綫就位撫棺哭慟見者流涕　先夫人
銜恤忍苦以送死守義不易養字諸孤及長男則導以箕裘之業而不爲利女則訓以
以柔順之德而不及他夫緣僅一年而又遭父喪繼而長女及季皆殤　先夫人罹此
百憂至駭不勝擗體不勝帶遂至遘疾諸視之所問藥石之所攻禱祈之所謁四子求
治皇皇若墜塗炭　先夫人自知吾身之大患如此遂囑以後事又三日口誦釋氏語
止三遍瞑目而逝四子環侍肝心寸裂蒼天蒼天有如是耶有如是耶男二長曰仰次
曰伸未娶女二未嫁既死四子煢煢無歸今則託於仲父以寄朝夕之命嗚呼以　母
氏之仁宜享上壽而止四十有九以　母氏之德宜膺顯榮而不在其身不幸至於此
極者非天也人也蓋有子不令而重貽其憂以至然也天地有窮而此罪無窮天地有
盡而此冤無盡今其已矣蒼天蒼天何當假我一死庶幾及見於黄泉男仰泣血謹誌
合江院僧無本刻

图四〇　刘起夫人张氏归祔志拓片

北宋元符二年（1099）刘起夫人张氏归祔志[1]（图四〇）

简介

该墓志出土于成都市成华区青龙乡海滨村第一号砖室墓中，现存于成都文物考古研究院。其墓材为红砂石质。高 79.5 厘米，宽 78.5 厘米，厚 7.3 厘米。字体楷书，共 29 行，约 930 字。

释文

先夫人归祔志。

先夫人姓张氏，世家成都，寿止四十有九，绍圣四年岁次丁丑十有二月十日弃代于

私室之寝，越元符二年岁次己卯十月己亥朔十有一日己酉归祔于华阳县星桥乡

清泉里先君子之墓。鸣呼！远日有期，衔哀无告。重念先夫人生有懿德，没而无闻，

则子不孝之罪尤愈矣。斯志也固不敢忘。然为之人则贫无以将其币，自为之则哀不

能成其文，意有所迫，是用泣血直书不愧也。先夫人之曾祖曰元铎，祖曰惟盛，父曰

用咊，不仕而皆有长者称。先夫人之为妇为母则见而知之，莫详于子，自幼及笄则

闻而知之，有待于人，故质诸母党而得实以备载其终始焉。盖禀性仁厚，喜愠不形

于色，臧否不谈于口，方十岁笃孝事亲，母有疾，弗豫忧勤，至废寝食，

---

[1] 成都文物考古研究所、成都博物院编著：《成都出土历代墓铭券文图录综释》，文物出版社，2012 年，第 201—211 页；成都文物考古研究所：《成都市青龙乡海滨村墓葬发掘简报》，《成都考古发现 2003》，科学出版社 2005 年版，第 266—307 页。

疾止而后复初。生

二十有三岁而归吾先君子，事舅姑如其亲，姻睦亲族，礼事夫党，无不得其志。柔惠

逮下，故有愿为之役而不忍去者将终身焉。未几，先大父以疾捐馆，居其丧如礼。又

六年而先祖妣萦疾，会先君子赴试春官，先夫人视疾勤至蚤夜不懈。天不矜

其志，而先祖妣告终，尝以其夫不幸不克见启手足，用为大恨，哀益甚焉。是以极力

勉济后事。逮先君子失意，涉千里奔丧，还家大恸，反视衣衾棺椁，无不极其诚信者，

实先夫人之力也。姑丧外除是日，忽告其母卒，徙位就经，不逾一时。呜呼！痛哉！ 先

夫人于舅姑为冢妇，舅姑既没，夫之娣、弟有未聘娶者，皆与之择良夫贤妇而配偶焉，

不足则又以嫁奁贷之，故娣姒之间友若兄弟。其家务率以身任其劳，而不以一毫拂

先君子心，故先君子得一志于道而德行文章，为当时之杰，亦尝四预计偕，岂内助

之力欤。元祐己巳岁，仰等罪逆深重延及所怙，先君子享年止三十有九。子六人，

男二女四，长女方笄，而幼子在抱，携手匍匐，委缞就位，抚棺哭恸，见者流涕。先夫人

衔恤忍苦以送死守义不易，养字诸孤，及长男则导以箕裘之业而不为利，女则训之

以柔顺之德而不及他。夫缞仅一年而又遭父丧，继而长女及季皆殇。先夫人罹此

百忧，至发不胜栉，体不胜带，遂至遘疾。诊视之所问，药石之所攻，祷祈之所谒，四子求

治，皇皇若坠涂炭。先夫人自知吾身之大患如此，遂嘱以后事。又三日，口诵释氏语

止三遍，瞑目而逝。四子环侍，肝心寸裂，苍天苍天，有如是耶！有如是耶！男二，长曰仰，次

曰伸，未娶。女二，未嫁既死。四子累累无归，今则托于仲父，以寄朝夕之命。呜呼！以母

氏之仁，宜享上寿，而止四十有九。以母氏之德，宜膺显荣，而不在其身，不幸至于此

极者，非天也，人也。盖有子不令而重贻其忧以至然也。天地有穷而此罪无穷，天地有

尽而此冤无尽，今其已矣。苍天！苍天！何当假我一死庶几及见于黄泉。男仰泣血谨志。

合江院僧无本刻。

图四一　刘观墓志铭拓片

北宋绍圣二年（1095）刘观墓志铭[1]

（图四一）

简介

该墓志出土于成都市成华区青龙乡海滨村第四号北宋砖室墓，现存于成都文物考古研究院。其墓材为红砂石质。志高57.5厘米，宽38.5厘米，厚7厘米。志文字体为楷书，从右至左共12行，满行20字，现存约220字。

释文

宋故中山刘府君墓志。

府君讳观，字大醇。其先长安人也，六代祖再思随唐

僖宗西狩，嗣子孟温遂家于成都。孟温生屿，蜀广[政]

中补石室教授，时号为宝中先生。屿生振，振生献之，

献之生二子，长曰道宗，[次][曰][道]明，[皆][葬]于华阳县普

安乡。道宗生府君，君娶白氏，生六[子][三]女，曰起、曰

诚、曰诚、曰识；[女]适进士李[际]，其余皆继府君而卒。府

君享年五十有三，于己未元丰二年五月十五日感

疾而终。白氏[享]年五十[有]八，于甲子元丰七年[十][二]

月十四日感疾而终。先于元丰五年卜葬于华阳[县]

普安乡，以地不利，[今]于[乙][亥][绍]圣二年二月☒

改葬于华阳县星[桥][乡]清[泉]里，男[诚]谨志。[2]

---

[1] 成都文物考古研究所、成都博物院编著：《成都出土历代墓铭券文图录综释》，文物出版社2012年版，第212—217页；成都文物考古研究所：《成都市青龙乡海滨村墓葬发掘简报》，《成都考古发现2003》，科学出版社2005年版，第266-307页。

[2] 部分释文参考成都文物考古研究所、成都博物院编著：《成都出土历代墓铭券文图录综释》，文物出版社2012年版，第212—217页；成都文物考古研究所：《成都市青龙乡海滨村墓葬发掘简报》，《成都考古发现2003》，科学出版社2005年版，第266—307页。

扶風府君夫人周氏墓誌銘
博陵崔革文
延陵吳緯書
高陵李時敏篆
夫人周氏成都人也三代潛德不仕女適眉山馬君惟用享年七
十有二於元祐八年七月初七日深疾不起嗚呼婦人女子豈特
職乎中饋而已哉閨門之助必有可稱者焉 夫人之於夫
也不獨奉巾櫛而已嘗輔之以德義恭儉之志焉 夫人之
於姑也不獨侍左右而已嘗事之以盡孝敬之道焉若乃教子
有法臣家有禮不可以一言究則 夫人之淑行固與夫矜
車服耀首飾者遠矣古語曰福之興莫不本乎室家道之衰莫不
始乎閨內今 夫人之子孫儒其衣冠濟濟一門則翱翔青
雲可立而待豈非室家之効歟 夫人有子五人女三人已
錄於 扶風府君之誌詳矣以紹聖二年三月初七日同葬
于華陽縣積善鄉真松里乃為銘曰
死有可哀 哀其無後
後裔既賢 必耀祖構
趙中孚刻

图四二 周氏墓志铭拓片

北宋绍圣二年（1095）周氏墓志铭[1]
（图四二）

简介

该墓志出土于成都东郊八里庄成都理工大学北宋砖室墓，现存成都文物考古研究院。其墓材为青石质。志石高 72 厘米，宽 74 厘米，厚 10 厘米。志盖不存。志文字体为楷书，共 18 行，满行 25 字，全文共计约 290 字。

释文

扶风府君夫人周氏墓志铭。

博陵崔革文。

延陵吴绎书。

高陵李时敏篆。

夫人周氏成都人也，三代潜德不仕，长适眉山马君。惟用享年七十有二，于元祐八年七月初七日染疾不起。呜呼！妇人女子岂特职乎，中馈而已哉，闺门之助必有可称者尔。夫人之于夫也，不独奉巾栉而已，尝辅之以德义恭俭之志焉。夫人之于姑也，不独侍左右而已，尝事之以夙夜孝敬之道焉。若乃教子有法，正家有礼，不可以一言究则。夫人之淑行固与夫矜车服耀首饰者辽矣，古语曰：福之兴莫不本乎室，家道之衰莫不始乎阃内。今夫人之子孙，儒其衣冠济济，一门则翱翔青云，可立而待，岂非室家之效欤。夫人有子五人，女三人，已录于扶风府君之志详矣。以绍圣二年三月初七日同葬于华阳县积善乡真松里。乃为铭曰：

死有可哀，哀其无后。

后裔既贤，必耀祖构。

赵中孚刻。

---

[1] 成都文物考古研究所、成都博物院编著：《成都出土历代墓铭券文图录综释》，文物出版社 2012 年版，第 218–222 页。

图四三　宋构墓志铭拓片

北宋建中靖国元年（1101）宋构墓志铭[1]
（图四三）

简介

该墓志出土于成都市成华区龙潭寺保平村六组，现存于成都文物考古研究院。其墓材为青石质。墓石高 141 厘米，宽 146 厘米，厚 7.5 厘米，略呈正方形。志石左右两侧各有一个直耳，耳长 25 厘米，内孔径 6 厘米。志文字体为楷书，共 43 行，满行 50 字，全文约 2000 字。

释文

有宋朝奉大夫都大管句成都府利州陕西等路茶事兼提举买马司兼权陕西路转运使宋公墓铭并序。

宋氏，君之姓也。在周成王时，帝乙之子启封于宋，因以国为氏。在秦末，武信君起兵，立楚王后，义为上将军。其后有居广平者，遂

以广平为望。在魏时，弁为吏部尚书。七世孙璟，在唐为开元名相，皆君之谱系也。给事中旦，从僖宗狩蜀，遂家眉州。有五子，衣冠

甚盛，时人号五房宋家。其后有徙居成都二江者，即君之七世祖也。皇朝初，潜德不仕，称为隐君子，讳贻庆者，君之曾

大父也。幼孤，事母，乡鄙（党）称其孝，重义好施，赠朝散大夫，讳文礼者，君之大父也。庆历五年，同右贤登进士第，德性冲静，乐林泉，

资养甚厚，所在官皆有称，年方六十任朝奉大夫，浩然致其政以归，赠朝议大夫，讳右仁者，君之考也。以恩累封蓬莱县太君

孙氏者，君之妣也。构，君之名也；承之，君之字也。治平三年，登进士第，调利州司法参军。初，临案审罪，吏伏其能。太守喜儒，请

---

[1] 成都文物考古研究所、成都博物院编著：《成都出土历代墓铭券文图录综释》，文物出版社 2012 年版，第 231—236 页；刘雨茂、荣远大：《北宋宋构夫妇墓葬的发现与初步研究》，《四川文物》1999 年第 3 期；李国玲：《北宋宋构宋京父子墓志偶识》，《西南民族大学学报（人文社科版）》2003 年第 6 期。

兼学校讲习，开论益昌，士人方诜诜知学之为可爱。迁渝州军事判官，上皇帝《便国利民可行策》十二。适新役事，以嘉州军

事推官为夔州路常平管句官。推行有序，川峡多仿以为法，就改著作佐郎。天章阁待制熊公本察访梓夔路，经画蛮事，辟为随

军，计置粮草，实欲咨谋也。贼平，以功迁秘书丞。成都路经汶川伤残之后，蕃獠负险，气未能戢。转运使李公之纯荐君守威州，

君至，威惠相济。土人尚讹，言叛獠将至，君令开雕门不关，獠终无敢动者，民赖以安。使者为奏，乞留再任，迁太常博士，加骑都尉。

朝廷新官制，换承议郎，加上骑都尉，以招降蕃部功，迁朝奉郎、成都府、利州、陕西等路茶事司，辟为句当公事。朝旨榷茶，豪商

沮法，议论汹汹。君疚心推行，民不为扰，而收息数百万，出于蕃商易马之利，提举官陆公师闵荐功为第一。神宗召对，奖

劳甚渥，除梓州路转运判官。舍人进诰，上特加，云：朕于此取材，十常得其七八。还乡，士论荣之。时琮在东川为转运使，因以

年家敦契，尤相敬爱，故事事协济，一路便之。知泸州王光祖贪虐恣横，朝廷下转运司按实，乃同议尽发其恶，并奏劾其子五

人罪状。用哲宗即位，大赦，因得幸免，而父子六人皆充替，泸人乃安。以覃恩迁朝散郎，赐五品服赴阙。转朝请郎，加轻

车都尉。元祐元年，以亲乞便郡，除知洋州，再陈迎侍未便，改知彭州。喜而为诗云：朱轮五马人虽有，鹤发双亲世亦稀。士多传以为

美事。归次剑门，闻朝议。讣，犇哀草土。服除，召还台，除知和州。朝廷以山东多盗，方有军贼王冲群郻（党）未殄，改知密州。既至，明

赏罚，募壮士，授以方略，不几月，捕获甚众，余皆遁散，就海上擒之，于是千里安静。安抚使曾公布、转运使王公同老交荐治状，除利

州路转运判官。行次青州，召为尚书金部员外郎。金部剧曹，凡是钱谷功赏，先由金部考实，故吏得以用情，隐格不举，有至数年未

定者。语群吏曰：朝廷设赏罚，所以考正天下官吏能否，岂虚为文具哉！且罚罪而不赏功，何以为惩劝邪？促吏关送吏部，由是

不越月，得推恩被赏者数十人。转朝奉大夫，加上轻车都尉。丁蓬莱

县太君忧，服除，赴阙，权知陈州，未行，复除金部员外郎。

天下茶、盐、钱，人户有欠至数十年，监锢财尽家破，而督责未已者。奏言：自某年以前所负，终无可偿，徒伤朝廷恩德，乞一切蠲

除，得旨，从所请。由是穷民因而得活者，十有八九。绍圣初，修复在京水磨茶场。前翰林学士丞旨蔡公京为户部尚书，荐

君以金部提举，人多便之。次年，朝廷委君同陆公师闵出陕西，议钱钞事，寻就，除都大管句成都府、利州、陕西等路茶事，兼

提举买马司。因论列钞重钱轻，铜钱铁钱利害不一，朝廷方开边议武，众谋广筑，就差兼权秦凤路，经略安抚使、马步军都总

管、知秦州。因上言青唐阿里骨，世与西夏乾顺为仇，今闻通好结婚，必有异谋，乞谨熙河边备。其后国乱，竟以有备请降，人多称其

有先见。朝旨欲岁额外，更买马一万匹，期督甚峻。而鬼章之子梗路不通，君自往熙河经画以术，边人相率入他蕃市马，即

时敷办，复权帅秦凤。久之，兼权陕西路转运使、提举解盐铸钱司公事。是时，五路出兵，使者分董漕事，羽檄旁午，日夜应接，案无留

牍，一年之间，身兼数职。四年闰二月二十有三日，终于秦州提举司。士民野叟闻其亡，皆哀嗟相吊，享年五十有八。君平生始终

所历之官任也，尤好学，以词赋收科第，如取寄物。喜为歌诗，有《二江集》三十卷。天资忠义，才识过人，好立大节，不为龊龊细行。与人

游，重然诺，始终如一。见人之善，虽纤芥必称，喜动辞气；见人不善，必切齿白眼，面数无隐。故推挽后进，人多爱其勤；斥擿佞恶，人多

畏其直。立朝嶷嶷，不妄议论；居家雍雍，有如官府。周人之急，无所爱惜。初仕时，南平老胥兴讼，逮系甚众，君临其狱，止罪渠

首，余悉不问，人皆誉其明。为使时，行凤州河池间，道逢赵氏，诉其夫为供奉官、兴州巡检，与爱妾赴官，弃妻孥道傍，贫无所归。遂为

奏，劾其夫。悯其困苦，又同邑官赒以衣食，人皆爱其义。君平生所尚之志行也。阃门助君为善，有贤行，以封为荣德县君李氏

者，君之夫人也。一曰亮，先君二年卒；一曰京，新拟彭州司法参军；一曰齐，习进士业，君之三子也。一适进士冯元衡；一适雅

州军事推官费元度；一适承议郎监成都府粮料院詹权；一适宣义郎前□书扬州节度判官厅公事章佃；一早亡，君之五女也。

一曰衍；一曰衡，尚幼，君之二孙也。卜吉于建中靖国元年十一月一十五日，安宅于成都府华阳县星桥乡天公山之原，君之

兆也。状君平生行实者，君之门人，状元及第、承议郎、监察御史马涓也。为序而作铭者，君之考同年，宝文阁待制、永兴

军路安抚使、马步军都总管、兼知永兴军府事、陇西郡开国伯、上柱国李琮也。

铭曰：

天与其材，而可以大。所处者卑，天与其时。而可以任，所得者微。智汪不流，义子自持。

己所尚者，志不可见。人所誉者，善其已为。正行而梶，寿止于斯。呜呼命也，奈何承之。

表侄刘钦填讳，乡侄张察篆盖，仲子京泣血书。石师蒲奇。[1]

---

[1] 部分释文参考成都文物考古研究所、成都博物院编著：《成都出土历代墓铭券文图录综释》，文物出版社 2012 年版，第 231—236 页；荣远大、刘雨茂著：《成都考古发现北宋诗人宋京家族墓》，《成都考古研究》（一），科学出版社 2009 年版，第 604—620 页。

图四四　宋构夫人李氏墓志铭拓片

北宋建中靖国元年（1101）宋构夫人李氏墓志铭[1]（图四四）

简介

该墓志出土于成都市成华区龙潭寺保平村六组，现存于成都文物考古研究院。其墓材为青石质。其墓石略呈正方形，高143厘米，宽147厘米，厚8.5厘米。志石左右两侧各有一个直耳，耳长25厘米，内孔径6厘米。志文字体为楷书，共38行，满行41字，全文共1500余字。

释文

大宋荣德县君李氏墓志铭并序。

荣德县君李氏，讳纯慧，字端敏。进士、举孝廉，讳申之女。归宋氏，为朝奉大夫致仕、赠朝议大夫，讳右

仁之冢妇。朝奉大夫、尚书金部员外郎、奉使川陕诸路、都大管勾茶马事、兼权陕西路转运使，讳构之夫

人。元符三年六月五日，以疾终于成都府七星坊私第，享年六十。金部公先三年卒，未葬，卜以建中靖国

元年十一月二十五日，合窆于华阳县星桥乡天公山之原。知永兴军、宝文阁待制李公琮考次金部

公谱系、出处、行治、官任、寿年，以为之铭。至是，其子京复以书告其堂兄奉议郎良孺曰：将以某月日葬，而

夫人之铭有阙，敢以为请。良孺于时为绵竹令，奉书以报，曰：良孺无似夙荷，金部公与夫人之爱甚厚。

今弟以诚请，敢不诺而为铭。李氏本出陇西，后徙华阳，世为著姓。孝廉君博学，充广文生，丧父事母，皆以

---

[1] 成都文物考古研究所、成都博物院编著：《成都出土历代墓铭券文图录综释》，文物出版社2012年版，第231—236页；刘雨茂、荣远大：《北宋宋构夫妇墓葬的发现与初步研究》，《四川文物》1999年第3期；李国玲：《北宋宋构宋京父子墓志偶识》，《西南民族大学学报（人文社科版）》2003年第6期。

孝闻。皇祐二年，季秋大飨，诏诸道举孝廉，石室诸生三百余人状君之行，诣府上之前，后帅守

文公彦博、杨公察皆以君应诏，赐束帛。娶冯氏女，有贤德，是生夫人。夫人幼而聪悟，有智识。

既笄，习家法，不烦姆训，容德咸备。孝廉君爱之，誓为选佳婿。年二十四始归金部公。是年秋，成都荐士

二十人，金部公为第一，声动场屋，遂登明年乙科。夙夜之助，盖有赖云。孝廉君既老，无子，属以后事，手

植万松于先茔之侧，畀守之，曰：奉承烝尝，吾将赖汝。孝廉君殁，夫人为办葬事，克尽哀戚。每上冢顾瞻，

踟躇不忍去，乡邻闻之，相戒以勿犯，至今佳城郁然。世之言子道者，称夫人之孝。姑蓬莱县太君孙氏，

庄重严毅，治家有法度，夫人事之甚谨。初，朝议公游宦，不喜近乡，周旋秦晋之郊。而金部公自初仕，

累至郡守，尝在蜀间，与夫人往省，留不得久，以为恨。洎居，朝议公丧，蓬莱君在堂。子妇六人，而夫

人为之长，年且五十，进见侍侧，犹晨夕不懈，以为诸妇先，诸妇亦翕然从之。由是闺门之内，雍雍穆穆，下至

仆御无敢不虔。蓬莱君喜曰：吾今日寝加安，食加甘矣。世之言妇道者，称夫人之顺。金部公逮事

三朝，出入中外，所至以才称，为时闻人，而行义无一毫玷缺者，盖夫人辅导之力为多。尝语金部公曰：

士以寒苦自奋，其后鲜不以利欲丧其节。公年少时，志气飘飘，讵肯出人下，先人以我从公者，正欲

助公为善尔。今公资适逢世，宜黾勉就，功名贫富有无，吾自顺之，不敢以为公累，愿公行止进退，

一概于道而已。故金部公居官，惟尽瘁国事，不以家为恤者，由此故也。金部公好贤乐善，重唯诺。当世

士大夫多与之游，后生晚进亦争趋附。所在冠盖满门，语必数刻。夫人尝从户屏间窃听之，既而与公

评当否，以为警劝。金部公尤嫉恶，为使时，遇部吏有犯法，必钩擿，不少容。夫人闻之，阴察其可恕者，徐

为解释，金部公亦加敬爱，多所咨纳。世之言妻道者，称夫人之贤。夫人嗜教，诸子自其幼时，口诵九

经以授之。既长，出从师友，犹日加训饬。长子亮，肄业太学，籍籍有俊誉，不幸早夭，有马御史涓志其墓。次子

即京也，授太庙斋郎，好学而文能世其家。元符二年，获荐梓州转运司，当就试礼部，不行，求彭州法掾，以便

养。幼子齐，方向学。诸孙皆竞爽，繄夫人之教也。夫人晚年治生事甚力，男女未昏媾者，亟成之。人问其

故，曰：人生如朝露尔，幸及强健时为之，使一旦有遗恨，吾何面目见金部公于地下。已而果卒，人始服其

有远虑。世之言母道者，称夫人之慈。夫人聪明爱敬，出于天姿，静专而能谋，勤俭而有度，临事能断，见

义必为，当众人犹豫之时，独毅然力行不顾，如烈烈丈夫，无所凝滞。故自金部公捐馆舍，家无壮子弟，而

门庭不衰，好观书史，通大义，与人谈论亹亹可听，又尝学为诗，有幽闲平淡之思，其自奉养不务华饰，不求

丰厚，趣具而已。亲戚之贫者，必赒之。无德色，或为之备物，以成其昏姻。左右妾侍，一皆抚之，以恩故。其殁也，

哭者皆为之恸，属纩之夕，里巷间如闻空中有音乐声，传以为异。夫人初封华阳，进封今邑。子男三人，女

四人，余悉具金部公之志，此不复叙，特志夫人之始终云。

铭曰：

天生哲人，必立之配。叶是柔刚，以经内外。维金部公，蔼有风绩。有来夫人，德亦秀出。

为子为妇，为妻为母。道备行融，光昭泽厚。公先往矣，曷又从之。鹏抟风驶，龙遁云归。

表侄刘钦填讳，乡侄张察篆盖，仲子京泣血书，石师蒲奇。[1]

---

[1] 部分释文参考成都文物考古研究所、成都博物院编著：《成都出土历代墓铭券文图录综释》，文物出版社 2012 年版，第 231—236 页；荣远大、刘雨茂著：《成都考古发现北宋诗人宋京家族墓》，《成都考古研究》（一），科学出版社 2009 年版，第 604—620 页。

图四五　王道辅夫人朱氏墓志铭拓片

北宋政和七年（1117）王道辅夫人朱氏墓志铭[1]（图四五）

简介

该墓志出土于成都市跳蹬河北宋砖室墓中，现存于成都文物考古研究院。其墓材为青石质。墓石高 90.8 厘米，宽 89.5 厘米，厚 9 厘米。志石周边装饰花纹饰带。志文字体为楷书，从右至左共 37 行，满行 44 字，共计约 1400 字。

释文

宋思堂先生室人朱氏墓志铭。

光禄大夫知枢密院事南阳郡开国公食邑三千三百户食实封一千户邓洵武撰。

通直郎试中书舍人同修 国史详定九域图志赐紫金鱼袋宇文黄中书丹。

中大夫试尚书兵部侍郎同修 国史河南县开国子食邑五百户赐紫金鱼袋宇文粹中题盖。

有蜀思堂先生，陵阳王君名就，字道辅，其配曰朱氏，世为眉山人。朱于眉为大家，父绅有学行，姿貌奇伟，善谭吐，一

时惊屈诸贵人，□一男七女，尝语人曰：吾女类有贤德，不妄适人，其所归如石颖士、程之元，皆知名士。夫人，其次女

也。是时，先生之名声倾剑外，即以夫人嫁焉。先生有大志，读书力文追古作者。熙宁初，诏以经术取士，首冠乡书，

退筑室于其乡飞泉山下，执经从学者千里踵门，尊之不敢名，即所居讲学之地而号之曰：思堂先生。夫人顺适其

志以相内，事自力，大小有端绪，故君得专心覃思，与群弟子讲磨追琢。其贫无赀者，教诲饮食之，夫人欣然劝相，无

---

[1] 成都文物考古研究所、成都博物院编著：《成都出土历代墓铭券文图录综释》，文物出版社 2012 年版，第 247—249 页。

吝色。时二亲年高，夫人左右奉甘旨无违。姑得疾，历数寒暑必视膳尝药而后进。姑临终祝之曰：愿汝他时得妇如

我得汝。先生尝顾二子，指夫人而告之曰：吾平生啜菽饮水以为养，而能得父母之欢心者，以汝母能竭诚以相吾

之孝也；吾箪食瓢饮，萧然四壁，而食客之归者，日以十数，以汝母能不计。后日之有亡，以从吾之志也。其后，大臣有

帅蜀者，迫寘先生于成都学宫以领袖后进，不得已挈其家以行，居数年，卒于成都。夫人抚二孤子，弊衣恶食无失

其常心，逮二子相继得进士第，有禄养矣。则益自兢畏，所至必询人情美恶、官事剧易，以教诏之其子。临官治民不

特畏三尺律令而惴惴然，以不当夫人之意为己忧，尝从容诲之曰：某事之善，汝父尝行，汝当勉之；某事汝父虽贫

不为，汝慎勿为也。客有过，其子矜其治县健决而事出绳墨之外者，夫人窃听之，曰：第志之后必败。已而果然。其善

言懿行多合方册圣贤之语，人能道之以为闺门箴规者，不胜载。岁时奉祀，率子孙省牲涤器，必丰必洁，遇仆妾恩

意均一一馔之，美未尽器必推以予人。奁中物多以施亲族及游士之□者、义士犹或难之。居尝诵佛之语，曰：是法

平等无有高下。故其待贵贱疏戚不肯辄为厚薄，其于佛法盖得躬行之，实佛之徒有□□□岁视听益精明，虽其

家不以事累，而经其截□者，无不中理。子时彦罢官，武康郡夫人曰：吾老欲一见□观□□□□□□物之富，是吾

乐也。即奉板舆以东。政和六年夏，感疾于京师，既少□，忽一夕，家人怪其不语，若将寐者，遂卒实□□□□□□□

年八十有一。初以子升朝，封荣德县太君，易命妇号以元圭，恩封太孺人。先生赠官至朝奉郎，又改封太室人。生二

子，长时彦，今以朝奉大夫通判火山军；次时雍，今以承议郎权发遣濮州军州。二女，长适白师道，早卒；次适句龙杰。

孙男二人，曰汉，曰亿，孙女九人。时彦有至行，以夫人在堂，仕官

二十年未尝出蜀门户，泊然不动于荣利，后以夫人

命入帝城，游搢绅间，以晚识为恨。时雍力学有志，方

天子[道]追先猷以[起]治功，携其所著《熙丰圣训录》以献，皆援据经旨，以明制作之美意，乙夜赐观，亲洒

宸翰，有发挥先猷，润色鸿烈之语，由是得校中秘书。久职文馆，不汲汲为进取计，有识之士皆以为义方之教

有所自，而夫人未尝以此为己□也。将以政和七年四月十二日祔于先生之茔，在成都府之普安乡白土里。二子

〼请铭，欲以信其善于后世。愚尝观二南之诗歌，当时道化之行必及于妇人女子之善，然后为至先王之俗微矣，

[学]士大夫不能终以礼义藩饰其躬，况所谓妇人女子者乎。如夫人之贤不以穷通荣辱，[乐]乎其心，阨日久矣，无变

其初志，卒相其夫，固穷守节，成就其子，以克有家受封于朝，以寿考终，为里贤母。呜呼！是宜为诗，不特为妇道之

[劝]，[亦]以见

圣时道化如周盛时，云诗曰：

猗欤先生，德义孔时。有嫔氏朱，寔相其宜。相之伊何，曰贫而乐。顺事尊章，小大祗若。

[宾]□戾止，燕衎有仪。下逮学子，饮之食之。先生道穷，呱呱子泣。慈养义教，迄用成立。

帝曰汝子，著位于朝。锡以命书，象轴锦韬。惟寿而康，实皇敷锡。其膺于此，而攸好德。

魂兮来游，翼翼帝都。魂兮来归，蜀山之隅。亘千万祀，宜此幽宅。永扬硕休，铭于墓石。

赵昇吕惠通镌。[1]

---

[1] 部分释文参考成都文物考古研究所、成都博物院编著：《成都出土历代墓铭券文图录综释》，文物出版社 2012 年版，第 247—249 页。

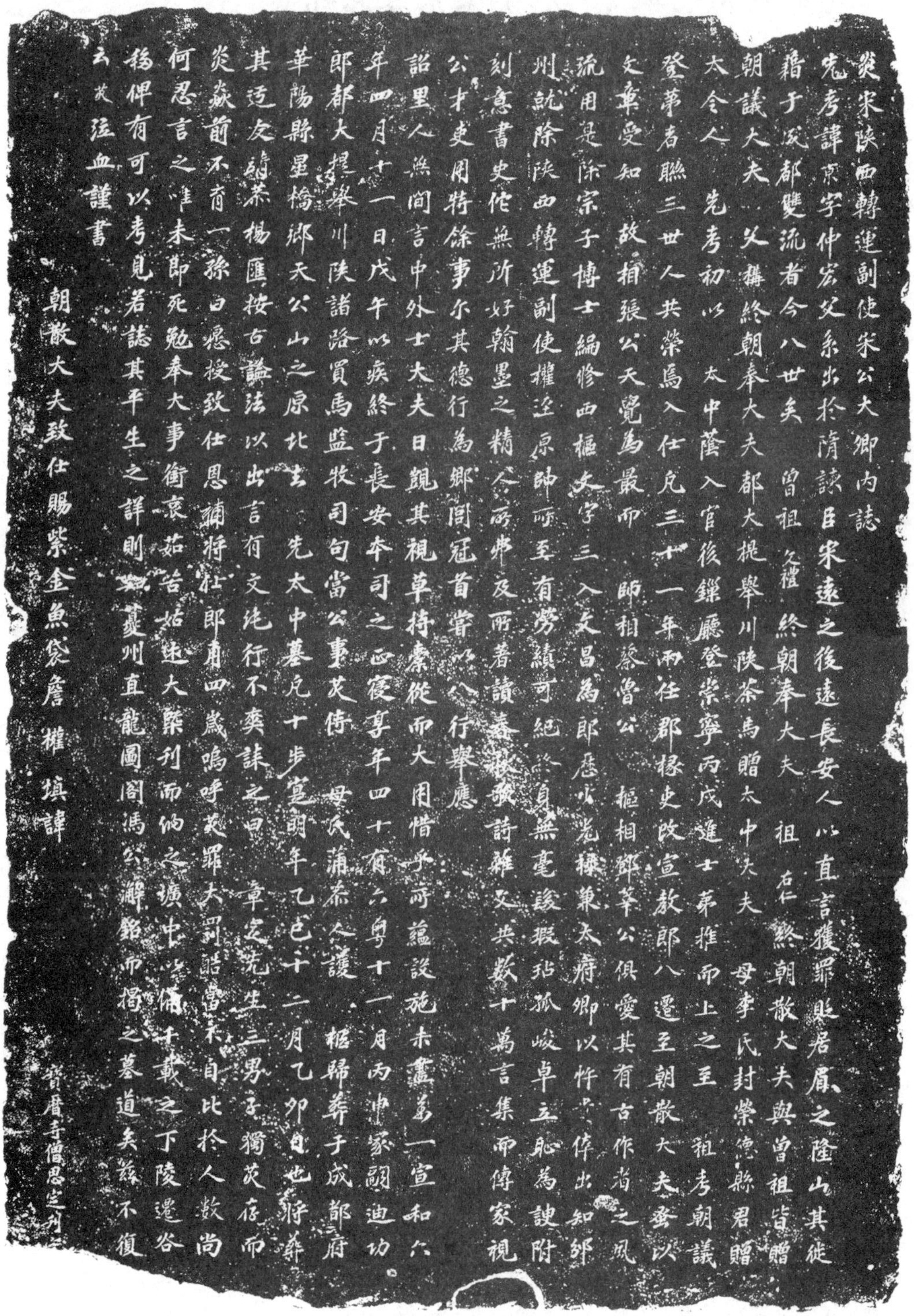

图四六　宋京墓志铭拓片

北宋宣和七年（1125）宋京墓志铭[1]

（图四六）

简介

该墓志出土于成都市成华区龙潭乡保平六组北宋砖室墓，现存于成都文物考古研究所。其墓材为青石质。高 105.5 厘米，宽 75.5 厘米，厚 10.5 厘米。志文字体为楷书，共 21 行，满行 35 字，全文计 645 字。

释文

炎宋陕西转运副使宋公大卿内志。

先考讳京，字仲宏，父系出于隋谏臣宋远之后。远，长安人，以直言获罪，贬居眉之隆山，其徙

藉于成都双流者，今八世矣。曾祖文礼，终朝奉大夫。祖右仁，终朝散大夫，与曾祖皆赠

朝议大夫。父构，终朝奉大夫、都大提举川陕茶马，赠太中大夫。母李氏，封荣德县君，赠

太令人。先考初以太中荫入官，后锁厅登崇宁丙戌进士第，推而上之，至祖考朝议

登第者联三世，人共荣焉。入仕凡三十一年，两任郡掾吏，改宣教郎，八迁至朝散大夫。蚤以

文章受知，故相张公天觉为最，而师相蔡鲁公、枢相邓莘公俱爱其有古作者之风

流，用是除宗子博士、编修西枢文字，三入文昌为郎，历少光禄兼太府卿。以忤贵幸，出知邠

州，就除陕西转运副使、权泾原帅。所至有劳绩可纪，终身无毫发瑕玷，

---

[1] 成都文物考古研究所、成都博物院编著：《成都出土历代墓铭券文图录综释》，文物出版社 2012 年版，第 273—283 页；成都文物考古研究所：《四川成都北宋宋京夫妇墓》，《文物》2006 年第 12 期。

孤峻卓立，耻为谀附，

刻意书史，他无所好，翰墨之精，人所弗及。所著《读春秋》、歌诗、杂文共数十万言，集而传家。视

公才吏，用特余事尔。其德行为乡闾冠首，尝以八行举应

诏，里人无间言。中外士大夫日觊其视草持橐，从而大用。惜乎！所蕴设施，未尽万一。宣和六

年四月十一日戊午，以疾终于长安本司之正寝，享年四十有六。粤十一月丙申，冢嗣迪功

郎、都大提举川陕诸路买马监牧司句当公事艾侍母氏蒲恭人护柩归葬于成都府

华阳县星桥乡天公山之原，北去先太中墓九十步，寔明年乙巳十二月乙卯日也。将葬，

其迁友靖恭杨汇按古谥法，以“出言有文”“纯行不爽”诔之曰“章定先生”。三男子独艾存，而

炎、焱前不育。一孙曰愿，授致仕恩，补将仕郎，甫四岁。呜呼！艾罪大罚酷，当不自比于人数，尚

何忍言之？唯未即死，勉奉大事，衔哀茹苦。姑述大概，刊而纳之圹中，以备千载之下，陵迁谷

移，俾有可以考见。若志其平生之详，则知夔州直龙图阁冯公澥铭而揭之墓道矣，兹不复

云，艾泣血谨书，

朝散大夫致仕赐紫金鱼袋詹杈填讳宝历寺僧思定刊☐[1]

---

[1] 释文参考以下相关论文，并有所改动。荣远大、刘雨茂著：《成都考古发现北宋诗人宋京家族墓》，《成都考古研究》（一），科学出版社 2009 年版，第 604—620 页；刘隽一：《北宋宋京夫妇墓志铭考释》，《中国典籍与文化》2013 年第 4 期；刘雨茂、荣远大：《宋京其人其诗及其考古新发现》，《四川文物》2000 年第 1 期；李国玲：《北宋宋构宋京父子墓志偶识》，《西南民族大学学报（人文社科版）》2003 年第 6 期；荣远大、刘雨茂：《考古发现北宋诗人宋京墓》，《宋代文化研究》第九辑，巴蜀书社 2000 年版，第 357—363 页。

图四七　范元嘉墓志盖拓片（上）和墓志铭拓片（下）

南宋绍兴十一年（1141）范元嘉墓志铭[1]

（图四七）

简介

该墓志出土于成都市青龙乡红旗五队（今成都市成华区青龙乡驷马桥一带），现存于成都文物考古研究院。其墓材为青石质。志石高 61 厘米，宽 71 厘米，厚 4.2 厘米。志盖高 66 厘米，宽 59 厘米，厚 4.5 厘米，其上篆刻 3 行 3 排，共 9 字，即“宋故范君元嘉墓志铭”。因志石剥蚀，志文漫漶不清，文字缺泐较多。志文字体为楷书，共 29 行，满行 19 字，共 500 余字。

释文

墓志盖：

宋故范

君元嘉

墓志铭

墓志铭：

君讳洋，字元嘉，世为成都华阳人。曾祖讳锴，赠太尉。曾祖妣郭氏，赠昌国

太夫人。祖讳百之，赠通议大夫。祖妣史氏，赠华原郡太君。父讳祖哲，赠宣

奉大夫。妣谢氏，赠太硕人。宣奉公有兄，讳祖禹，元祐初为太史□之▨

经筵前讲一日，解释具稿，必肄习于家，子侄环侍以听。君时总角，就□▨

❶ 成都文物考古研究所、成都博物院编著：《成都出土历代墓铭券文图录综释》，文物出版社 2012 年版，第 316—319 页。

所领悟。长□□□思绎太史尝所训抚者，于是究经术，敦行义，以自修敕。

其奉亲尽孝，丧祭尽礼，事长尽恭顺。诸兄有疾，至尝药饵，死又能抚其孤，

凡临赀产，悉推善田宅以与兄弟之子。居身湫陋不悔，人以是难之。初，宣

奉公葬成都北城之外万松岗，君即其旁筑室庐集，图史其上，居焉不出

者十五余年，翛然有遗世意，唯以正心诚意日教督其子。其子将应进士

举，又戒毋效流俗，谒牒试以幸进取。昔岁饥民莩，尝发余粟以分贫乏，为

义冢以藏不葬者，其居家居乡大略如此，以取法者正也。故虽为诗文尚

去浮靡，务以理胜，至书画必端劲，以古人为师。呜呼！此其志岂苟然哉？晚

亦好读佛书，自谓有合一日访僧世嵩，曰：吾年六十三，数殆将终，□□⧄

疾疾革有问之者，酬对尚不乱。绍兴十一年正月丙午，果卒于正寝，三月

庚申葬于宣奉公墓之西北四十步。君娶史氏，生二男子，仲圭、仲璋。□⧄

子尚幼。孙男三人，苹、萱、兰。孙女三人。葬有日，其弟淑志其墓而铭曰：

呜呼！元嘉，宣奉公子，谁诲育之。伯父太史，太史劝讲，入侍……清⧄

具槁，于究谈经，君闻其言，目见行事，归乎择师，师太史氏，孝友闻家，仁□

闾里，正心诚意，以训其嗣，死生之故，学则知之，君知命矣，不负⧄[1]

---

[1] 部分释文参考成都文物考古研究所、成都博物院编著：《成都出土历代墓铭券文图录综释》，文物出版社 2012 年版，第 316—319 页。

图四八　宋京夫人蒲氏墓志铭

图四九　宋京夫人蒲氏墓志铭拓片

南宋绍兴二十一年（1151）宋京夫人蒲氏墓志铭[1]
（图四八、图四九）

简介

该墓志出土于成都市成华区龙潭乡保平六组北宋砖室墓，现存于成都文物考古研究院。其墓材为青石质，高 141 厘米，宽 75 厘米，厚 9 厘米。志文左下方剥蚀严重，文字漫漶不清。志石上端线刻长方形线框，框内篆刻“宋故太令人蒲氏墓志铭”，其下方志文字体为隶书，共 28 行，每行 40 字，现存 900 余字。

释文

宋故太令人蒲氏墓志铭。

侄左宣教郎知彭州九陇县事宋衍撰。

甥右通直郎知彭州蒙阳县丞詹廷硕书。

眷右奉议郎知简州平泉县丞许自强篆额。

衍幼孤，乳于叔父母之侧室。拜官纳妇，从事州县，始请违以去。所以报叔父母者蔑，然而叔父母爱之犹

子也。叔父以朝散大夫、太府卿出为陕府西路计度转运副使，弃其孤，叔母所恃者，特一子二孙尔。长孙

既不幸蚤亡，而叔母病。后四年，其子卒于右奉议郎、前通判利州军州事。而叔母病益甚，幼孙茕然，方束

发。念生意之荒落，顾家门之凋悴，虽路人眷之，亦为出涕，况吾叔母乎？窃忧其不能久于世也，寸禄匏系，

省侍不时，绍兴二十年冬十一月二十日壬辰，终于成都府成都县清贤坊之里舍。讣闻，衍归，哭于殡，几

---

[1] 编者按，原碑文字已模糊难辨，释文参考自成都文物考古研究所、成都博物院编著：《成都出土历代墓铭券文图录综释》，文物出版社 2012 年版，第 273—283 页；成都文物考古研究所：《四川成都北宋宋京夫妇墓》，《文物》2006 年第 12 期。

无以为生。呜呼！吾家奚罪，天罚若是酷耶？华阳县之北，星桥乡天公山之原，旧有□□，与[叔]父同[穴]。议以

二十一年三月五日丙子，开墓隧而纳其柩。幼孙扶杖哭拜，云：非吾伯为铭，以□□行，后其谁宜！□不获

避，辍泣而书之。叙曰：叔母姓蒲氏，阆州之新井人。自其伯宗孟起儒家、位政府。其父宗[闵]綐为省[郎]，出知

遂州军州事，后累赠左太中大夫。由是门户益壮，锦屏称著姓，必曰二蒲公。母黎氏，都官郎中錞之女，赠

硕人。叔母幼异[禀]笄，闲礼训，以季女，母氏尤钟爱之，选所宜归，而归吾叔父。衍记诸姑言，叔母[入][吾][门]，吾

祖母荣德李硕人，性严肃，叔母夙夜奉事惟谨，荣德喜其孝，见必祝之曰：吾家之贤妇。记□□□□，[叔][母]

高智卓识，处事若男子，家政之纤悉不以累吾，俾吾专意官学，置身朝右，心甚德[之]，曰：吾家□□□□。吾

弟言，方丧父时□逾冠，吾母勉以世业，冀励志□[怠]。既入仕，则安于贫窭，□教以清白，故□□□□在

人后，心常敬之，曰：吾家之贤母。至于生贵家而不骄，从显宦而不侈，随小官而不□，[谨]□□□□□□□⊘

予。恤孤穷□，又衍目击而身尝之，非例为谀语，以实吾文也。叔母每盥□罢，炷[香]端□□□□□□□□言，

[终]日起居不离□席间，虽未病[前]亦尔。其赋予冲澹，不事游观，率类此□。[服][澣]□[之]□□□食□□□□⊘

必甘处隘陋之室，必弈逮其病时犹呼妾媵而[更]治之不惓。呜[呼]！叔母□三从[四]德□□□□□□□。叔

母讳洁，字脩卿，享年七十一，累封太令人。叔父讳京，字宏父，累[赠]左中[大]夫一□□□□□□□□□⊘

懋□将仕郎。衍曩寓玉津，有眇士挟术以访，自云能以人所置□年月□[时]□□□□□□□□□□□⊘

叔母之命试之，则曰：兹命富贵，虽全盛，然自十五六来丧父母□兄弟，

又□其夫，□□□九□□□□数

尤可骇，迫而问之，则又曰：六十余当哭孙，七十余当哭子，数乃尽。今□皆验□术，□□□□□□□□数

之不可逃如此。衍时闻而惧之，今尚忍罽也。呜呼！名（铭）曰：

妇人懿行，秘于家室。揭以示世，谁秉□□。顾□犹子，

目见耳闻。琢词钻石，用慰其孙。[1]

---

[1] 部分释文参考荣远大、刘雨茂著：《成都考古发现北宋诗人宋京家族墓》，《成都考古研究》（一），科学出版社 2009 年版，第 604—620 页；刘隽一：《北宋宋京夫妇墓志铭考释》，《中国典籍与文化》2013 年第 4 期；成都文物考古研究所、成都博物院编著：《成都出土历代墓铭券文图录综释》，文物出版社 2012 年版，第 273—283 页。

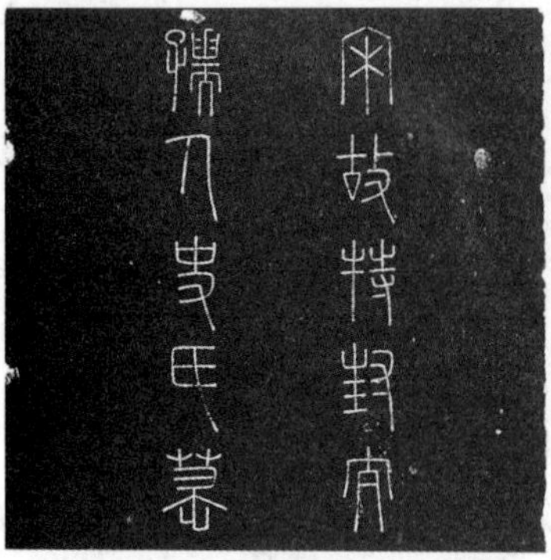

图五〇　范元嘉夫人史氏墓志额拓片（上）和墓志铭拓片（下）

南宋隆兴元年（1163）范元嘉夫人史氏墓志铭[1]（图五〇）

简介

该墓志出土于成都市青龙乡红旗五队（今成都市成华区青龙乡驷马桥一带），现存于成都文物考古研究院。其墓材为红砂石质，高 139 厘米，宽 67.5 厘米，厚 9 厘米。志文额题篆书“宋故特封太孺人史氏墓”10 字。志文字体为楷书，共 26 行，满行 19 字，现存 400 余字。

释文

额题：

宋故特封太

孺人史氏墓

墓志铭：

先妣史氏□□□□□，曾祖讳逊，祖讳瑱，考讳仲堪，妣黄氏。先妣逮

事□□□□中馈以静□□崧山没，奉丧祭唯谨，及相先君家事类有

谋□□□□好浮屠氏，□□城隐君之子光禅师。徽宗时有旨⧄

⧄有亲弟讳真，常号自由散人。今少傅魏公尝

问道焉，此两人□□□□也。虽父母不以告，独以告先妣，盖其所得与

之同，追其祝发亦挽□成就之力焉。早既多病，性复高洁，每独居焚香，

扫地而坐。自先君不幸，子妇继亡，履忧患变，故处之素定而不乱。晚而

[1] 成都文物考古研究所、成都博物院编著：《成都出土历代墓铭券文图录综释》，文物出版社 2012 年版，第 316—319 页。

益康，仲圭侍板舆于通泉，周览江山之胜，归又遍游无为清泉。未[终][之]

旬沐浴易衣，夜与家人笑语如平时。翼日昧爽，卧合爪而逝。死生[之][际]，

超然如此。生于熙宁十年三月丁丑，卒以绍兴三十二年六月丁[卯]，☒

百有十九。甲子，太上皇帝诏天下命吏亲年八十[以][上]与[封]，

时年八十三，蒙恩特封太孺人。子男二人，仲圭、仲璋。女二人，[长][迎][风]、

季疵，疵适房辑，璋与二女前卒。孙男五人，庄、萱、蒙、荃、黄。孙女四[人]。[曾][孙]

女二人。初，先君葬华阳之升仙乡崧山墓次，卒之明年正月己酉[祔][焉]。

昔太史公谓外氏家法严，入其门无履声，仙源淑人早世。其后

凯风寒泉之思，实钟厥心，顾谓崧山公曰：我愧汝昏姻。胥通矣，仲[圭][在]

童矿，先妣历举太史行事以训，自惟不肖，无以扬名显亲，独先妣[内][行]

清修以享寿考而蒙天子之锡封，法盖当书，姑记其大略，纳诸[圹]

中，尚以告当世立言者，论次其事刻之□□云。哀子范仲圭记。[1]

❶ 部分释文参考成都文物考古研究所、成都博物院编著：《成都出土历代墓铭券文图录综释》，文物出版社 2012 年版，第 316—319 页。

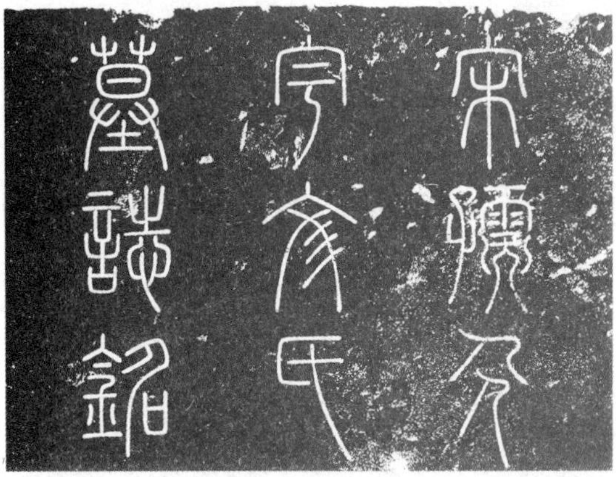

图五一　宇文氏墓志额拓片（上）和墓志铭拓片（下）

南宋乾道九年（1173）宇文氏墓志铭[1]
（图五一）

简介

该墓志出土时地不详，现存于成都市文物考古研究院。其墓材为青石质，高109厘米，宽77厘米，厚5厘米。额题篆书“宋孺人宇文氏墓志铭”9字。志文字体为楷书，共23行，满行29字，因志石局部剥蚀，部分文字已漫漶不清，或已缺泐，现存590余字。

释文

额题：

宋孺人

宇文氏

墓志铭

墓志铭：

宋故孺人宇文氏墓志铭。

⧄□□理右宣教郎致仕郭知来撰。

⧄□右朝散郎新奏差知大安军主……知方书。

⧄□□□右迪功郎就差巴州司[户][参][军]⧄

故□□右宣教[郎]□[郭]君□知[深]之配孺人宇[文][氏]……祖讳居

⧄[祖][讳]□□，父[讳]景亮，[咸]有[懿]德。[孺]人幼[颖]悟，不……其衣年

⧄□行□□□[不]□□□父母□之[讫]，[为]我[伯]父[太]中[公]□□□□舅姑进

退□□曰□□□□□□□□□则□□氏书□□皆□……籍稍众

从□□□□□孺人日夜□成之曰：无迁[坟][墓]，无去宗族。[一][傍]□□架

---

❶ 成都文物考古研究所、成都博物院编著：《成都出土历代墓铭券文图录综释》，文物出版社2012年版，第388—389页。

数[椽]

以居[平]时，门内之政井井有条理，以至米盐□□□□□□□□□岁时家

人会聚，历举舅姑勤俭法度，以谕诸子，曰：当守□□□。是以年□八十所服，

犹嫁时衣，其清德可知矣。既属[疾]无一□及他□，但[诵]佛经不已，死之日获

舍利于衣衾间，人皆异之。大抵孺人□□□以□，治家以严，待□以俭，学佛

以精，皆出于一诚，非伪为也。孺人之死实乾道八年十月初五日，享年七十

有八，明年八月庚午葬于华阳县星桥乡游军到之里，合从兄之藏也。男二

人，公犄、公积。女二人，长祝发为尼，次适乡贡进士杨安亮□□。孙男六人，仲

兟、仲林、仲珏、仲喆、仲朋、仲圭。孙女三人。呜呼！世之[佞]佛者，□□服其服，诵其

言，皆志于似者也，至于究竟之法，漫不加省，今孺人[修]之□□门之中，见之

于属纩之日，有烈丈夫所不能办者，非其一念确然，安能□□而不乱耶？斯

为可铭也，已铭曰：

女诫兮蹈班氏之踪，性识兮有灵照之风，金石其志兮曾不渝于始终，斯谓

不亡兮抑以诏于无穷。[1]

---

[1] 部分释文参考成都文物考古研究所、成都博物院编著：《成都出土历代墓铭券文图录综释》，文物出版社2012年版，第388—389页。

图五二　将军碑南宋墓佚名墓志铭拓片

南宋庆元四年（1198）将军碑南宋墓佚名墓志铭（图五二）

简介

该墓志出土于成都市北郊将军碑南二路南宋砖室墓，字迹漫漶，无法计字。

释文

☐后世家陕州夏县之涑水，五世祖讳池

☐中大夫。次讳望，将作监主簿。季讳光

☐讳富，朝散郎致仕，赠奉直大夫，即先

☐□县赠奉直大夫，即先君之皇祖考

☐□大夫，娶张氏，封令人，即先君之

☐尝荐于有司，累迁至散朝大夫，历

☐狱司干办公事，知邛州蒲江县成

☐□隆州军州，主管台州□道观以

庆元四年……□子卒，……先妣[姓]郭氏，蜀之□□朝奉郎

知□州军□赠光禄大夫……议郎致仕，累封中散大夫，讳编

☐孙讳……庆元四年□月辛亥卒，享年

三十一……女适孝……□郭有□□孙男、女四

人，始中奉□□蜀寓家……君逸……华阳尝□地□升仙

乡常平里□□之……日得嘉泰□年四月

☐酉谨奉□君……藏焉。呜呼！不肖孤之不，天可殚言邪？幼

☐之岁洊罹……□□□□□□□□重又惧盛德懿范之不传，

☐尝忍死……□□□之□名位者，得其铭而树为碑矣。惟

是千……名字、世系、官秩、卒葬之岁月，刻之坚珉，以掩诸

☐嘉泰元年四月十八日，孤哀子拒泣血谨志。

元皇庆二年（1313）高公夫人杨氏墓志铭[1]

简介

该墓志出土于成都市保和乡元代圆券砖室墓中。志盖刻 12 字。

释文

墓志盖：

故管军千户高公夫人杨氏墓。

墓志铭：

皇庆二年二月十七日以疾终……葬于华阳县普安乡艮山之原，子男一人，文胜，将仕佐郎顺元宣抚司经历……

---

[1] 编者按，此墓志无拓片或照片，释文照录自四川省文物管理局编：《四川文物志》上，巴蜀书社 2005 年版，第 178 页。下篇处理同。

元延祐三年（1316）高公墓志铭[1]

简介

该墓志出土于成都市保和乡元代圆券砖室墓中。志盖刻 8 字。

释文

墓志盖：

元故经历高公之墓。

墓志铭：

高公讳文胜，字质夫，成都人……将仕佐郎顺元宣抚司经历……于延祐三祀六月十三日告终，享亲友奉柩来归，以其年十一月二十又一，卜葬华阳县普安乡良山之原……

[1] 四川省文物管理局编：《四川文物志》上，巴蜀书社 2005 年版，第 178 页。

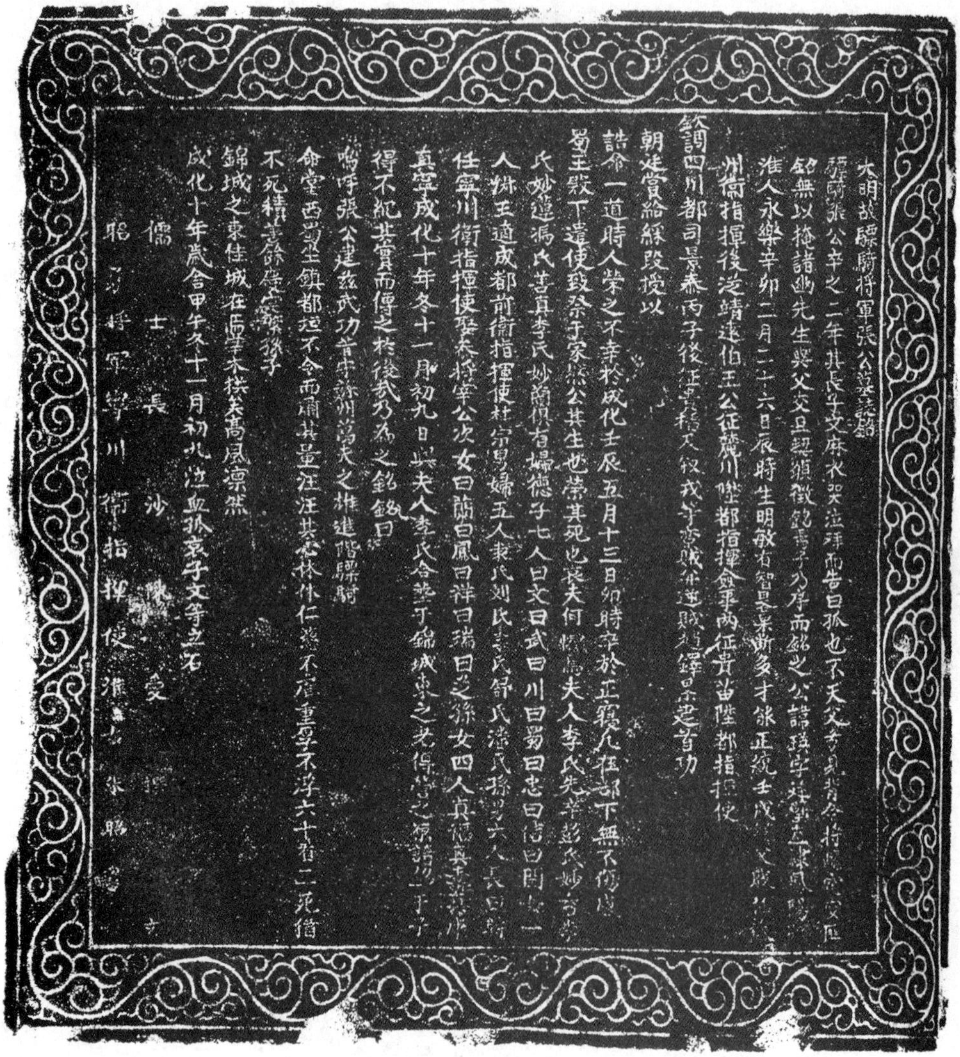
大明故驃騎將軍張公墓誌銘
驃騎張公卒之二年其長子文麻衣哭泣拜而告曰孤也不天父[illegible]背今將[illegible]窆[illegible]
銘無以掩諸幽先生與父交且熟須徵銘焉子乃序而銘之公諱瑛字廷[illegible]其先鳳陽
淮人永樂辛卯二月二十六日辰時生明敏有智略果斷多才能正統壬戌[illegible]父職[illegible]
州衛指揮後從靖遠伯王公征麓川陞都指揮僉事兩征貴州陞都指揮使
欽調四川都司景泰丙子後征[illegible]蠻又叙戎[illegible]賊并逆賊[illegible]是首功
朝廷賞給綵段授以
誥命一道時人榮之不幸於成化壬辰五月十三日卯時卒於正寢凡在部下無不傷感
蜀王殿下遣使致祭于家[illegible]公其生也榮其死也哀夫何[illegible]夫人李氏先卒彭氏妙[illegible]
氏妙蓮馮氏善真李氏妙蘭俱有婦德子七人曰文曰武曰川曰蜀曰忠曰信曰陽[illegible]一
人娶王適成都前衛指揮使杜宗男婦五人裴氏刘氏李氏舒氏潘氏孫男六人長曰[illegible]
任寧川衛指揮使娶本將寧公次女曰蘭曰鳳曰祥曰瑞曰芝孫女四人[illegible]
真寧成化十年冬十一月初九日與夫人李氏合葬于錦城東之老[illegible]之原請[illegible]
得不紀其實而傳之於後哉乃為之銘銘曰
嗚呼張公建茲武功昔守[illegible]州篤夫之雄進階驃騎
命堂西蜀坐鎮都[illegible]不令而肅其量汪汪其志[illegible]仁慈不[illegible]重厚不浮六十有二死猶
不死積善餘慶[illegible]孫子
錦城之東佳城在焉[illegible]高風凜然
成化十年歲舍甲午冬十一月初九泣血孫哀子文等立石
儒士長沙[illegible]愛撰文
驃騎將軍寧川衛指揮使淮[illegible]張聯書

图五三　张瑛墓志铭拓片

明成化十年（1474）张瑛墓志铭[1]
（图五三）

简介

该墓志出土于成都市金牛区圣灯乡猛追湾四组（现属成华区），现存于成都文物考古研究院。其墓材为红砂石质，高 44 厘米，宽 43.5 厘米，厚 4 厘米。志石周围镌刻卷叶纹饰带。志文字体为楷书，共 35 行，满行 21 字，共计约 420 字。

释文

大明故骠骑将军张公墓志铭。

骠骑张公卒之二年，其长子文麻衣哭泣拜而告曰：孤也，不天父亏见背，今将[归][窀][穸]，匪

铭无以掩诸幽，先生与父交且契，愿征铭焉。予乃序而铭之。公讳瑛，字廷璧，直隶凤阳[临]

淮人。永乐辛卯二月二十六日辰时生，明敏有智略，果断多才能，正统壬戌[继]父职任[苏]

州卫指挥。后从靖远伯王公征麓川，升都指挥佥事。两征贵苗，升都指挥使，

钦调四川都司。景泰丙子后，征贵播及叙戎等蛮贼，并逆贼赵铎。累建首功，

朝廷赏给彩段，授以

诰命一道，时人荣之。不幸于成化壬辰五月十三日卯时卒于正寝。凡在部下无不伤感。

蜀王殿下遣使致祭于家。然公其生也，荣其死也，哀夫何憾焉？夫人李氏，先卒。彭氏妙秀，[李]

---

[1] 成都文物考古研究所、成都博物院编著：《成都出土历代墓铭券文图录综释》，文物出版社 2012 年版，第 583—584 页。

氏妙莲，冯氏善真，李氏妙兰，俱有妇德。子七人，曰文、曰武、曰川、曰蜀、曰忠、曰信、曰□。女一

人淑玉，适成都前卫指挥使杜宗男。妇五人，袁氏、刘氏、李氏、舒氏、潘氏。孙男六人，长曰时，

任宁川卫指挥使，娶参将宰公次女，曰兰、曰凤、曰祥、曰瑞、曰芝。孙女四人，真福、真寿、真康、

真宁。成化十年冬十一月初九日，与夫人李氏合葬于锦城东之老传营之原。请铭于予，

得不纪其实而传之于后哉？乃为之铭，铭曰：

呜呼张公，建兹武功。昔守苏州，万夫之雄。进阶骠骑，

命掌西蜀。坐镇都垣，不令而肃。其量汪汪，其心休休。仁慈不虐，重厚不浮。六十有二，死犹

不死。积善余庆，实繁孙子。

锦城之东，佳城在焉。宰木拱矣，高风凛然。

成化十年岁舍甲午冬十一月初九，泣血孤哀子文等立石。

儒士长沙陈爱撰文。

昭勇将军宁川卫指挥使淮右朱昭书丹。[1]

[1] 部分释文参考成都文物考古研究所、成都博物院编著：《成都出土历代墓铭券文图录综释》，文物出版社2012年版，第583—584页。

大明太宜人蒯母宗氏墓誌銘
前[illegible][illegible]教授將仕佐郎湖南李宏篆
蜀[illegible][illegible]典儀正迪功郎湖南陳鉞書
蜀府典膳正迪功郎瀘陽趙明撰
宜人[illegible]妙祐成都環衛處士宗公之女有恒先生森之妻
西城兵馬指揮蒯縉之冢婦
蜀定王妃[illegible]之配武德將軍左護衛左千戶所正千戶鑾之母宗氏
出自山東蒯則氏系巴陵皆望族也由是合二姓而締好宜人
少有令[illegible]性[illegible]靜絕華靡為父母所愛既笄擇士之賢者得有
恒先生[illegible][illegible]出自大家宜於夫得於舅姑之心生男二女一
先生[illegible][illegible]泰[illegible]元卒年方四十宜人撫二子携一女夙夜惟勤
孝養[illegible][illegible][illegible]不怠雖居戚里而無驕矜之態喜樂施鄉里閭
見其[illegible][illegible]者矜憫之疾病者施之以藥惟欲令人人得其安而
不[illegible][illegible][illegible]治家勤儉之志不殊丈夫之志真女中之男子其
處妯娌也[illegible]尚於和其待下人也一處以寬其睦宗姻也一本
以[illegible][illegible][illegible]十餘年雖白首而始終一致弘治庚戌秋忽遘
疾竟不[illegible]之一日呼其鑾曰吾年八十壽已至矣爾父先我而
往四十[illegible]年爾子孫不必請禱於神徒誠之曰治家要節儉不
可過於[illegible][illegible]意恐不能相繼言訖而逝享年八十鑾即冢嗣先
娶周氏生二子繼娶趙氏生一女何氏生二子一女次曰蘭娶
溫氏生一子二女長女淑蘭適灌縣守禦千戶所千戶張俊孫
男四曰相曰楫俱有室曰棠曰杉俱尚幼孫女二長適環衛
鎮撫田谷次適環衛指揮使何藩未歸曾孫男一女二俱在童
稚卒之年鄉先生以宜人之賢皆有詩以哀挽之宗姻閭之靡
不涕泣以弘治四年十二月二十八日歸葬於錦城[illegible]河保民
橋祖塋之西武德將軍持鄉貢進士趙君狀乞銘於余固辭弗
獲而銘之銘曰
柔順之姿 貞潔之行 歸於名門 克勤孝敬 夫君早逝
撫幼携孤 動止有禮 [illegible][illegible]範模 子貴孫賢 [illegible][illegible][illegible][illegible]
生順死安 厥心惟[illegible] [illegible][illegible]於幽 昭示永久 [illegible][illegible][illegible][illegible]
用[illegible]不朽

图五四　宗妙佑墓志铭拓片

明弘治四年（1491）宗妙佑墓志铭[1]
（图五四）

简介

该墓志出土时地不详，现存于成都文物考古研究院。其墓材为红砂石质，高61厘米，宽63.5厘米，厚6厘米。志文字体为楷书，共31行，满行24字，共计约640字。

释文

大明太宜人蒯母宗氏墓志铭。

蜀府教授将仕佐郎湖南李宏篆。

蜀府典仪正迪功郎湖南陈钺书。

蜀府典膳正迪功郎泸阳赵明撰。

宜人讳妙佑，成都环卫处士宗公之女，有恒先生森之妻，

西城兵马指挥蒯缙之冢妇。

蜀定王妃兄之配。武德将军、左护卫左千户所正千户蘩之母宗氏，

出自山东，蒯则氏系巴陵，皆望族也，由是合二姓而缔好。宜人

少有令质，性澄静，绝华靡，为父母所爱。既笄，择士之贤者，得有

恒先生□□人出自大家。宜于夫，得于舅姑之心。生男二女一，

先生以景泰纪元卒，年方四十。宜人抚二子，携一女，夙夜惟勤，

孝养二亲，朝夕不怠。虽居戚里而无骄矜之态，喜乐施乡里间，

见其贫乏者矜悯之，疾病者施之以药，惟欲令人人得其安而

不罹于困苦。治家勤俭之志不殊丈夫之志，真女中之男子。其

处妯娌也，□尚于和。其待下人也，一处以宽。其睦宗姻也，一本

以敬。嫠□四十余年，虽白首而始终一。致弘治庚戌秋忽遘一

疾，竟不能起。一日呼其蘩曰：吾年八十，寿已至矣。尔父先我而

---

[1] 成都文物考古研究所、成都博物院编著：《成都出土历代墓铭券文图录综释》，文物出版社2012年版，第598—599页。

往四十余年，尔子孙不必请祷于神。复诫之曰，治家要节俭，不
可过于奢侈，意恐不能相继。言讫而逝，享年八十。蘩即冢嗣，先
娶周氏生二子，继娶赵氏生一女，何氏生二子一女，次曰兰，娶
温氏生一子二女，长女淑兰适灌县守御千户所千户张俊。孙
男四，曰相、曰楫，俱有室；曰棠、曰杉，俱尚幼。孙女二，长适环
卫卫
镇抚田谷，次适环卫指挥使何藩，未归。曾孙男一女二，俱在童
稚。卒之年，乡先生以宜人之贤，皆有诗以哀挽之，宗姻闻之靡
不涕泣。以弘治四年十二月二十八日，归葬于锦城沙河保民
桥祖茔之西。武德将军持乡贡进士赵君状乞铭于余，固辞弗
获，而铭之，铭曰：
柔顺之姿，贞洁之行。归于名门，克勤孝敬。夫君早逝，
抚幼携孤。动止有礼，闺门范模。子贵孙贤，寿跻八泰。
生顺死安，厥心惟逸。刻铭于幽，昭示永久。母仪妇道，
用传不朽。[1]

[1] 部分释文参考成都文物考古研究所、成都博物院编著：《成都出土历代墓铭券文图录综释》，文物出版社2012年版，第598—599页。

图五五　张仁墓志盖拓片（上）和墓志铭拓片（下）

明正德三年（1508）张仁墓志铭[1]
（图五五）

简介

该墓志出土于成都市金牛区龙潭公社（今属成华区），现存于成都文物考古研究院。志石拓片长47厘米，宽45厘米。志盖拓片长46.5厘米，宽45.5厘米，字体篆书。志文字体为楷书，共33行，满行33字，因志石剥蚀，拓片字迹模糊不清，可辨识者约计860字。

释文

墓志盖：

明武德

将军张

公之墓

墓志铭：

明故武德将军张公墓志铭。

成都府崇宁邑庠生清江陈谦撰文。

成都府成都邑庠生清江陈诏篆盖。

成都府石泉邑庠生莆田林党书丹。

公讳仁，字□□□贯直隶凤阳寿州。曾祖彝，成都左护卫镇抚。祖庸转正千户。考轼，之

京代祖职，以疾卒于京，未□职。□宜人陈氏，自高祖得林官，居成都，迄今四世矣。公

六岁□□□□□□□□，二十一始居□□抚育祖庸请例优给，日严庭训，甫冠侍乡

● 成都文物考古研究所、成都博物院编著：《成都出土历代墓铭券文图录综释》，文物出版社2012年版，第679—681页。

⧄□□□□□□□□□好问，先生称之。成化丙午，代祖职，拘例改副千户，归而

⧄□□□□□□□心平气和，谙经史，工词章，命典承奉司事。丁未，兼典正字事。公事

上不阿□□□克出纳惟谨，增重内外。弘治辛亥，之京比试中选，自是闻见益博。

蜀主信任益专，弘治癸亥，又命典南库事，不次劳奖。时内相韦公以南库所辖，屯田在

大邑，□屯人隐田亩五分之二，止三分入官，屡官踏之未覈其实，韦乃启上，遣公往

焉。公主之，谕之以理，不事捶楚，屯人各以所原受者出丈，得五分之倍。左右曰：公将

何处？公曰：屯税，三分入官，盖亦有年余，今丈而如数亦足矣。若以倍者而并入民力，

其不烦矣乎，□乃以丈出者析而二之一分以裨国，课一分仍给民，食庶两尽之矣。

众皆叹服其贤。弘治乙丑，奉命谒

圣天子。因此例，得复正千户职。荷归，

蜀主取入直侍

驾，命典国用轩事。时诣□颇丛挫，公义以制之，无所不宜。自是誉望愈隆。其为人正大

光明，磊落不羁，与人交倾尽不疑，久而弥笃，及其不合，望然去之。余家父叔兄弟以

易礼传公，□戚属知所趋向，日与讲究于易礼，所得最深，凡论夫道德仁义则□⧄

不倦乡士。夫有芝兰会具书以请，遂从而入会，每与论天伦乐事，不但以觞□□⧄

一日。母宜人陈氏寝疾，公焚香祝天，愿以身代，后果疾愈。呜呼！公内而在家□□而

孝，外而任国报国而忠，其吉德之君子也。夫惜年不配德，三十六而终其寿。□□⧄

卫指挥周公之女，生男子三，长曰云鹏，已承公正千户职，亦荷

蜀主□□先聘天官杨公之女，已卒。再聘千户邓公之女，尚未亲迎。次云鹤、云鹗，俱幼。

女二[亦]在襁褓。公之生成化[壬]辰十月十日也，[卒][之][年]正德丁卯七月十四日也，⧄

之[藏]华阳积善之祖□□□□□□□□□□二月十九日也。公，余姑之子也，□⧄

云鹏以公之行□□□□□□□□□□□□□余为铭也，

铭曰：

气和心平，行正德纯。□□书史，博览古今。

居家孝敬，报国忠勤。[恢]恢先业，光启后尘。

芝兰友会，诗酒陶情。年逾三十，观化白云。

华阳之原，积善之滨。古木穷碑，千载长春。[1]

---

[1] 部分释文参考成都文物考古研究所、成都博物院编著：《成都出土历代墓铭券文图录综释》，文物出版社2012年版，第679—681页。

图五六　双成五路□氏孺人墓志盖拓片

图五七　双成五路□氏孺人墓志铭

图五八　双成五路□氏孺人墓志铭拓片

明正德五年（1510）双成五路□氏孺人墓志铭

（图五六、图五七、图五八）

简介

该墓志出土于成都市双成五路。志盖残高31.5厘米，宽40.5厘米，厚4厘米。其志石上部残缺，残高35厘米，宽42厘米，厚4厘米，铭文共24行，约存300字。

释文

墓志盖：

大明故

□孺人

□氏之

墓志铭。

墓志铭：

⧄志铭。

⧄部郎中成都许淳撰文。

⧄仆寺寺丞蒲田许翱书丹。

⧄贡进士眉山周申篆盖。

⧄字逊之，井研世家，祖□□。永乐甲午，乡荐，乐隐弗

⧄正随侍故居士遗居成都焉。居士仁厚长者，元配

⧄卒，继配孺人，孺人乃

⧄之女，行位第五。孺人德性宽厚，为□□时夙闲姆

⧄女事，及笄归居士，舅姑皆□其事，居士善迎其意，且处妯

⧄治中馈，亲缝纴，皆从仪法，举无出其右也，归计旬年而

⧄致深以是为忧。于是义抚宅相[以]作己子，名曰仕英，幼教

⧄分货业，始终恩惠无[异]己出。成化丙午间，有亲

☒□不返，居士欲讼于官而取之。孺人曰：莫
☒□即诺。次年丁未生其子，人谓止讼弃
☒□佐以儒性，秀异□治，举业克本，县儒
☒贯定妻邵氏，未及娶也。孙二，孟曰盗
☒出孺人□疾不起，实正德庚午六月
☒㊀月初二日，享年六十。今卜正德辛
☒以东去五里高庙之原，其子儒□经
☒铭焉，铭曰：
☒止夫之讼，仁□远扬。
☒教子儒业，□□孟芳。
☒胡为一疾，□□□梁。
☒我□其□，万□益光。

明故中貴蔣公墓誌銘

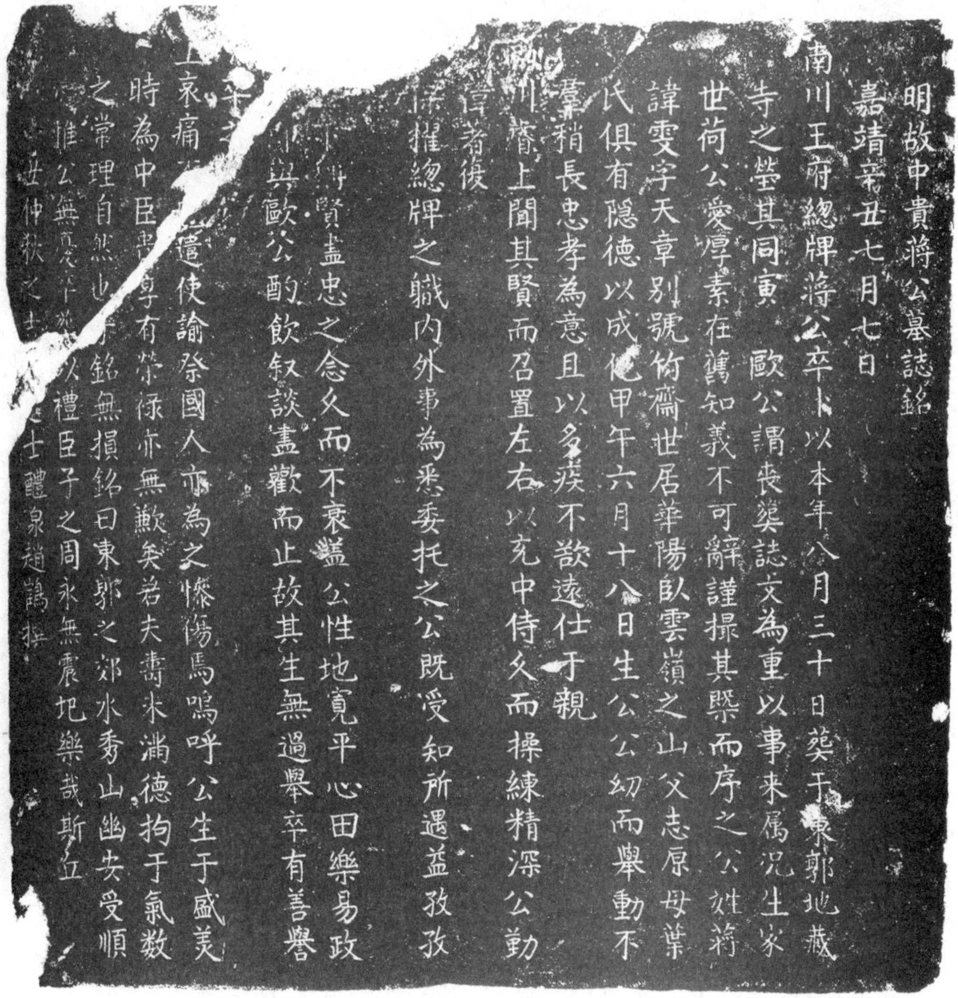

明故中貴蔣公墓誌銘
嘉靖辛丑七月七日
南川王府總牌蔣公卒卜以本年八月三十日葬于東郭地藏
寺之塋其同寅 歐公謂喪葬誌文為重以事來屬況生家
世荷公愛厚素在舊知義不可辭謹撮其槩而序之公姓蔣
諱雯字天章別號竹齋世居華陽臥雲嶺之山父志原母葉
氏俱有隱德以成化甲午六月十八日生公公幼而舉動不
羣稍長忠孝為意且以多疾不欲遠仕于親
[illegible]川[illegible]上聞其賢而召置左右以充中侍久而操練精深公勤
[illegible]著後
[illegible]推總牌之職內外事為悉委托之公既受知所遇益孜孜
[illegible]賢盡忠之念久而不衰蓋公性地寬平心田樂易政
[illegible]與歐公酌飲敘談盡歡而止故其生無過舉卒有善譽
平[illegible]
上哀痛[illegible]遣使諭祭國人亦為之慘傷焉嗚呼公生于盛美
時為中臣者享有榮祿亦無歉矣若夫壽未滿德拘于氣數
之常理自然也[illegible]銘無損銘曰東郭之郊水秀山幽安受順
[illegible]推公無[illegible]以禮臣子之周永無震圯樂哉斯丘
[illegible]仲秋之[illegible]士醴泉趙鵠撰

图五九　蒋雯墓志盖拓片（上）和墓志铭拓片（下）

第二章　墓志

明嘉靖二十年（1541）蒋雯墓志铭[1]

（图五九）

简介

该墓志出土时地不详，现存于成都文物考古研究院。其墓材为青石质。志盖破损，右上角残缺，高55.7厘米，宽55.5厘米，厚5厘米，其上篆刻“明故中贵蒋公墓志铭”9字。志石左上角残缺，高55.5厘米，宽55.3厘米，厚4.8厘米。志文字体为楷书，从右至左共17行，现存约计320字。

释文

墓志盖：

明故中

贵蒋公

墓志铭

墓志铭：

明故中贵蒋公墓志铭。

嘉靖辛丑七月七日，

南川王府总牌蒋公卒，卜以本年八月三十日，葬于东郭地藏

寺之茔。其同寅欧公谓丧葬志文为重，以事来属，况生家

世荷公爱厚，素在旧知义，不可辞。谨撮其概而序之。公姓蒋，

讳雯，字天章，别号竹斋，世居华阳卧云岭之山。父志原，母叶

氏，俱有隐德。以成化甲午六月十八日生公，公幼而举动不

群，稍长忠孝为意，且以多疾，不欲远仕于亲。

[南]川睿上闻其贤，而召置左右，以充中侍，久而操练精深。公勤

伟著，复

---

[1] 成都文物考古研究所、成都博物院编著：《成都出土历代墓铭券文图录综释》，文物出版社2012年版，第808—811页。

保擢总牌之职，内外事为悉委托之。公既受知所遇，益孜孜

▨下[称]贤尽忠之念，久而不衰。盖公性地宽平，心田乐易，政

▨即与欧公酌饮叙谈，尽欢而止，故其生无过举，卒有善誉。

▨卒之，

上哀痛不[已]，遣使谕祭。国人亦为之惨伤焉。呜呼！公生于盛美，

时为中臣，[贵]享有荣禄，亦无歉矣。若夫寿未满，德拘于气数，

之常理自然也，[于]铭无损，铭曰：东郭之郊，水秀山幽。安受顺

▨，惟公无忧。卒葬以礼，臣子之周。永无震圮，乐哉斯丘。

▨（辛）丑仲秋之[吉]□[进]士醴泉赵鹤撰。[1]

[1] 部分释文参考成都文物考古研究所、成都博物院编著：《成都出土历代墓铭券文图录综释》，文物出版社2012年版，第808—811页。

图六〇　王辙墓志盖拓片（上）和墓志铭拓片（下）

明嘉靖二十九年（1550）王辙墓志铭[1]

（图六〇）

简介

该墓志出土时地不详，现存于成都文物考古研究院。其墓材为青石质。志石高 65 厘米，宽 64.5 厘米，厚 6.8 厘米。志盖高 66.5 厘米，宽 65 厘米，厚 7.2 厘米。盖顶篆刻 5 行 4 排，共计 14 字，即“明诰封昭毅将军石河王公墓志铭”。志文字体为楷书，共 37 行，满行 45 字，全文共计约 1340 字。

释文

墓志盖：

明

诰封昭毅

将军石河

王公墓志

铭

墓志铭：

明

诰封昭毅将军前成都右卫指挥使石河王公墓志铭。

赐进士第通议大夫户部右侍郎致仕前督察院右副都御史内江高公韶撰文。

赐进士出身承德郎户部山西清吏司主事成都□准书篆。

君讳辙，季通其字，石河其别号也。自少警敏，体貌魁梧，有志力学，以家，日索乃游历江湖，贸迁以化其居，而事产渐以

丰裕。弘治初，其王父昱暨王母顾氏、厥考楠相继以逝，祭葬咸以礼。

---

❶ 成都文物考古研究所、成都博物院编著：《成都出土历代墓铭券文图录综释》，文物出版社 2012 年版，第 834—836 页。

母张守志不夺，君就养无方，得其欢心。每恨失学，

暇即从乡耆儒黄德纯、吴元夫游，因涉猎子史。闻一善必默识之，多识前言，往行立德饬躬，不徒拘拘寻行数墨之习

用，是乡人推重。独以性刚直，好面折人过，时或与物为忤不恤也。嘉靖改元年，及四十，乃得袭祖职，为成都右卫指挥

使。当道委清屯田，君即秉公任怨，按故籍理出侵占于势、于富者二千五百余亩，势富久假不归，反行诬奏，无虑□十

余疏，所司竟直君理军士攸赖。安、绵迤西有坝底堡，实白若、罗打诸番襟喉地，承委提督□兵固圉屹然，威震一方。诸

番□□□敢如前负固，尝有擒一虏来献，谓其犯边，千户杨冠辈请以首功，报时已向暝，君曰：候明发未晚。诘旦会译，

果没，虏逃回，军人竟释之众多，君之智且仁。戊子，芒部土酋沙保犯顺，总制松月伍公统四省兵往征，辟君幕府。比至

永宁诸路，饷运辐辏，仓庾不能容，君令粮户随囊积贮。不逾月，班师乃即如数给回。伍尚书器之，巡抚六亭唐公、巡按

龙山戴公会荐，有“操心慎而有习战之才，经事多而有过人之智”之语。它如督运边储，羡余分毫无取，修理城楼，虽竹

头木屑亦变归官。每承委任，率负背自给，不受廪饩，曰：敬事后食，义固如此。此其孤介出自天性。或谓君膺奖励者七，

荐举者二。少通津要，阃秩可立而待曰：昔贱今贵，亦既老矣。敢复过望，惟德惟义。以训两郎，而勤课其业。冢嗣询，嘉靖

丁酉，举于乡，登甲辰进士第，捷报至君，曰：吾可以休矣。即日致其事，命嫡长孙基仁优给。乙巳以询贵，适

庙建覃恩，制应貤封，因君武衔品高，例晋阶昭毅将军，嫡配马氏为淑人，锡之诰命。家庭间子贵、孙贤，文事武备，彬彬辉

映，时人荣艳。居常惟督耕，莳花种树以为乐。戊申四月，询监苏州浒墅税，得代回部。遥闻马淑人讣，奔归襄事，既昕夕

侍旁。君心以怿，每言不及家事惓惓以世受

国恩无能为报，惟忠惟清，□其勉旃。人见其精神，言动疆（强）健□壮，咸目之为神仙，而期之以耄耋。乃己酉八月偶遘疾，嗽

忽变肿胀，十二月十有八日终于居第之正寝，距其生成化丁酉三月二十八日，享年七十有三。询等卜以庚戌八月

二十三日将葬君于院山祖茔之次。戍首辰□哀经斩然□□□从不远数百里持其友户部主事齐君准状，君行踵

余门丐铭，余固嘉其贤孝，更念于镛子为同年，有世契之谊，又[曾]闻君贤，铭奚容辞，乃按状而为之序而铭之：君之先，

直隶庐州府巢县人。元末，始祖胜，字德先，率义兵归附我

太祖高皇帝。[渡][江]克金陵，起家为万户侯。继授骠骑卫百户，随征淮安。高祖贵袭职随征都匀，皆阵亡。曾祖演袭授济州卫

右所百户，累立战功，升济南卫右所副千户。白沟河大战，攻济南，奇功，升正千户。接应西水寨□勇，奇功，升锦衣卫指

挥同知。永乐初，靖难功，升临洮卫指挥使。征交趾功，升四川都司都指挥佥事。复以交趾叛，领兵镇守其地，卒于营，

赐祭葬。二子，长其曾伯祖杲袭指挥使，以功升都指挥，再传子相，亦升都指挥，孙辅至其曾孙阁袭故。绝严世系，君系立

功祖演之曾孙，例承袭前职。元配即马淑人。君子三人，男子二，长即询，今为户部陕西司主事，次室[梁]氏，出娶同卫指

挥李君夔女；次访，又次室李氏，出娶苍梧知县石君介女。女子一，慧贞适宁川卫指挥宰慎，生子当承袭先君。五年卒，

亦梁氏出也。孙男二，长即[基]仁，需出幼乃承祖职，聘户部主事于君德昌女；次基孝，尚幼。孙女一，敬贞许右参将丘君

鲁，应袭绍先，皆询出。[铭]曰：

立身大端，文武二途。有能其一，亦足为夫。吁嗟石河，克兼其都。时方少壮，

从事于儒。比及疆仕，重金纡朱。祖服是缵，忠贞是输。一清屯政，屡核非诬。

耆番节用，威廉交孚。教子成贤，甲科亨衢。公辅之器，明时所须。既绵武勋，

复彰文谟。克昌厥后，远大之图。

孝男王询等泣血瘗石。[1]

[1] 部分释文参考成都文物考古研究所、成都博物院编著：《成都出土历代墓铭券文图录综释》，文物出版社 2012 年版，第 834—836 页。

图六一　谭仁墓志盖拓片（上）和墓志铭拓片（下）

明嘉靖三十二年（1553）谭仁墓志铭[1]

（图六一）

简介

该墓志出土时地不详，现存于成都文物考古研究院。其墓材为红砂石质。志石高 54 厘米，宽 55 厘米，厚 4 厘米。志盖高 56 厘米，宽 56 厘米，厚 4.5 厘米。其上镌刻“明故恩荣官兰溪谭公墓志铭”12 字，字体篆书。志文字体为楷书，共 25 行，满行 40 字，因志石剥蚀严重，现存 760 余字。

释文

墓志盖：

明故恩荣

官兰溪谭

公墓志铭

墓志铭：

☐郡庠……☐

☐邑庠……[收]。

☐教督……[篆]。

☐兰溪谭公之墓也。公讳仁，字尚德，号兰溪。粤稽先世为简之三教乡右族……耀子永

宁。永宁子三，曰文、曰元、曰亨。先是谭姓分民、戍二籍，民属简，戍隶

[蜀]府环卫，文以长承戍役，居成都锦里。文终，子蚤卒。元亦卒，无嗣。亨当代而……第二子也。遂

[1] 成都文物考古研究所、成都博物院编著：《成都出土历代墓铭券文图录综释》，文物出版社 2012 年版，第 847—849 页。

继前役。正德间，应遴选，由宝贤堂历纪善所肄业。嘉靖戊子，进右顺门……也。凡我

王国笺奏疏议，封驳可否，公实司之称允当焉。壬辰岁，被特典奏擢委……官秩优其能也。

☑在幼，冲父暨母辛氏相继捐逝，年十二，育于继伯母戴氏，比长公奉养之，□□□皓首倦勤而温清

慎谨。追寝疾终，哀毁备至，□祭如礼，敦报称也。勤慎宅心，公敏莅事，喜怒不形□□，自若迪子姓。以诗礼

结童仆，以恩义捐赀费于桥寺之修，购棺木为贫窘之助□□春温□□……幼亦体爱之无陵

☑□居常，喜书画，植花木以自娱，尤耽嗜乎九畹幽香之秀……故以为号云。公生于弘治

庚戌十一月二十日亥时，卒于嘉靖癸丑年二月十一日戌时，……戊酉日安厝于东去城五里

沙河桥天王寺之原，从先宅兆也。嗣子熙载持行状□□以□诸□□□□□□之白不受采醴泉之甘，

非有和贞色缜密，丹青无自入也，灵味天成，曲蘖非所资也。故公诚确而不文于外，大朴不通乎轮辕，至

音不谐于宫商，曲直浑成。公输莫售其技，清浊一致，伶伦无用，其□□□老而不显于世，地虚而践则有

迹，器疏而扣则成声，所践惟实迹不可得而见也，所扣惟密声不可得而闻也，故公没而名不称。夫笃实

☑光美在其中，是谓至文；怡神乐天，无不自得，是谓至显；履信思顺，自天祐之，是谓至名。惟公不饰，而文

成不仕，而通显不称，而誉逮负兹，三者斯亦极矣。况敷荣于堂阶□光于后裔者，未可量乎。配刘氏，兄大

仪，弟大儒、大佾，熙载充郡庠生，配张氏。孙男二，曰思谦、曰思诚。孙女三，长受聘于郡庠生刘天年子钦，次

⊘在繈褓焉。勒石既成，遂铭之。铭曰：

公负英特，毓珍蕴奇。公秉贞淑，义笃□□。□□□□，[长]居成都。焕启堂构，丕阐令图。

丰□而德，啬□而寿。溢□□□，林[泉][增]秀。□□□□，[岷][峨]诚高。星辉月白，映此贤豪。

[嘉]靖参[拾][肆]年岁在[乙][卯]……孝子熙载泣血瘗石。[1]

---

[1] 部分释文参考成都文物考古研究所、成都博物院编著：《成都出土历代墓铭券文图录综释》，文物出版社 2012 年版，第 847—849 页。

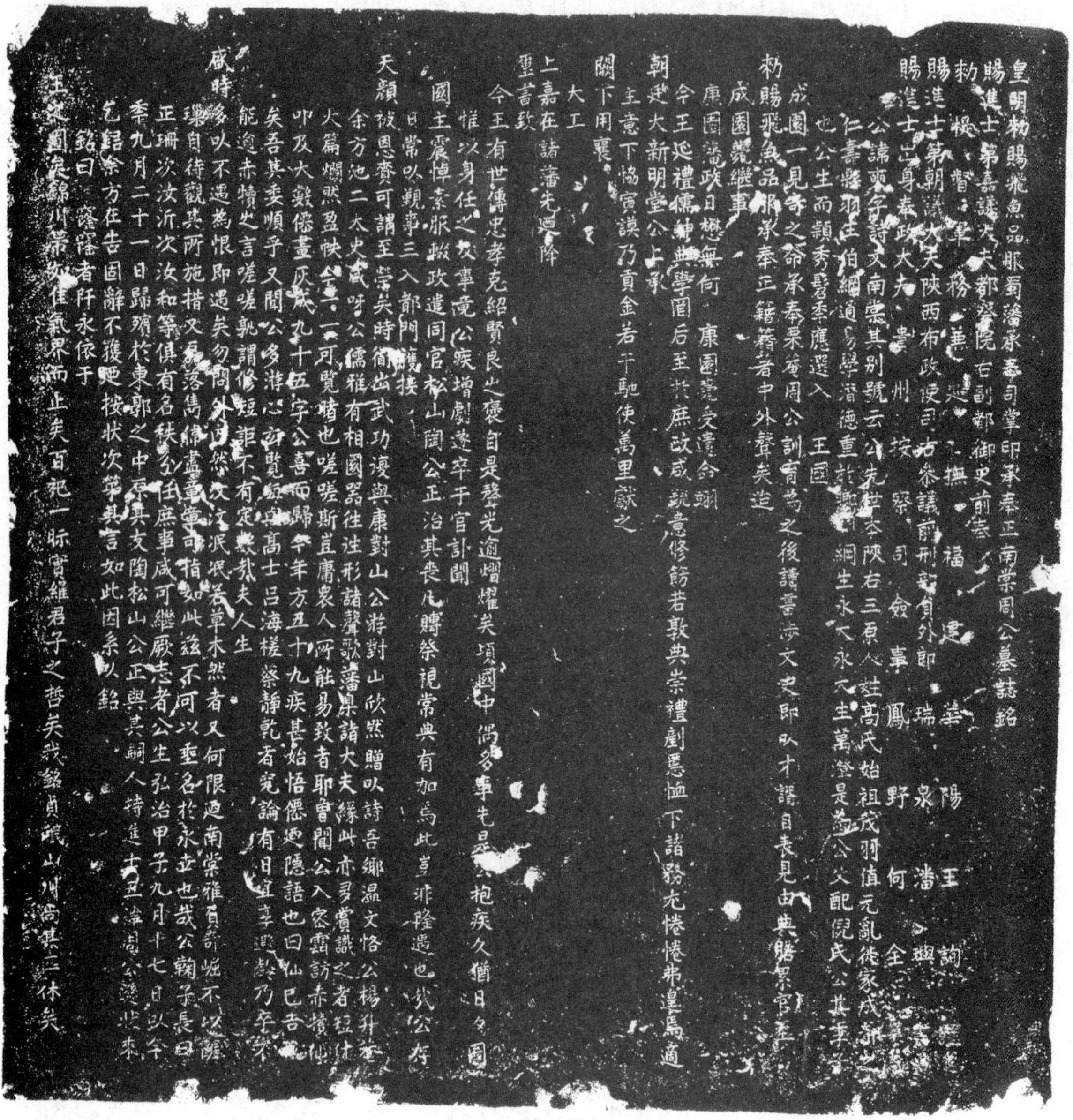

图六二　周奭墓志铭拓片

明嘉靖四十二年（1563）周奭墓志铭[1]

（图六二）

简介

该墓志出土时地不详，现存于成都文物考古研究院。其墓材为青石质，高61.5厘米，宽60.7厘米，厚9.5厘米。志文字体为楷书，共36行，满行36字，全文计850余字。

释文

皇明敕赐飞鱼品服蜀藩承奉司掌印承奉正南棠周公墓志铭。

赐进士第嘉议大夫都察院右副都御史前奉。

敕提督军务兼巡抚福建华阳王询撰述。

赐进士第朝议大夫陕西布政使司右参议前刑部员外郎瑞泉潘玙书丹。

赐进士出身奉政大夫贵州按察司佥事凤野何全篆盖。

公讳奭，字诗文，南棠其别号。云公先世本陕右三原人，姓高氏。始祖茂羽，值元乱，徙家成都之

仁寿县。羽生伯纲，通易学，潜德重于乡□。纲生永大，永大生万澄，是为公父，配倪氏，公其季子

也。公生而颖秀，髫年应选入王国。

成园一见奇之，命承奉栗庵周公训育，为之后。读书涉文史，即以才谞，自表见由典膳，累官至

敕赐飞鱼品服承奉正，籍籍著中外声矣。迨

成园薨，继事

康园藩政，日懋无何。康园薨，受遗命翊

今王延礼儒绅典学罔后，至于庶政咸锐意修饬若敦典崇礼，铲慝恤下，

[1] 成都文物考古研究所、成都博物院编著：《成都出土历代墓铭券文图录综释》，文物出版社2012年版，第893—895页。

诸务尤惓惓弗遑焉。适

朝廷大新明堂，公上承

主意，下协寅谟，乃贡金若干，驰使万里，献之

阙下，用襄

大工。

上嘉在诸藩先，乃降

玺书致

今王。有“世传忠孝，克绍贤良”之褒，自是声光逾熠耀矣。顷国中偶多事，先是公抱疾久，犹日夕图，

惟以身任之及事竟，公疾增剧，遂卒于官。讣闻

国主，震悼素服辍政，遣同官松山陶公正治其丧，凡赙祭视常典有加焉，此岂非隆遇也哉。公存

日，常以觐事三入都门，获接

天颜，被恩赉可谓至荣矣。时道出武功，复与康对山公游，对山欣然赠以诗。吾乡温文恪公杨升庵、

余方池二太史咸呀公儒雅有相国器，往往形诸声歌，藩臬诸大夫缘此亦多赏识之者，短什

大篇，烂然盈帙，今一一可览睹也，嗟嗟斯岂庸众人所能易致者耶？曾闻公入密云，访赤犊仙，

叩及大数，仙画灰成九十五字，公喜而归。今年方五十九，疾甚，始悟仙乃隐语也，曰：仙已告☑

矣，吾其委顺乎。又闻公多游心玄览，每与高士吕海槎、蔡静乾者究论有日，宜享遐龄，乃卒。不

能逾赤犊之言，嗟嗟孰谓修短讵不有定数哉。夫人生

盛时，多以不遇为恨，即遇矣，匆问外内，然汶汶泯泯若草木然者。又何限乃南棠雅负奇崛，不以龌

龊自待，观其所施措又磊落隽伟，尽章章可指。如此，兹不可以垂名于永世也哉？公鞠子，长曰

正珊，次汝沂，次汝和等，俱有名秩，分任庶事，咸可继厥志者。公生弘治甲子九月十七日，以今

年九月二十一日归殡于东郭之中原。其友陶松山公正与其嗣人持进士五津周公逊状来

乞铭，余方在告，固辞不获。乃按状次第其言如此，因系以铭。

铭曰：窿窿者阡永依于

王之囿矣，锦川带如佳气界而止矣，百祀一视实维君子之哲矣，我铭贞岷山川尚其匹休矣。

壽孺人劉母李氏墓誌
隆慶丁卯冬環衛劉君允中將以是歲之明年春正月廿日歸窆母孺人于東郊
之原先期衰絰持狀丐余銘以定諸幽余嘉其君之能盡其孝義弗容辭按狀孺
人李氏同衛李公俸之長女也母鮮氏弘治戊午十一月十四日午時生孺人于
錦城之南青羊宮龍市之次賦性溫雅閑習女工寡言笑遵姆訓父母族閭咸鍾
愛之長相攸許娉劉公恩既歸公事舅姑以孝待卑幼以禮相夫子以敬
祀先躬親醴俎其恩及媵嬖有樛木之風訓迪子姓務成遠器宗戚鄉黨咸被
其仁他如卹孤恤寡敬老慈幼懿行縷縷不可殫述丁卯夏五月初五日午時以
疾卒于正寢壽享古稀無遺恨也生子男二長即允中恪遵母教敦尚信義孝行
可加內外無間侍
國公能始終一致榮膺品秩之
賜敕後孺人六月而卒今附塋焉次允和幼學未成幹蠱用譽嘉靖甲子先卒
配王氏孀居誓守孺人教之更無異志女二長適向君崇儒次適馬君應選孫男
三俱尚幼孫女一適成都府庠生何君存敎嗚呼孺人之賢子孫之盛福
生榮歿哀可謂得報者矣惜未享期頤偕伉儷亦天之所以貽厥後而
慶無既是宜銘銘曰
德維天賦孝義之全宜稱賢婦家世顯隆多克內助啓佑嗣續蕃衍多
祐壽未求終冥遠天數塋王佳城輝光默著
賜進士出身翰林院脩撰
史青神七十五翁方池余承勳撰蓋書丹
孝子劉允中泣血瘞石

图六三　李氏墓志铭拓片

明隆庆元年（1567）李氏墓志铭[1]

（图六三）

简介

该墓志出土时地不详，现存于成都文物考古研究院。其墓材为红砂石质。志石高61厘米，宽65厘米，厚7厘米。志文字体为楷书，共21行，满行31字，全文约计490字。

释文

慈寿孺人刘母李氏墓志铭。

隆庆丁卯冬，环卫刘君允中将以是岁之明年春正月廿日归窆母孺人于东郭

之原。先期衰绖，持状丐余铭，以宅诸幽，余嘉其君之能，尽其孝义，弗容辞。按状：孺

人李姓，同卫李公俸之长女也。母鲜氏，弘治戊午十一月十四日午时生孺人于

锦城之南青羊宫靛市之次。赋性温雅，闲习女工，寡言笑，遵姆训，父母族闾咸钟

爱之，追长，相攸许娉刘公恩。既归公，事舅姑以孝，待卑幼以礼，相夫子以敬。每遇

祀先，则躬亲醴俎，其恩及媵嬖，有樛木之风。训迪子姓务成远器，宗戚乡党咸被

其仁，他如悯孤、恤寡、敬老、慈幼懿行缕缕不可殚述。丁卯夏五月初五日午时以

疾卒于正寝，寿享古稀，无遗恨也。生子男二，长即允中，恪遵母教，敦尚信义，孝行

[1] 成都文物考古研究所、成都博物院编著：《成都出土历代墓铭券文图录综释》，文物出版社2012年版，第900—901页。

可加内外，无间侍

国，公谨廉能始终一，致荣膺品秩之，

赐配李氏后孺人，六月而卒，今附（祔）葬焉。次允和，幼学未成，干蛊用誉，嘉靖甲子先卒，

配王氏孀居，誓守孺人教之，更无异志。女二，长适向君崇儒，次适马君应选。孙男

三，茂、芳、芬，俱尚幼。孙女一，适成都府庠生何君存教。呜呼！孺人之贤子孙之盛，福

履之成，生荣死哀，可谓得纯嘏者矣。惜未享期颐、偕伉俪，亦天之所以贻厥后而

庆衍无，既是宜铭。铭曰：

德性之良，实维天赋。孝义之全，宜称贤妇。家世显隆，多克内助。启佑嗣续，繁衍多

祜。寿未永终，莫违天数。瘗玉佳城，辉光默著。

赐进士出身翰林院修撰。

国史青神七十五翁方池余承勋撰盖书丹。

孝子刘允中泣血瘗石。

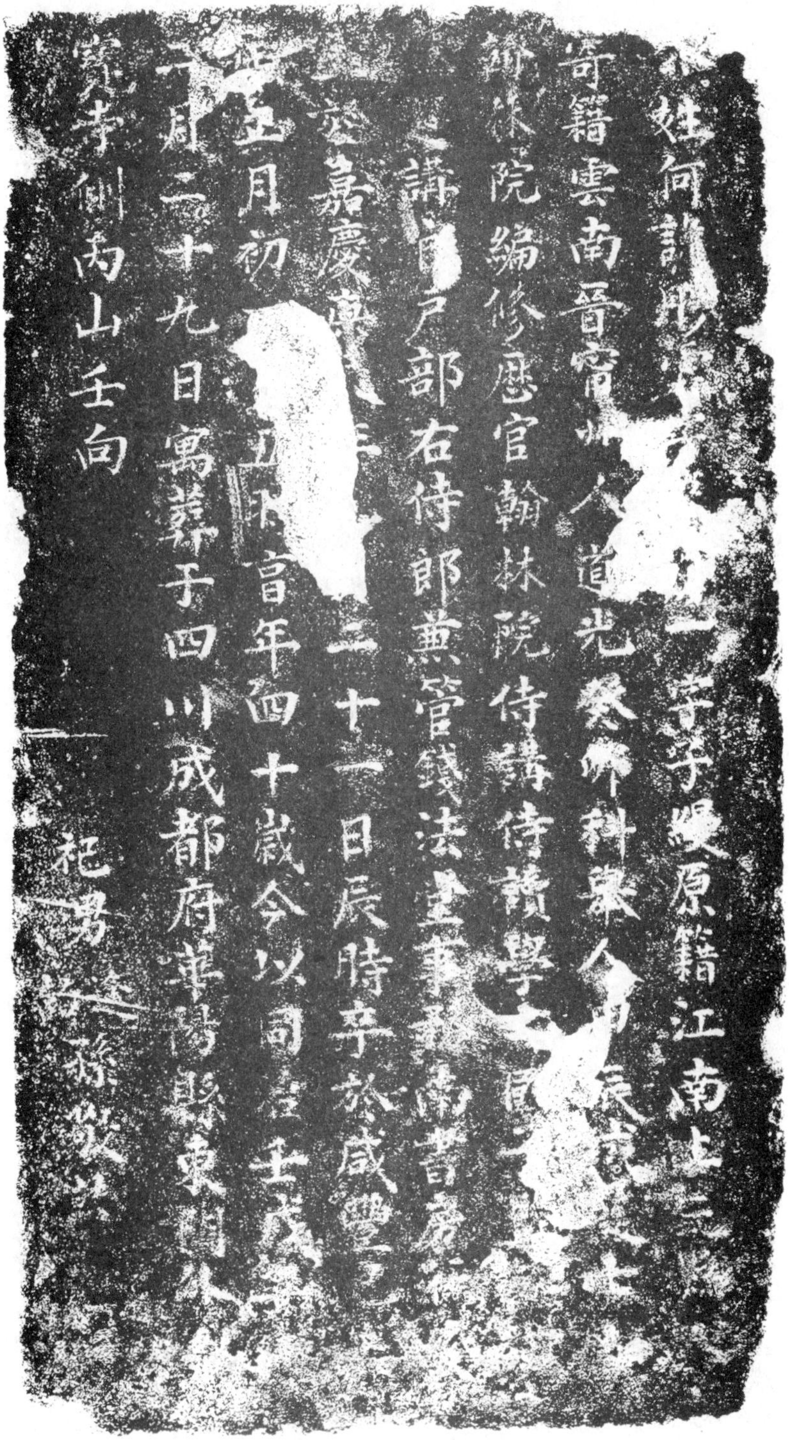

图六四　何赓卿墓志铭拓片（阳面）

图六五　何赓卿墓志铭拓片（阴面）

清同治元年（1862）何赓卿墓志铭[1]

（图六四、图六五）

简介

该墓志出土于成都市东郊多宝寺附近，现存于成都文物考古研究院。其墓材为红砂石质。墓石高 59 厘米，宽 33 厘米，厚 8 厘米。因志石剥蚀，字迹漫漶不清，部分文字缺泐。志文字体为楷书，共 8 行，满行 21 字，全文现存 160 余字。志石背面有题字，字体楷书。

释文

志阳：

公姓何，讳彤云，字[赓][卿]，一字子缦。原籍江南上元县人，

寄籍云南晋宁州人。道光癸卯科举人，甲辰成[进]士，⊠

翰林院编修，历官翰林院侍讲侍读学士、国[子][监]□⊠

⊠□讲，官户部右侍郎、兼管钱法堂事务、南书房行[走]。

[生]于嘉庆庚[辰][年][正][月]二十一日辰时，卒于咸丰己[未]

[年]正月初□□丑时，享年四十岁。今以同治壬戌[年][十]

二月二十九日，寓葬于四川成都府华阳县东关外[多]

宝寺侧丙山壬向。

祀男路、遥孙敬志。

志阴：

皇清诰[封]……进士出身户部右侍郎何公赓卿之墓[2]

---

❶ 成都文物考古研究所、成都博物院编著：《成都出土历代墓铭券文图录综释》，文物出版社 2012 年版，第 1128—1130 页。

❷ 部分释文参考成都文物考古研究所、成都博物院编著：《成都出土历代墓铭券文图录综释》，文物出版社 2012 年版，第 1128—1130 页。

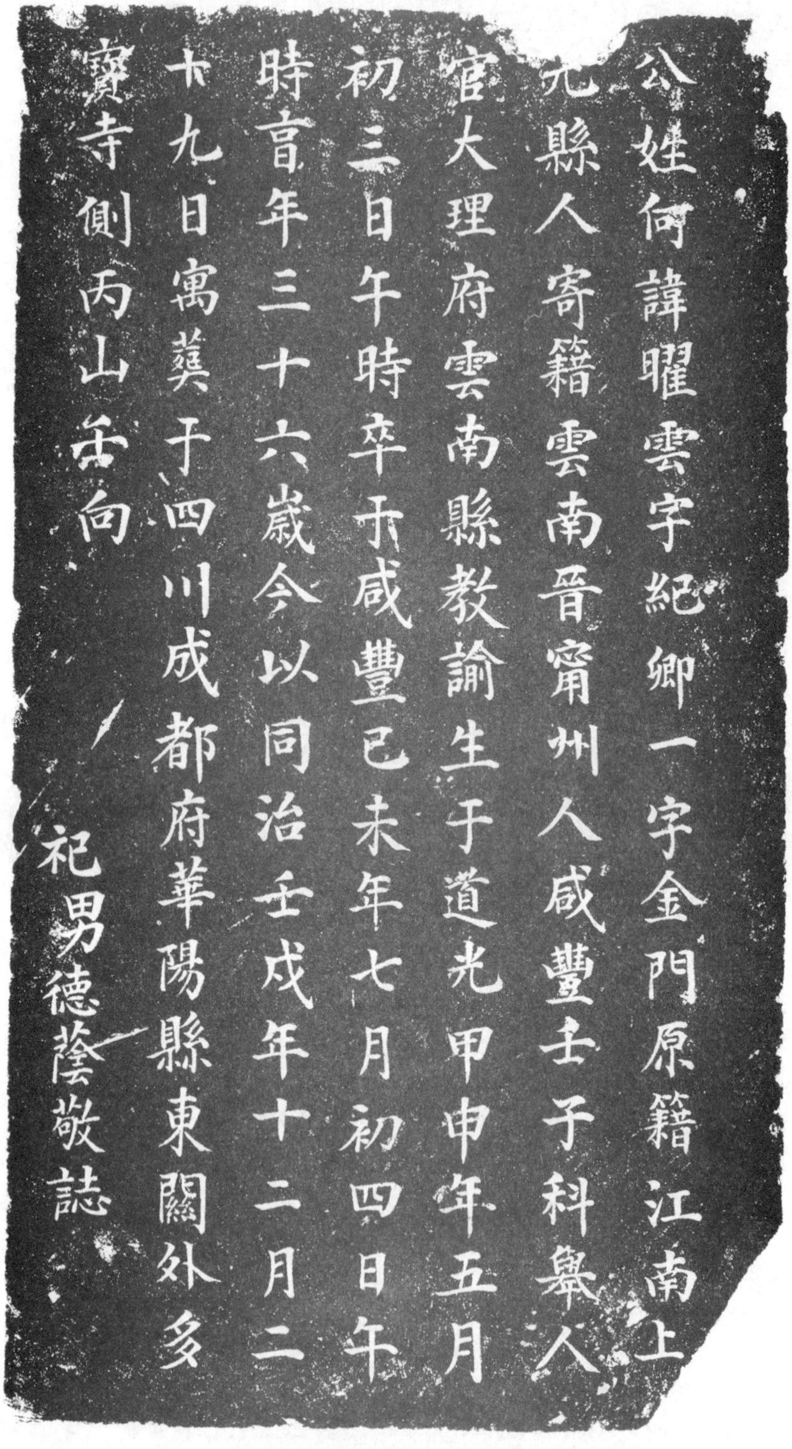
公姓何諱曜雲字紀卿一字金門原籍江南上
元縣人寄籍雲南晉甯州人咸豐壬子科舉人
官大理府雲南縣教諭生于道光甲申年五月
初三日午時卒于咸豐己未年七月初四日午
時享年三十六歲今以同治壬戌年十二月二
十九日寓葬于四川成都府華陽縣東關外多
寶寺側丙山壬向
祀男德蔭敬誌

图六六　何纪卿墓志铭拓片（志阳）

图六七　何纪卿墓志铭拓片（志阴）

清同治元年（1862）何纪卿墓志铭[1]

（图六六、图六七）

简介

该墓志出土于成都市东郊多宝寺附近，现存于成都文物考古研究院。其墓材为红砂石质。墓志高58厘米，宽34厘米，厚7厘米。志文字体为楷书，共7行，满行18字，全文共计121字。志石背面剥蚀，部分字迹已漫漶不清，字体楷书。

释文

志阳：

公姓何，讳曜云，字纪卿，一字金门。原籍江南上
元县人，寄籍云南晋宁州人。咸丰壬子科举人，
官大理府云南县教谕。生于道光甲申年五月
初三日午时，卒于咸丰己未年七月初四日午
时，享年三十六岁。今以同治壬戌年十二月二
十九日，寓葬于四川成都府华阳县东关外多
宝寺侧丙山壬向。
祀男德荫敬志。

志阴：

☒（皇）清敕授文林郎云南县[教][谕]何公纪卿之墓[2]

---

[1] 成都文物考古研究所、成都博物院编著：《成都出土历代墓铭券文图录综释》，文物出版社 2012 年版，第 1131—1133 页。

[2] 部分释文参考成都文物考古研究所、成都博物院编著：《成都出土历代墓铭券文图录综释》，文物出版社 2012 年版，第 1131—1133 页。

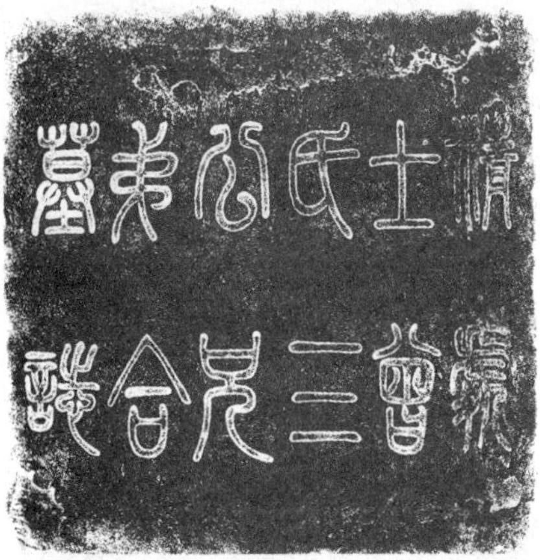

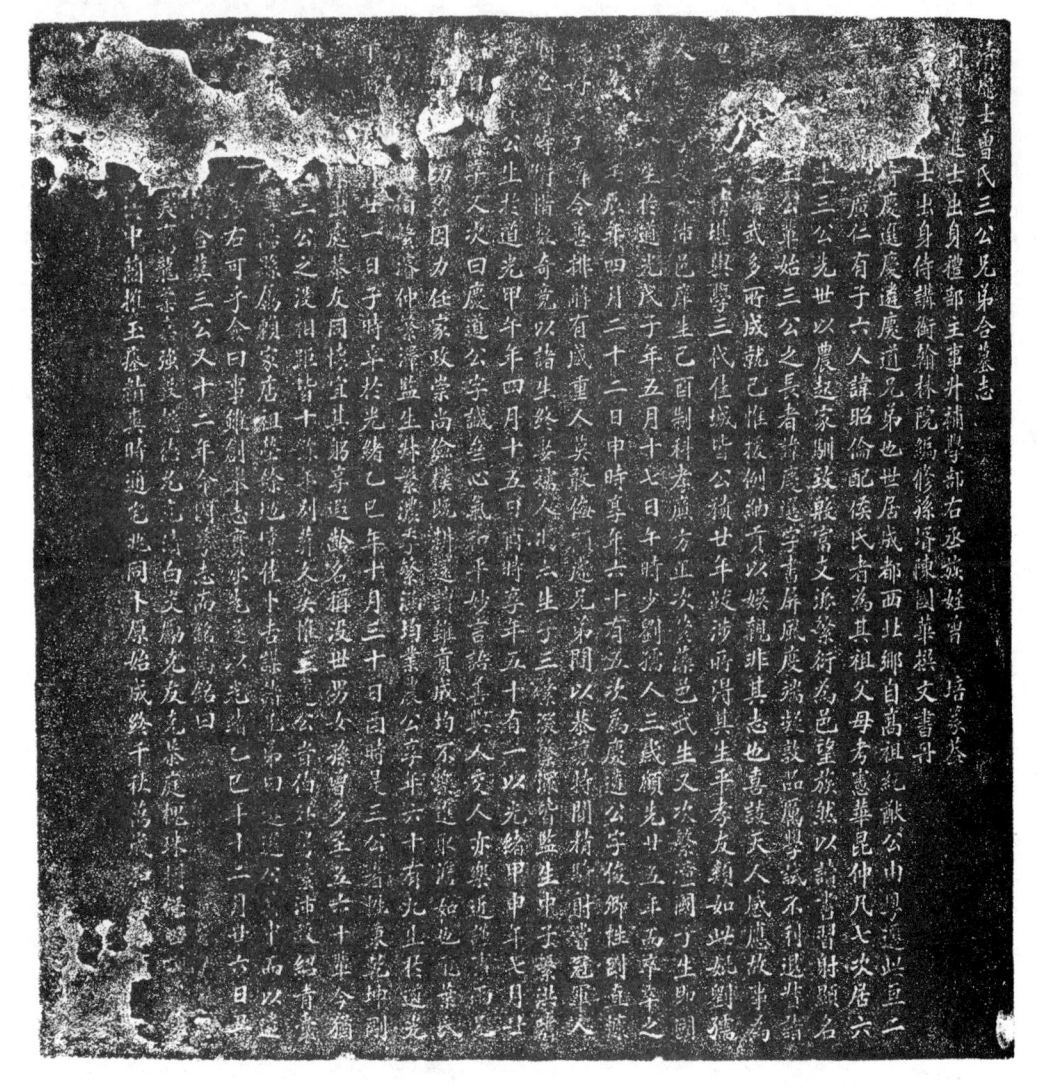

图六八　曾庆选三兄弟合墓志盖拓片（上）和墓志铭拓片（下）

民国六年（1917）曾庆选三兄弟合墓志铭[1]

（图六八）

简介

该墓志出土时地不详，现存成都文物考古研究院。其墓材为红砂石质。墓志铭高 62 厘米，宽 62 厘米，厚 6 厘米。盖高 56 厘米，宽 57.6 厘米，厚 6 厘米，其上篆刻“清处士曾氏三公兄弟合墓志”12 字。其铭文字体为楷书，共 26 行，满行 33 字，全文共近 800 字。

释文

墓志盖：

清处
士曾
氏三
公兄
弟合
墓志

墓志铭：

清处士曾氏三公兄弟合墓志。

前清赐进士出身礼部主事升补学部右丞族侄曾培篆盖。

□□□□士出身侍讲衔翰林院编修孙壻陈国华撰文书丹。

⊠庆选、庆遴、庆道，兄弟也。世居成都西北乡，自高祖纪猷公由粤迁此。亘二

⊠广仁有子六人，讳昭伦，配侯氏者，为其祖父。母考宪华昆仲，凡七次居六

[1] 成都文物考古研究所、成都博物院编著：《成都出土历代墓铭券文图录综释》，文物出版社 2012 年版，第 1139—1140 页。

⍁生三公。先世以农起家，驯致殷富，支派繁衍，为邑望族。然以读书习射显名

⍁三公辈，始三公之长者，讳庆选，字书屏，风度端凝，敦品厉学，试不利退督诸

⍁文讲武，多所成就，已惟援例纳贡以娱亲，非其志也。喜谈天人感应故事，为

里……精堪舆学，三代佳城皆公积廿年跋涉所得。其生平孝友类如此。妣刘孺

人……长繁沛邑庠生，己酉制科，孝廉方正；次繁藻邑武生；又次繁潼国子生。即国

⍁生于道光戊子年五月十七曰午时，少刘孺人三岁顾，先廿五年而卒，卒之

日为光绪壬辰年四月二十二日申时，享年六十有五。次为庆遴，公字俊卿，性刚直，慷

慨好义。工辞令善排解，有威重，人莫敢侮。顾处兄弟间以恭让。特闻精骑射，尝冠军，人

谓必得侍卫，惜数奇竟以诸生终。娶孺人冯，亦生子三，繁湙、繁⿰氵隶皆监生，中子繁洪啸

⍁公生于道光甲午年四月十五日酉时，享年五十有一，以光绪甲申年七月廿

□日申时卒。又次曰庆道，公字诚参，心气和平，妙言语，善与人交，人亦乐近，谨事两兄

⍁功名，因力任家政，崇尚俭朴，既耕还读，虽贡成均不乐进取，澹如也。配叶氏，

孺人□□□，伯繁濬、仲繁泽监生，叔繁浓、季繁涵均业农。公享年六十有九，生于道光

丁酉年□□廿一日子时，卒于光绪乙巳年十月三十日酉时。是三公者，性秉乾坤，刚

⍁出处恭友同怀宜其，躬享遐龄，名称没世。男女孙曾多至五六十辈。

今犹

□三公之没相距皆十余年，别葬久矣。惟至[道]公者，伯外舅繁沛[故]绍青囊

□华阳县属赖家店祖茔余地壤佳，卜吉谋诸兄弟，曰：迁选公其中，而以遴

□居右可乎？佥曰：事虽创举，志实承先。遂以光绪乙巳年十二月廿六日丑

□向合葬三公，又十二年命国[华]志而铭焉，铭曰：

□美鸾龙。柔嘉强毅，懿德允充。清白交励，克友克恭。庭槐珠[树]，

□中。兰摧玉瘗，精爽时通。宅兆同卜，原始成终。千秋万岁，和乐□□[1]

[1] 部分释文参考成都文物考古研究所、成都博物院编著：《成都出土历代墓铭券文图录综释》，文物出版社 2012 年版，第 1139—1140 页。

第三章

买地券

买地券，一般称为“墓莂”，或称为“买地记”“买地契”“买山记”“冥契”“幽契”“合同契”。系由买地契演变而来。从东汉到明清时期皆有发现。买地券的用材因时代不同而有变化，东汉时地券仿简策之形，多刻于长条形铅板上，也有用玉板或陶柱者。三国、西晋之后，常刻于砖上。从南朝到明清，除砖外还常刻于石，形制、大小和墓志相像，有的甚至还带盖。买地券兴起于东汉，发展于唐宋。可以细分为两大类：第一类，模仿真正的土地契约；第二类，则在第一种的文字基础上加入了镇墓解适的文字，或者是以镇墓券铭文为基础，加入了虚拟夸张的土地价格，成为纯迷信用品的买地券。

本书收录买地券99件，大部分为新出材料。时代从五代至明代。大部分质地为红砂石，保存较差。部分为青石，质地较好。等级越高，字数越多，内容越规范；等级越低，字数相对较少，内容较为随意。早期主要是买地契约方面的内容，至宋明时期，逐渐加入了镇墓解适的内容。

图六九　东林四组M205：1买地券

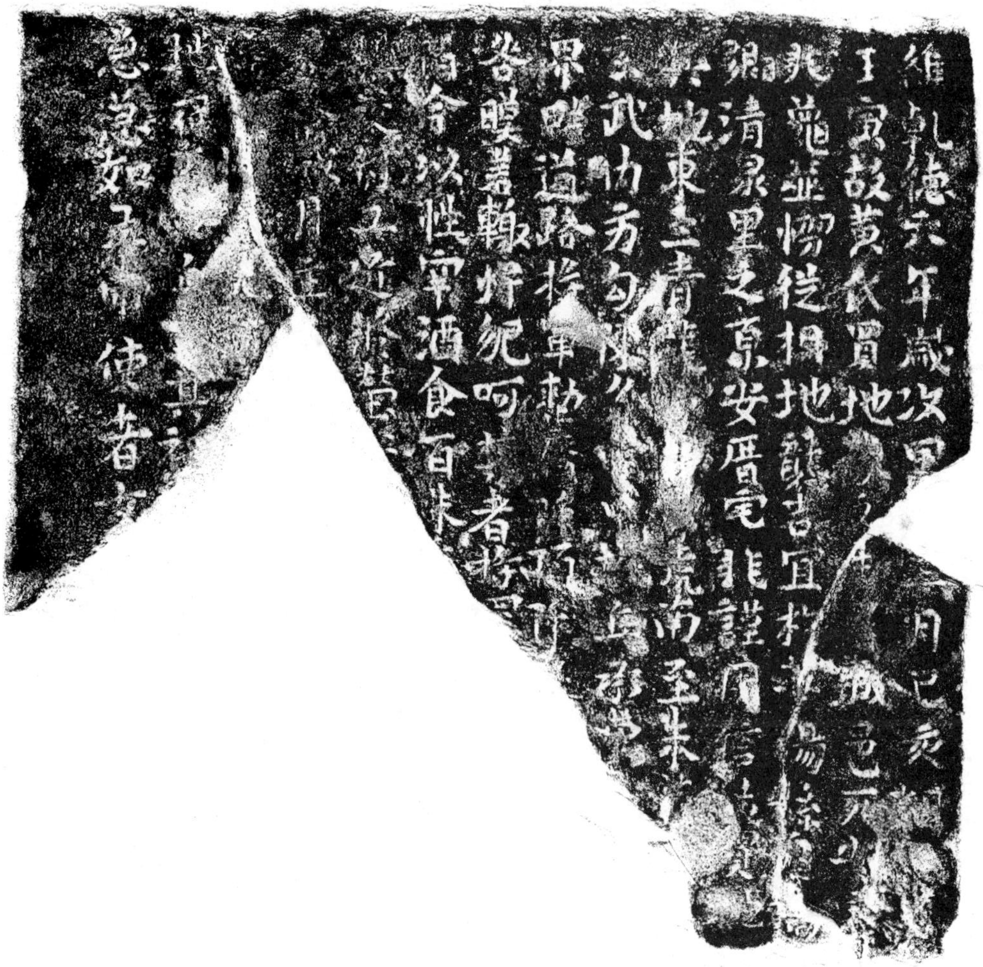

图七〇　东林四组M205：1买地券拓片

前蜀乾德六年（924）东林四组 M205：1 买地券

（图六九、图七〇）

简介

该买地券出土于成都市东林四组。其券残高 31.5 厘米，宽 33.5 厘米，厚 3.5 厘米，共 14 行，每行约 16 字，共计约 220 字。

释文

维乾德六年岁次□□□月己亥朔□□

壬寅，故黄氏买地[券]□[生][居]城邑，死[归]□

兆。龟筮协从，相地袭吉。宜于华阳县□□

乡清泉里之原安厝宅兆。谨用信[钱]买地，

其地东至青龙，[西][至][白]虎，南至朱[雀]，[北][至]

玄武，内方勾陈，分□□□。丘承[墓]▨

界畔，道路将军，整[齐]阡陌▨

咎殃，若辄忏犯呵禁者，将▨

□今以性（牲）牢酒食，百味▨

□交付，工匠修茔▨

□岁月主▨

……

地府……其□▨

急急如五帝使者女▨

图七一　东林四组M227：3买地券

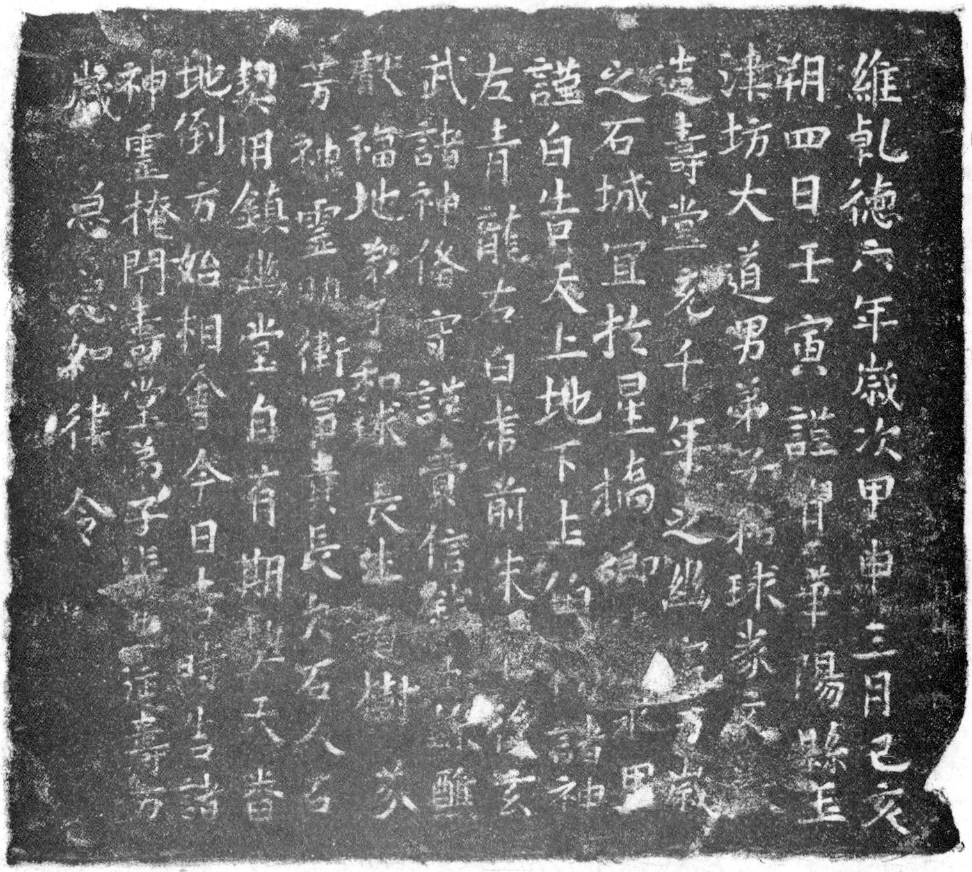

图七二　东林四组M227：3买地券拓片

前蜀乾德六年（924）东林四组 M227：3 买地券

（图七一、图七二）

简介

该买地券出土于成都市东林四组，其券高 30 厘米，宽 35 厘米，厚 3.5 厘米，共 14 行，每行约 12 字，共计 170 字左右。

释文

维乾德六年岁次甲申三月己亥

朔四日壬寅，谨买华阳县玉

津坊大道。男弟子和球券文□

造寿堂，充千年之幽宅，万岁

之石城。宜于星桥乡清泉里。

谨白告天上地下土伯□诸神，

左青龙，右白虎，前朱雀，后玄

武，诸神备守。谨赍信钱五彩醮

献福地。弟子和球，长生道树，芬

芳神灵助卫，富贵长久，石人石

契用镇幽堂，自有期契，天番

地倒，方始相会。今日吉时告诸

神灵，掩闭寿堂，弟子长生延寿万

岁。 急急如律令！

图七三　东林四组M323：1买地券

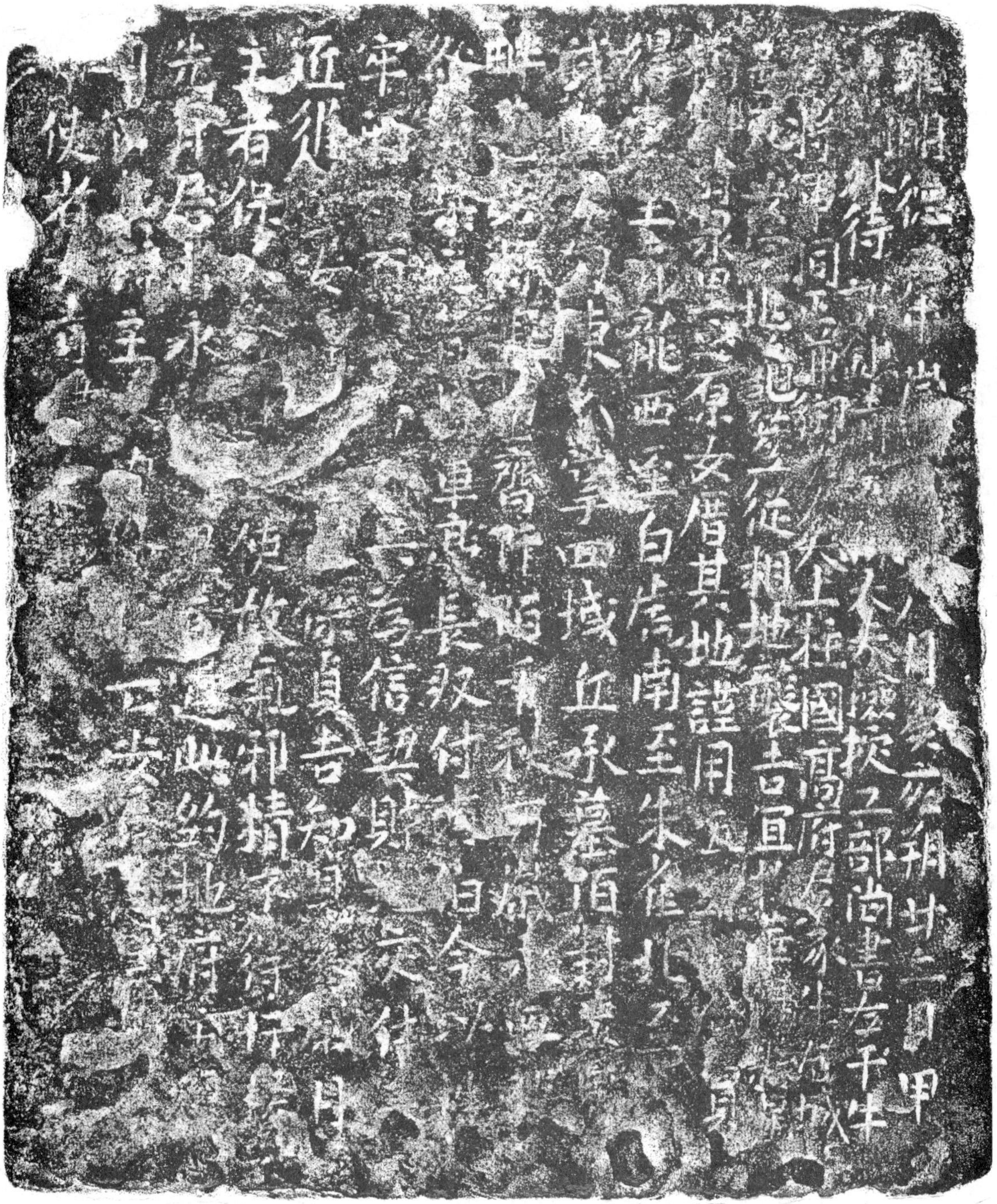

图七四　东林四组M323：1买地券拓片

后蜀明德二年（935）东林四组 M323：1 买地券
（图七三、图七四）

简介

该买地券出土于成都市东林四组。其券高 35 厘米，宽 30 厘米，共 15 行，每行约 17 字，共计 250 余字。

释文

维明德二年岁□□八月癸亥朔廿二日甲

□□□待□□□□□大夫检校工部尚书左千牛

□将军同正兼御史大夫上柱国高府君券。生居城

邑，死安宅兆。龟筮从，相地袭吉。宜于华阳县星

桥乡清泉里之原安厝。其地谨用五彩□钱买

得，东至青龙，西至白虎，南至朱雀，北至玄

武，□□勾陈，分掌四域。丘承墓陌（伯），封步界

畔，□□□□□齐阡陌。千秋万岁，永无殃

咎。□禁□□将军亭长收付河伯。今以牲

牢酒□、百□□□，共为信契。财地交付，工

匠修茔安□□□□保贞吉。知见人：岁月

主者；保人：□□□使。故气邪精，不得忓悋。

先有居者，永□□□。□违此约，地府主□

□□□□。主□内外存亡安吉。急急□□

□使者女青律令！

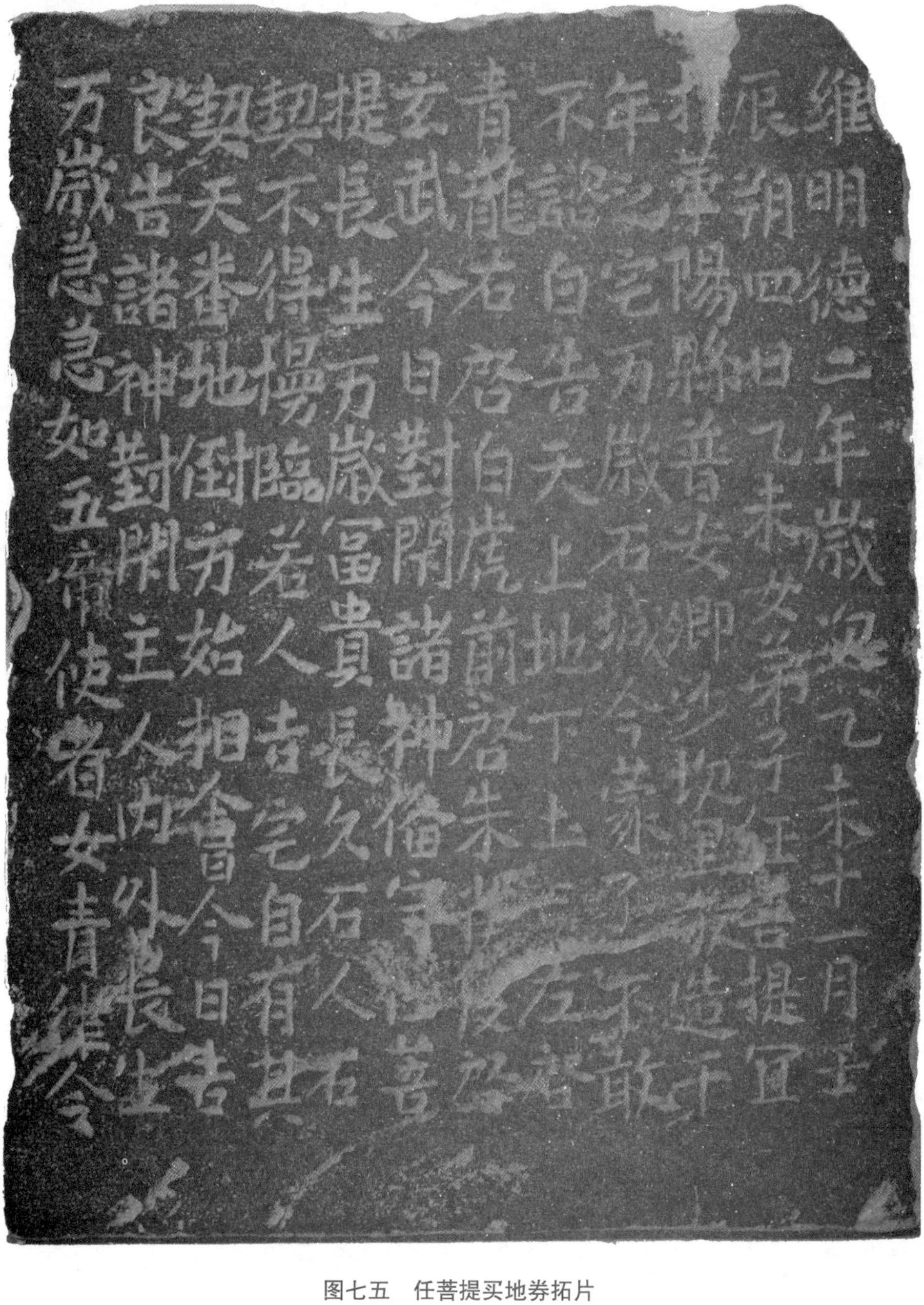

图七五　任菩提买地券拓片

后蜀明德二年（935）任善提买地券[1]
（图七五）

简介

该买地券出土于成都市东郊跳蹬河，现藏四川博物院。其券材为红砂石，券石高30.7厘米，宽23.5厘米，厚2.5厘米。正面楷书12行，阳面148字，阴面无字。

释文

维明德二年岁次乙未十一月壬
辰朔四日乙未，女弟子任善提宜
于华阳县普安乡沙坎里，敬造千
年之宅，万岁石城。今蒙了，不敢
不咨，白告天上地下土伯，左启
青龙，右启白虎，前启朱雀，后启
玄武，今日封闭，诸神备守。任善
提长生万岁，富贵长久。石人石
契，不得慢临。若人吉宅，自有其
契。天番地倒，方始相会。今日吉
良，告诸神封闭。主人内外长生
万岁。急急如五帝使者女青律令！

---

[1] 四川省文物管理局编：《四川文物志》上，巴蜀书社2005年版，第291页。

图七六　杨浔求买地券拓片

后蜀明德四年（937）杨浔求买地券[1]

（图七六）

简介

该买地券出土时地不详，现存于成都市文物考古研究院。其券材为红砂石，高30厘米，宽32厘米，厚3厘米，局部破损。券文字体为正书，从右至左共17行，每行字数不等，多则满行18字，部分文字缺泐，现存200余字。

释文

维明德四年岁次丁酉七月辛亥朔二十二
日壬申，故银青光禄大夫、检校工部尚书、左
千牛卫将军同正、兼御史大夫、上柱国杨浔求。
生居城邑，死安宅兆。龟筮叶从，相地
袭吉。宜于华阳县升迁乡□平里之
原安厝宅□。谨用五彩铜□买得□
地，东至青龙，西至白虎，南至朱雀，北
至玄武，内方勾陈，分掌四域。□□墓
伯，封□界□，道路将军，整齐□□。千
秋万岁，永无殃咎，诃禁⧄
⧄河伯。今以牲牢□□，百味香
□，共为信契。财地交付，□匠修营安
□之后，永保贞吉。知见人：岁月主者；
□人：□□直符。故气邪精，不得忏恡。
先有居者，永避万里。若违此约，地府主
吏自当其祸。主人内外存亡安吉。急急
如五帝女律令！

---

[1] 成都文物考古研究所、成都博物院编著：《成都出土历代墓铭券文图录综释》，文物出版社2012年版，第71—72页。

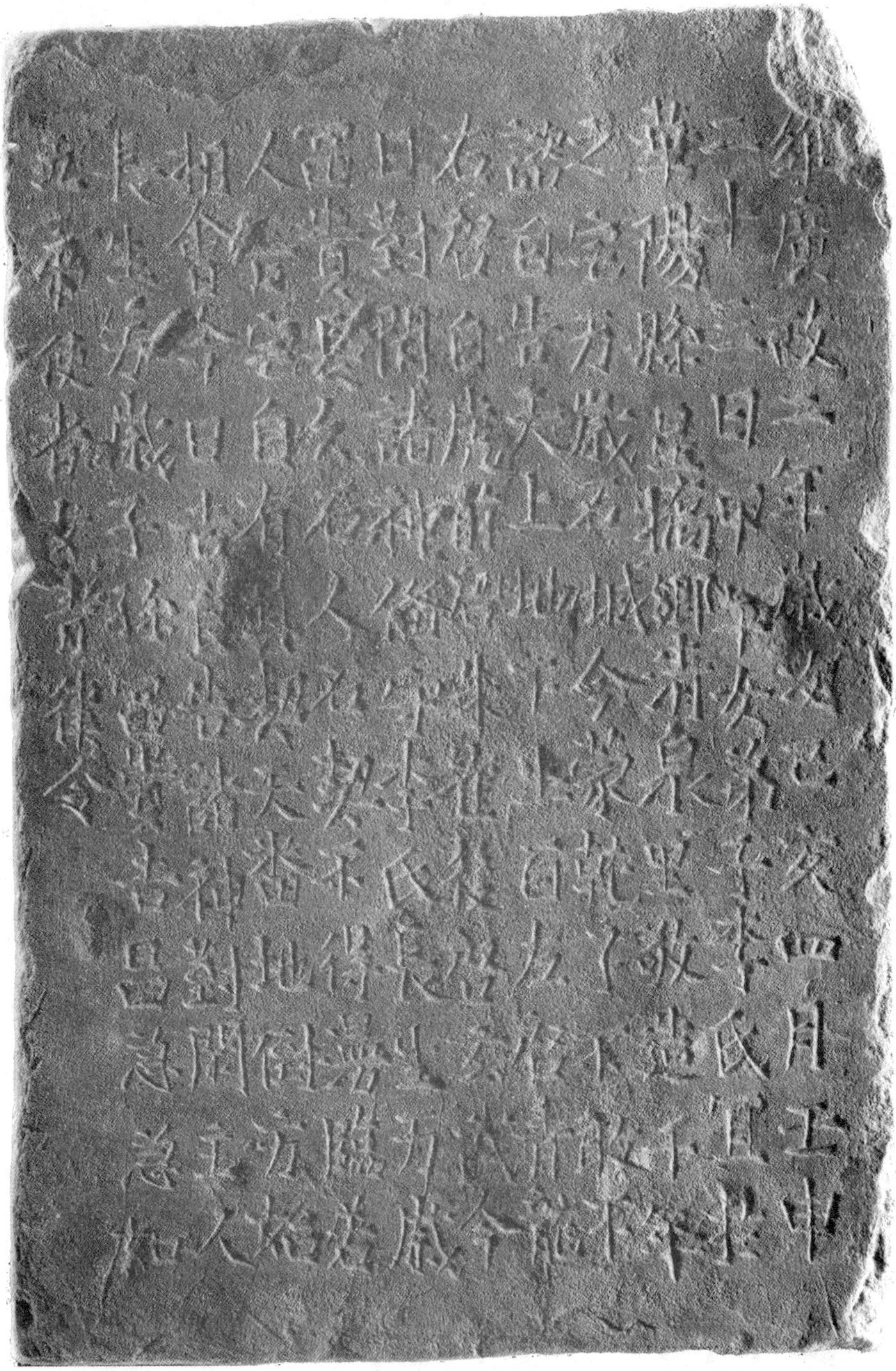

图七七　东林四组M47：3买地券

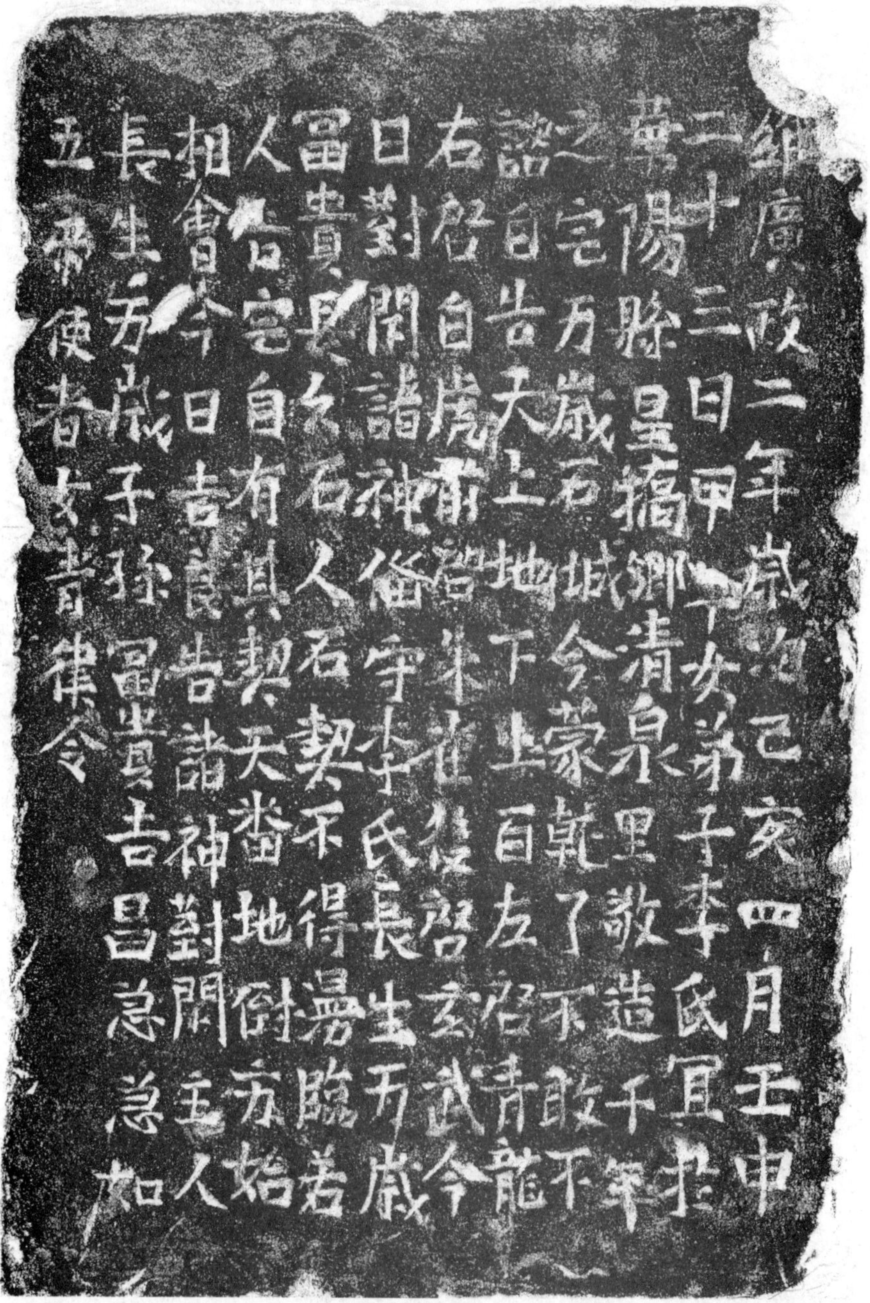

图七八　东林四组M47：3买地券拓片

后蜀广政二年（939）东林四组 M47：3 买地券
（图七七、图七八）

简介

该买地券出土于成都市东林四组。其券高 33 厘米，宽 23 厘米，厚 3.5 厘米，共 12 行，每行约 13 字，共计 160 余字。

释文

维广政二年岁次己亥四月壬申
二十三日甲午，女弟子李氏宜于
华阳县星桥乡清泉里，敬造千年
之宅，万岁石城。今蒙乾了，不敢不
咨，白告天上地下土伯，左启青龙，
右启白虎，前启朱雀，后启玄武，今
日封闭，诸神备守。李氏长生万岁，
富贵长久。石人石契，不得漫临。若
人吉宅，自有其契。天番地倒，方始
相会。今日吉良，告诸神封闭。主人
长生万岁，子孙富贵吉昌。急急如
五帝使者女青律令！

图七九　东林四组M280：3买地券

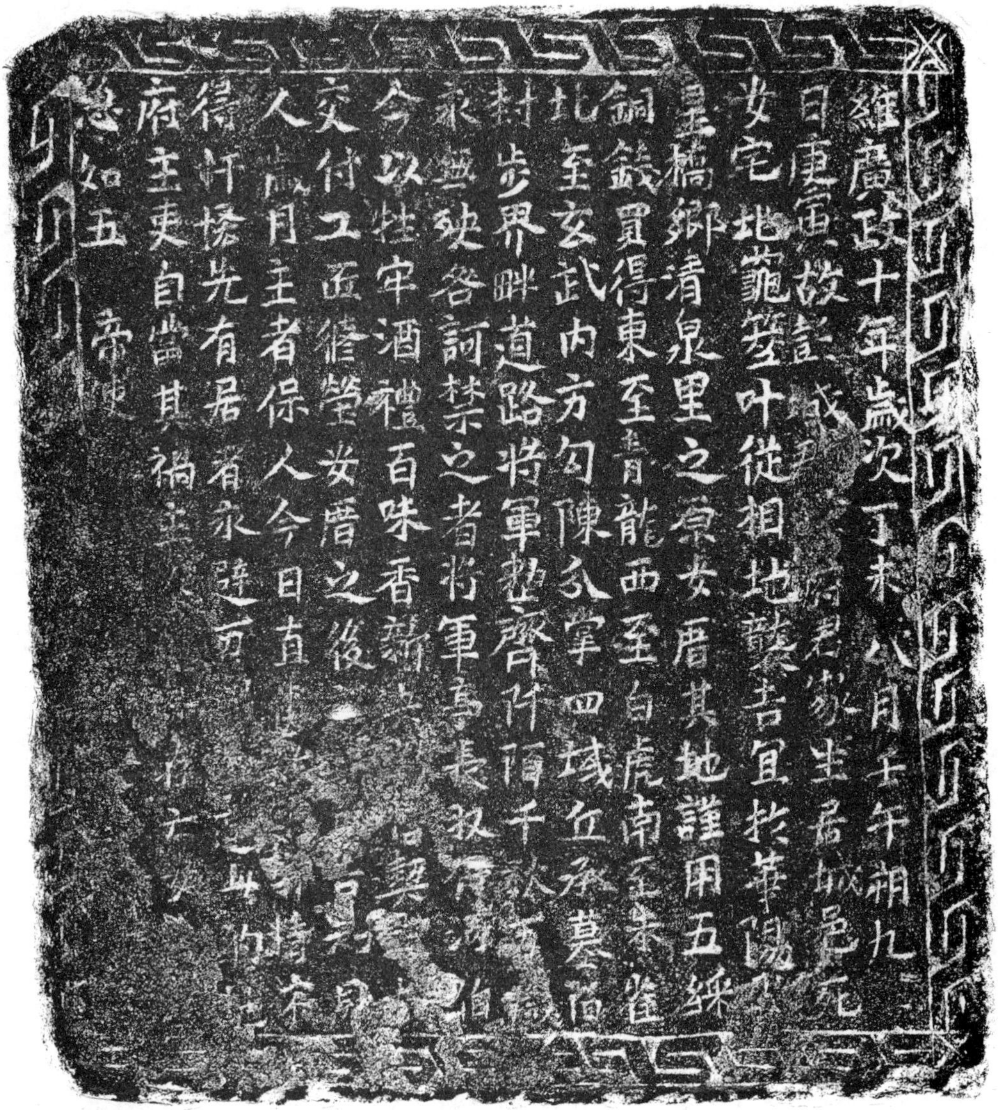

图八〇　东林四组M280：3买地券拓片

后蜀广政十年（947）东林四组 M280：3 买地券

（图七九、图八〇）

简介

该买地券出土于成都市东林四组。其券高 35 厘米，宽 32 厘米，厚 2.5 厘米，共 14 行，每行字数约 16 字，共计 220 余字。

释文

维广政十年岁次丁未八月壬午朔九

日庚寅，故彭城郡□府君券。生居城邑，死

安宅兆。龟筮叶从，相地袭吉。宜于华阳县

星桥乡清泉里之原安厝。其地谨用五彩

铜钱买得，东至青龙，西至白虎，南至朱雀，

北至玄武，内方勾陈，分掌四域。丘承墓陌，

封步界畔，道路将军，整齐阡陌。千秋万岁，

永无殃咎。诃禁之者，将军亭长收付河伯。

今以牲牢酒礼，百味香新，□□[信]契。□□

交付，工匠修茔安厝之后，□□□□。知见

人：岁月主者；保人：今日直□。□□□精，不

得忏惵。先有居者，永避万□。□□此约，地

府主吏自当其祸。主人□□存亡安□。

急如五帝使□□□！

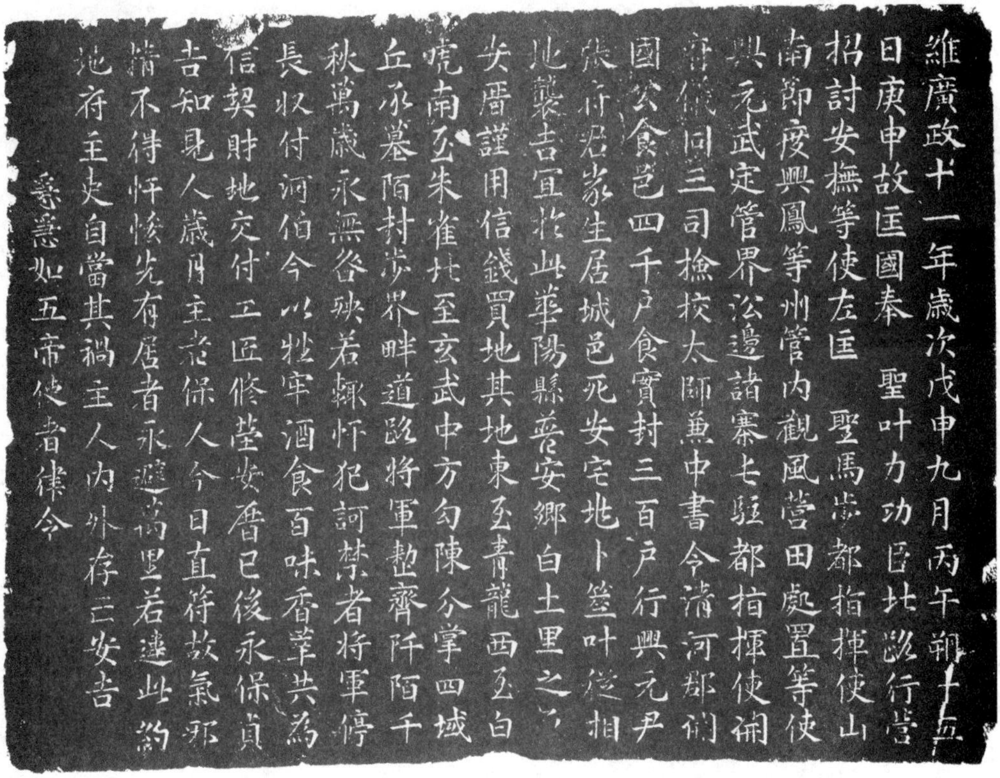
維廣政十一年歲次戊申九月丙午朔十五
日庚申故匡國奉　聖叶力功臣北路行營
招討安撫等使左匡　聖馬步都指揮使山
南節度興鳳等州管內觀風營田處置等使
興元武定管界沿邊諸寨屯駐都指揮使開
府儀同三司檢校太師兼中書令清河郡開
國公食邑四千戶食實封三百戶行興元尹
張府君家生居城邑死安宅地卜筮叶從相
地襲吉宜於此華陽縣普安鄉白土里之原
安厝謹用信錢買地其地東至青龍西至白
虎南至朱雀北至玄武中方勾陳分掌四域
丘丞墓陌封步界畔道路將軍整齊阡陌千
秋萬歲永無殃咎若輒干犯訶禁者將軍亭
長收付河伯今以牲牢酒食百味香華共爲
信契財地交付工匠修營安厝已後永保貞
吉知見人歲月主者保人今日直符故氣邪
精不得忏悋先有居者永避萬里若違此約
地府主吏自當其禍主人內外存亡安吉
急急如五帝使者律令

图八一　张虔钊买地券拓片

后蜀广政十一年（948）张虔钊买地券[1]
（图八一）

简介

该买地券出土于成都市东郊金牛区保和公社光荣大队（今成都市成华区保和乡）五代砖室墓内，现存成都文物考古研究院。券石呈横长方形，高62厘米，宽46厘米，厚8厘米。券文字体为楷书，共19行，300字。

释文

维广政十一年岁次戊申九月丙午朔十五
日庚申，故匡国奉圣叶力功臣、北路行营
招讨安抚等使、左匡圣马步都指挥使、山
南节度兴凤等州管内观风营田处置等使、
兴元武定管界沿边诸寨屯驻都指挥使、开
府仪同三司、检校太师、兼中书令、清河郡开
国公、食邑四千户食实封三百户、行兴元尹
张府君券。生居城邑，死安宅兆。卜筮叶从，相
地袭吉。宜于此华阳县普安乡白土里之原
安厝。谨用信钱买地，其地东至青龙，西至白
虎，南至朱雀，北至玄武，中方勾陈，分掌四域。
丘承墓陌，封步界畔，道路将军，整齐阡陌。千
秋万岁，永无咎殃。若辄忏犯诃禁者，将军停
长，收付河伯。今以牲牢酒食，百味香苹，共为
信契。财地交付，工匠修茔安厝已后，永保贞
吉。知见人：岁月主者；保人：今日直符。故气邪
精，不得忏恡。先有居者，永避万里。若违此约，
地府主吏自当其祸。主人内外存亡安吉。
急急如五帝使者律令！

[1] 成都文物考古研究所、成都博物院编著:《成都出土历代墓铭券文图录综释》，文物出版社2012年版，第73—77页；成都市文物管理处：《成都市东郊后蜀张虔钊墓》，《文物》1982年第3期。

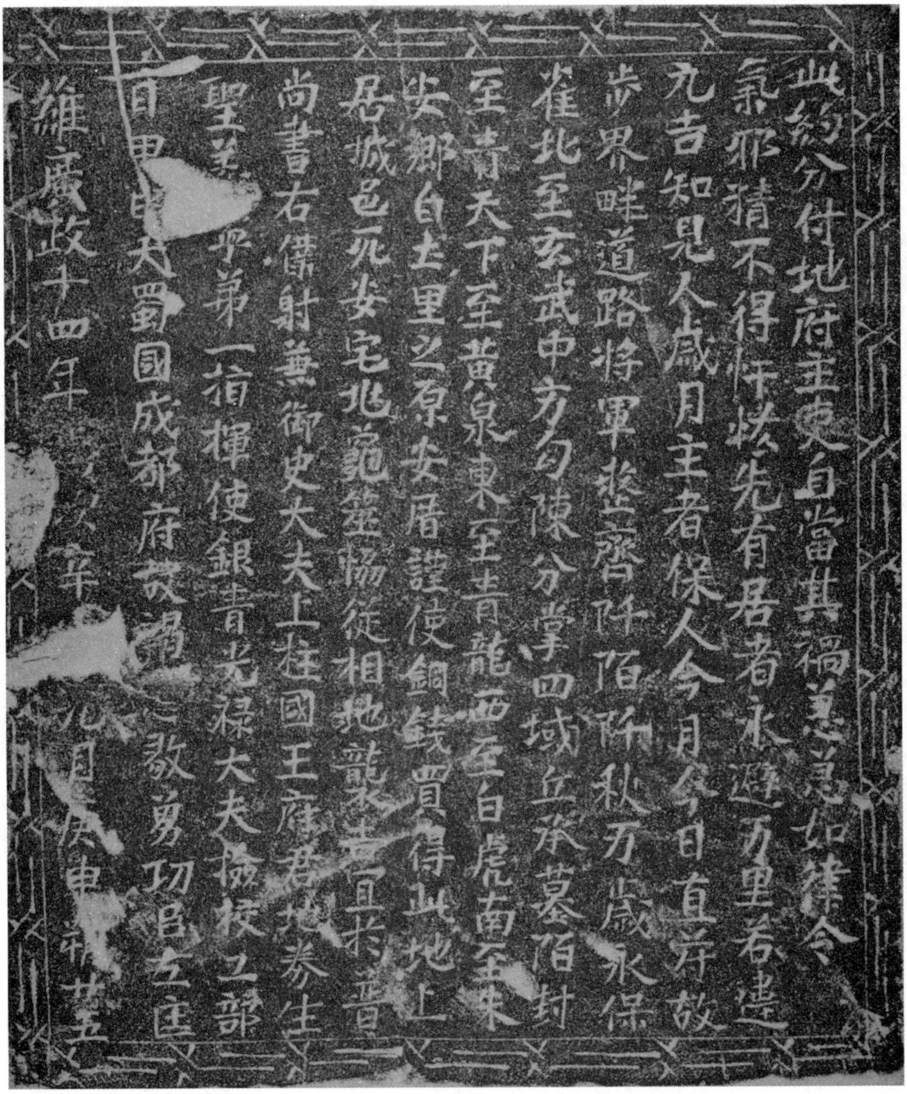

图八二　王府君买地券拓片

后蜀广政十四年（951）王府君买地券[1]

（图八二）

简介

该买地券于1956年在成都市东郊跳蹬河采集河沙时被发现，现藏四川博物院。其券材为红砂石。券石呈长方形，高40.5厘米，宽34厘米，厚3.5厘米。其背面为素面。正面的四周为宽1.6厘米边框，有由线条组成的简单纹饰。券文字体为楷书，从左至右共12行，每行字数不等，全文共200余字。

释文

维广政十四年岁次辛[亥]九月庚申朔廿五
日甲申，大蜀国成都府故竭[志]扬勇功臣、左匡
圣义宁第一指挥使、银青光禄大夫、检校工部
尚书、右仆射、兼御史大夫、上柱国王府君地券。生
居城邑，死安宅兆。龟筮协从，相地袭吉。宜于普
安乡白土里之原安厝。谨使铜钱买得此地，上
至青天，下至黄泉，东至青龙，西至白虎，南至朱
雀，北至玄武，中方勾陈，分掌四域。丘承墓陌，封
步界畔，道路将军，整齐阡陌。阡秋万岁，永保
九吉。知见人：岁月主者；保人：今月今日直符。故
气邪精，不得忏恡。先有居者，永避万里。若违
此约，分付地府主吏，自当其祸。急急如律令！

---

[1] 四川省文物管理局编：《四川文物志》上，巴蜀书社2005年生版，第293—294页。

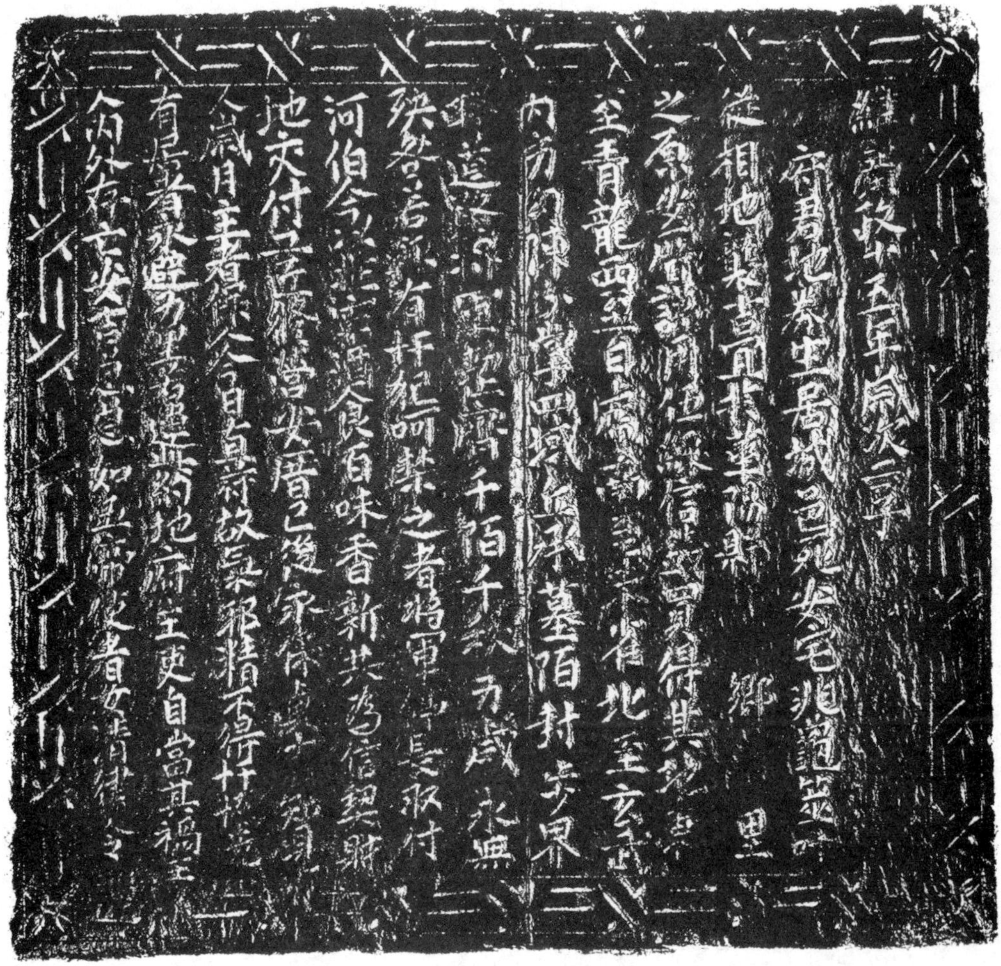

图八三　徐铎买地券拓片

后蜀广政十五年（952）徐铎买地券[1]（图八三）

简介

该买地券出土于四川省成都市城东五桂桥附近、成都无缝钢管厂三号门附近一座大型多耳室长方形券拱砖室墓，现存成都永陵博物馆。其券材为细红砂石质。券石略成正方形，其高36.5厘米，宽32.8厘米，厚2.7厘米。买地券边框阴刻双线，四角饰有蝴蝶花纹，双线内为三角形纹饰。券文字体为楷书，从右至左共13行，共有200余字。

释文

维广政十五年岁次壬子，

府君地券。生居城邑，死安宅兆。龟筮叶

从，相地袭吉。宜于华阳县乡里

之原安厝。谨用五彩信钱买得，其地东

至青龙，西至白虎，南至朱雀，北至玄武，

内方勾陈，分掌四域。丘承墓陌，封步界

畔，道路将军，整齐千陌。千秋万岁，永无

殃咎。若辄有忏犯呵禁之者，将军停（亭）长收付

河伯。今以牲牢酒食，百味香新，共为信契。财

地交付，工匠修营安厝已后，永保贞吉。知见

人：岁月主者；保人：今日直符。故气邪精，不得忏恡。先

有居者，永避万里。若违此约，地府主吏自当其祸。主

人内外存亡安吉。急急如五帝使者女清律令！

---

[1] 成都文物考古研究所、成都博物院编著：《成都出土历代墓铭券文图录综释》，文物出版社2012年版，第80—83页；成都市博物馆考古队：《成都无缝钢管厂发现五代后蜀墓》，《四川文物》1991年第3期。

图八四　东林四组M251：1买地券

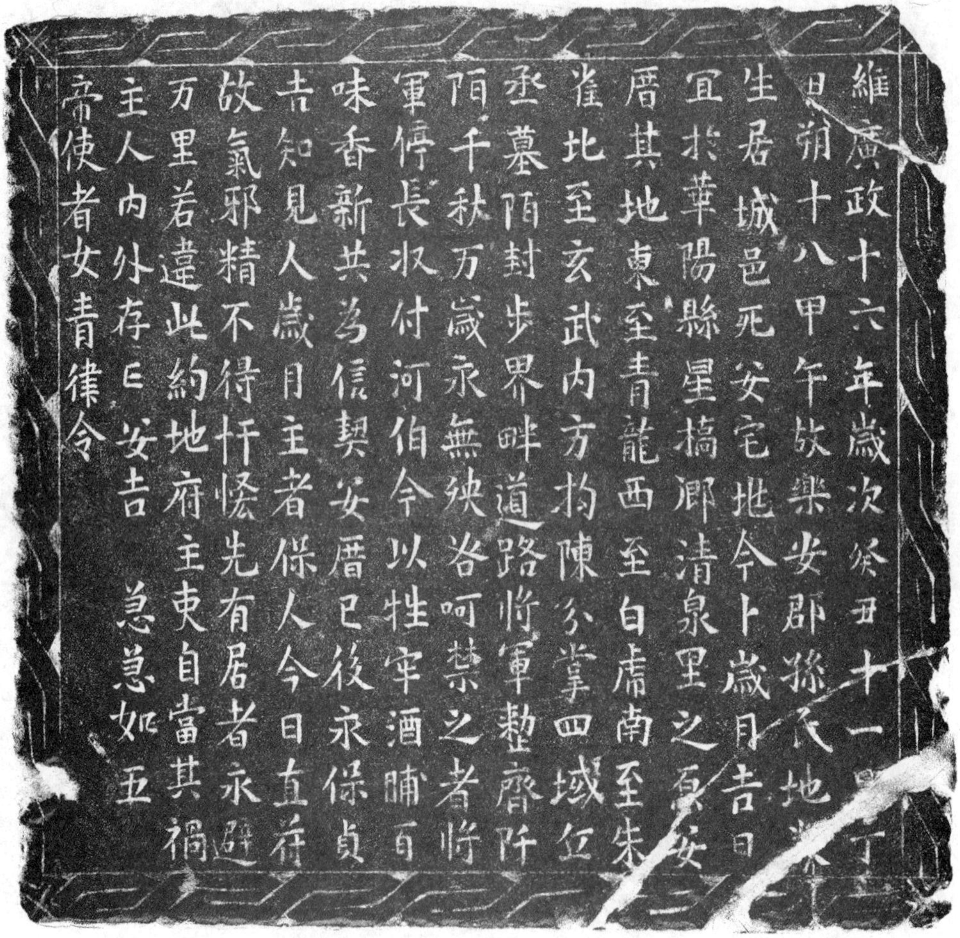
維廣政十六年歲次癸丑十一月丁
丑朔十八甲午故樂安郡孫氏地
生居城邑死安宅兆今卜歲月吉日
宜於華陽縣星橋鄉清泉里之原安
厝其地東至青龍西至白虎南至朱
雀北至玄武內方勾陳分掌四域丘
丞墓伯封步界畔道路將軍整齊阡
陌千秋万歲永無殃咎呵禁之者將
軍停長収付河伯今以牲牢酒脯百
味香新共為信契安厝已後永保貞
吉知見人歲月主者保人今日直符
故氣邪精不得忓恡先有居者永避
万里若違此約地府主吏自當其禍
主人內外存亡安吉　急急如五
帝使者女青律令

图八五　东林四组M251：1买地券拓片

后蜀广政十六年（953）东林四组 M251：1 买地券
（图八四、图八五）

简介

该买地券出土于成都市东林四组。其券高 39.5 厘米，宽 36 厘米，厚 3.5 厘米，券文 15 行，每行字数不等，约计 180 字。

释文

维广政十六年岁次癸丑十一□丁
丑朔十八甲午，故乐安郡孙氏地券。
生居城邑，死安宅兆。今卜岁月吉日，
宜于华阳县星桥乡清泉里之原安
厝，其地东至青龙，西至白虎，南至朱
雀，北至玄武，内方构陈，分掌四域。丘
丞墓陌，封步界畔，道路将军，整齐阡
陌。千秋万岁，永无殃咎。呵禁之者，将
军停长收付河伯。今以牲牢酒脯，百
味香新，共为信契。安厝已后，永保贞
吉。知见人：岁月主者；保人：今日直符。
故气邪精，不得忏恡。先有居者，永避
万里。若违此约，地府主吏自当其祸。
主人内外存亡安吉。急急如五
帝使者女青律令！

图八六　刘瑭买地券拓片

后蜀广政十九年（956）刘瑭买地券[1]
（图八六）

简介

该买地券出土于成都市东北海滨村年家院子，为五代后蜀时期的砖室墓第23号墓。其券材为红砂石质。券石呈长方形，长高35.4厘米，宽33厘米，厚2.2厘米。券面四边阴刻单线框栏，框栏内阴刻短线纹。字迹清晰，书写工整，券文字体为楷书，共15行，每行字数14字—19字不等，共计250余字。

释文

维广政十九年岁次丙辰八月一日庚申，
故彭州就粮左定戎指挥使、前守蓬州刺史刘瑭
地券。生居城邑，死安宅兆。今卜岁月
吉日，宜于华阳县星桥乡望乡里之
原安厝，其地东至青龙，西至白虎，南
至朱雀，北至玄武，内方构陈，分掌四
域。丘丞墓陌，封步界畔，道路将军，整
齐阡陌。千秋万（岁），永无殃咎。呵禁之者，
将军停长收付河伯。今以牲牢酒脯，
百味香新，共为信契，安厝已后，永保
贞吉。知见人：岁月主者。永避万岁符。
故气邪精，不得忏恡。先有居者，永避
万里。若违此约，地府主吏自当其祸。
主人内外存亡安吉。
急急如五帝使者女青律令！

---

[1] 成都文物考古研究院：《四川成都海滨村五代后蜀墓发掘简报》，《文物》2019年第7期。

图八七　双成五路M47买地券

图八八　双成五路M47买地券拓片

后蜀广政二十四年（961）双成五路 M47 买地券

（图八七、图八八）

简介

该买地券出土于成都市双成五路五代墓中，其券高 38 厘米，宽 38.5 厘米，厚 3.5 厘米[1]。

释文

维广政二十四年岁⧄

二十七……城邑，死安

宅兆。龟（筮）叶从，相地袭吉。宜⧄

⧄青龙□至白

虎……至……四域。丘

承（丞）[墓][陌]（伯），封步……陌。千秋万

岁，永无……伯□

□□牢酒食，百□香莘……交付，工

[匠]修茔安厝已后，永保□[吉]□□岁月主者；保

人……气邪精，[不][得]忓恡。先有居者，永

⧄地府[主]吏自当其祸。主人内外

⧄者女青律令！

---

[1] 编者按，该券文文字漫漶，无法统计字数。

图八九　东林四组M193：4赵氏买地券

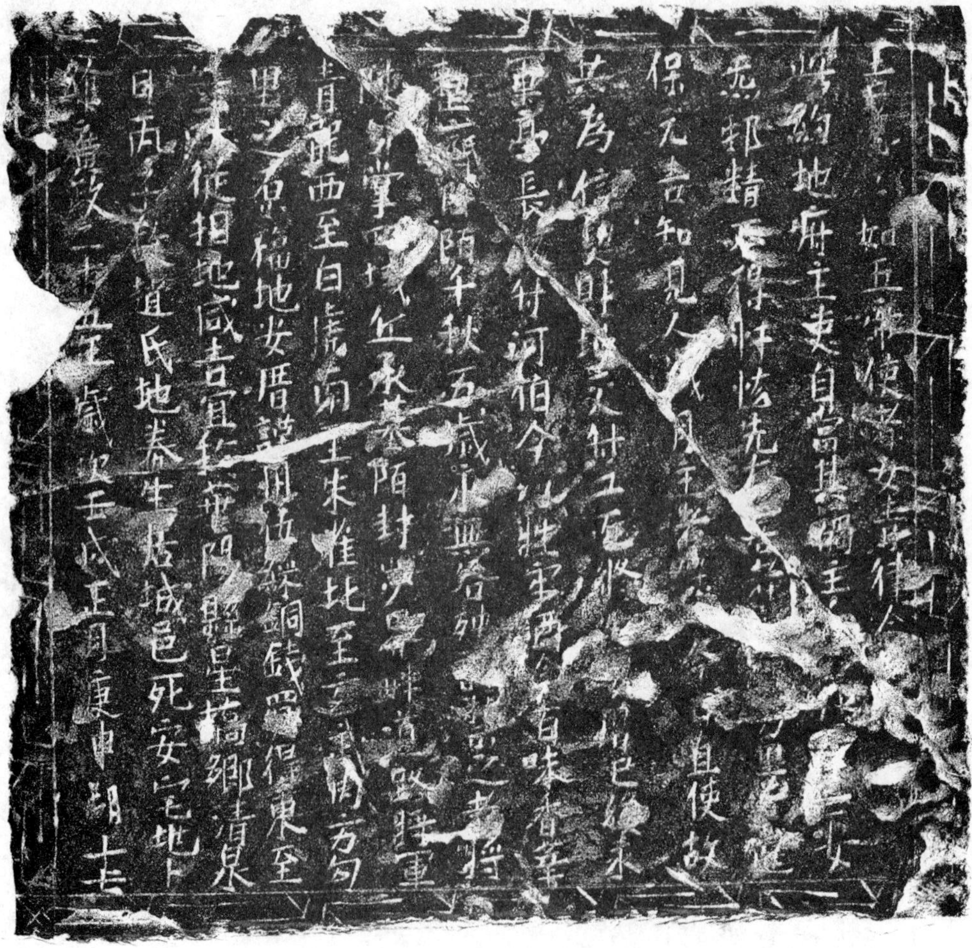

图九〇　东林四组M193：4赵氏买地券拓片

后蜀广政二十五年（962）东林四组 M193：4 赵氏买地券

（图八九、图九〇）

简介

该买地券出土于成都市东林四组券。其券高 35 厘米，宽 37.5 厘米，厚 3.2 厘米，券文 13 行，每行字数不等，共计 220 余字。

释文

维广政二十五年岁次壬戌正月庚申朔十七
日丙子，故赵氏地券。生居城邑，死安宅兆。卜
筮叶从，相地咸吉。宜于华阳县星桥乡清泉
里之原福地安厝。谨用五彩铜钱买得，东至
青龙，西至白虎，南至朱雀，北至玄武，内方勾
陈，分掌四域。丘承墓陌，封步界畔，道路将军，
整齐阡陌。千秋万岁，永无咎殃。河禁之者，将
军亭长收付河伯。今以牲牢酒食，百味香莘，
共为信契。财地交付，工匠修茔安厝已后，永
保元吉。知见人：岁月主者；保人：今日直使。故
炁邪精，不得忓恡。先有居者，永避万里。若违
此约，地府主吏自当其祸。主人□□□□安
吉。急急如五帝使者女青律令！

图九一　东林四组M149：9何府君买地券

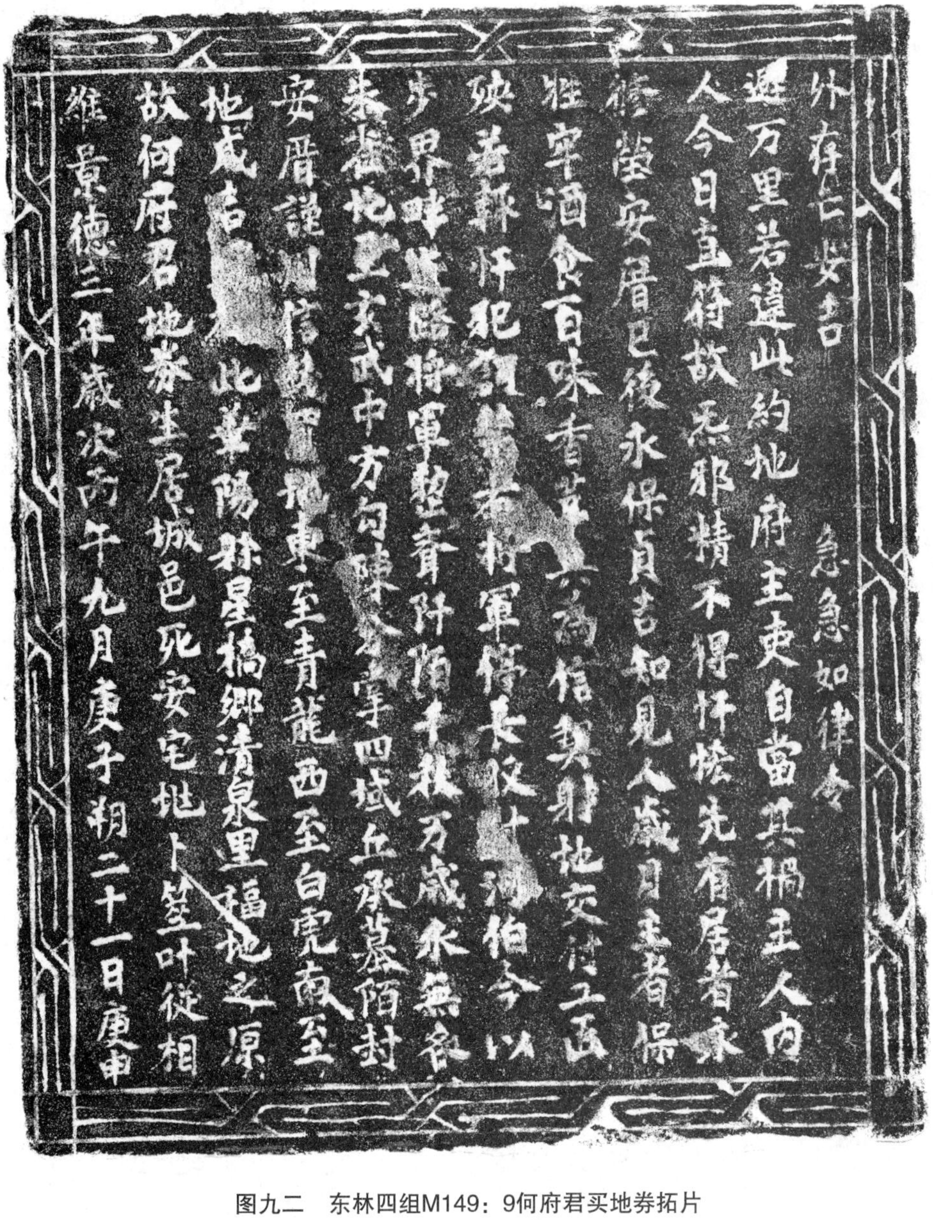

图九二　东林四组M149：9何府君买地券拓片

北宋景德三年（1006）东林四组 M149：9 何府君买地券

（图九一、图九二）

简介

该买地券出土于成都市东林四组。其券高 38 厘米，宽 32 厘米，厚 4 厘米，券文 12 行，每行字数约 19 字，共计 220 字左右。

释文

维景德三年岁次丙午九月庚子朔二十一日庚申，

故何府君地券。生居城邑，死安宅兆。卜筮叶从，相

地咸吉。宜于此华阳县星桥乡清泉里福地之原

安厝。谨用信钱买地，东至青龙，西至白虎，南至

朱雀，北至玄武，中方勾陈，分掌四域。丘承墓陌，封

步界畔，道路将军，整齐阡陌。千秋万岁，永无咎

殃。若辄忓犯诃禁者，将军停长收付河伯。今以

牲牢酒食，百味香苹，共为信契。财地交付，工匠

修茔安厝已后，永保贞吉。知见人：岁月主者；保

人：今日直符。故炁邪精，不得忓恡。先有居者，永

避万里。若违此约，地府主吏自当其祸。主人内

外存亡安吉。 急急如律令！

图九三　东林四组M215：2王府君买地券

图九四　东林四组M215：2王府君买地券拓片

北宋大中祥符五年（1012）东林四组 M215：2 王府君买地券

（图九三、九四）

简介

该买地券出土于成都市东林四组[1]。

释文

[大][中][祥]符五年岁次壬子闰十月乙丑

☑王府君地券。生居城邑，死

☑叶从，相地咸吉。宜于此华阳

☑泉里福地之原安厝。

☑地，东至青龙，西至白

☑至玄武，中方勾陈，分掌

☑封步界畔，道路将军，

☑岁，永无咎殃。若辄忏

☑长收付河伯。今以□

☑信契。财地交付，工

☑保贞吉。知见人：岁

☑故炁邪精，不得

☑若违此约，地

☑急急如律令！

[1] 编者按，该买地券损毁严重，形制参数无法勘测，字数亦无法统计。

图九五　和泰路M48：4周氏寿堂买地券

北宋天禧五年（1021）和泰路 M48：4 周氏寿堂买地券

（图九五）

简介

该买地券出土于成都市和泰路。其券高 34.5 厘米，宽 34 厘米，厚 2.5 厘米，其券文 13 行，每行约 15 字，共计 190 余字。

释文

[维]天禧五年岁次辛酉二月丙午朔二

十日乙丑，女弟子周氏行年五十七岁，

正月一日生。仰白皇天后土五帝百

灵。但氏生居浮世，往复不怕，遂祝蓍龟，

庆善咸集。宜于此华阳县积善乡东庙

里福地，预建千年吉宅，万岁寿堂。以此

良辰，备兹掩闭。所愿闭堂之后，福齐海

岳，寿等松椿。四时无衰变之虞，八节有

盛荣之益，身康体健，万痛销除。地覆天

翻，方开此塚。山枯海竭，即归此堂。故炁

邪精，不为禁固。先有居者，万里避去。立

此明文，请勿忏悮。万载荣华，千秋盛富。

宜子、宜孙、宜男、宜女。急急如律令！

图九六　东林四组M245：1朱氏买地券

图九七　东林四组M245：1朱氏买地券拓片1

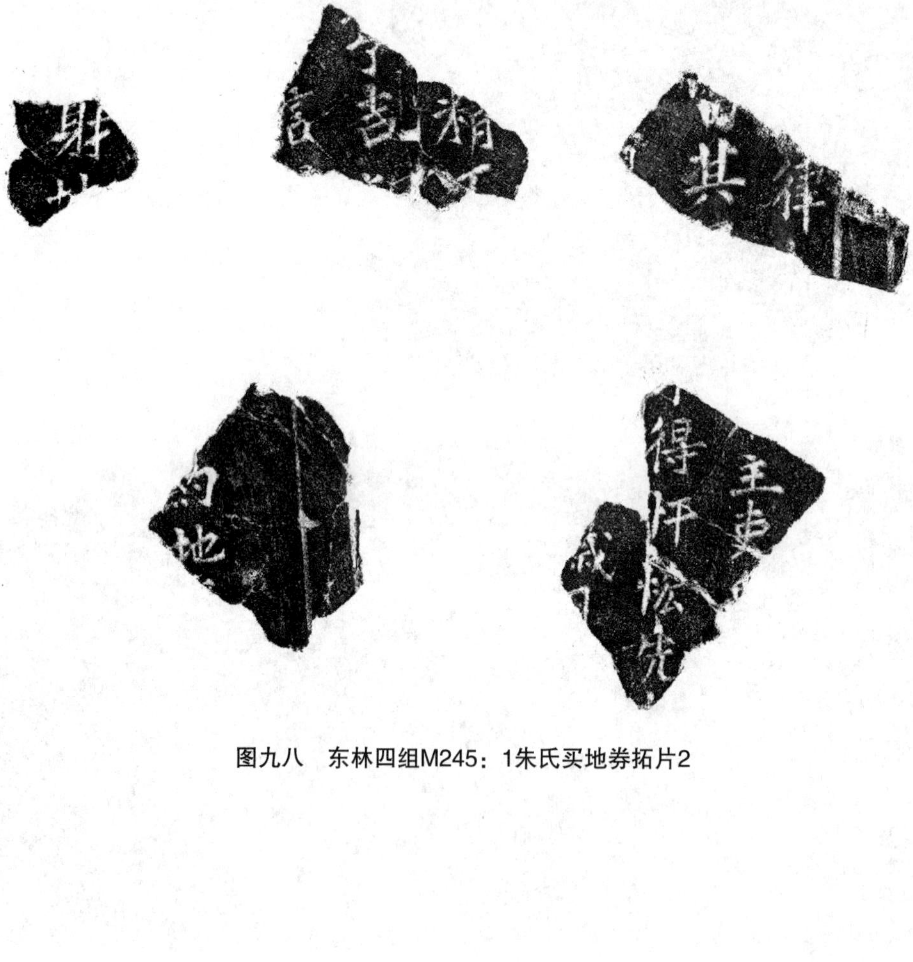

图九八　东林四组M245：1朱氏买地券拓片2

北宋天圣二年（1024）东林四组 M245：1 朱氏买地券

（图九六、图九七、图九八）

简介

该买地券出土于成都市东林四组。其券残缺，高约 40 厘米，宽 35 厘米，厚 2 厘米。❶

释文

维天圣二年岁次……□月乙酉朔一日乙酉，

故朱氏地券。生居城[邑]，死安宅兆。卜筮叶从，相

地咸吉。宜于此华[阳][县]星桥乡清泉里福[地]

之原安厝。谨用信钱□地，东至青龙，西至[白]

虎，南至朱雀，北至[去][哉]，中方勾陈，分掌四域。

丘承墓陌，封步界[畔]，道路将军，整齐阡陌。

千秋万岁，永无咎殃。[若]辄忓犯诃禁者，将军

停（亭）长□□河伯。今以□牢酒食，百味香莘，共

〼修茔安厝已后，永保

〼保人：今日直符。故炁

〼不得忏悋。先……者，永避万里。若违

〼约，地□主吏……。主人内外存亡安吉。

〼律〼

❶ 编者按，因该买地券残缺，故券文无法统计。

图九九　东林四组M247：9张府君买地券

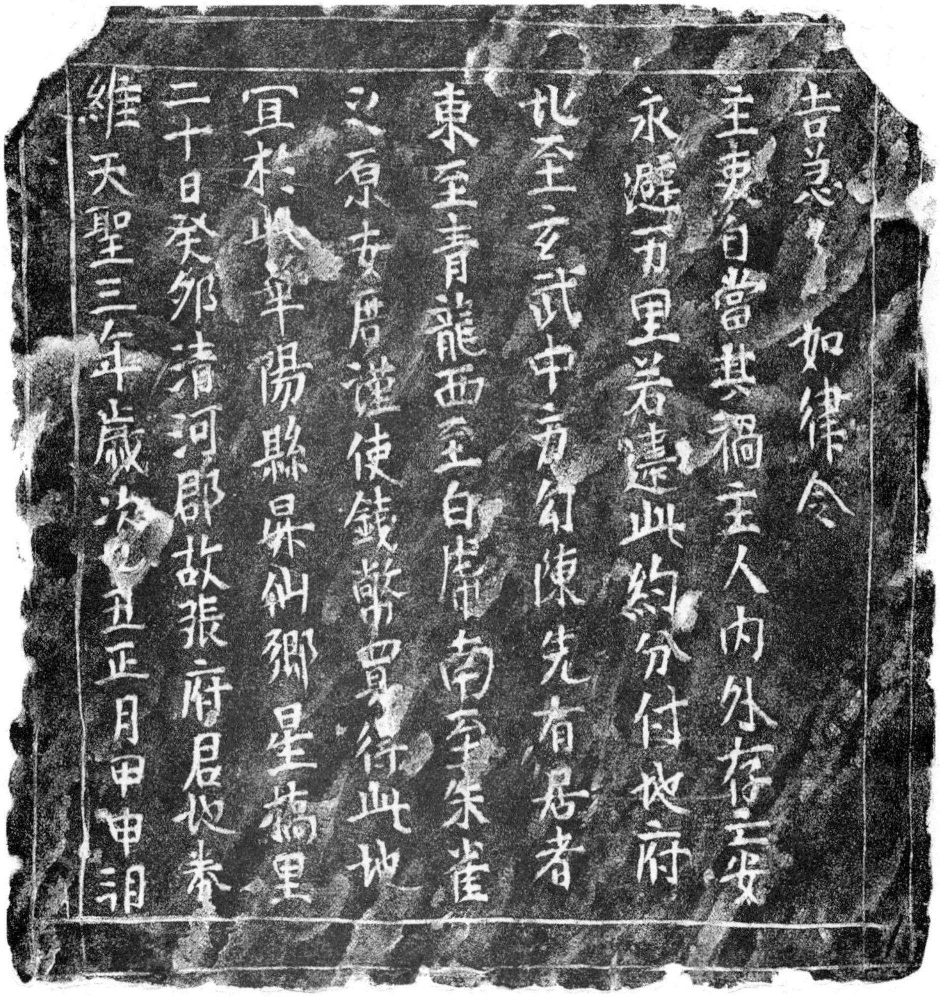

图一〇〇　东林四组M247：9张府君买地券拓片

北宋天圣三年（1025）东林四组 M247：9 张府君买地券

（图九九、图一〇〇）

简介

该买地券出土于成都市东林四组。其高 36.5 厘米，宽 36 厘米，厚 2.5 厘米，其券文 9 行，每行字数不等，共计 107 字。

释文

维天圣三年岁次乙丑正月甲申朔

二十日癸卯，清河郡故张府君地券。

宜于此华阳县升仙乡星桥里

之原安厝。谨使钱币买得此地，

东至青龙，西至白虎，南至朱雀，

北至玄武，中方勾陈。先有居者，

永避万里。若违此约，分付地府

主吏，自当其祸。主人内外存亡安

吉。急急如律令！

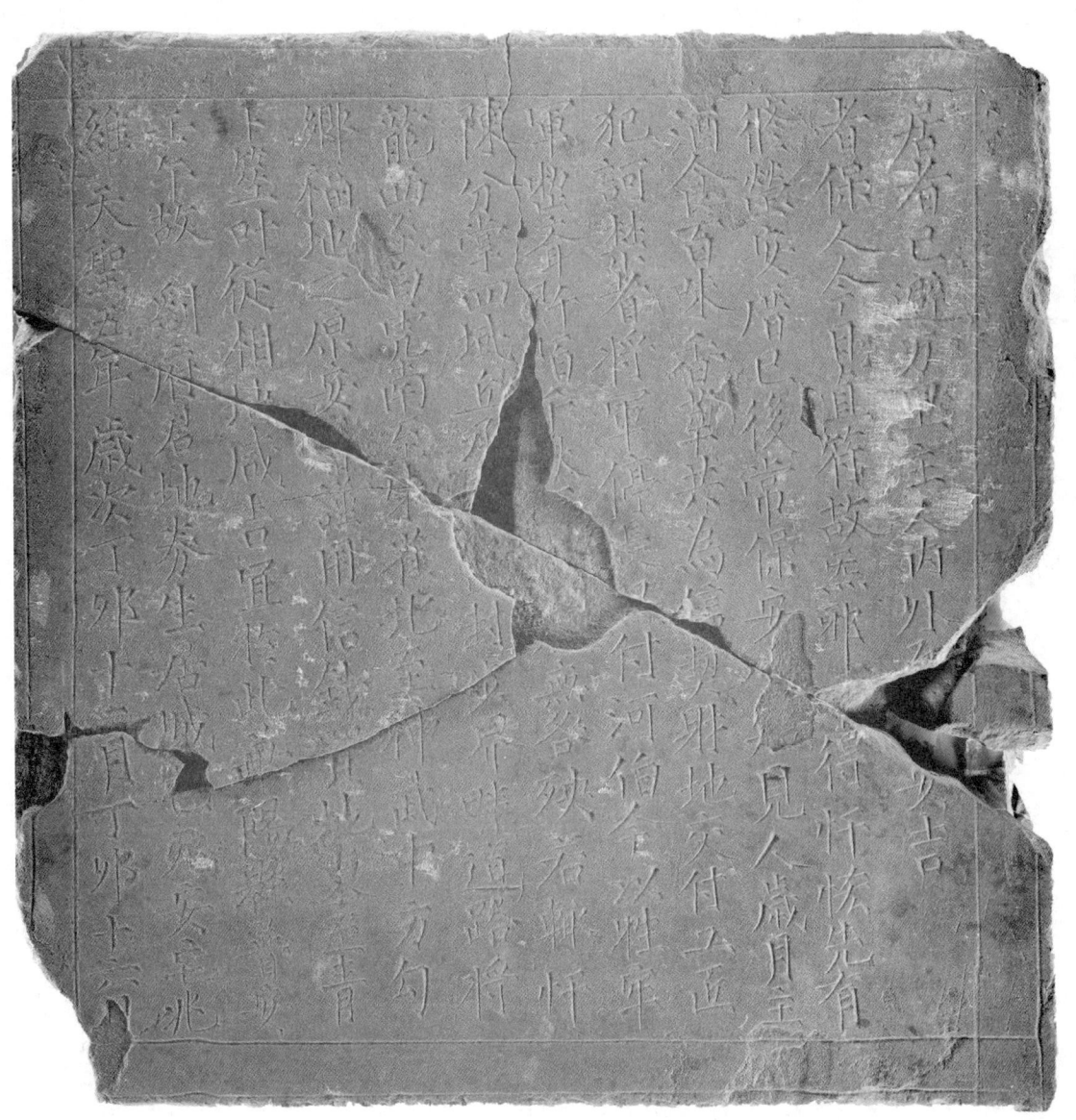

图一〇一　双成五路M93：1刘府君买地券

图一〇二　双成五路M93：1刘府君买地券拓片

北宋天圣五年（1027）双成五路 M93：1 刘府君买地券

（图一〇一、图一〇二）

简介

该买地券出土于成都市双成五路。其券高 35 厘米，宽 35 厘米，厚 2.5 厘米，其券文 12 行，每行字数约为 16 字，共计 190 余字。

释文

维天圣五年岁次丁卯十二月丁卯十六日

壬午，故刘府君地券。生居城邑，死安宅兆。

卜筮叶从，相地咸吉。宜于此华阳县普安

乡福地之原安厝。谨用信钱买地，东至青

龙，西至白虎，南至朱雀，北至神武，中方勾

陈，分掌四域。丘承（丞）□□，封步界畔，道路将

军，整齐阡陌。千秋□□，□无咎殃。若辄忓

犯诃禁者，将军停长□付河伯。今以牲牢

酒食，百味香莘，共为信契。财地交付。工匠

修茔安厝已后，常保安□。知见人：岁月主

者；保人：今日直符。故炁邪□，□得忓恡，先有

居者，已避万里。主人内外□□安吉。

图一〇三　槐荫路佚名买地券拓片

北宋天圣五年（1027）槐荫路佚名买地券

（图一〇三）

简介

该买地券出土于成都市成华区槐荫路北宋墓地，由成都文物考古研究院提供。券石为长方形，中部残损，高 38.3 厘米，宽 37.1 厘米，厚 2.7 厘米。券面四周阴刻单线边框，从左至右竖向行文 12 行，券文文字大部分漫漶不清，残存部分共 26 字。

释文

维天圣五年岁次丁卯☒

□三月☒

……

县普安乡☒

……

……

☒封步☒

……

……

……

☒知见人：岁月☒

保人：今日☒

图一〇四　槐荫路罗府君买地券拓片

北宋天圣九年（1031）槐荫路罗府君买地券
（图一〇四）

简介

该买地券出土于成都市成华区槐荫路北宋墓地，由成都文物考古研究院提供。券石右下角残损，应为长方形，高49厘米，宽51.6厘米，厚3厘米。券面四周阴刻内外两道单线边框，从左至右竖向行文12行，部分券文漫漶不清。残存部分共117字。

释文

维天圣九年岁次辛未七月丙午

朔……罗府君……生居城

[邑]，死安宅地。[卜]筮叶从，相地□□。[宜]于

⧄安乡……之原安厝。谨用信

钱□地府□□□□得此地⧄

⧄雀，北至真武，中方勾陈，□□

四域。封步界畔，道路将军，[整][齐]阡陌，千

秋万岁，永无咎殃。⧄

□□□或先有居者，永避万里。⧄

犯诃禁者，将军亭长分付河伯。⧄

酒食，共为信契。工匠⧄

已后，永保终吉。急……律令！

图一〇五　和泰路M48：1周氏买地券

北宋景祐四年（1037）和泰路M48：1周氏买地券
（图一〇五）

简介

该买地券出土于成都市和泰路。其券残高36.5厘米，宽36.5厘米，厚2.5厘米，其券文12行，每行字数约为17字，共计约190字。

释文

维景祐四年岁次丁丑四月癸卯朔十二日

甲寅，故周氏地券。生居城邑，死安宅兆。卜筮

叶从，相地咸吉。宜于此华阳县积善乡福地

之原安厝。谨用信钱买地，东至青龙，西至白

虎，南至朱雀，北至神武，中方勾陈，分掌四

域。丘承墓陌，封步界畔，道路将军，整齐阡

陌。千秋万岁，永无咎殃。若辄忓犯诃禁者，将

军停长收付河伯。今以牲牢酒食，百味香苹，

[共]为信契。财地交付，工匠修茔安厝已后，永

[保]元吉。知见人：岁月主者；保人：今日直符。故

炁邪精，不得忓恡。先有居者，永避万里。若

□□□地府主吏自当其祸。主人内外存亡安吉。

图一〇六　槐荫路杨文贵买地券拓片

北宋至和二年（1055）槐荫路杨文贵买地券
（图一〇六）

简介

该买地券出土于成都市成华区槐荫路北宋墓地，由成都文物考古研究院提供。券石为长方形，高 43 厘米，宽 38 厘米，厚 3 厘米。券面四边阴刻一周单线方框，方框四角再阴刻细线与券角相连。从左至右竖向行文 11 行，满行 15 字，共 155 字。

释文

维至和二年岁次乙未九月丙辰朔十
七日壬申，故杨文贵地券。生居城邑，
死安宅兆。卜筮叶从，相地咸吉。宜于此华
阳县普安乡福地之原安厝。谨用信钱
买地，其界东至青龙，西至[白]虎，南至
朱雀，北至真武，中方勾陈，分掌四域。丘
承墓陌，道路将军，封步界畔，整齐阡
陌。千秋万岁，永保元吉。知见人：岁月主
者；保人：今日时直符。故炁邪精，不得忏
恡。先有居者，回避万里。若违此约，分付
地府主吏。急急如五帝律令！

图一〇七　东林四组M184：2买地券

图一〇八　东林四组M184：2买地券拓片[1]

❶ 编者按，拓片与原图（图一〇七）有出入，原拓片文献如此，为保持原拓片原样，一仍其旧。

北宋嘉祐年间（1056—1063）东林四组 M184：2 买地券

（图一〇七、图一〇八）

简介

该买地券出土于成都市东林四组。其券残缺严重，文字缺省多且漫漶。

释文

维嘉祐……辰朔十

十七日甲……地券……居城邑，死

死安宅兆，……叶从，相地……宜于此华

华阳县……乡福地之原安厝，其界东至

白虎……至朱……至真武

掌四……道路将

整齐阡陌，千……

后……主者，保……万里

时☐

……

图一〇九　双成五路M91：3张氏买地券

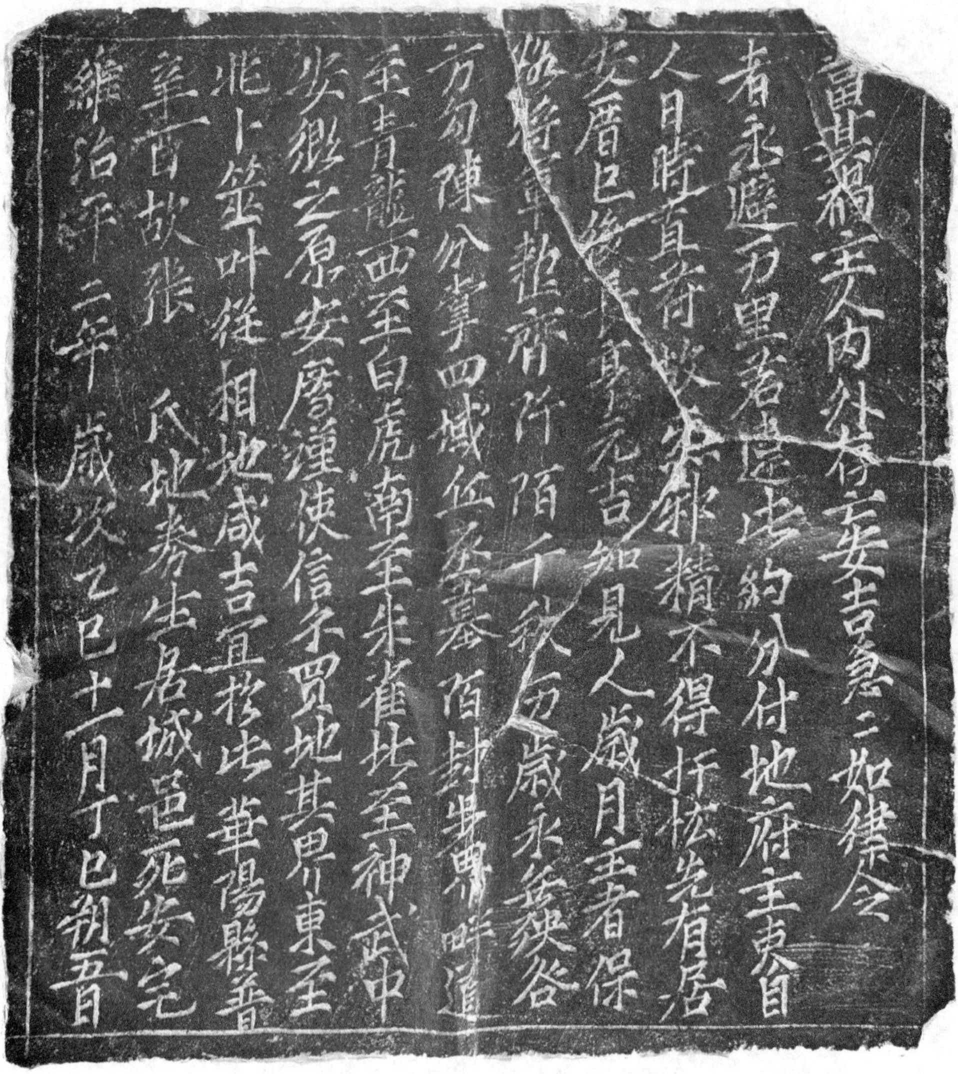

图一一〇　双成五路M91：3张氏买地券拓片

北宋治平二年（1065）双成五路 M91：3 张氏买地券

（图一〇九、图一一〇）

简介

该买地券出土于成都市双成五路。其券高 42 厘米，宽 39 厘米，厚 2 厘米，券文 11 行，每行字数不等，共计 344 字。

释文

维治平二年岁次乙巳十一月丁巳朔五日

辛酉，故张氏地券。生居城邑，死安宅

兆。卜筮叶从，相地咸吉。宜于此华阳县普

安乡之原安厝。谨使信钱买地，其界东至

至青龙，西至白虎，南至朱雀，北至神武，中

方勾陈，分掌四域。丘丞墓陌，封步界畔，道

路将军，整齐阡陌。千秋万岁，永无殃咎。

安厝已后，长亨（享）元吉。知见人：岁月主者；保

人：日时直符。故炁邪精，不得忏恡。先有居

者，永避万里。若违此约，分付地府主吏，自

当其祸。主人内外存亡安吉。急急如律令！

图一一一　槐荫路蔡氏买地券拓片

北宋治平三年（1066）槐荫路蔡氏买地券
（图一一一）

简介

该买地券出土于成都市成华区槐荫路北宋墓地，由成都文物考古研究院提供。券石部分残损，应为长方形，高 44 厘米，宽 40.8 厘米，厚 3 厘米。券面四周阴刻单线边框，从左至右竖向行文 11 行，残存部分共 90 字。

释文

维治平三年岁次丙午四月[甲][申]朔初

□□□故蔡□□地券。生居城邑，死

⧄筮叶从，相地咸吉。宜于此华阳

⧄乡之原安厝。□□信钱买地，其界

⧄龙，西至白虎，南[至]朱雀，北至玄

⧄陈，分掌四域。……封步界

⧄将军，整齐阡⧄

……

⧄保人：（今）日时直符。⧄

⧄有居者，永避万里。⧄

⧄当其祸，主人⧄

图一一二　槐荫路佚名买地券拓片

北宋治平四年（1067）槐荫路佚名买地券

（图一一二）

简介

该买地券出土于成都市成华区槐荫路北宋墓地，由成都文物考古研究院提供。其券残损较甚，从左至右竖向行文，残存部分共21字。

释文

维治平四年岁次丁未☒

☒地券，生居城邑，☒

☒此华阳县普安☒

……

图一一三　郭氏买地券拓片

北宋熙宁二年（1069）郭氏买地券[1]（图一一三）

简介

该买地券出土于成都市东郊麻石桥四川省抗生素研究所，现存成都文物考古研究院。其券材为红砂石，高40.5厘米，宽39厘米，厚3厘米，中部断裂。券石周边线刻双栏边框。券文字体为楷书，从右至左共13行，每行5字—15字不等，共174字。

释文

维熙宁二年岁次己酉正月己巳朔五
日癸酉，故永寿县太君郭氏地券文。
生居府邑，死安宅兆。卜筮叶从，相地
咸吉。宜于此华阳县积善乡常平里
名山祖茔福地之原安厝。谨依葬范，
择此福田，左安青龙，右安白虎，前安
朱雀，后安玄武，中方勾陈，分掌四域。
丘丞墓陌，道路将军，封步界畔，整齐
阡陌。千秋万岁，永无咎殃。知见人：岁
月主者；保人：今日时直符。故炁邪精，
不得忓恡。先有居者，回避万里。若违
此约，分付地府主吏。然后存亡安吉。
急急如律令！

[1] 成都文物考古研究所、成都博物院编著：《成都出土历代墓铭券文图录综释》，文物出版社2012年版，第151—160页。

图一一四　曹氏买地券拓片

北宋熙宁二年（1069）曹氏买地券[1]
（图一一四）

简介

该买地券出土于成都市锦江区三圣乡。其券材为红砂石，略呈长方形，高 39 厘米，宽 37.5 厘米，厚 2.7 厘米。背面为素面。正面四周有单线边框。券文楷书竖行，共 11 行，每行 13 至 15 字不等，全文共 155 字。

释文

维熙宁二年岁次己酉二月戊戌朔
无日丙午，故曹氏地券。生居城邑，
死安宅兆。卜筮叶从，相地咸吉。宜于此
华阳县景福乡福地之原安厝。其界
东至青龙，西至白虎，南至朱雀，北至
玄武，中方勾陈，分掌四域。丘丞墓陌，道
路将军，封步界畔，整齐阡陌。千秋万
岁，永保元吉。知见人：岁月主者；保人：
今日时直符。故炁邪精，不得忏恡。先
有居者，回避万里。若违此约，分付地
府主吏。然后存亡安吉。急急如律令！

[1] 四川省文物管理委员会：《四川华阳县北宋墓清理简报》，《文物参考资料》1956 年第 12 期。

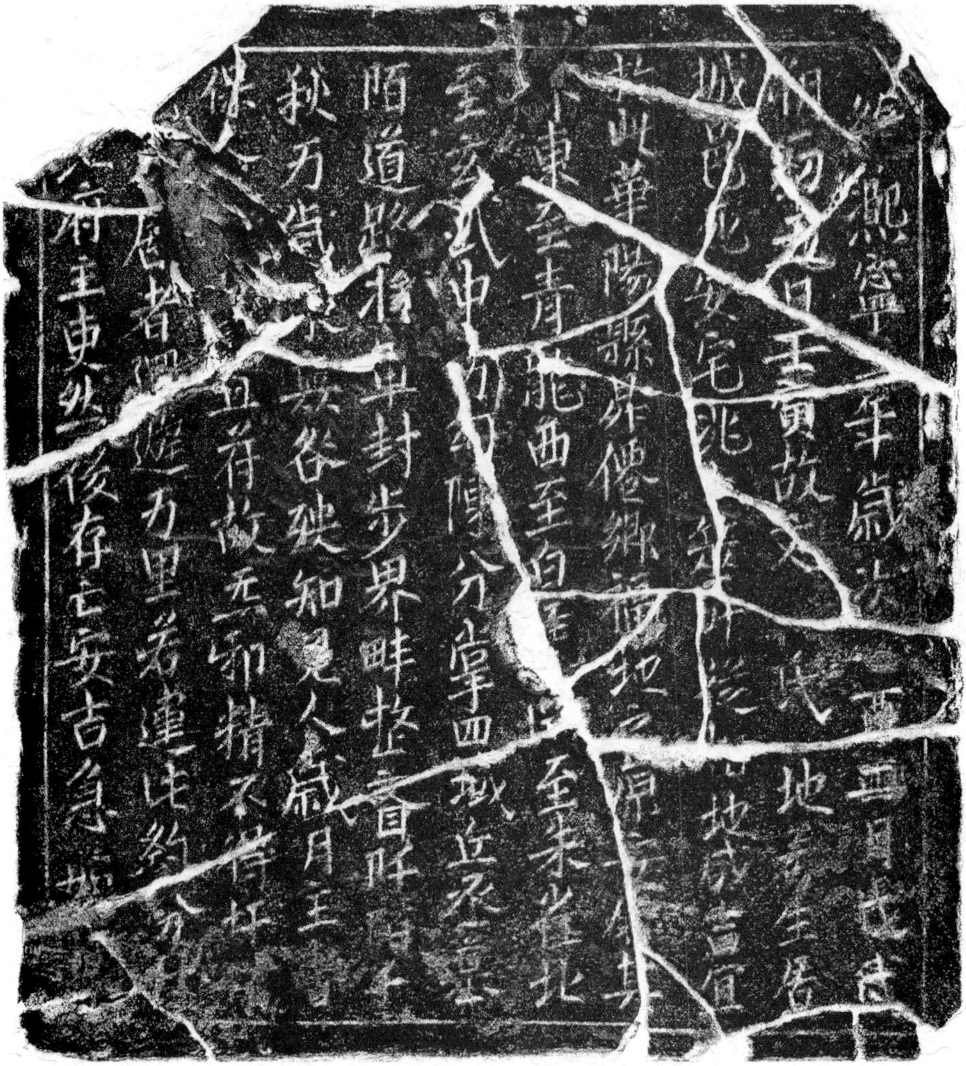

图一一五　洪山路文氏买地券拓片

北宋熙宁二年（1069）洪山路文氏买地券

（图一一五）

简介

该买地券出土于成都市洪山路，其形制情况不详。券文11行，每行字数不等，共计150字许。

释文

维熙宁二年岁次[己]酉二月戊戌

朔初五日壬寅，故文氏地券。生居

城邑，死安宅兆。卜筮叶从，相地咸吉。宜

于此华阳县升仙乡福地之原安厝。其

界东至青龙，西至白[虎]，[南]至朱雀，北

至玄武，中方勾陈，分掌四域。丘丞墓

陌，道路将军，封步界畔，整齐阡陌。千

秋万岁，永无咎殃。知见人：岁月主[者]；

保人：□□□直符。故炁邪精，不得忓□。

□□居者，回避万里。若违此约，分付

☒府主吏。然后存亡安吉。急急如律令！

图一一六　槐荫路史宋买地券拓片

北宋熙宁四年（1071）槐荫路史宋买地券

（图一一六）

简介

该买地券出土于成都市成华区槐荫路北宋墓地，由成都文物考古研究院提供。券石为长方形，略有残损，高41.8厘米，宽40厘米，厚3厘米。券面四周阴刻单线边框，从右至左竖向行文10行，满行17字，残存部分共140字。

释文

维熙宁四年岁次辛亥九月壬[午]闰十二

日丙申，故史宋地券。生居城邑，[死][安]

宅兆。卜筮叶从，相地咸吉。[宜]于此华阳县普

安乡福地之原安厝，[其][界]东至青龙，西至

白虎，南至朱[雀]，北至□[武]，中方勾陈，分掌

四域。丘丞墓陌，道路将军，封步界畔，整

齐阡陌。千秋万岁，永无咎殃。知见人：岁月

[主]者；保[人]：今日时直[符]。故炁邪精，不得忓

□。先有居者，回避□□。若违此约，分付地

☒律令！

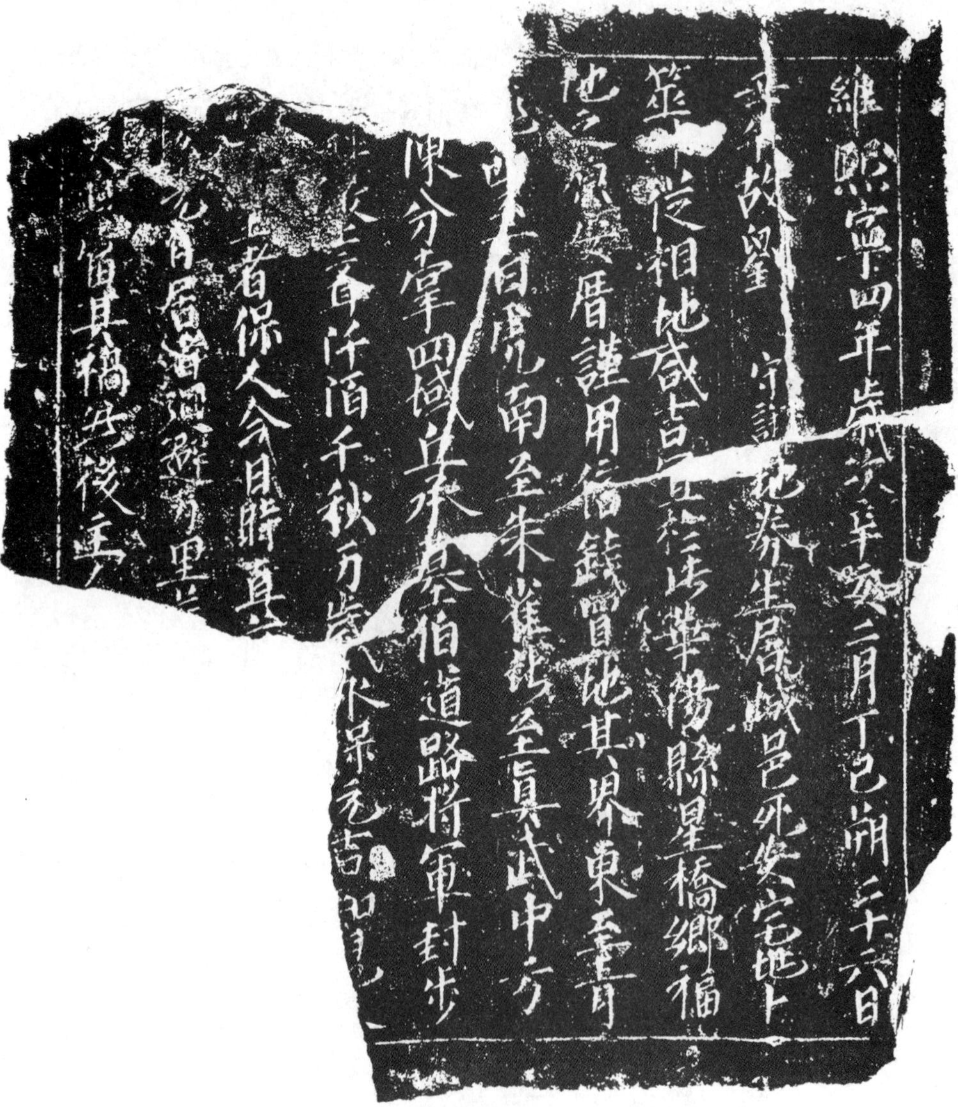

图一一七　刘守谦买地券拓片

北宋熙宁四年（1071）刘守谦买地券[1]
（图一一七）

简介

该买地券出土地不详，现存成都文物考古研究院。其券材为红砂石质。券石断裂，左边上、下角残缺，高42厘米，宽38厘米，厚2.6厘米。券文字体为楷书，从右至左共10行，满行18字，现存文字计138字。

释文

维熙宁四年岁次辛亥二月丁巳朔二十六日

壬午，故刘守谦地券。生居城邑，死安宅兆。卜

筮叶从，相地咸吉。宜于此华阳县星桥乡福

地之原安厝。谨用信钱买地，其界东至青

[龙]，西至白虎，南至朱雀，北至真武，中方

□陈，分掌四域。丘承墓伯，道路将军，封步

□畔，整齐阡陌。千秋万岁，永保元吉。知[见][人]：

□□主者；保人：今日时直符。⧄

□□先有居者，回避万里。[若]⧄

□吏自当其祸。此后主人⧄

---

[1] 成都文物考古研究所、成都博物院编著：《成都出土历代墓铭券文图录综释》，文物出版社2012年版，第161—163页。

图一一八　双成五路M22张府君买地券

图一一九　双成五路M22张府君买地券拓片

北宋熙宁四年（1071）双成五路 M22 张府君买地券

（图一一八、图一一九）

简介

该买地券出土于成都市双成五路。其券石高 42.5 厘米，宽 40 厘米，厚 2.5 厘米，券文 12 行，破损缺字太多，无法确切计字，可辨字仅为 100 余字。

释文

维熙宁四年岁次辛亥七月甲申朔二十

三日丙午，[故]张府君地券。生居□□，死

安宅兆。□筮叶从，相地咸吉。⧄

华阳县□□乡之□□厝。谨⧄

买地，东至青龙，□至白虎，南⧄

至玄武，中方[勾][陈]，分掌四域。□□墓陌，

封步界，道路将军，整齐阡陌。□□□岁，永

无殃咎。安厝已后，⧄

主者；保人□□□符。故张……不得忏恡。

先有居者⧄

主吏自当……主人内外存亡安

吉。急急……[帝]君律令！

图一二〇　东林四组M153：1何府君买地券

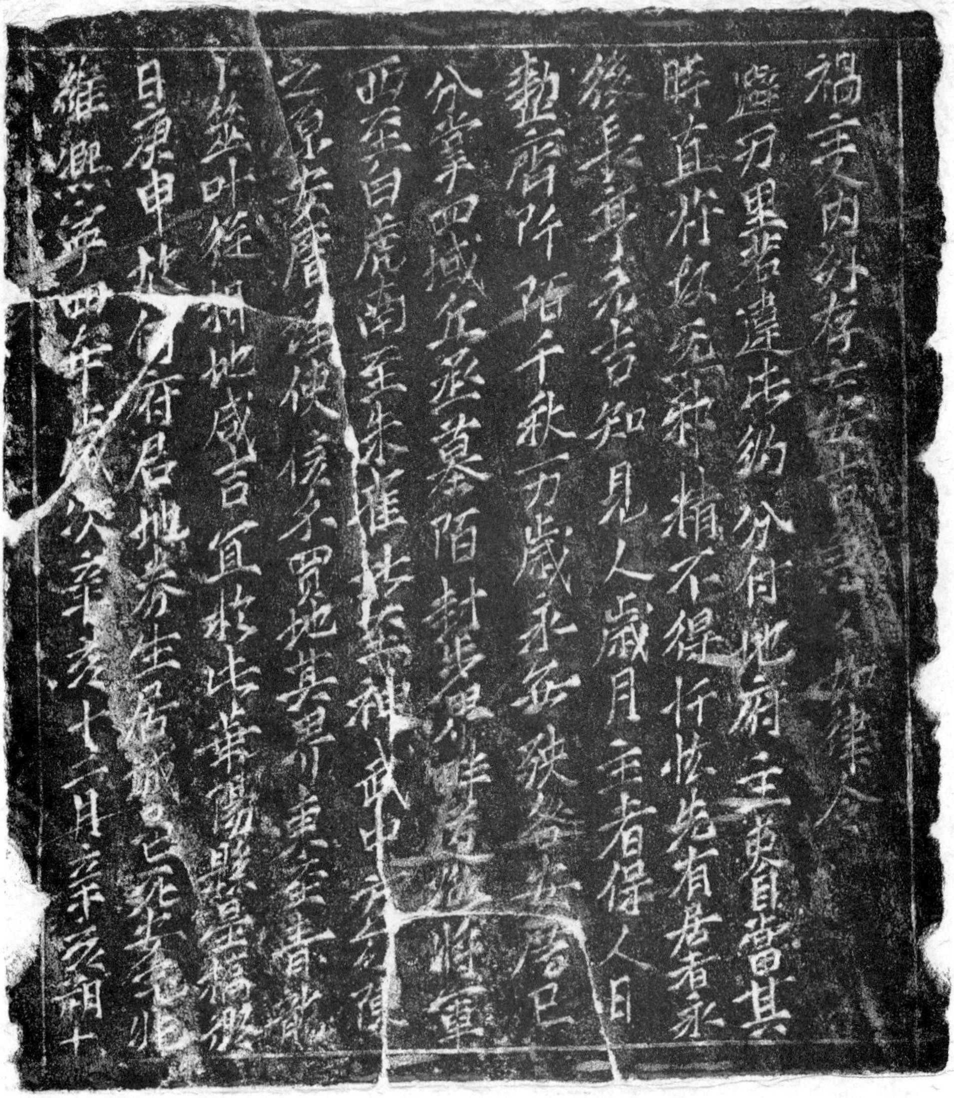

图一二一　东林四组M153：1何府君买地券拓片

北宋熙宁四年（1071）东林四组 M153：1 何府君买地券

（图一二〇、图一二一）

简介

该买地券出土于成都市东林四组。其券石高 42.5 厘米，宽 38.5 厘米，厚 2 厘米，券文 11 行，每行字数不等，共计 170 余字。

释文

维熙宁四年岁次辛亥十二月辛亥朔十

日庚申，故何府君地券。生居城邑，死安宅兆。

卜筮叶从，相地咸吉。宜于此华阳县星桥乡

之原安厝。谨使信钱买地，其界东至青龙，

西至白虎，南至朱雀，北至神武，中方勾陈，

分掌四域。丘丞墓陌，封步界畔，道路将军，

整齐阡陌。千秋万岁，永无殃咎。安厝已

后，长亨元吉。知见人：岁月主者；保人：日

时直符。故炁邪精，不得忓恡。先有居者，永

避万里。若违此约，分付地府主吏，自当其

祸。主人内外存亡安吉。急急如律令！

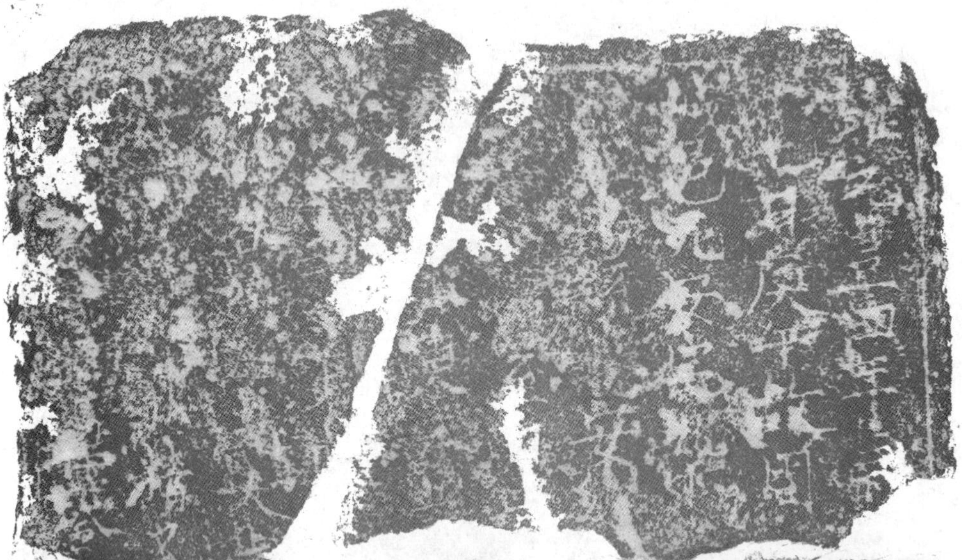

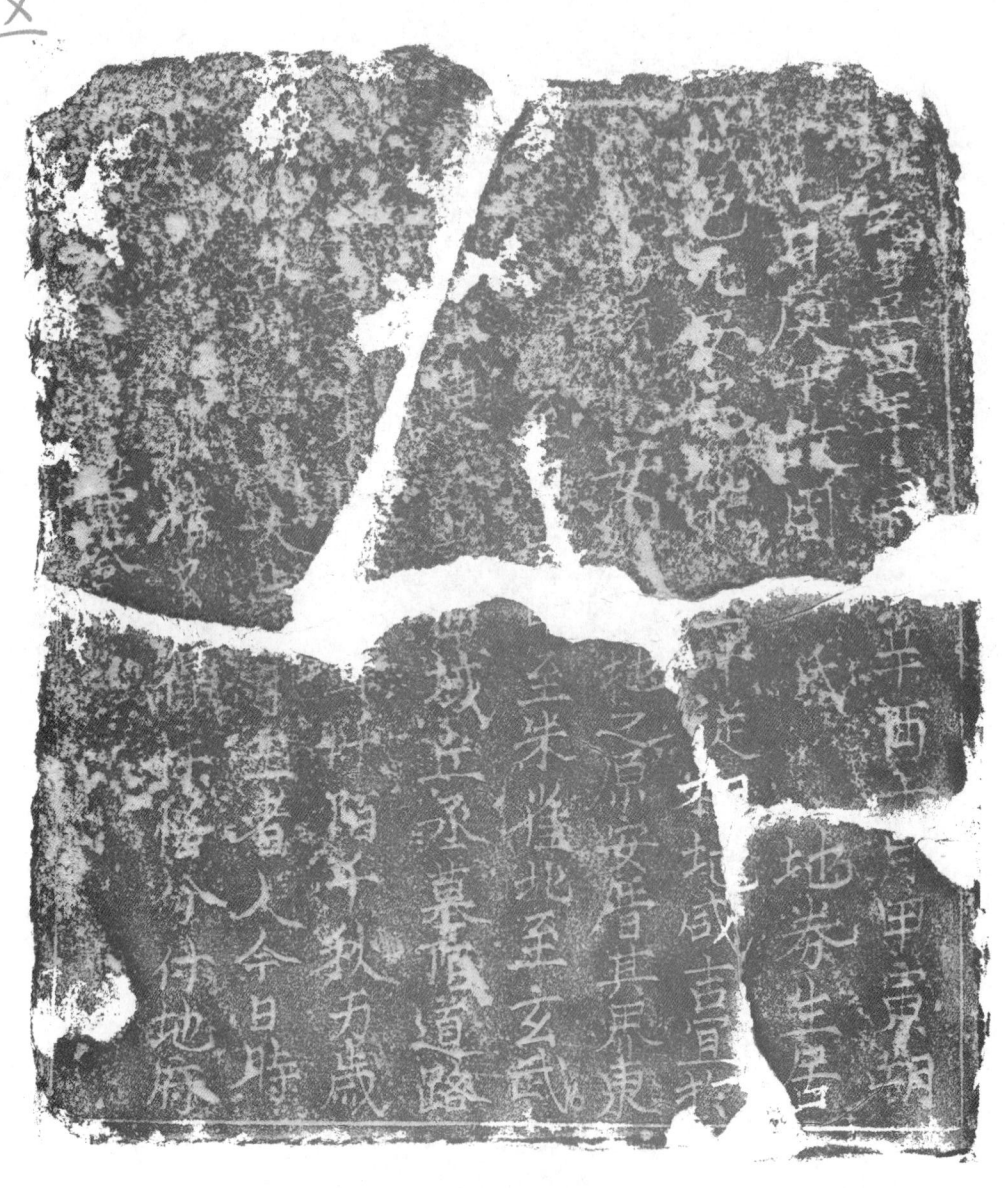

图一二二　槐荫路周氏买地券拓片

北宋元丰四年（1081）槐荫路周氏买地券

（图一二二）

简介

该买地券出土于成都市成华区槐荫路北宋墓地，由成都文物考古研究院提供。券石为长方形，高 42 厘米，宽 38.5 厘米，厚 3 厘米。券面四周阴刻单线边框，从右至左竖向行文 10 行，部分券文漫漶不清，残存部分共 90 余字。

释文

维元丰四年岁[次]辛酉十月甲寅朔

七日庚午，故周 氏 地券。生居

城邑，死安宅兆。[卜][筮]叶从，相地咸吉。宜于

⧄安乡□地之原安厝。其界东

⧄至朱雀，北至玄武，

⧄四域。丘丞墓陌，道路

⧄[齐]阡陌。千秋万岁，

⧄岁月主者；（保）人：今日时

⧄邪精，不得忓恡。分付地府

……

图一二三　东林四组M186：3买地券

图一二四　东林四组M186：3买地券拓片[1]

---

[1] 编者按，该处拓片与原 M186：3 买地券有出入，作者查无，故缺！

北宋元丰年间（1078—1085）东林四组 M186：3 买地券

（图一二三、图一二四）

简介

该买地券出土于成都市东林四组。其券残损严重，仅存 8 字可识读。

释文

维元丰▨

日庚▨

▨转祸为▨

▨落▨

孙昌▨

……

图一二五　海滨湾M3汤氏一娘子买地券

图一二六　海滨湾M3汤氏一娘子买地券拓片

北宋元祐八年（1093）海滨湾 M3 汤氏一娘子买地券
（图一二五、图一二六）

简介

该买地券出土于成都市海滨湾。其券残缺，仅存 100 余字可识读。

释文

[维][元]祐八年岁次癸酉……申朔二十三

□□午故汤氏一娘子地券。生居城邑，

□安宅兆。卜筮叶从，相地咸吉。[宜][于][此]华阳

县星桥乡真□里福……安厝。其界东

至青龙，西至白虎，南……北至玄武，

中方勾陈，分掌四域。丘丞[墓]☒

封步界畔，整齐阡陌。千秋万☒

知见人：岁月主者；保人：今日时☒

☒有居者，回避☒

☒急急如☒

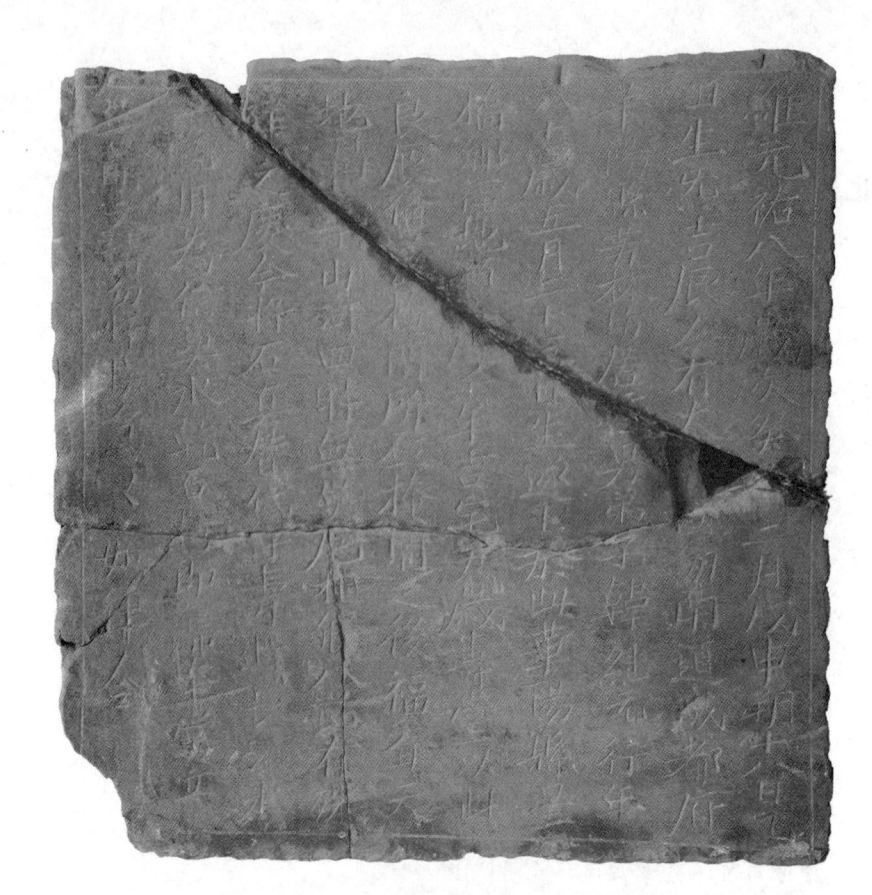

图一二七　海滨湾M3左室韩继元生圹买地券

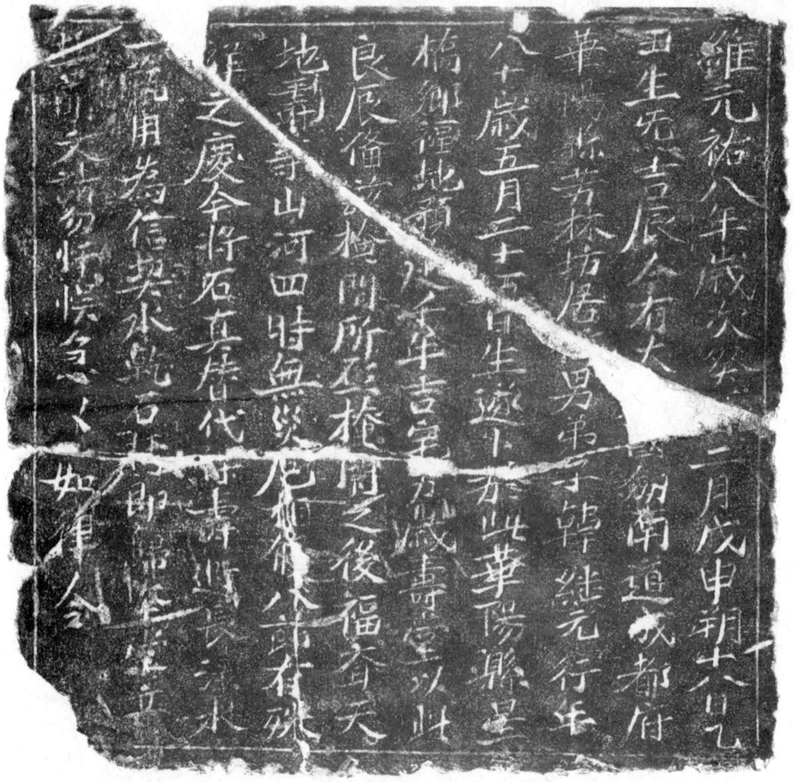

图一二八　海滨湾M3左室韩继元生圹买地券拓片

北宋元祐八年（1093）海滨湾 M3 左室韩继元生圹买地券

（图一二七、图一二八）

简介

该买地券出土于成都市海滨湾。券石形制不详，券文 10 行，每行字数不等，共计 150 余字。

释文

维元祐八年岁次癸[酉]二月戊申朔十八日乙

丑，生炁吉辰。今有大□□剑南道成都府

华阳县芳林坊居[住]男弟子韩继元，行年

八十岁，五月二十五日生。遂卜于此华阳县星

桥乡福地，预[建]千年吉宅，[万]岁寿堂。以此

良辰，俻兹掩闭。所□掩闭之后，福齐天

地，寿[等]山河，四时无灾厄相□，八节有殊

祥之庆。今将石真替代，保寿遐长，渌水

一瓶，用为信契，水干石[朽]，即归□堂□

□□文诸勿忏悮。急急如律令！

图一二九　刘起买地券拓片

北宋绍圣元年（1094）刘起买地券[1]

（图一二九）

简介

该买地券出土于成都市成华区青龙乡海滨村第五号砖室墓中，现存成都文物考古研究院。其券材为红砂石质，其券石高37.5厘米，宽36.5厘米，厚2.4厘米。券文字体为楷书，共10行，每行14字—17字，券文现可辨仅为100字许。

释文

维绍圣元年岁次甲戌十月己巳朔十七日

□酉，故刘 起 地券。生居城邑，死安

□兆。卜筮叶从，相地大吉。宜于此华阳县星

桥乡福地之原安厝。其界东至青龙，

西至白虎，南至朱雀，□□□□，□方勾陈，

分掌四域。丘丞墓伯，……路将

军，整齐阡陌。千……知见

人：岁月主者……邪精，

不得忓悋。先……违此

约，分付地……令！

---

[1] 成都文物考古研究所、成都博物院编著：《成都出土历代墓铭券文图录综释》，文物出版社2012年版，第201—211页；成都文物考古研究所：《成都市青龙乡海滨村墓葬发掘简报》，《成都考古发现2003》，科学出版社2005年版，第266—307页。

图一三〇　刘观买地券拓片

北宋绍圣二年（1095）刘观买地券[1]
（图一三〇）

简介

该买地券出土于成都市成华区青龙乡海滨村第四号北宋砖室墓，现存成都文物考古研究院。其券料为红砂石质，其券石残高 37.5 厘米，残宽 36.5 厘米，厚 2.4 厘米。券文字体为楷书，残存 8 行，共 43 字。

释文

□年▨

日甲申改葬刘▨

死安宅兆。▨

阳县星桥乡福地之▨

龙，西至白虎，南至▨

陈，分掌四域。丘丞▨

[界]畔，整齐阡陌▨

▨岁月主者▨

……

[1] 成都文物考古研究所、成都博物院编著：《成都出土历代墓铭券文图录综释》，文物出版社 2012 年版，第 212—217 页；成都文物考古研究所：《成都市青龙乡海滨村墓葬发掘简报》，《成都考古发现 2003》，科学出版社 2005 年版，第 266—307 页。

图一三一　海滨湾M3韩继元买地券

图一三二　海滨湾M3韩继元买地券拓片

北宋绍圣三年（1096）海滨湾M3韩继元买地券
（图一三一、图一三二）

简介

该买地券出土于成都市海滨湾。其券文10行，每行字数不等，因残缺严重，券文可辨字约计130字。[1]

释文

维绍圣三年岁次丙子二月壬戌朔二十三日

甲申月德吉辰，故韩继元地券。生居城邑，

死安宅兆。卜筮叶从，相地咸吉。宜于此华阳

县星桥乡附兴里开寿□□□其界东至

青龙，西至白虎，□□朱雀，□□玄武，中方

勾陈，分掌四域。丘丞墓□，道路[将]军，封步界

畔，整齐阡陌。千秋万岁，永无咎殃。知见人：岁

▨直符。故炁邪精，不得忏

▨万里。若违此约，分付地府

▨安吉。急急[如]律令！

[1] 编者按，该买地券形制、材质不详，作者查无，不补。

图一三三　槐荫路罗用章买地券拓片

北宋崇宁四年（1105）槐荫路罗用章买地券

（图一三三）

简介

该买地券出土于成都市成华区槐荫路北宋墓地，由成都文物考古研究院提供。券石为长方形，下部残缺，残高 30.65 厘米，宽 35.5 厘米，厚 3.1 厘米。券面四边阴刻单线方框，从左至右竖向行文 9 行，残存部分约 110 字。

释文

维崇宁四年岁次乙酉十一月□

己酉故罗用章地券。生居城邑☐

卜筮叶从，相地咸吉。宜于此华阳☐

之原[安]厝。谨付信钱买地，其界☐

龙，西至白虎，南至朱雀，北至☐

勾陈，分掌四域。丘承墓伯，封步☐

将军，整齐阡陌。千秋万岁，永☐

人：岁月主者；保人：今日时直符☐

得忏悋。先有居者，永避万里☐

图一三四　双成五路M105：1孙氏买地券

图一三五　双成五路M105：1孙氏买地券拓片

北宋政和六年（1116）双成五路 M105：1 孙氏买地券（图一三四、图一三五）

简介

该买地券出土于成都市双成五路。其券高 34.5 厘米，宽 35 厘米，厚 2.5 厘米。共 10 行，每行约 15 字，共计 150 余字。

释文

维政和六年岁次丙申正月丙寅朔□

七日壬申，故孙□□□□地券。生居城邑。

死安宅兆。□□叶从，相地咸吉。宜□此华

阳县普安乡之原安厝。□地东至□□，

西至□光，南至凤凰，北至□□，中方勾

□，分掌四域。丘承（丞）墓陌（伯），封步界畔，道路

☒整齐阡陌。千秋万岁，永无殃咎。知

☒户者；保人：今日直符。故炁邪

☒得忏悋。先有居者，永避万里。若

☒约，分付地府部吏。急急如律令！

图一三六　和泰路M30：3买地券

北宋政和七年（1117）和泰路 M30:3 买地券
（图一三六）

简介

该买地券出土于成都市和泰路。其券高 36.5 厘米，宽 37.5 厘米，厚 1.5 厘米，券文 10 行，每行字数不等，因风化严重，字迹漫漶，故无确切字数统计。

释文

维政和七年岁次丁□（酉）……朔二十日

□寅故蒲□道……生居城邑，

死安宅兆。卜筮叶从，相……华阳县

积善乡福地之原安……东至青龙，西

至白虎，南至朱雀，北至玄武，□□勾陈，分

掌四域。丘丞墓伯，道路□□，□□界畔，整

齐阡陌。千秋万岁，□□□□。知见人：岁月

主者；保人：今日直符。故炁邪精，不得忏恡。

先有居者，回避万□。若违此约，分付地府

主吏。然后存安吉。急急如律令！

图一三七　宋京买地券拓片

北宋宣和七年（1125）宋京买地券[1]

（图一三七）

简介

该买地券出土于成都市东郊成华区龙潭乡保平六组北宋砖室墓，现存成都文物考古研究院。其券材为红砂石质。券石略呈正方形，边长 40 厘米，厚 3 厘米，已残破，剥蚀严重。券文字体为楷书，从右至左共 16 行，部分文字漫漶不清，或已缺泐，可识读文字 200 字。

释文

▨[岁]次乙巳十二月[戊]戌朔十八日乙[卯]

▨陕府西路计度[转]运副使、权泾原路

▨使、兼马步军都总□权知渭州军州事

▨霄玉清万寿宫借[紫]金鱼袋[宋][京][之][灵]。

▨此华阳县星桥乡天[公]山之

▨用□[钱]九万九千九百九十九[贯]

▨一[段]，其界东至青龙，西至白

▨中方勾陈，分[擘][掌]四域。丘

▨界畔，道路将军，整□□□千秋[万][岁]

▨[若]辄干[犯]诃[禁]者，将军[亭]长收付河伯。

▨酒饭，百味香新（莘），共为信契。财地交相分

▨修营（茔）安厝已后，永保休吉。知见人：岁月主

▨今日时直符。故[气][邪][精]，[不]得忏恡。先有居

▨万里。若违此[约]，[分]付[地][府][主]吏，[自]当其祸。

▨[存]亡悉皆安□□急一如▨

▨者▨

---

[1] 成都文物考古研究所、成都博物院编著：《成都出土历代墓铭券文图录综释》，文物出版社 2012 年版，第 273—283 页；成都文物考古研究所：《四川成都北宋宋京夫妇墓》，《文物》2006 年第 12 期。

图一三八　蔡氏小九娘子买地券拓片

北宋靖康元年（1126）蔡氏小九娘子买地券[1]（图一三八）

简介

该买地券出土于成都市成华区三圣乡花果村北宋砖室墓内，现存成都文物考古研究院。其券材为红砂石质。券石高34.6厘米，宽34.5厘米，厚约2.5厘米，其石周边线刻单栏边框，券文刻于线框内，字体为楷书，从右至左共12行，每行13字—14字，共计约160字。

释文

维靖康[元]年岁次丙午十月癸巳朔

二十九日辛酉近，故蔡氏小九娘子

地券文。生居城邑，死安宅兆。卜筮叶

从，相地咸吉。宜于此华[阳]县普安乡

福地之原安厝。其界左[至]青龙，右至

白虎，前至朱雀，后至玄武，内方勾陈，

分掌四域。丘丞墓伯，道路[将]军，封步

界畔，整齐阡陌。千秋万岁，永无咎殃。

知见人：岁月主者；保人：今日时直符。

故气邪精，不得忏悋。先有居者，回避

万里。若违此约，地府主吏自当其祸。

然后内外存亡安吉。急急如律令！

[1] 成都市文物考古工作队：《成都市成华区三圣乡花果村宋墓发掘简报》，《成都考古发现2001》，科学出版社2003年版，第200—235页。

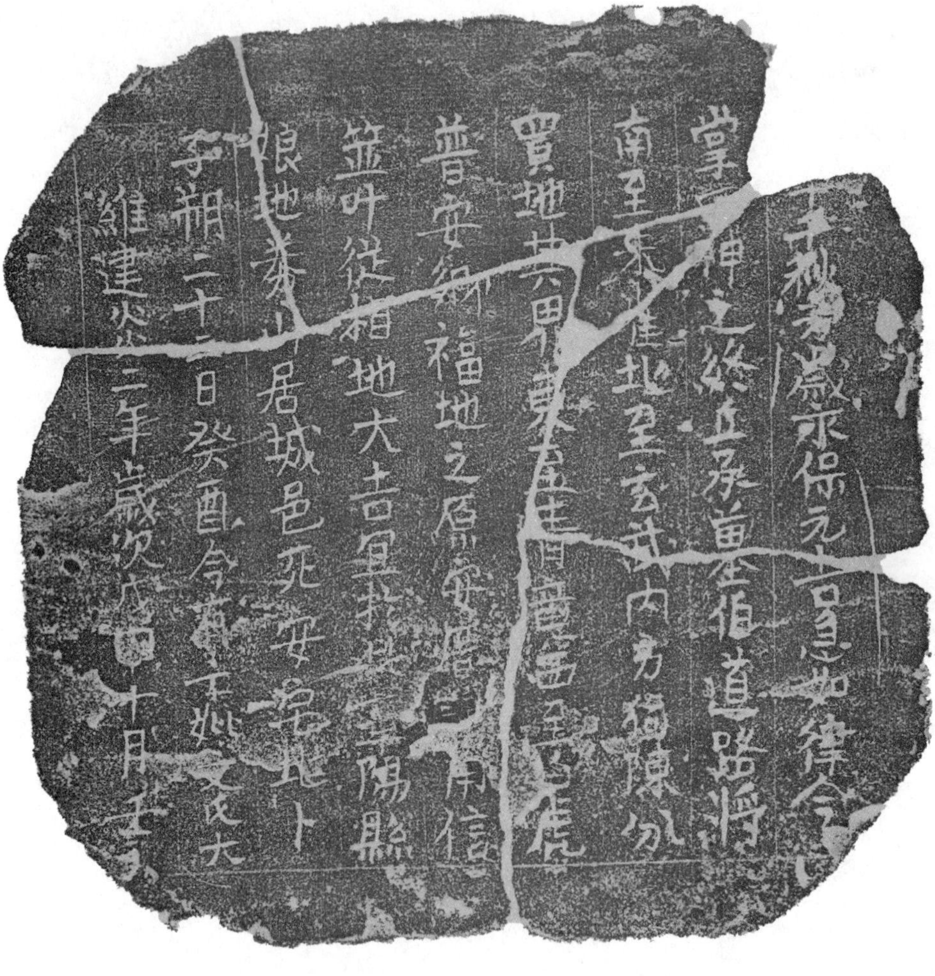

图一三九　文氏大娘买地券拓片

南宋建炎二年（1128）文氏大娘买地券

（图一三九）

简介

该买地券现藏于四川博物院。其券右上角残缺，共9行，行约12字，共计100余字。

释文

维建炎二年岁次戊申十月壬

子朔二十二日癸酉，今有亡妣文氏大

娘地券。山（生）居城邑，死安宅兆。卜

筮叶从，相地大吉。宜于此华阳县

普安乡福地之原安厝。谨用信

买地，其界东至青龙，西至白虎，

南至朱雀，北至玄武，内方勾陈，分

掌[四]神之终。丘承墓伯，道路将

□。千秋万岁，永保元吉。急如律令！

图一四〇　迎晖路M4左室姚氏买地券拓片

南宋建炎三年（1129）迎晖路M4左室姚氏买地券[1]（图一四〇）

简介

该买地券出土于成都市迎晖路，现藏于成都文物考古研究院。共计9行，下半部文字漫漶不清，可辨字仅60余字。

释文

维建炎三年⊠

日乙酉，故亡父姚□⊠

死安宅兆。卜筮叶从⊠

乡福□之原安厝。其界⊠

白虎，前至朱雀，后□⊠

掌四域。丘丞墓伯，□⊠

□阡陌。千秋万载，永⊠

主者；保人：今日时直符。□

□□□此约。急⊠

[1] 编者按，该地券残损严重，字迹漫漶，故无法统计字数。

图一四一　双成五路M62：1买地券

图一四二　双成五路M62：1买地券拓片

南宋绍兴七年（1137）双成五路 M62：1 买地券

（图一四一、图一四二）

简介

该买地券出土于成都市双成五路。其券高 29 厘米，宽 29 厘米，厚 1 厘米。12 行，满行 17 字，因部分券文模糊不清，现仅可辨识 70 余字。

释文

维绍兴七年岁次⍁

⍁今有大宋……成都府（华）

阳县新[兴]坊居住……人……今在

□□乡□桥里□□南□□□今用[钱]

万万九十九□□□□就此黄天父后土□

⍁边买得□□墓田□□□□东至

青龙，南至□□，西至……上至⍁

□至黄泉⍁

□[了][讫]书契人⍁

王父西王母知见人⍁

□上天，读契⍁

图一四三　东林四组M164：16买地券

图一四四　东林四组M164：16买地券拓片

南宋绍兴十二年（1142）东林四组 M164：16 买地券
（图一四三、图一四四）

简介

该买地券出土于成都市东林四组。其券高 30 厘米，宽 30.5 厘米，厚 1.5 厘米，券文 9 行，每行约 14 字，共计 120 余字。

释文

维绍兴十二[年]岁次[壬][戌]十二□丙□朔十

☒道士杨道隐地券。生[居][城]邑，死

安宅兆。□□叶从，相地咸吉。宜于此华阳

□□桥乡福地之[原]安厝。其界东至

青龙，西至白虎，南至朱雀，北至玄武，

中方勾陈，□掌四域。[丘]丞墓伯，道路

[将]军，[封][步]界畔，整齐阡陌。千秋万载，

永无咎殃。知[见][人]：岁月主者；保人：今日

☒邪精，不得□犯。一如律令！

图一四五　和泰路M8：14买地券

南宋绍兴十六年（1146）和泰路 M8：14 买地券

（图一四五）

简介

该买地券出土于成都市和泰路。其券高 41.5 厘米，宽 40.5 厘米，厚 5 厘米，券文 14 行，每行约 12 字，共计 160 余字。

释文

维绍兴十六年岁次丙寅十二

月丙申朔十一日丙午，

故□□□□□□□地券。生居城邑，

死安宅兆。卜筮叶从，相地咸吉。

宜于此华阳县□□乡福地之

原安厝。其界左至青龙，右至白

虎，前至朱雀，后至玄武，中方勾

陈，分掌四域。丘承（丞）墓伯，封步界

畔，道路将军，整齐阡陌。千秋万

岁，永无殃咎。知见人：岁月主者；

保人：今日直符。故炁邪精，不得

忏犯。先有居者。若违此约，分付

地府主吏，自当其祸。然后存亡

□□□吉。一如律令！

維紹興十六年太歲丙寅十二月丙
申朔十一日丙午故[illegible]人賈氏
地券生居城邑死安宅兆卜筮
叶從相大吉宜於此華陽縣[illegible]善
御橋地之原安葬其界東[illegible]縣
西至章南至鳳凰北至王[illegible]方
騰蛇九星真君分掌四域封[illegible]界
畔道路將軍丘丞墓伯武曲貪狼
巨門君永護万載之陰[illegible][illegible]令此
處有先居迴避此山除万里安置
此穴保祐世代興隆一如律令

图一四六　贾氏买地券拓片

南宋绍兴十六年（1146）贾氏买地券[1]
（图一四六）

简介

该买地券出土于成都市成华广场地下停车场一座长方形双室券顶砖石墓宋墓中。其券材为红砂石质。券文字体为楷书，11 行，每行约 13 字，共计 140 余字。

释文

维绍兴十六年太岁丙寅十二月丙
申朔十一日丙午，故夫人贾氏
地券。生居城邑，死安宅兆。卜筮
叶从，相（地）大吉。宜于此华阳县积善
乡福地之原安葬。其界东至□□
西至章，南至凤凰，北至王□□方
螣蛇，九星真君，分掌四域。封步界
畔，道路将军，丘承（丞）墓伯，武曲贪狼，
巨门君永护万载之阴宅。忽令此
处有先居，回避千山除万里，安置
此穴。保祐世代兴隆。一如律令！

[1] 成都文物考古研究院：《成都市成华区成华广场宋墓发掘简报》，《成都考古发现 2015》，科学出版社 2017 年版，第 694—714 页。

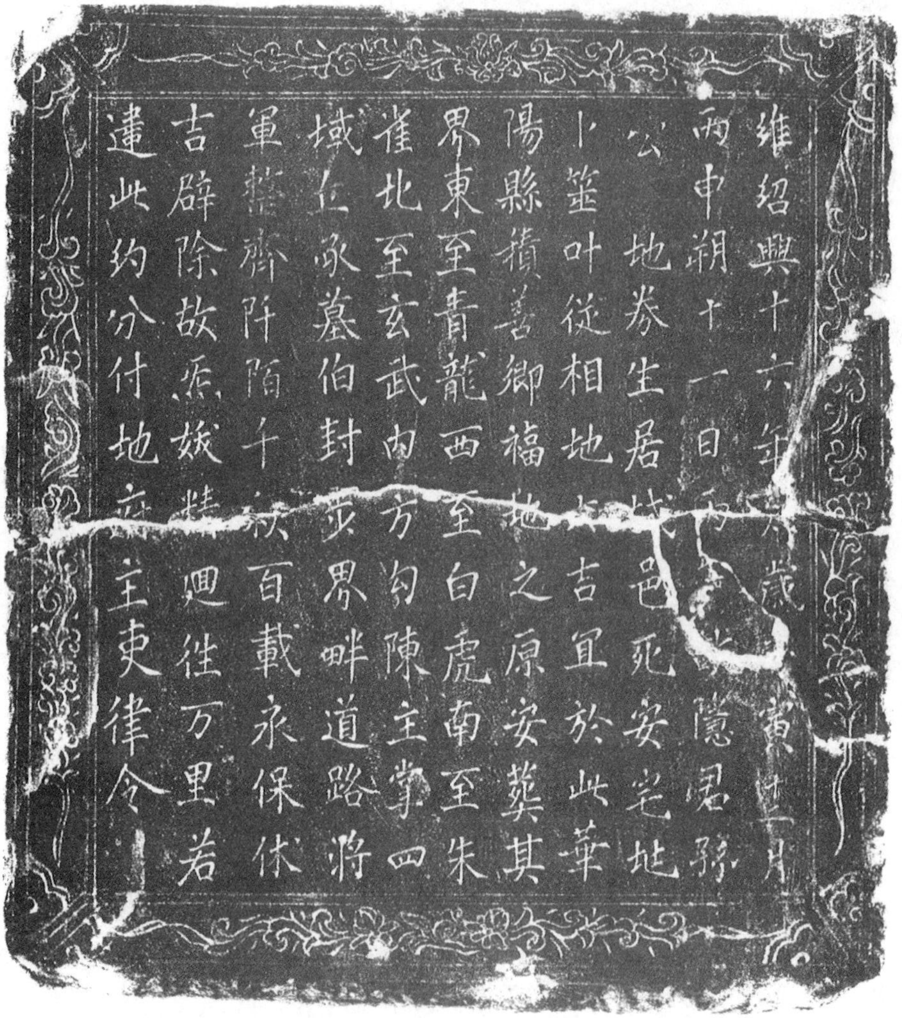

图一四七　孙公买地券拓片

南宋绍兴十六年（1146）孙公买地券[1]（图一四七）

简介

该买地券出土于成都市成华广场地下停车场一座长方形双室券顶砖石墓宋墓中。其券材为红砂石质。券文字体为楷书，13行，每行约12字，共计130余字。

释文

维绍兴十六年太岁[丙]寅十二月

丙申朔十一日丙午，故隐君孙

公地券。生居城邑，死安宅兆。

卜筮叶从，相地大吉。宜于此华

阳县积善乡福地之原安葬。其

界东至青龙，西至白虎，南至朱

雀，北至玄武，内方勾陈，主掌四

域。丘承（丞）墓伯，封步界畔，道路将

军，整齐阡陌。千秋百载，永保休

吉。辟除，故炁妖精，回往万里。若

违此约，分付地府主吏。律令！

---

[1] 成都文物考古研究院：《成都市成华区成华广场宋墓发掘简报》，《成都考古发现2015》，科学出版社2017年版，第694—714页。

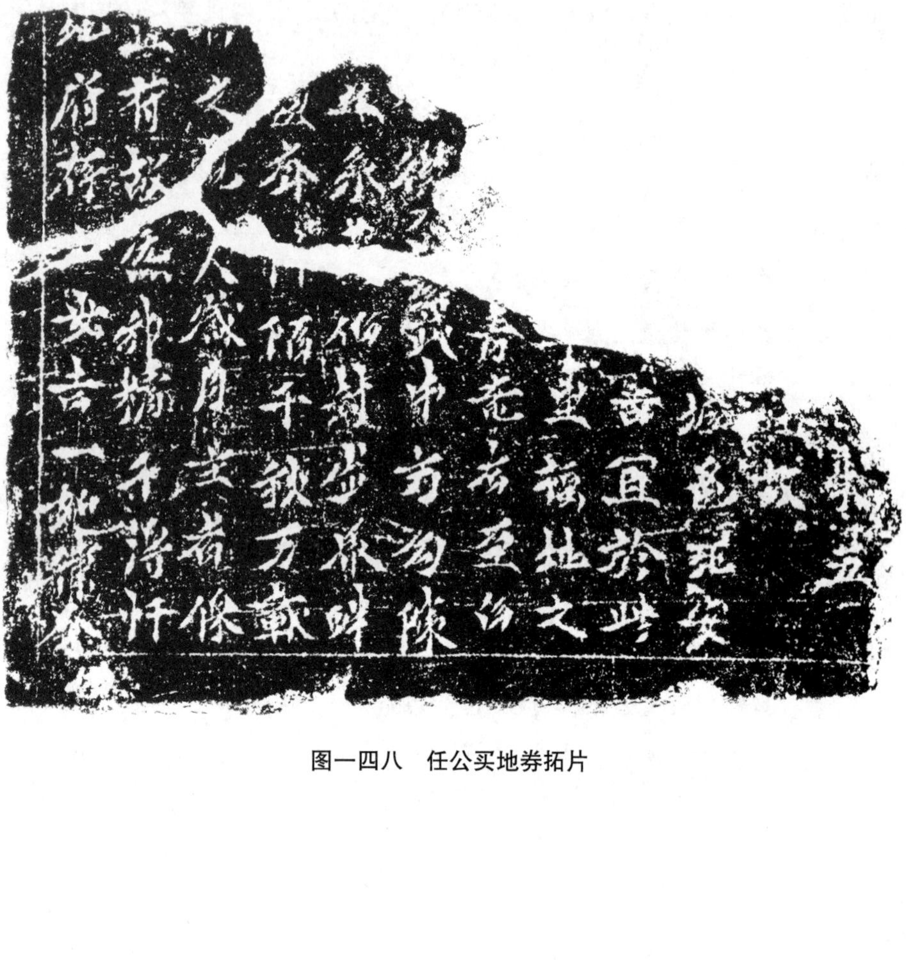

图一四八　任公买地券拓片

南宋绍兴二十二年（1152）任公买地券[1]
（图一四八）

简介

该买地券出土于成都市二仙桥东路12号路段南宋同坟异穴的夫妻合葬墓中，现存成都文物考古研究院。其券材为红砂石质，损毁严重，仅存下半部。券文字体为楷书，从右至左共12行。残存70字。

释文

▨五

▨故

▨城邑，死安

▨吉，宜于此

▨里福地之

▨青龙，右至白

▨后至[玄]武，中方勾陈，

▨丘承（丞）[墓]伯，封步界畔，

▨[整]齐[阡]陌。千秋万载

▨之（知）见人：岁月主者；保

▨[直]符。故炁邪精，不得忓

▨地府。存[亡]安吉。一如律令！

---

❶ 成都文物考古研究所、成都博物院编著：《成都出土历代墓铭券文图录综释》，文物出版社2012年版，第329—345页；成都文物考古研究所：《成都市二仙桥南宋墓发掘简报》，《成都考古发现1999》，科学出版社2001年版，第211—224页。

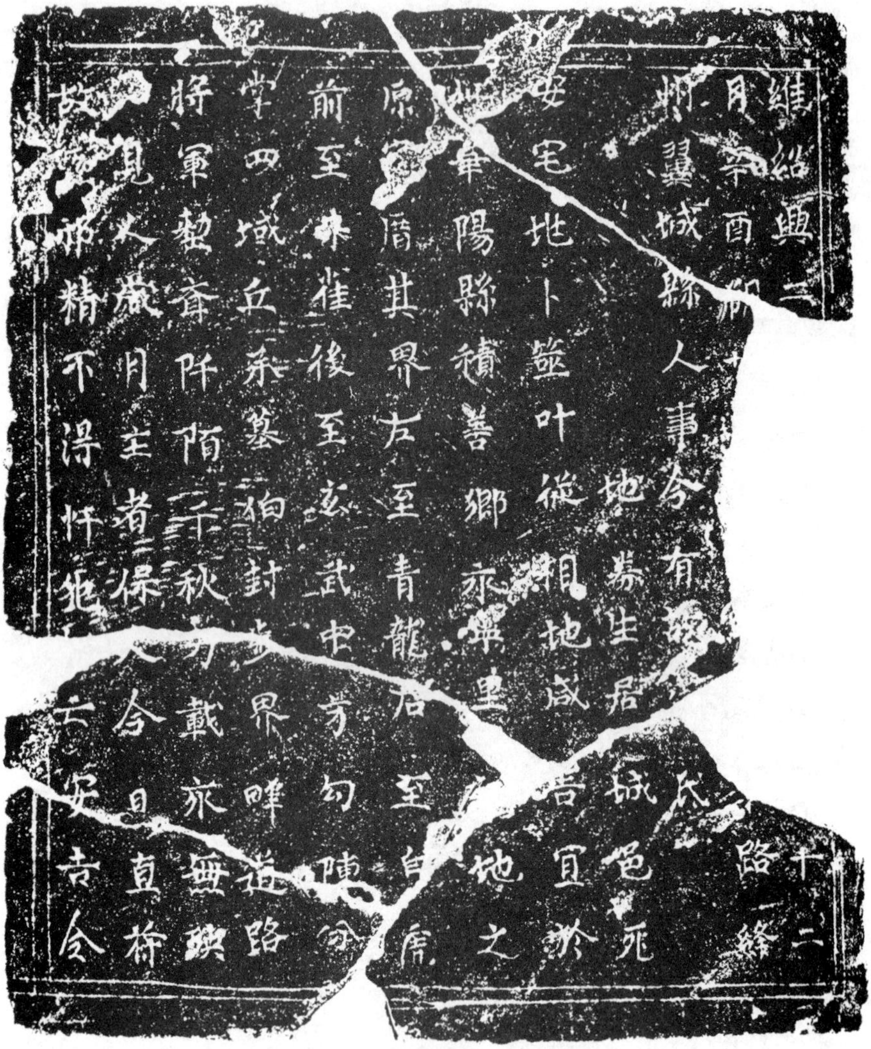

图一四九　任公妻卫氏买地券拓片

南宋绍兴二十二年（1152）任公妻卫氏买地券[1]
（图一四九）

简介

该买地券出土于成都市二仙桥东路12号路段南宋同坟异穴的夫妻合葬墓中，现存成都文物考古研究院。其券材为红砂石质。高43厘米，宽27.5厘米，厚1.8厘米。券文字体为楷书，从右至左共12行，每行7字—13字，共计140字。

释文

维绍兴二……十二

月辛酉朔……路绛

州翼城县人事，今有故[卫]氏

地券。生居城邑，死

安宅兆。卜筮叶从，相地咸[吉]。宜于

[此]华阳县积善乡永宁里[福]地之

原[安]厝。其界左至青龙，右至白虎，

前至朱雀，后至玄武，中方勾陈，分

掌四域。丘承（丞）墓伯，封步界畔，道路

将军，整齐阡陌。千秋万载，永无殃（咎）。

知见人：岁月主者；保人：今日直符。

故气邪精，不得忏犯。□亡安吉。令！

---

[1] 成都文物考古研究所、成都博物院编著：《成都出土历代墓铭券文图录综释》，文物出版社2012年版，第329—345页；成都文物考古研究所：《成都市二仙桥南宋墓发掘简报》，《成都考古发现1999》，科学出版社2001年版，第211—224页。

图一五〇　佚名买地券拓片

南宋隆兴二年（1164）佚名买地券[1]

（图一五〇）

简介

该买地券出土时地不详，现存于成都文物考古研究院。其券材为红砂石质。券石破损，部分残缺。残高 31.5 厘米，残宽 32 厘米，厚 3.5 厘米。券文字体为楷书，从右至左共 12 行，满行 13 字，现存 150 余字。

释文

维隆兴二年岁次甲申二月丙辰

朔十七日壬申，河东路太原府清

源县梗阳乡东余庄人事，寄居[成]

都[府]华阳□可封坊□，宋故□□

□□五娘□□□。生居城邑，死安

宅兆。卜筮叶从□其□□华阳

□□□乡福田安厝。其[界]左至青

□，[右]至白虎，前至朱雀，后至玄武，

中方勾陈，分掌四域。丘丞墓伯，封

步界畔，道路将军，[整]齐阡陌。先有

居者，速退万……邪精，不得忏

犯。分付地……吉。一如律令！

[1] 成都文物考古研究所、成都博物院编著：《成都出土历代墓铭券文图录综释》，文物出版社 2012 年版，第 374—375 页。

图一五一　张翱小九郎买地券拓片

南宋乾道五年（1169）张翱小九郎买地券[1]（图一五一）

简介

该买地券出土于成都市，现存成都文物考古研究院。其券材为红砂石质。券石残断，残高 28 厘米，宽 28 厘米，厚 3 厘米。券文字体为楷书，从左至右共 11 行，满行 11 字，全文共 120 字。

释文

维大宋乾道五年岁次己丑

六月丙戌朔十五日[庚]子，故

张翱小九郎地券。[生]居

城邑，死安宅兆。卜筮叶从，相

地大吉。宜于此华阳县积善

乡福地之原安厝。其界左至

青龙，右至白虎，前至朱雀，后

至玄武，中方勾陈，分掌四域。

丘承（丞）墓百（伯），封步界畔，道路将

军。千秋伯（百）载，永保元吉。知见

人：岁月主者；保人：今日直符。

[1] 成都文物考古研究所、成都博物院编著：《成都出土历代墓铭券文图录综释》，文物出版社 2012 年版，第 378—379 页。

图一五二　东林四组M175：13杨氏十一娘买地券

图一五三　东林四组M175：13杨氏十一娘买地券拓片

南宋乾道八年（1172）东林四组 M175：13 杨氏十一娘买地券

（图一五二、图一五三）

简介

该买地券出土于成都市东林四组。其券残缺，残高 30 厘米，宽 29 厘米，厚 1.5 厘米。11 行，每行约 12 字，现可辨识 100 余字。

释文

维大宋乾道八年岁次壬辰三

月[己]巳朔初四日壬申，殁故□

舅赵四郎、姑杨氏十一娘地[券]。[生][居]

城邑，死安宅兆。卜筮叶从，相地

大吉。宜于此华阳县星桥乡[福]

地之原安厝。其界左至青龙，右

至白虎，前至朱雀，后□□□，中

方勾陈，分掌四□，⍁

步界畔，道路将⍁

秋百载，永⍁

⍁安吉。

图一五四　杨氏四小娘子买地券拓片

南宋庆元六年（1200）杨氏四小娘子买地券[1]（图一五四）

简介

该买地券出土于成都市三圣乡花果村第七号南宋火葬墓中，现存于成都文物考古研究院。其券为红砂石质。券石破损，残高约 19 厘米，残宽 21 厘米，厚 1.5 厘米。券文字体为楷书，从右至左共 11 行，每行 9 字—12 字，因券石剥蚀，部分字迹已漫漶不清，现存 90 余字。

释文

大宋庆元六年岁次庚申正

月戊子朔二十二日己酉，故

杨氏四小娘地券。生居城邑，

死安宅兆。卜筮叶从，相地大

吉。□□□华阳县普安乡

□□□之原安厝。其界左至

青龙，右至白虎，前至朱雀，

后至玄武，中方勾陈，分掌

四域。……亡人内外。☒

---

[1] 成都文物考古研究所、成都博物院编著：《成都出土历代墓铭券文图录综释》，文物出版社 2012 年版，第 422—423 页；成都市文物考古工作队：《成都市成华区三圣乡花果村宋墓发掘简报》，《成都考古发现 2001》，科学出版社 2003 年版，第 200—235 页。

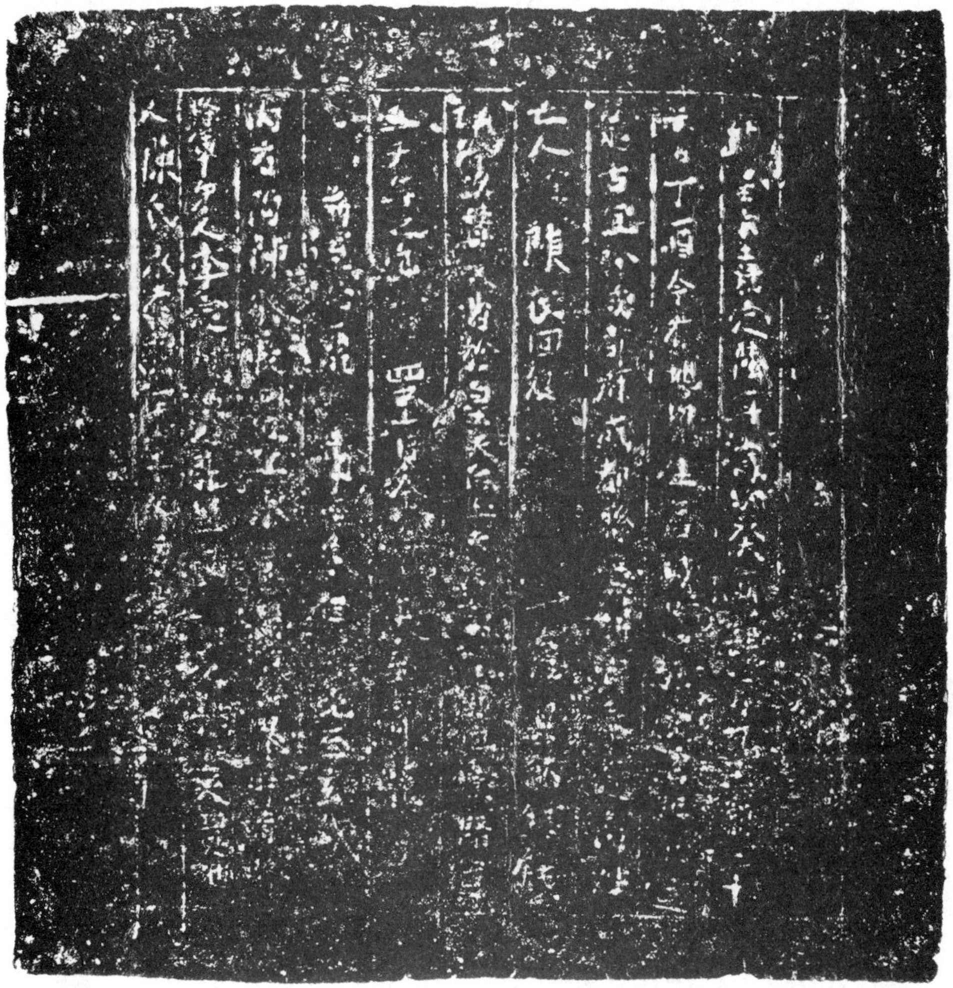

图一五五　陈氏买地券拓片

南宋嘉定六年（1213）陈氏买地券[1]

（图一五五）

简介

该买地券出土于成都市成华区青龙乡石岭村七组南宋砖室墓中，现存于成都文物考古研究院。其券材为陶质。券石略呈正方形，边长 39 厘米，厚 3 厘米。券面正中位置线刻略呈正方形的线框，框内再线刻 10 道线栏，使其形成 11 行，券文刻于线框内，字体为楷书，从右至左共 10 行，券面磨蚀严重，下半部分文字已漫漶不清，可识读文字仅 90 余字。

释文

维皇宋嘉定陆年岁次癸酉建月壬申朔二十

六日丁酉，今有□□生居城邑，死安宅兆。卜⧄

□吉。宜于成都府成都县⧄

亡人□陈氏四娘……银钱

玖拾玖贯文□，于皇天后土⧄

□千年之穴，四至□□，东至青龙，

西至白虎，南至朱雀，北至玄武，

内方勾陈，□长（常）□□丘丞⧄

将军。见人：李定度；证人：张坚……买地

人陈氏。永远为照⧄

---

❶ 成都文物考古研究所、成都博物院编著：《成都出土历代墓铭券文图录综释》，文物出版社 2012 年版，第 436—442 页。

图一五六　宋双成五路M38买地券

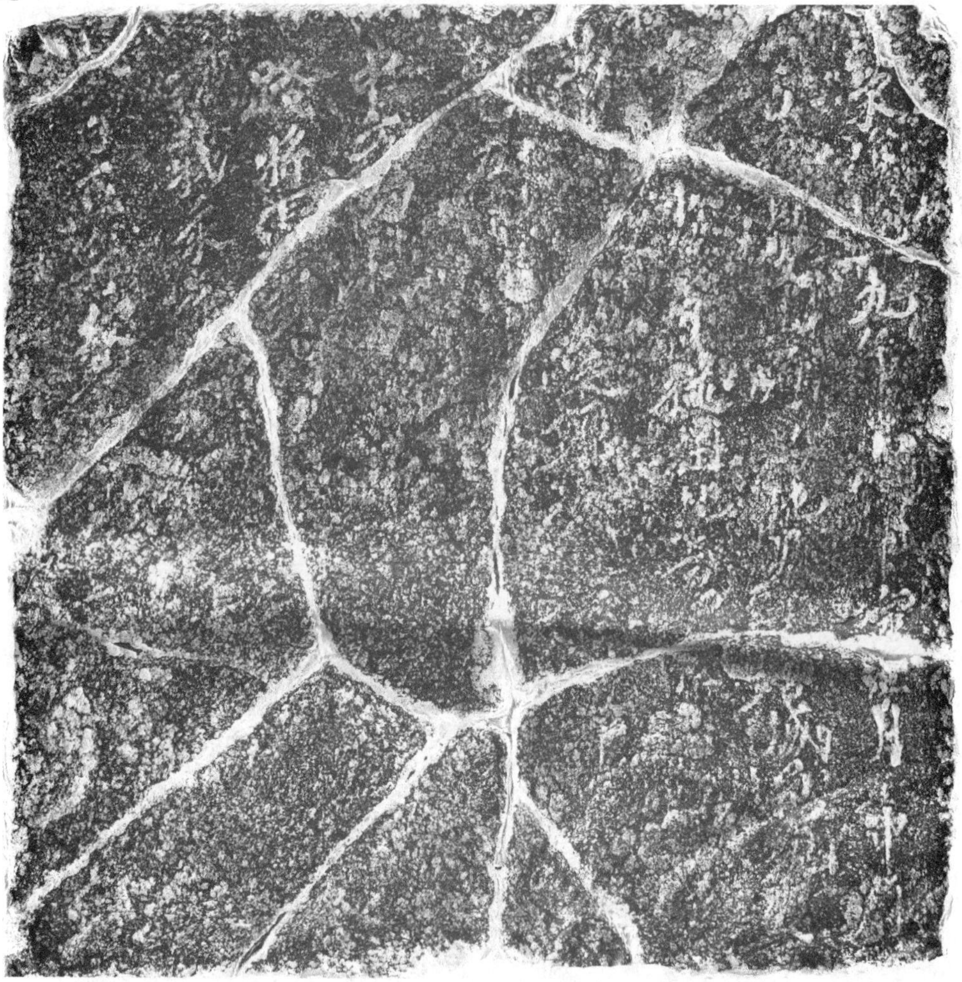

图一五七　宋双成五路M38买地券拓片

宋双成五路 M38 买地券

（图一五六、图一五七）

简介

该买地券出土于成都市双成五路。其券高 29 厘米，宽 28.5 厘米，厚 2 厘米，券文 9 行，券文模糊不清，仅可识读 17 字。

释文

☑九年……月☑

☑岁……城邑，死□

……

……

……

中方勾陈☑

路将军，☑

万载，永☑

……

图一五八　宋双成五路M121谢氏买地券

图一五九　宋双成五路M121谢氏买地券拓片

宋双成五路 M121 谢氏买地券

（图一五八、图一五九）

简介

该买地券出土于成都市双成五路。其券高 34 厘米，宽 33 厘米，厚 2 厘米。其券文 9 行，满行 14 字，仅可辨识 60 余字。

释文

……

□□□故谢氏⧄

死安宅兆。卜筮叶从。宜于此华阳县

⧄厝。其界左至青

⧄白虎⧄

⧄分掌四□□丞墓伯，封步界

畔，[道]路将军，□□阡陌。千秋万□。

⧄岁月主者；保人：今日时

符。故□邪精。急如安吉律令！

明成化十五年（1479）罗旻买地券[1]

简介

该买地券出土于成都市八里庄，现藏四川博物院。其券材为砂石质。券石呈正方形，边长37厘米，厚3.7厘米。石有两块，其一刻八卦于四周，中间刻楷书竖行“右券文给付崇善居士罗旻收执”13字。另一则刻券文楷书竖行，正读反读逐行相间，计16行，每行19字—20字，全文共300字。

释文

维大明成化十五年，岁次己亥，二月戊子朔，初九日丙申，直（值）四川蜀府内臣崇善居士罗旻阳命丁丑相，洪武三十年六月二十日子时生。原系四川布政司泸州衣锦乡沿江里小土坝地分生长人氏。享年八十二岁，于成化十五年正月初七日子时身故。龟筮协从，相地宜于成都府华阳县积善里黄泥沟东岸山原吉地一所为兆安厝。谨用钱九九之数，诣于皇天父、后土毋（母）处，书立券文，买地一段，左止青龙，右止白虎，前止朱雀，后止玄武。内方勾陈，分掌四域。丘丞，墓伯，封步界畔，道路将军，齐整阡陌。千秋万载，永无殃咎。若辄干犯诃禁者，并令将军、亭长，收付河伯。以于香茶酒果，共为信誓（誓），财地交相。分付工匠修茔，安厝之后，永保清吉。见：岁月主者。代保人：今日直符。故气邪精，不得干恡。如有侵争，永避万里。若为（违）此约，地府主吏，自当其祸，助葬主内外存亡，悉皆安吉。急急如五帝主者女青律令！孝男罗洪、罗万定等。

---

[1] 四川省文物管理局编：《四川文物志》上，巴蜀书社2005年版，第353页。

图一六〇　张晓等为吴氏大买地券拓片（券阳）

图一六一　张晓等为吴氏大买地券拓片（券阴）

明弘治十六年（1503）张晓等为吴氏大买地券[1]
（图一六〇、图一六一）

简介

该买地券出土时地不详，现存成都文物考古研究院。其券材为红砂石质。券石左上角残缺，高33.5厘米，宽32.5厘米，厚4厘米。券石背面四周刻八卦图像，中央镌刻“穴正”二字，二字之间刻有河洛象数之图。左右两旁又分别镌刻一行5字，字体为楷书。券文字体为楷书，共16行，每行8字—21字不等，共计290余字，因券石剥蚀严重，部分文字漫漶不清。

释文

券阳：

券式

维大明弘治十六年……二十一日甲申，

四川成都中和门外正街居……孝男张晓等，伏

为故妣吴氏大奄逝，未卜茔坟，夙夜忧思，不遑所厝，遂

今日者择此高原，来去朝迎，地占袭吉，地属华阳县积

善里李村焦家吉地之原，堪为宅兆。当用□□钱

彩买到墓地一方，东西长六十步，南北阔六□□左

至青龙，右至白虎，前至朱雀，后至玄武，□（四）□（至）分明，□（分）□（掌）四

域。丘丞墓伯，封步界畔，道路将军，齐整阡陌。致使千秋

百载，永无殃咎。若有干犯，并令将军亭长缚付河伯。今

备牲牢饭铺，百味香新，共为信契。财地交相，各已分付，命

工匠修营（茔）安厝以后，永保清吉。

知见人：岁月主；代保人：今日值符。故气邪精，不得忏恡。

---

❶ 成都文物考古研究所、成都博物院编著：《成都出土历代墓铭券文图录综释》，文物出版社2012年版，第653—655页。

先有居者，永避万里。若违此约，地府主吏自当其祸。

助葬主内外存亡悉皆安吉。急急如

五帝使者女青律令！

右给故妣吴氏大收执为照

券阴：

天上五星高照

穴正

合同为照

地下八卦扶持

图一六二　蒋忠厚买地券拓片

明正德四年（1509）蒋忠厚买地券[1]

（图一六二）

简介

该买地券出土时地不详，现存成都文物考古研究院。其券材为红砂石质。券石上端左右抹角，呈碑形，高 32.5 厘米，宽 35 厘米，厚 3 厘米。右上角和左下角残损。券石背面四周刻八卦图像，中央镌刻 10 字，其左右两侧分别镌刻一行，每行 6 字，字体为楷书。券文字体为楷书，从左到右共 17 行，每行 6 字—22 字不等，现存 270 余字。

释文

券阳：

维大明正德四年岁次己巳⧄

戊子朔十九日丙午，越葬[值]⧄

四川成都府华阳县积善里见在大⧄

马[领]居住，奉佛买地亡人蒋忠[厚]，在阳己未□

十二月初一日戌时生，祖系大[安]门外沙堰子地[分]

生长人氏，丧于正德四年五月十[三]日戌时，[在]家

身故。亡人蒋忠厚在生身行平等，正值（直）无私，今[死]

之后凭冥宅中人，问到山家，金（今）年岁月主名下买到□

便山头一穴，坐戌向辰，左至青龙，右至白虎，前至朱[雀]，

后至玄武，上至苍天，下至黄泉，中央一脉，永作万年。当

日推出金钱，一大会交与山家后土，库内明白，不许地邻

神鬼前来侵占，来占神鬼，自当其罪。今恐冥宅无

凭，立此文书，永远为照。

正德四年十二月十九日丙午越葬亡人蒋忠厚收执

---

[1] 成都文物考古研究所、成都博物院编著：《成都出土历代墓铭券文图录综释》，文物出版社 2012 年版，第 687—688 页。

□师证盟。

代书人：白鹤仙。

过钱人：张坚固。

卖地人：今年岁月主。

券阴：

东王公作证盟

右给付亡人蒋忠厚收执

西王母作盟证

图一六三　蒋雯买地券拓片

明嘉靖二十年（1541）蒋雯买地券[1]
（图一六三）

简介

该买地券出土时地不详，现存于成都文物考古研究院。其券材为红砂石质。券石上端左、右抹角，高33厘米，宽40厘米，厚2.9厘米。券石背面四周刻有八卦图像，中央镌刻“穴”字，左右两侧分别镌刻一行，各5字，共10字，字体楷书。券文字体为楷书，从右至左共17行，每行4字—20字不等，券文共260余字。

释文

券阳：

维大明嘉靖二十年岁在辛丑八月甲寅朔三十日癸未，直
孝子赖珊 等，奉为故
恩父中贵官蒋雯之魂，元命甲午相六月十八日子时
生，原系成都府华阳县灵溪里卧云岭山下蒋宅生
长人氏，享寿六十八岁，于嘉靖二十年七月初七日
申时分奄逝。自辞人世，未卜坟茔，夙夜忧思，不遑
所厝，遂今日者择此高原吉地一所，堪为宅兆。用
备钱财一会，上诣
土府门下买到墓地一穴，东至青龙九步，西至白
虎九步，南至朱雀九步，北至玄武九步，四至界畔
分明。令工修茔安葬之后，千秋百载，永无殃咎。出
卖人：岁月主；知见人：今日直符。故炁邪精，不得干
恡。先有居者，永避万里。若违此约，地府主吏自当
其祸。助葬主者里外存亡悉皆安吉。急急如

---

[1] 成都文物考古研究所、成都博物院编著：《成都出土历代墓铭券文图录综释》，文物出版社2012年版，第808—811页。

五帝使者

女青律令！

右券给付亡人蒋雯收执。

券阴：

九星扶地理

穴

八卦镇山川

图一六四　宋寅买地券拓片

明嘉靖二十七年（1548）宋寅买地券[1]（图一六四）

简介

该买地券出土时地不详，现存成都文物考古研究院。其券材为红砂石质。券石上端左、右抹角，高36.5厘米，宽37.5厘米，厚5厘米。券石背面四周刻八卦图像，中央镌刻“穴”字，其左右分别镌刻4字，字体楷书。券文字体为楷书，从右至左共16行，每行1字—21字不等，全文共250余字。

释文

券阳：

维

嘉靖二十七年岁次戊申十二月壬寅朔十四日乙卯，

值四川蜀府仪卫司人寓在城金菓树小街居住，奉

神立券买地亡人故考宋寅之灵，在阳丁巳年八月

十八日戌时生，原系在城化眉街地分生长人氏，享年五

十一岁，卒于嘉靖二十六年四月初十日子时分奄逝，

诣于东山圣灯寺之原。谨用冥钱九万九千贯九

百九十文，上诣

后土神君祠下，买到吉地一穴。壬山丙向，内如子午二分，堪

为宅兆，永作佳城。行龙大步，四置分明，东至甲乙，南

至丙丁，西至庚辛，北至壬癸，上至苍天，下（至）黄泉，内方勾

陈，阡陌致使，千秋万载，今日直符，自此立后，永作坵

陵。邪精故气，不得侵争。一切伏尸，不致奸恡。先有居

者，永避万神。急急

---

[1] 成都文物考古研究所、成都博物院编著：《成都出土历代墓铭券文图录综释》，文物出版社2012年版，第832—833页。

五帝使者女青律令！施行

右券一本给付亡人宋寅收执存[照]。

券阴：

故气伏尸

穴

不敢奸恡

图一六五　李昌买地券拓片

明隆庆二年（1568）李昌买地券[1]

（图一六五）

简介

该买地券出土时地不详，现存成都文物考古研究院。其券材为红砂石质。券石上端左、右抹角，右上角残缺，高40厘米，宽47.5厘米，厚6.2厘米。其上端和左、右两侧临边处刻画卷叶纹饰带。券石背面四周刻八卦图像，中央镌刻3行字，字体楷书。券文字体为楷书，从右至左共15行，每行2字—23字不等，券石剥蚀严重，文字漫漶不清，现存200余字。

释文

券阳：

契据

大明国四川成都左护卫前所寓金水河正街[居]□□□

神立券[买]地，

诰封云骑尉显考李公昌，生于丙戌年十一月二十四日□□，

卒于隆庆二年九月初一日未时奄逝。龟筮叶从，相地

袭吉，宜于东门外蒯家桥本地之原安厝。▨

乾坤天地泰，日月两分明，生则居华屋，死则▨

□□□整备买地葬考君，钱财九万贯▨

[文]买到一穴地，坐[辰]向[戌]，（四至分）[明]，东至[甲]乙木，[南][至]▨

西至庚辛金，北至亥子壬，上抵苍天界，下▨

天然生贵子，福寿荫儿孙，神▨

远不相[侵]。如有故违者，押付与女青。急[急]

如

五帝使者

---

[1] 成都文物考古研究所、成都博物院编著：《成都出土历代墓铭券文图录综释》，文物出版社2012年版，第902—903页。

女青律令！

券阴：

隆庆二年十一月

右券一付给付☑

二十七日壬申[立]

图一六六　李慎为李俊买地券拓片

明隆庆二年（1568）李慎为李俊买地券[1]
（图一六六）

简介

该买地券出土时地不详，现存成都文物考古研究院。其券材为青石质。券石上端左右抹角，呈碑形，高36.5厘米，宽38厘米，厚6厘米。券石背面四周刻有八卦图像，中央镌刻“穴”字，其左右分别镌刻5字，共10字，字体楷书。券文字体为楷书，从右至左共14行，每行1字—22字，全文共200余字。

释文

券阳：

维
大明隆庆二年岁次戊辰八月戊寅朔二十五日壬寅，奉
神立券，孝子李慎今为
故考中侍官李公之灵，在阳己卯相六月初四
日子时生，系叙州府富顺县洪合乡马庙溪地分生
长人氏，享年五十岁，卒于
隆庆二年六月十七日寅时分奄逝。以是成生道
之善终，顺性命之典彝，德盖人生，天地赋受五形，故
有地灵人杰之相，乘阴阳配合之道理。谨备钱财九九之
数，买到东郊墓地一穴，迁点大利奇方，中间不得伏尸。故
炁以犯新茔，敢有侵孽，押赴
女青律令施行。须至券者。
右券给付中侍官李公讳俊收执。
引进代保，直符准此！

[1] 成都文物考古研究所、成都博物院编著：《成都出土历代墓铭券文图录综释》，文物出版社2012年版，第904—905页。

券阴：

九星拱地理

穴

八卦镇山川

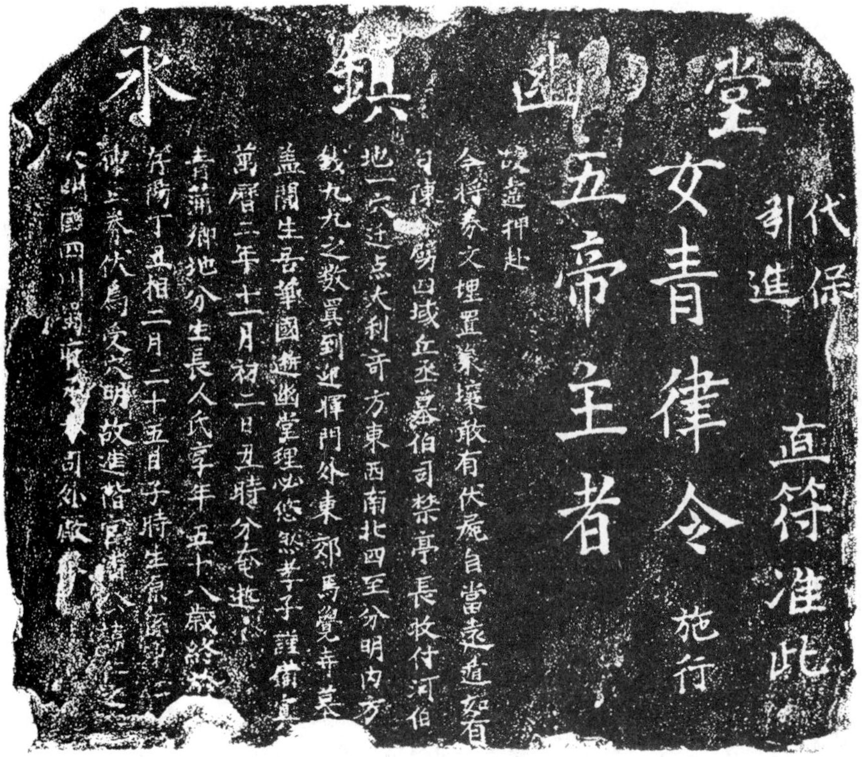

图一六七　潘仁买地券拓片

明万历二年（1574）潘仁买地券[1]

（图一六七）

简介

该买地券出土时地不详，现存成都文物考古研究院。其券材为红砂石质。券石上端左、右抹角，高35厘米，宽38厘米，厚4厘米。券石背面四周刻有八卦图像，中央镌刻“穴”字，其左右分别镌刻一行5字，共10字，字体为楷书。券文额题4字。券文字体为楷书，从左至右共14行，每行4字—18字，全文共190余字。

释文

券阳：

永镇幽堂

大明国四川蜀府承奉司处厂，奉

神立券，伏为受穴，明故进阶官潘公讳仁之灵，

存阳丁丑相二月二十五日子时生，原系中江县

青蒲乡地分生长人氏，享年五十八岁，终于

万历二年十一月初二日丑时分奄逝。

盖闻生居华国，逝（则）幽堂，理必悠然。孝子谨备冥

钱九九之数，买到迎晖门外东郊马觉寺墓

地一穴，迁点大利奇方，东西南北，四至分明，内方

勾陈，分劈四域，丘丞墓伯，司禁亭长，收付河伯。

今将券文埋置泉壤，敢有伏尸，自当远遁，如有

故违，押赴。

五帝主者

女青律令！施行

---

[1] 成都文物考古研究所、成都博物院编著：《成都出土历代墓铭券文图录综释》，文物出版社2012年版，第924—925页。

引进

代保

直符准此！

券阴：

八卦镇山川

穴

九星拱地脉

图一六八　杨公买地券拓片

明万历四年（1576）杨公买地券[1]
（图一六八）

简介

该买地券出土时地不详，现存成都文物考古研究院。其券材为青石质。券石上端左、右抹角，高 35 厘米，宽 36 厘米，厚 5 厘米。券石背面四周刻有八卦图像，中央镌刻“穴”字，其左右分别镌刻 5 字，共 10 字，字体楷书。额题 4 字。券文字体为楷书，从左至右共 11 行，每行 13 字—16 字不等，全文共 190 字。

释文

券阳：

立券幽堂

大明国四川蜀府寓典宝所居，奉

山立券明故典宝杨公之灵，存阳乙亥相

十一月二十五日寅时受生，享年六十二岁，卒于

万历四年四月二十九日亥时。故自亡之后，取今丙

子岁五月初十日辰时，安葬于遇虹庄之源（原），

阡作吉山向，坐落本乡村。东至甲乙木，南至

丙午丁，西至庚辛酉，北至亥子丑，上至青天界，

下至后土尊。中央一穴，安葬亡人。天星生贵子，

地脉荫儿孙，家中千载富，金玉满堂盈。神

垃不敢占，魍[魅]不相侵。如有违券者，罪归于

女青五帝使者。主须至立券（文）。急急如律令！

券阴：

九星拱地脉

穴

八卦镇山川

[1] 成都文物考古研究所、成都博物院编著：《成都出土历代墓铭券文图录综释》，文物出版社 2012 年版，第 930—931 页。

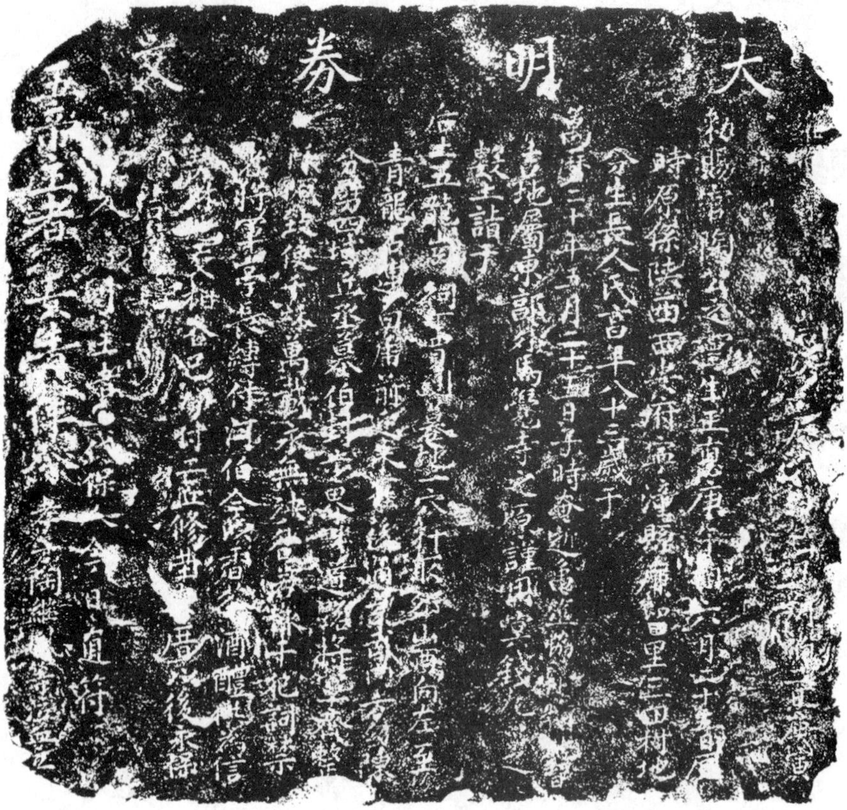

图一六九　陶继凤等为陶白华买地券拓片

明万历二十年（1592）陶继凤等为陶白华买地券[1]（图一六九）

简介

该买地券出土时地不详，现存成都文物考古研究院。其券材为红砂石质。券石上端左、右抹角，高35厘米，宽38厘米，厚4厘米。券石背面四周刻有八卦图像，其间镌刻3行，共27字，字体楷书。额题4字。券文字体为楷书，从右至左共17行，每行4字—20字不等，券石剥蚀严重，部分文字泐蚀，现存240余字。

释文

券阳：

大明券文

维……年岁次壬辰七月己丑朔初二日庚寅

……

勅赐官陶公之灵，生正德庚午相六月二十五日辰

时，原系陕西西安府宁（临）潼县廉留里三田村地

分生长人氏，享年八十三岁，于

万历二十年五月二十五日子时奄逝。龟筮协从，相地习（袭）

吉，地属东郭外马觉寺之原。谨用冥钱九九之

数，上诣于

后土五龙岗祠下买到墓地一穴，扦取卯山酉向，左至

青龙，右连白虎，前迎朱雀，后通玄武，内方勾陈

分劈四域。丘丞墓伯，封步界畔，道路将军，齐整

阡陌。致使千秋万载，永无殃咎。若辄干犯诃禁

者，将军亭长缚付河伯。今以香茶酒醴，供为信

---

[1] 成都文物考古研究所、成都博物院编著：《成都出土历代墓铭券文图录综释》，文物出版社2012年版，第975—976页。

契。财地交相，各已分付，工匠修茔[安]厝以后，永保祯吉。□

□人：[岁]月主者；代保人：今日直符。

五帝主者女青律令！孝子陶继[凤]等泣血立[石]。

券阴：

五星扶地脉

券文一本给付墓中买地信官陶白华执照

八卦镇山川

永鎮幽堂

維
大明萬曆二十四年歲次丙申十二月癸亥朔越二
十三日乙酉　孝子謝永祿為奉
西蜀南川府明故勅賜冠帶官福公諱全之鬼在陽
癸巳相八月十二日子時生原係直隸灤川州忠
孝鄉啚村沸生長人氏享年六十四歲於萬曆二
十四年十一月初三日巳時奄逝停柩未塟今卜
東郊外地藏寺之原筮龜叶吉昜占允藏謹憑
白鶴仙師買金銀財帛九萬九千九百九十九貫文
虔誠致敬于
開皇后土元君位下買到巽山乾向墓地一穴東至
青龍西至白虎南至朱雀北至玄武上止青天下
止黃泉中止亡人吉穴內方勿陳分掌四域丘丞
墓伯謹守封界道路將軍齊肅阡陌若輙干犯訶
禁將軍即行
勅付河伯令以牲牢酒醴共盟信誓財地兩皆謹擇
天地和寧玉犬金鷄鳴吠歌咏吉辰奉柩安厝山川
鍾靈神祇保佑永錫洪庥若違此約地府主吏自
當厥禍神其掌權內外存亡永保貞吉急急如
五帝主者律令　知見人歲月主者

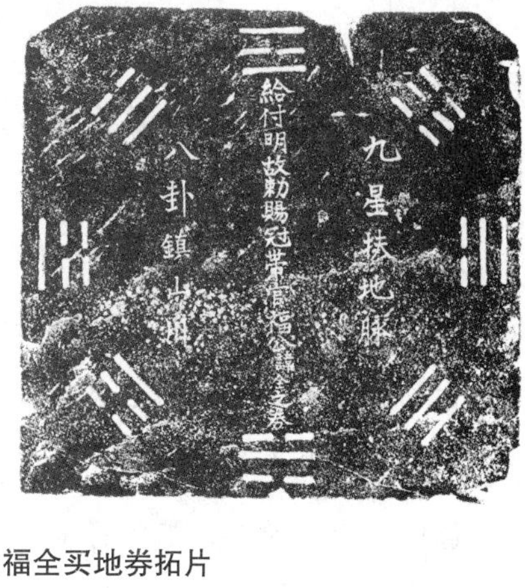
給付明故勅賜冠帶官福公諱全之券
九星扶地脉
八卦鎮山川

图一七〇　谢永禄为福全买地券拓片

明万历二十四年（1596）谢永禄为福全买地券[1]（图一七〇）

简介

该买地券出土时地不详，现存成都文物考古研究院。其券材为红砂石质。券石上端左、右抹角，高38.5厘米，宽41厘米，厚3厘米。券石背面四周刻有八卦图像，中间镌刻3行文字，字体为楷书。额题4字。券文字体为楷书，从右至左共21行，每行1字—21字不等，全文共320余字。

释文

券阳：

永镇幽堂

维

大明万历二十四年岁次丙申十二月癸亥朔越二

十三日乙酉　孝子谢永禄为奉

西蜀南川府明故勅赐冠带官福公讳全之魂，存阳

癸巳相八月十二日巳时生，原系直隶潼川州忠

孝乡唐村沟生长人氏，享年六十四岁，于万历二

十四年十一月初三日巳时奄逝。停柩未葬，今卜

东郊外地藏寺之原，筮龟叶吉，易占允藏。谨凭

白鹤仙师，置金银财帛九万九千九百九十九贯文，

虔诚致敬于

开皇后土元君位下，买到巽山乾向墓地一穴，东至

青龙，西至白虎，南至朱雀，北至玄武，上止青天，下

止黄泉，中止亡人吉穴，内方勾陈，分掌四域。丘丞

墓伯，谨守封界，道路将军，齐肃阡陌。若辄干犯诃

---

[1] 成都文物考古研究所、成都博物院编著：《成都出土历代墓铭券文图录综释》，文物出版社2012年版，第989—990页。

禁，将军即行，

勅付河伯。今以牲牢酒醴，共盟信誓。财地两交，谨择

天地和宁，玉犬金鸡鸣吠，歌吼吉辰，奉柩安葬山川，

钟灵神祇，保佑永锡洪休。若违此约，地府主吏自

当厥祸。神其掌握内外存亡，永叶真吉。急急如

五帝主者律令！ 知见人：岁月主者。

券阴：

九星扶地脉

给付明故勅赐冠带官福公讳全之券

八卦镇山川

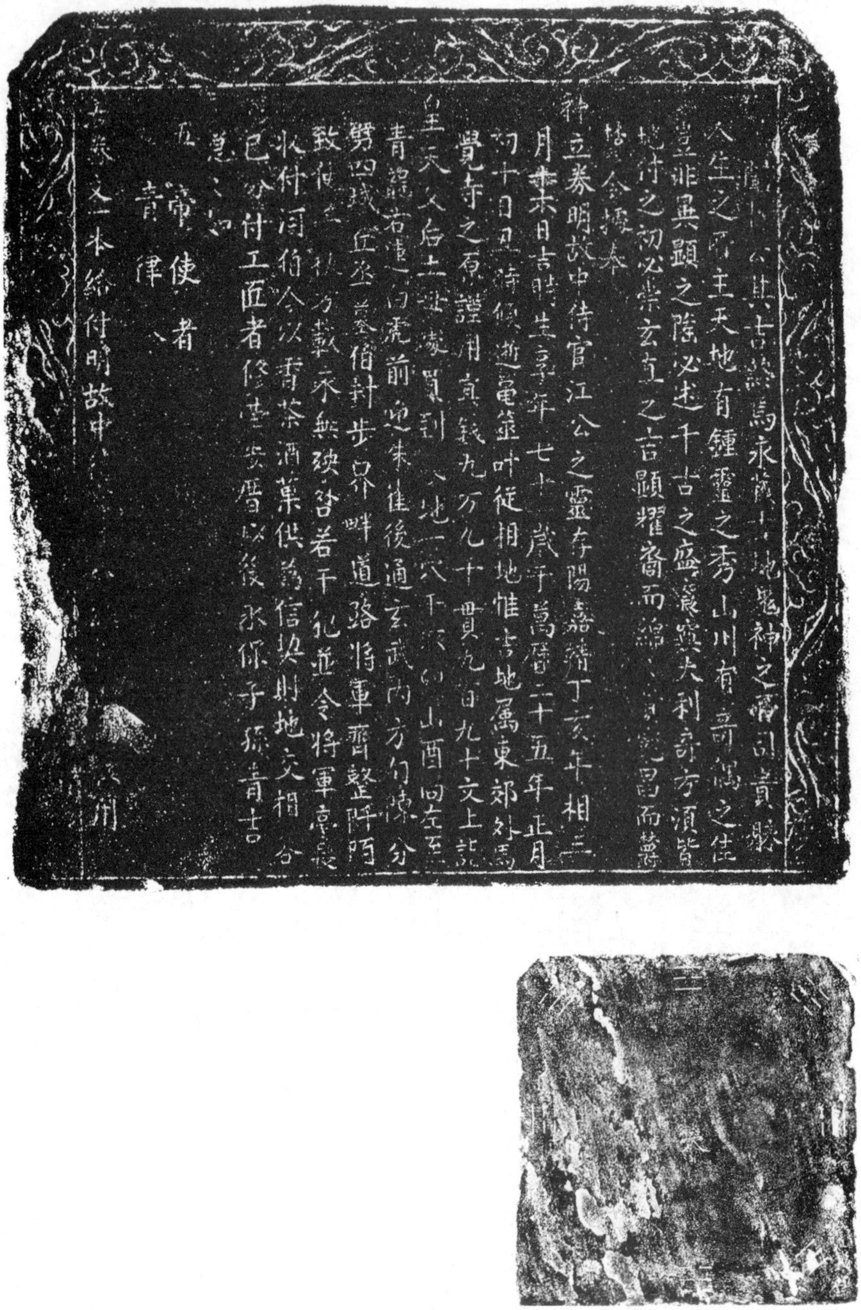

图一七一　江公买地券拓片

明万历二十五年（1597）江公买地券[1]
（图一七一）

简介

该买地券出土时地不详，现存成都文物考古研究院。其券材为红砂石质。券石上端左、右抹角，上方及左、右两边沿均镌刻花纹饰带，高38厘米，宽39厘米，厚3厘米。券石背面四周刻有八卦图像，中央镌刻“穴”字，左右两侧文字缺蚀。券文字体为楷书，共9行，每行15字—18字不等，全文共310字。

释文

券阳：

闻卜云其吉终焉，永藏吉地，鬼神之所司，贵脉
人生之所主。天地有钟灵之秀，山川有奇偶之佳，
岂非异显之隆，必述千古之盛。窀窆大利奇方，须皆
地付之初，必崇玄直之吉，显耀裔而绵绵，贵宠昌而郁
郁。今据奉
神立券明故中侍官江公之灵，存阳嘉靖丁亥年相三
月十六日吉时生，享年七十一岁，于万历二十五年正月
初十日丑时倾逝。龟筮叶从，相地惟吉，地属东郊外马
觉寺之原。谨用冥钱九万九千贯九百九十文，上诣
皇天父、后土母处，买到[墓]地一穴，千（扦）取卯山酉向，左至
青龙，右连白虎，前迎朱雀，后通玄武，内方勾陈，分
劈四域。丘丞墓伯，封步界畔，道路将军，齐整阡陌。
致使千秋万载，永无殃咎。若干犯，并令将军亭长
收付河伯。今以香茶酒菜，供为信契。财地交相，各

❶ 成都文物考古研究所、成都博物院编著：《成都出土历代墓铭券文图录综释》，文物出版社2012年版，第996—997页。

已分付，工匠者修茔安厝以后，永保子孙青（清）吉。

急急如

五帝使者

女青律令！

右券文一本给付明故中侍官……用。

券阴：

穴

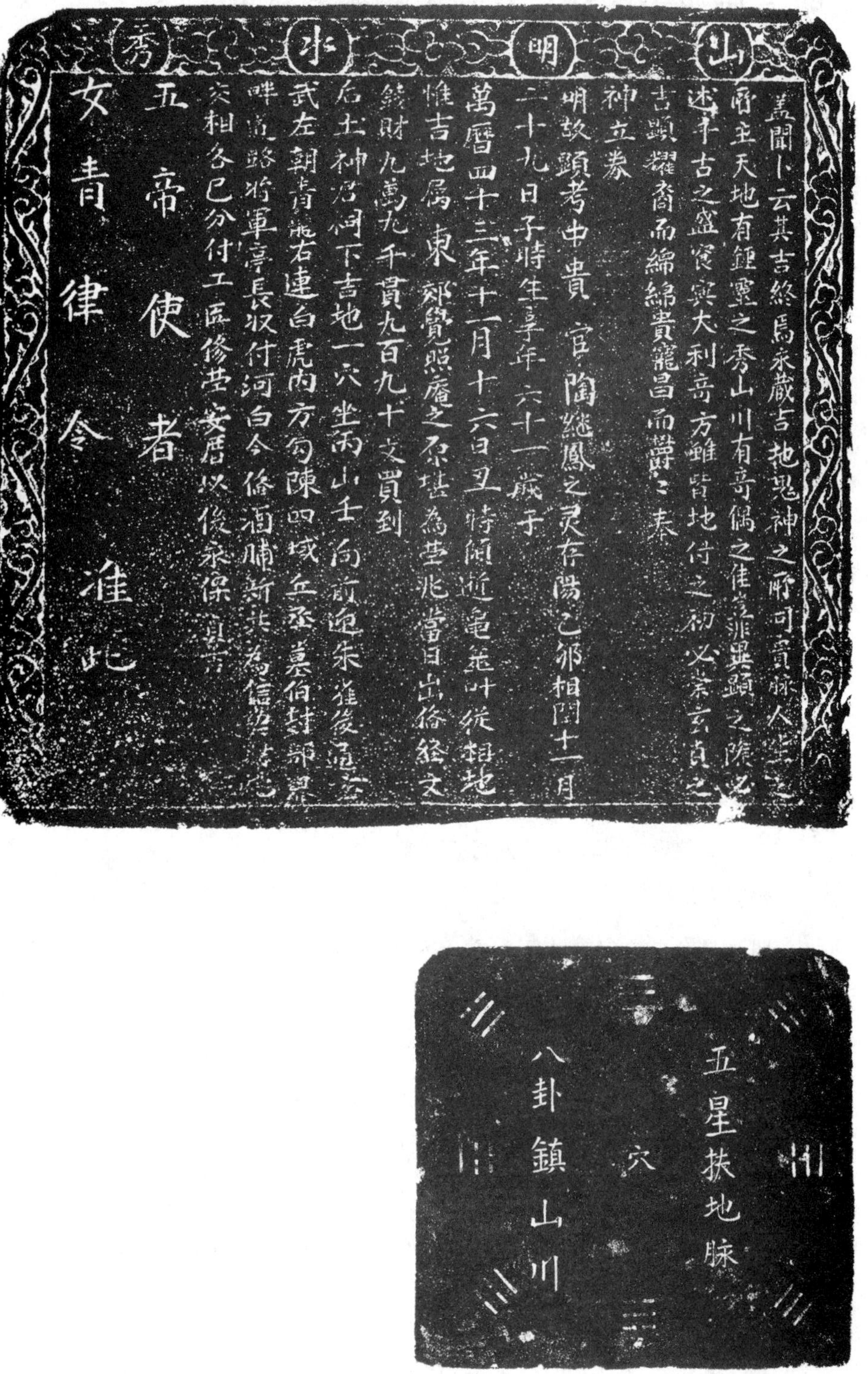

图一七二　陶继凤买地券拓片

明万历四十三年（1615）陶继凤买地券[1]
（图一七二）

简介

该买地券出土时地不详，现存成都文物考古研究院。其券材为红砂石质。券石上端左、右抹角，上方及左、右两边沿均镌刻花纹饰带，高35厘米，宽38厘米，厚3厘米。券石背面四周刻有八卦图像，中央镌刻“穴”字，其左右两侧分别镌刻一行5字，共10字，字体楷书。额题4字。券文字体为楷书，共16行，每行3字—22字不等，全文共270余字。

释文

券阳：

山明水秀

盖闻卜云其吉终焉，永藏吉地，鬼神之所司，贵脉人生之

所主。天地有钟灵之秀，山川有奇偶之佳，岂非异显之隆，必

述千古之盛。窆窴大利奇方，虽皆地付之初，必崇玄贞之

吉，显耀裔而绵绵，贵宠昌而郁郁。奉

神立券

明故显考中贵官陶继凤之灵，存阳乙卯相闰十一月

二十九日子时生，享年六十一岁，于

万历四十三年十一月十六日丑时倾逝。龟筮叶从，相地

惟吉，地属东郊觉照庵之原，堪为茔兆。当日出备经文，

钱财九万九千贯九百九十文，买到

后土神君祠下吉地一穴。坐丙山壬向，前迎朱雀，后通玄

武，左朝青龙，右连白虎，内方勾陈，（分掌）四域。丘丞墓伯，封部界

---

[1] 成都文物考古研究所、成都博物院编著：《成都出土历代墓铭券文图录综释》，文物出版社2012年版，第1047—1048页。

畔，道路将军亭长收付河白（伯）。今备酒脯（香）新，共为信契。

财地

交相，各已分付，工匠修莹安厝以后，永保贞吉。

五帝使者

女青律令！准此！

券阴：

五星扶地脉

穴

八卦镇山川

山 青 水 秀

蓋聞卜云其吉終焉永藏吉地鬼神之所司貴脉人生
之所主天地有鍾靈之秀山川有奇偶之家[illegible]顯
之隆必述千古之盛寔爲大利奇方雖皆地付必禱必
崇玄貞之吉顯裔耀而綿綿貴寵昌而蔚蔚奉
勅賜品服門正司公之[illegible]嘉靖庚申年二月十一日
吉時生享年五十九歲于 萬曆戊午年六月初六日巳
時訃聞令蒙
睿上鑒茲良佐思垂長遠之澤用展不朽之恩
賜墳基於城東郭外許馬覺之原坐落丙山壬向前迎朱
雀後通玄武左朝青龍右連白虎内方勾陳四域丘丞
墓伯封步界畔道路将軍齊整阡陌致使千秋萬載永
無殃咎若有干犯並令將軍亭長收付河伯今備酒醴
香新共爲信券財地交相各已分付工匠修营安厝以
後永保子孫清吉 知見人歲月主代保人今日直符
故氣邪精不得忓悋先有居者永避萬神急急如
五帝使者女青律令准此
右券上奉
山家后土神君門下 萬曆四十六年十二月十一日吉時下壙

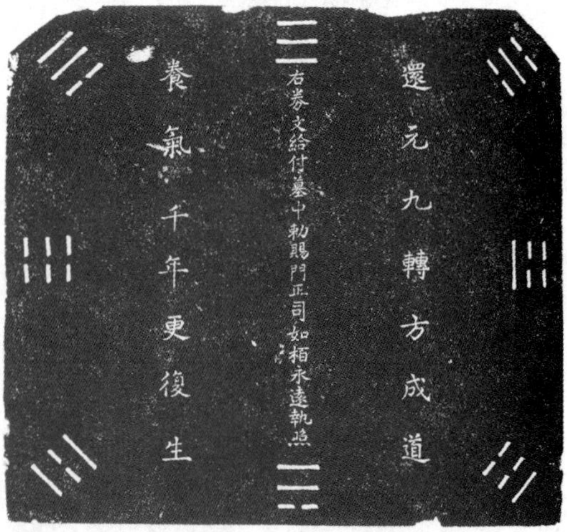

還元九轉方成道
右券文給付墓中勅賜門正司如栢永遠執照
養氣千年更復生

图一七三 司如柏买地券拓片

明万历四十六年（1618）司如柏买地券[1]
（图一七三）

简介

该买地券出土时地不详，现存成都文物考古研究院。其券材为汉白玉质。券石上端左、右抹角，四周边沿镌刻花纹饰带，高 33.5 厘米，宽 39.5 厘米，厚 3.3 厘米。券文背面四周刻画八卦图像，其间镌刻 3 行，共 32 字，字体楷书。额题 4 字。券文字体为楷书，共 18 行，每行 4 字—22 字不等，全文共 330 余字。

释文

券阳：

山青水秀

盖闻卜云其吉终焉，永藏吉地，鬼神之所司，贵脉人生

之所主。天地有钟灵之秀，山川有奇偶之家（佳），□岂非□异显

之隆，必述千古之盛。窀穸大利奇方，虽皆地付之初，必

崇玄贞之吉，显裔耀而绵绵，贵宠昌而郁郁。奉

勅赐品服门正司公之灵，存阳嘉靖庚申年二月十一日

吉时生，享年五十九岁，于 万历戊午年六月初六日巳

时讣闲。今蒙

睿上鉴兹，良佐思垂长远之泽用，展不朽之恩，

赐坟基于城东郭外许马觉之原，坐落丙山壬向，前迎朱

雀，后通玄武，左朝青龙，右连白虎，内方勾陈，（分掌）四域。丘丞

墓伯，封步界畔，道路将军，齐整阡陌。致使千秋万载，永

无殃咎。若有干犯，并令将军亭长收付河伯。今备酒醴

---

[1] 成都文物考古研究所、成都博物院编著：《成都出土历代墓铭券文图录综释》，文物出版社 2012 年版，第 1051—1052 页。

香薪，共为信券。财地交相，各已分付，工匠修茔安厝以后，永保子孙清吉。知见人：岁月主；代保人：今日直符。故气邪精，不得奸恡。先有居者，永避万神。急急如
五帝使者女青律令！准此！
右券上奉
山家后土神君门下。万历四十六年十二月十一日吉时下圹。

券阴：

还元九转方成道
右券文给付墓中勅赐门正司如柏永远执照
养气千年更复生

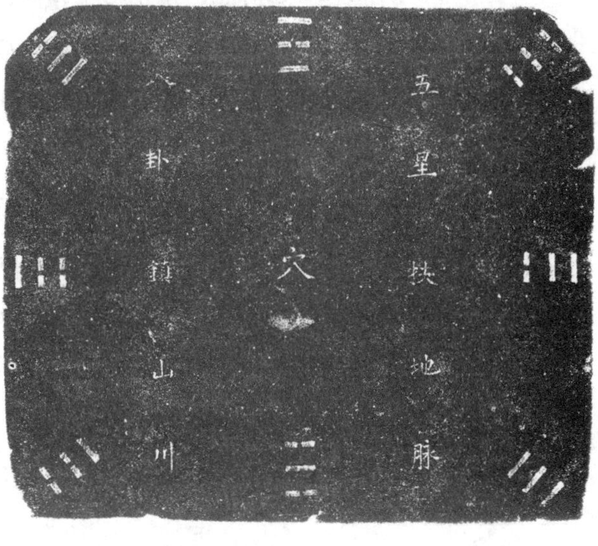

图一七四　司应祯买地券拓片

明天启二年（1622）年司应祯买地券●
（图一七四）

简介

该买地券出土时地不详，现存成都文物考古研究院。其券材为汉白玉质。券石上端左、右抹角，上方及左、右边沿镌刻花纹饰带，高 34.5 厘米，宽 39 厘米，厚 4 厘米。券文背面四周刻画八卦图像，中央镌刻“穴”字，其左、右两侧分别镌刻 5 字，共 11 字，字体楷书。额题 4 字。券文字体为楷书，共 16 行，每行 1 字—19 字不等，全文共 220 余字。

释文

券阳：

山明水秀。

维

大明天启二年岁次壬戌六月乙丑朔初九日，奉

神立券，明故显考司公讳应祯尊灵，存阳嘉靖己

酉年十二月初八日巳时生，享年七十三岁，于

天启二年四月二十九日亥时奄逝。龟筮协从，相

地惟吉，诣于东郊马觉寺之原。谨用经文钱财

九万九千贯文，买到

后土神君祠下吉地一穴，坐落丙山壬向，前迎朱

雀，后通玄武，左朝青龙，右连白虎，内方勾陈，（分掌）四

域。丘丞墓伯，封步界畔，道路将军亭长收付河

伯。今备酒醴香薪，共为信券。财地交相，自已分

付，工匠修茔安厝以后，永保子孙清吉。

知见人：岁月主；代保人：今日直符。故气邪精，不

●成都文物考古研究所、成都博物院编著：《成都出土历代墓铭券文图录综释》，文物出版社 2012 年版，第 1070—1071 页。

得奸悋。先有居者，永避万神。急急如

五帝使者

女青律令！准此！

券阴：

五星扶地脉

穴

八卦镇山川

图一七五　臧文徵买地券拓片

明天启七年（1627）臧文徵买地券[1]

（图一七五）

简介

该买地券出土于成都市东郊保和乡四组，现存成都文物考古研究院。其券材为青铜质。券版上端左、右抹角，高 33 厘米，宽 36.5 厘米，厚 2 厘米。券版背面四周铸有八卦图像，其中间铸一“穴”字，其两侧分别刻 5 字。额题 4 字。券文字体为楷书，共 21 行，满行 16 字，可识读 260 余字。

释文

券阳：

永镇幽堂。

维

大明天启七年丁卯岁拾 月十六己酉日奉

神☒

[明]故奉政大夫臧公[讳]文徵，存阳庚戌相

三月二十四日辰时生，系井研县采凤

乡五凤山龙潭尾地分生长人氏，享年

七十八岁，于天启七年九月二

十日子时奄逝。龟筮叶从，卜吉于迎晖

门外地藏寺之原，龙盘虎踞，水秀砂明。

谨用冥钱九九之数万万贯文，上诣□

开[皇]后土神君位下，置[到]墓地一穴，扦点乙山

辛向，堪为宅兆，永[作]佳城，行龙大步，四

至分[明]，左至青龙，右排白虎，前迎朱雀，

后[连]玄武，内方勾陈，分劈（擘）四域。丘丞墓

[1] 成都文物考古研究所、成都博物院编著：《成都出土历代墓铭券文图录综释》，文物出版社 2012 年版，第 1077—1078 页。

伯，□守纠……若有干犯，即令将军停（亭）长缚付河伯。[堇]以香[茶][酒]菓，供盟信券。财地交[相]，各已分付，[工]匠修茔安厝。助□□内外[存]亡悉皆安[吉]。急如

太上五帝使者女青律令！

右券文一本上奉

明故奉政大夫臧公讳文徵收用。

券阴：

九星扶地脉

穴

八卦镇山川

永鎮佳城
維
大明崇禎四年歲次辛未十二月己巳朔初十日戊
寅吉旦奉
神立券
皇明誥封淑人顯妣楊氏之靈存陽丙寅相七月十
一日申時享年六十二歲卒于丁卯年六月初三
日酉時自從奄逝筮龜叶吉當於龍潭寺之原處
備經文冥錢九九之數上詣
開皇后土元君 位前置地一穴坐落卯山酉向左
護青龍右排白虎前迎朱雀後連玄武内方勾陳
分晉四域丘丞墓伯封部界畔若輙干犯將軍亭
長即行收付河伯今以酒脯香燕共爲信誓財地
兩交各已分付工匠修塋安厝以後永保禎吉
急急如
五帝使者女青律令 准此
右券付誥封淑人顯妣楊氏正靈收執照用

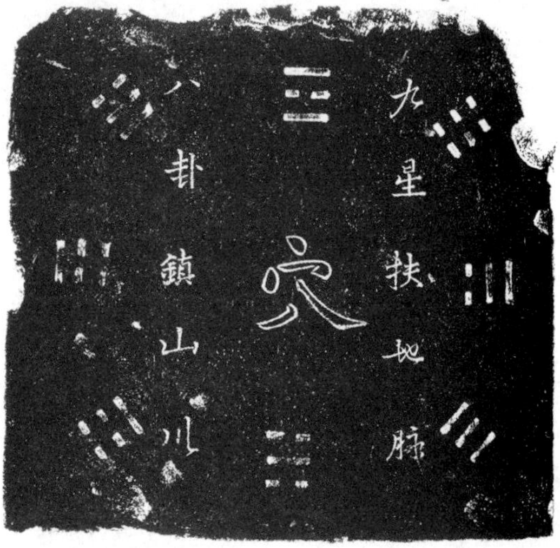
九星扶地脉
八卦鎮山川
穴

图一七六 杨氏买地券拓片

明崇祯四年（1631）杨氏买地券[1]

（图一七六）

简介

该买地券出土时地不详，现存成都市金牛区文物保护管理所。其券材为红砂石质。券石上端左、右抹角，上方及左、右边沿镌刻花纹饰带，高37.3厘米，宽34.8厘米，厚3.2厘米。券文背面四周线刻八卦图像，中间镌刻一“穴”字，其两旁分别镌刻一行5字，共10字，字体为楷书。额题四字。券文字体为楷书，共15行，每行1字—20字不等，全文共220余字。

释文

券阳：

永镇佳城

维

大明崇祯四年岁次辛未十二月己巳朔初十日戊

寅吉旦，奉

神立券

皇明诰封淑人显妣杨氏之灵，存阳丙寅相七月十

一日申时，享年六十二岁，卒于丁卯年六月初三

日酉时。自从奄逝，筮龟叶吉，当于龙潭寺之原。虔

备经文冥钱九九之数，上诣

开皇后土元君位前，置地一穴，坐落卯山酉向，左

护青龙，右排白虎，前迎朱雀，后连玄武，内方勾陈，

分管四域。丘丞墓伯，封部界畔。若辄干犯，将军亭

长即行敕付河伯。今以酒脯香薪，共为信誓。财地

---

[1] 成都文物考古研究所、成都博物院编著：《成都出土历代墓铭券文图录综释》，文物出版社2012年版，第1081—1082页。

两交，各已分付，工匠修茔安厝以后，永保祯吉。

急急如

五帝使者女青律令！准此！

右券付诰封淑人显妣杨氏正灵收执照用。

券阴：

九星扶地脉

穴

八卦镇山川

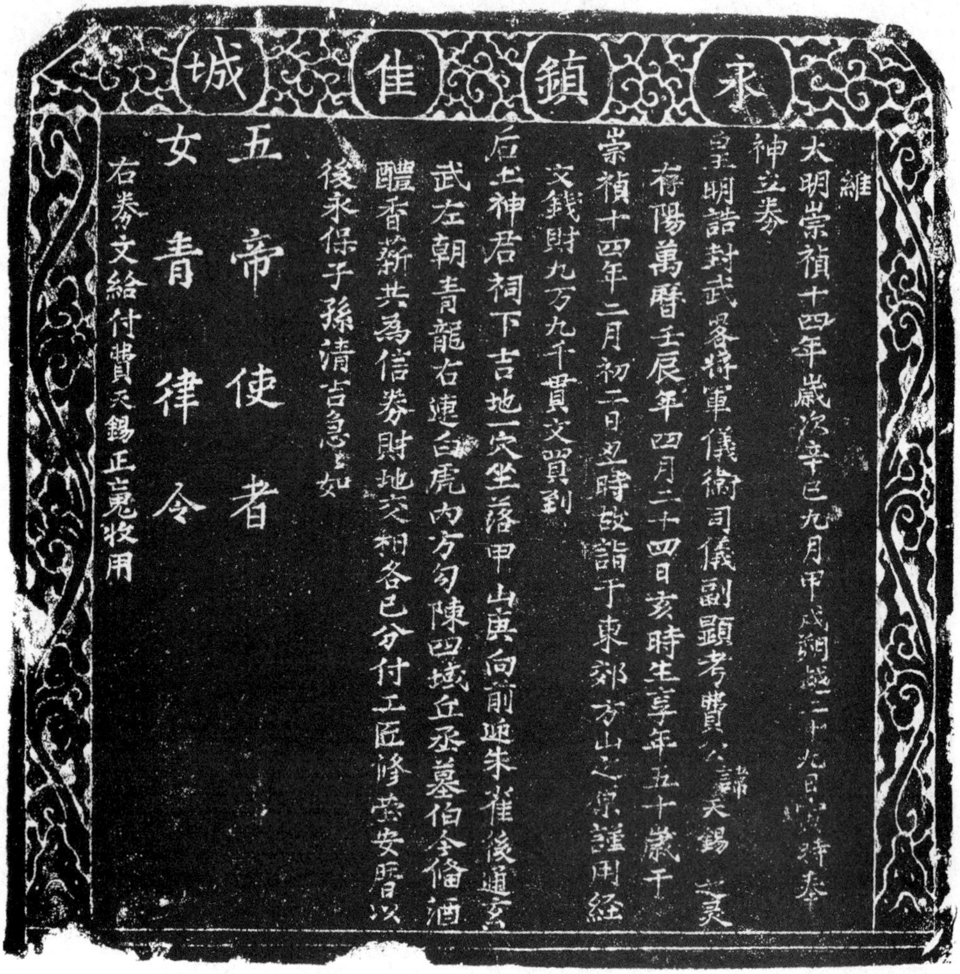

图一七七　费天锡买地券拓片

明崇祯十四年（1641）费天锡买地券[1]
（图一七七）

简介

该买地券出土于成都市东郊保和乡，现存成都市金牛区文物保护管理所。其券材为汉白玉质。券石上端左、右抹角，上方及左、右边沿镌刻花纹饰带，高 43.5 厘米，宽 42 厘米，厚 3 厘米。券文背面四周刻八卦图像，中间镌刻一“穴”字，其两旁分别镌刻一行 5 字，共 10 字，字体为楷书。额题四字。券文字体为楷书，共 14 行，每行 1 字—24 字不等，全文共 200 余字。

释文

券阳：

永镇佳城。

维

大明崇祯十四年岁次辛巳九月甲戌朔越二十九日寅时，奉

神立券

皇明诰封武略将军、仪卫司仪副显考费公讳天锡之灵，

存阳万历壬辰年四月二十四日亥时生，享年五十岁，于

崇祯十四年二月初二日丑时故。诣于东郊方山之原。谨用经

文钱财九万九千贯文买到

后土神君祠下吉地一穴，坐落甲山庚向，前迎朱雀，后通玄

武，左朝青龙，右连白虎，内方勾陈，四域。丘丞墓伯。今备酒

醴香薪，共为信券。财地交相，各已分付，工匠修茔安厝以

后，永保子孙清吉。急急如

五帝使者

---

[1] 成都文物考古研究所、成都博物院编著：《成都出土历代墓铭券文图录综释》，文物出版社 2012 年版，第 1101—1102 页。

女青律令！

右券文给付费天锡正魂收用。

券阴：

九星扶地脉

穴

八卦镇山川

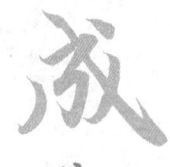

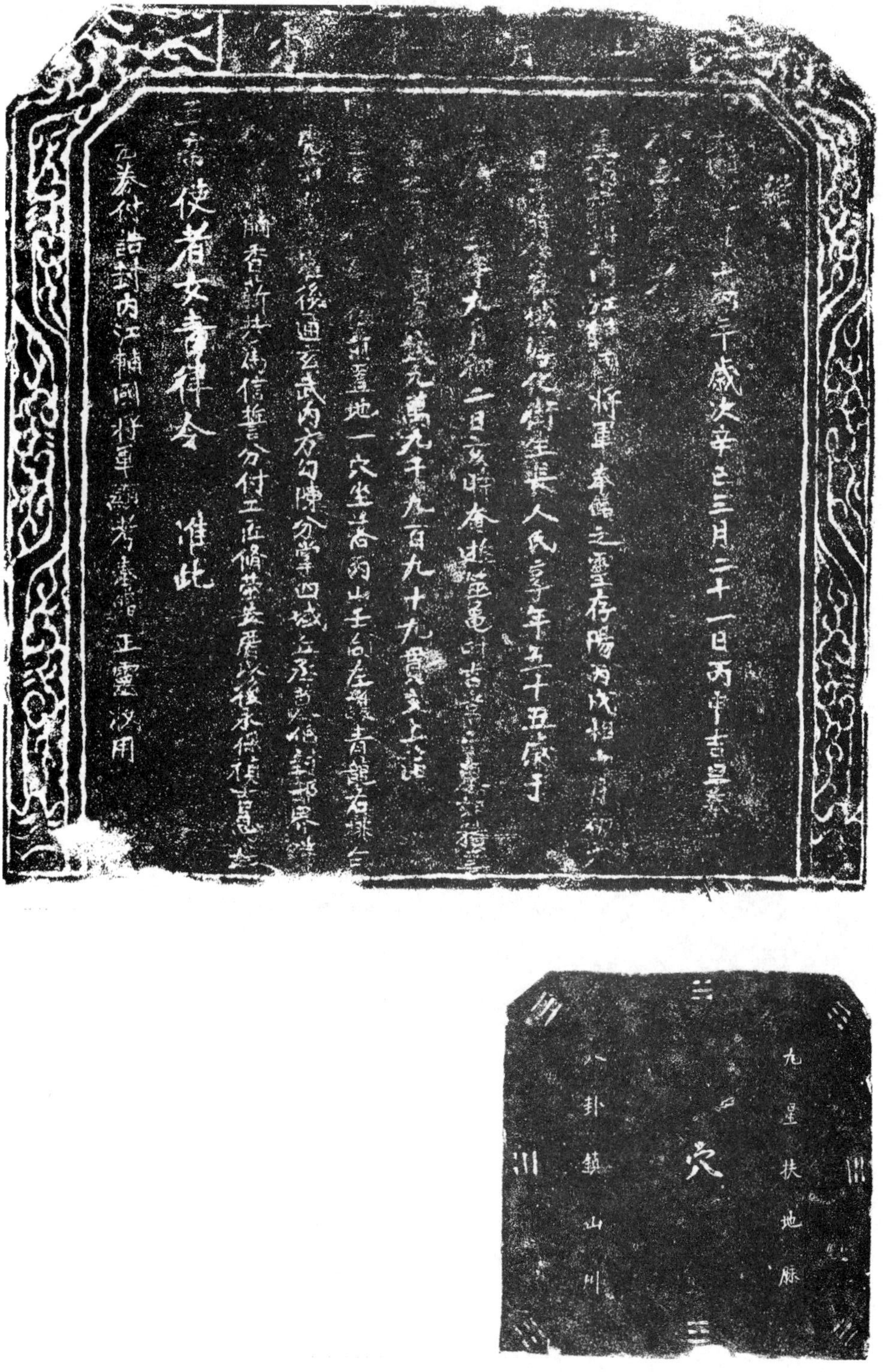

图一七八　朱奉锴买地券拓片

明崇祯十四年（1641）朱奉锴买地券[1]
（图一七八）

简介

该买地券出土时地不详，现存成都文物考古研究院。其券材为汉白玉质。券石上端左、右抹角，上方及左、右边沿镌刻花纹饰带，高35厘米，宽36厘米，厚3厘米。券文背面四周刻八卦图像，中间镌刻一“穴”字，其两旁分别镌刻一行5字，共10字。额题4字。券文字体为楷书，共12行，每行1字—26字不等，全文共210余字。

释文

券阳：

山明水秀

维

大明崇祯十四年岁次辛巳三月二十一日丙申吉旦，奉

神立券显考

皇明诰封内江辅国将军奉锴之灵，存阳丙戌相十月初六

日子时，系在城淳化街生长人氏，享年五十五岁，于

崇祯十三年九月初二日亥时奄逝。筮龟叶吉，当于东郊积善

里之原。□□冥钱九万九千九百九十九贯文，上诣

开皇后土神君位前，置地一穴，坐落丙山壬向，左护青龙，右排白

虎，前迎朱雀，后通玄武，内方勾陈，分掌四域。丘丞墓伯，封部界畔。

今以酒脯香薪，共为信誓。分付工匠修茔安厝以后，永保祯吉。急如

五帝使者女青律令！准此！

右券付诰封内江辅国将军显考奉锴正灵收用。

---

[1] 成都文物考古研究所、成都博物院编著：《成都出土历代墓铭券文图录综释》，文物出版社2012年版，第1103—1104页。

券阴：

九星扶地脉

穴

八卦镇山川

图一七九　海滨湾M9买地券拓片

海滨湾 M9 买地券

（图一七九）

简介

该买地券出土于成都市海滨湾。其券残存 5 行。

释文

维元☐

辛酉☐

死安宅☐

乡福地之☐

至朱雀☐

……

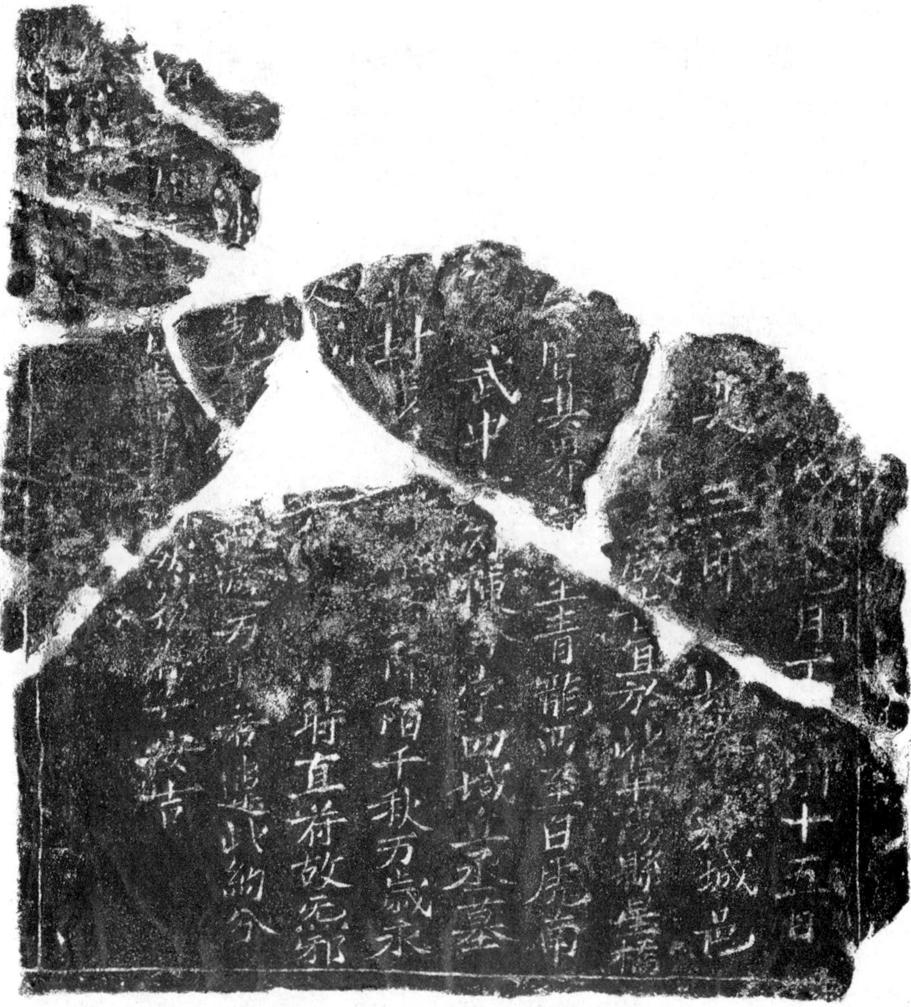

图一八〇　海滨湾M9韩奕买地券拓片

海滨湾 M9 韩奕买地券

（图一八〇）

简介

该买地券出土于成都市海滨湾。其券残存 9 行。

释文

☐七月□□朔十五日

☐奕三郎地券。□□城邑，

☐咸吉。宜于此华阳县星桥

☐安厝。其界[东]至青龙，西至白虎，南

☐武，中方勾陈，分掌四域。丘丞墓

☐，封步界畔，□□阡陌。千秋万岁，永

☐时直符。故炁邪

☐先有……避万□。若违此约，分

☐然后存亡安吉。

……

图一八一　洪山路佚名买地券拓片

洪山路佚名买地券
（图一八一）

简介

该买地券出土于成都市洪山路。其券残存 13 行，字迹模糊不清。

释文

☐酉二月☐

……

☐相地☐

☐地☐

……

☐地☐

☐北至

☐墓陌

☐阡陌。千

☐主者；保

☐不得忏恡，

☐违此约，分付

☐律令！

图一八二　东林四组M50：3买地券

图一八三　东林四组M50：3买地券拓片

东林四组 M50：3 买地券

（图一八二、图一八三）

简介

该买地券出土于成都市东林四组。其券高 40.5 厘米，宽 37.5 厘米，厚 3 厘米。右上角残缺，漫漶不清。券文共计 10 行。

释文

▨月□□朔十一日甲午

▨□地券。生居城[邑]，

▨地咸□，宜于此▨

▨安厝▨

▨雀，北至▨

▨掌四域。丘[丞]□伯，道路▨

界畔，整齐阡陌。千秋万岁，▨

见人：岁月主者；[保]人：[今]日[时]▨

邪精，不得忓恡。先[有]居[者]，▨

违此约，分付地[府]主吏。急急如律[令]！

图一八四　东林四组M145：4买地券

图一八五　东林四组M145：4买地券拓片

东林四组 M145：4 买地券

（图一八四、图一八五）

简介

该买地券出土于成都市东林四组。其券上部分残缺。券文残存 12 行。

释文

□壬寅朔

□券。生居城

□地咸吉。宜

□安厝。谨使

□龙，西至白

□方勾陈，分

□畔，道路将

□无殃咎。安

□岁月主者

□不得忏恡。

□此约分付

□内外存亡

……

图一八六　东林四组M164：5买地券

图一八七　东林四组M164：5买地券拓片

东林四组 M164：5 买地券

（图一八六、图一八七）

简介

该买地券出土于成都市东林四组。其券上部残缺。券文共计 9 行。

释文

☐月丙申朔十一

☐生居城邑，死安

☐宜于此华阳县

☐厝。其界东至青

☐朱雀，北至玄武，中方

☐墓伯，道路将军，

☐千秋万载，永无

☐保人：今日直符。

☐律令！

图一八八　东林四组M164：19买地券拓片

东林四组 M164：19 买地券

（图一八八）

简介

该买地券出土于成都市东林四组。其券残缺。券文 7 行。

释文

⧄娘子⧄

⧄从，相地咸吉⧄

⧄虎，南至朱⧄

□□分掌四域。丘⧄

封步界畔，整齐阡陌，⧄

咎殃。知见人：岁月主者，⧄

故炁邪精，不得干犯。一如⧄

图一八九　东林四组M186：1买地券

图一九〇　东林四组M186：1买地券拓片

东林四组 M186：1 买地券

（图一八九、图一九〇）

简介

该买地券出土于成都市东林四组。其券残高 38 厘米，宽 31 厘米，厚 2 厘米，残缺。券文 8 行。

释文

⧄年岁次壬□十月……朔□三

……

⧄叶从，⧄

⧄安厝其界东[至]⧄

⧄[南]至朱雀，北至玄武，中方勾[陈]，⧄

⧄封⧄

⧄[永]避⧄

⧄存亡安吉。急急如律令！

图一九一　东林四组M194：4买地券

图一九二　东林四组M194：4买地券拓片

东林四组 M194：4 买地券

（图一九一、图一九二）

简介

该买地券出土于成都市东林四组。其券高 37 厘米，宽 35 厘米，厚 2 厘米。右上角残缺。券文 12 行，每约 15 字，共计 160 余字。

释文

☒壬[辰]十月癸酉朔一日癸

☒居人世，死安宅兆。龟筮叶

☒地咸□（吉）。□（宜）于华阳县星桥乡五方地

□边买得□□□叚，东至青龙，西至白虎，

南至朱雀，[北至神]武，上至青天，下至黄泉，

内方勾陈，分掌四忽。丘承墓陌，封步界畔，

道路将军，[整]齐阡陌。若有忏犯诃禁者，将

军亭长收付[河]伯。谨以轻钱酒礼，百味香

辛，共为契[券]。□地交度，工匠修茔。知见人：

岁月主者；保[人]：今日直符。故气邪精，永避

万里。若违此□，地府主吏自当期殃。主人

安厝已后，永□亨吉。急急如律令！

图一九三　东林四组M198：2买地券

东林四组 M198：2 买地券

（图一九三）

简介

该买地券出土于成都市东林四组。其券残缺。字迹模糊。券文 10 行。

释文

⧄岁次甲⧄

⧄朔……己酉，故□氏⧄

……

⧄宜于⧄

⧄之原安厝⧄

⧄南至朱⧄

⧄丘⧄

⧄界畔，整⧄

⧄咎殃。知⧄

⧄地府主吏⧄

图一九四　东林四组M208：3买地券拓片

东林四组 M208：3 买地券

（图一九四）

简介

该买地券出土于成都市东林四组。其券残缺。字迹模糊。

释文

☒地券生居☒

☒相地咸☒

☒安厝，其界东……白虎，南至☒

☒朱雀，□□□武，中☒

图一九五　东林四组M208：4买地券

东林四组 M208：4 买地券

（图一九五）

简介

该买地券出土于成都市东林四组。其券上部残缺。券文 10 行。

释文

☒十一月

☒地券。

☒兆。卜筮叶从，相

☒阳县星桥乡名山

☒界东至青龙，西

☒雀，北至神武，中方

☒承（丞）墓陌（伯），道路将

☒齐阡陌，千秋万

☒见人：岁月主者。

☒急急如律令！

图一九六　东林四组M224：3买地券

图一九七　东林四组M224：3买地券拓片

东林四组 M224：3 买地券
（图一九六、图一九七）

简介

该买地券出土于成都市东林四组。其券残缺。字迹模糊。券文 10 行。

释文

☑十一年岁☑

☑朔□□八日庚☑

☑之魂地券☑

☑卜筮叶从，相地☑

☑县□□乡福地之☑

☑界左至青龙，☑

☑至女，中方勾陈☑

☑丘承（丞）墓（伯），道路将军，☑

☑阡陌。千秋百载，☑

☑故炁精妖，不得忏犯。☑

图一九八　东林四组M240：5买地券

东林四组 M240：5 买地券

（图一九八）

简介

该买地券出土于成都市东林四组。其券残缺。券文 12 行。

释文

⊠年岁次[丁]卯⊠

⊠癸酉故前□⊠

⊠[地][券]。生居城⊠

⊠[相][地]咸吉。□⊠

⊠□地之原安[厝]。⊠

⊠□白□⊠

……

⊠□封部⊠

……

⊠日直符。故炁邪⊠

⊠居者，永避万里。⊠

⊠一如律⊠

图一九九　东林四组M467：2买地券

图二〇〇　东林四组M467：2买地券拓片

东林四组 M467：2 买地券

（图一九九、图二〇〇）

简介

该买地券出土于成都市东林四组。其券高 35 厘米，宽 30.5 厘米，厚 3 厘米。右上角略残缺。券文 14 行，每行字数不等，满行 16 字，共计 200 余字。

释文

□年岁次丁亥二月□午朔一日

□故兰氏券。生居城邑，死安宅兆。

□[筮]叶从，相地袭吉。宜于华阳县星桥乡

清泉里之原安厝。其地谨用五彩铜钱买

得，东至青龙，西至白虎，南至朱雀，北至玄

武，内方勾陈，分掌四域。丘承墓陌，封步界

畔，道路将军，整齐阡陌。千秋万岁，永无殃

咎。诃禁之者，将军亭长，收付河伯。今以牲

牢酒礼，百味香新，共为信契。财地交付，工

匠修茔安厝之后，永保贞吉。知见人：岁月

主者；保人：今日直使。故气邪精，不得忏恡。

先有居者，永避万里。若违此约，地府主吏

自当其祸。主人内外存亡安吉。急急[如] 五

帝女清律令！

图二〇一　东林四组M530：4买地券

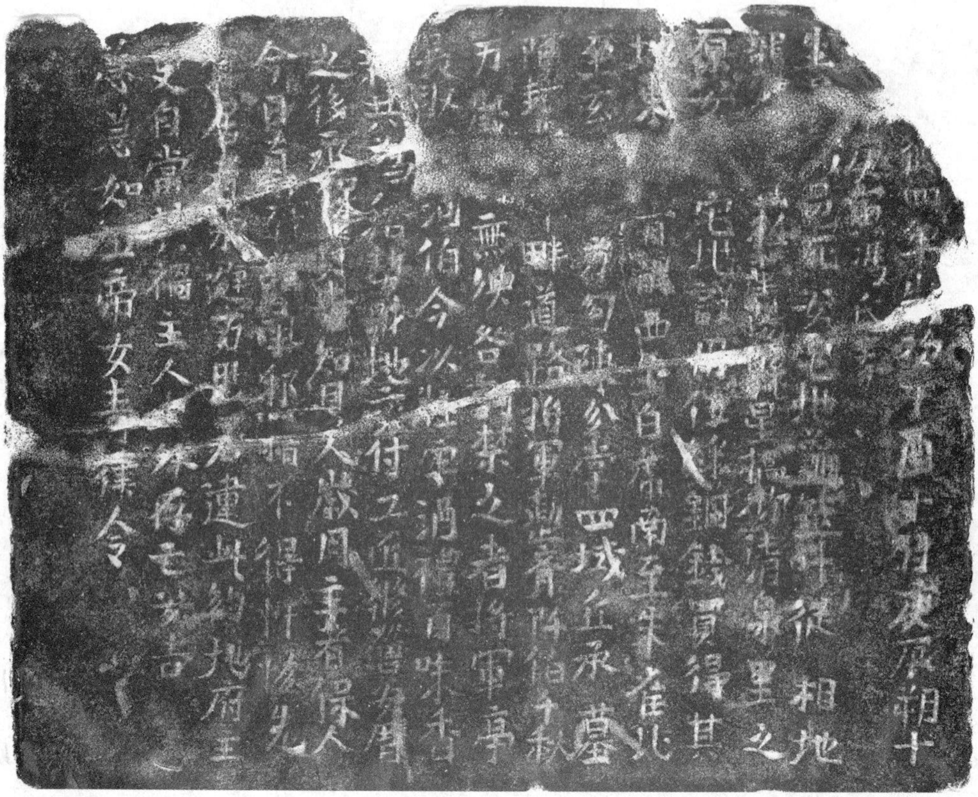

图二〇二　东林四组M530：4买地券拓片

东林四组 M530：4 买地券

（图二〇一、图二〇二）

简介

该买地券出土于成都市东林四组。其券高 35 厘米，宽 28 厘米，厚 2.5 厘米。字迹较模糊。券文 16 行，每行字数不等，约 14 字，共计 200 余字。

释文

⧄四年岁次丁酉十月庚辰朔十

⧄庚寅冯氏券

生居城邑，死安宅兆。龟筮叶从，相地

袭吉□□于华阳县星桥乡清泉里之

原安□宅兆。谨用五彩铜钱买得其

地，东至青龙，西至白虎，南至朱雀，北

至玄武，中方勾陈，分掌四域。丘承（丞）墓

陌（伯），封步界畔，道路将军，整齐阡陌。千秋

万岁，永无殃咎。诃禁之者，将军亭

长收□河伯。今以牲牢酒礼，百味香

新，共为信契。财地交付，工匠修营（茔）安厝

之后，永保安吉。知见人：岁月主者；保人：

今日直符。故气邪精，不得忓恡。先

有居者，永避万里。若违此约，地府主

吏自当其祸。主人内外存亡安吉。

急急如五帝女青律令！

图二〇三　民兴一路M4北：5买地券

图二〇四　民兴一路M4北：5买地券拓片

民兴一路 M4 北：5 买地券

（图二〇三、图二〇四）

简介

该买地券出土于成都市民兴一路。其券残缺。券文 5 行。

释文

⊠宅兆，卜筮

⊠乡福地安厝。谨

⊠至青龙，□至白虎，

⊠中方勾陈，里域将

⊠界□□路将军，整齐阡陌。

⊠炁邪精，不（得）忏恡。先有居者，永避万

⊠后男女子孙昌盛，千秋万载，

⊠一⊠

第四章

墓幢

墓幢是中国古代的一种宗教建筑。幢是梵名“驮缚若”的译名，原是一种佛前所立纺织品的幢。始于初唐，盛行于唐宋时期，以后转衰，明清时仍有雕造。墓幢多为石质，一般分为幢座、幢身、幢顶三部分，多为八楞，是墓葬地表建筑之一。幢顶多为仿木结构攒尖顶，上托摩尼宝珠，幢身多刻佛经、佛像，或是亡故之人生前事迹，以及造幢人和日期等内容。幢座一般做仰莲状，下设须弥座。[1]

本书收录一件墓幢，系五代时期所雕造。

---

[1] 赵振华、刁淑琴：《谈唐宋金石幢形墓碣》，《洛阳考古》2022 年第 3 期；王巍总主编：《中国考古学大辞典》，上海辞书出版社 2014 年版，第 50 页。

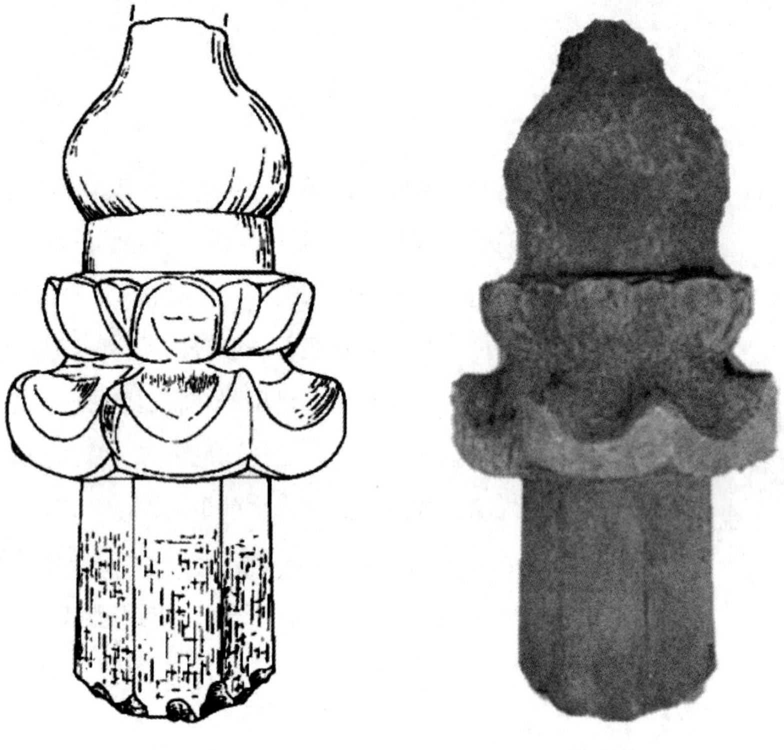

图二〇五　海滨村五代后蜀墓M24墓幢

海滨村五代后蜀墓 M24 墓幢[1]

（图二〇五）

简介

海滨村五代后蜀墓 M24 墓幢出土于成都市主城区东北部海滨村，墓葬为五代后蜀时期的砖室墓。该墓幢为红砂石质，残高 56 厘米。残存幢顶及幢身，幢顶由宝珠、仰莲及宝盖构成。幢身为八面柱形，其中一面阴刻墓记，另外七面阴刻《佛顶尊胜陀罗尼经咒》。券文共计 21 行。

释文

广政二十年▨

奉为故▨

鄃□▨

咤耶▨

耶婆麽▨

诃鄃娑婆缚▨

鄃阿蜜麽多毗▨

散陀罗尼输驮▨

乌瑟尼沙毗逝耶▨

弥珊珠地帝娑▨

地瑟耻帝慕姪□▨

秫提娑婆伐罗拏▨

耶阿庚秫提娑末▨

你怛□多部多俱▨

勃地秫提社耶□▨

罗娑末罗勃□□□▨

[1] 成都文物考古研究院：《四川成都海滨村五代后蜀墓发掘简报》，《文物》2019 年第 7 期。

跋折罗揭鞞跋折⍁

娑埵写迦耶毗秫……娑婆怛他揭多三⍁

勃陀勃陀蒲陀⍁

提娑婆怛他揭⍁

麽诃慕姪□⍁

第五章

真文券

真文券是墓葬中的一种铭刻类型。唐时流行于洛阳地区，宋时流行于川西地区，后逐渐消失。均为石质方形，券石上多刻写道教符箓和符箓汉字译文。券石为东、南、西、北、中五方一套，分别放置于墓葬中五个方位。真文券是古代宗教信仰在丧葬礼仪中的表现，对研究古代宗教思想、丧葬模式具有一定参考价值。

本书收录82件。绝大部分为宋代，明代以后极少。以青砂石质为主，少量红砂石。

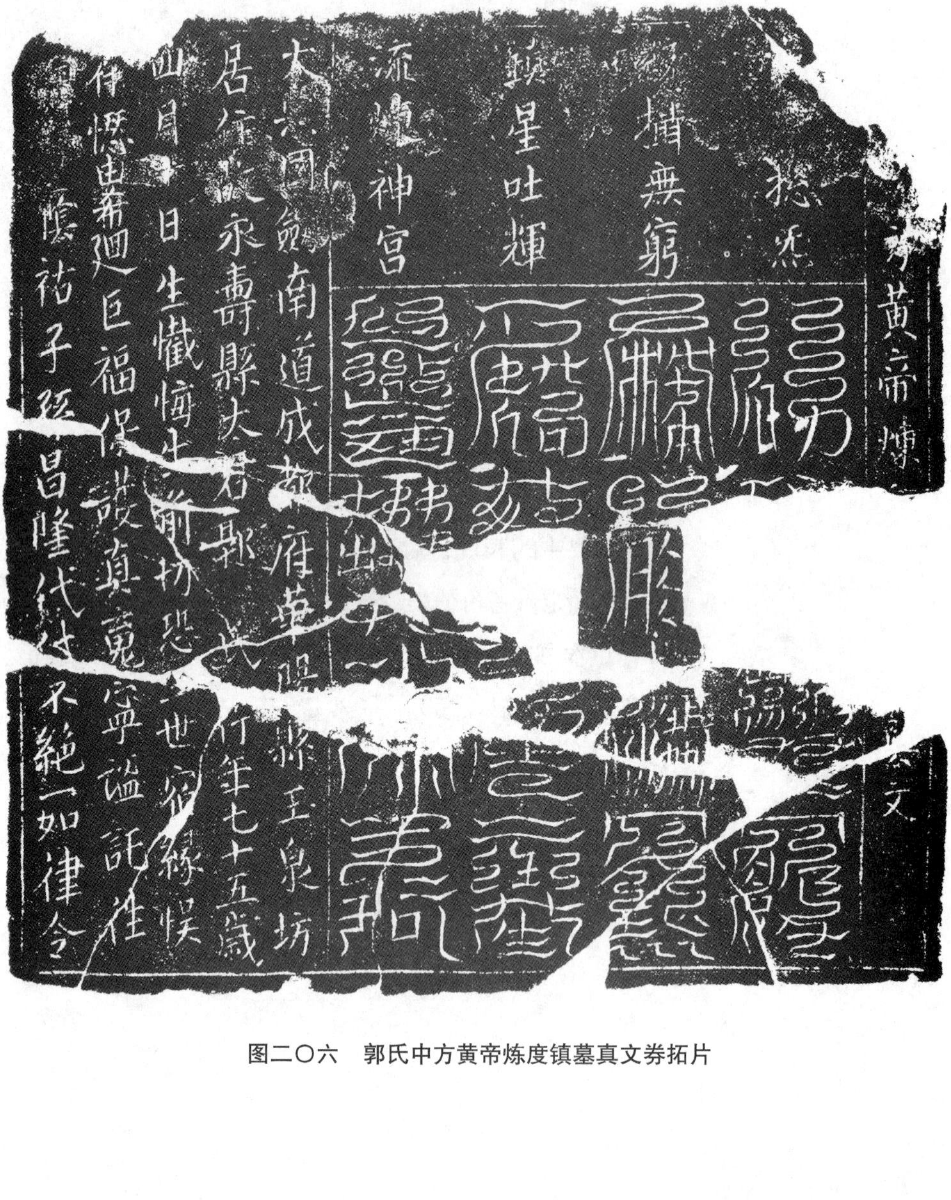

图二〇六　郭氏中方黄帝炼度镇墓真文券拓片

北宋熙宁二年（1069）郭氏中方黄帝炼度镇墓真文券[1]

（图二〇六）

简介

该真文券出土于成都市东郊麻石桥四川省抗生素研究院，现存成都文物考古研究院。其券材为红砂石质。券石残缺，高 41 厘米，宽 40.5 厘米，厚 3 厘米。券文左侧镌刻券文内容，共 5 行，行 15 字—16 字，共计 78 字。券文右区旁近边沿处竖刻“□方黄帝炼□□□真文”，右区上方框内竖刻“□□总炁统摄无穷镇星吐辉流炼神宫”16 字，其下方线框内镌刻道教符箓文。

释文

右：

[中]方黄帝炼[度][镇][墓][真]文

中上：

[黄][中]总炁
[统]摄无穷
镇星吐辉
流炼神宫

左：

大宋国剑南道成都府华阳县玉泉坊
居住故永寿县太君郭氏，行年七十五岁，
四月十日生。忏悔生前切恐[三]世宿缘，误
[有]愆由，希回巨福，保护真魂宁谧，托往
□□，荫佑子孙昌隆，代代不绝。一如律令！

中下：

道教符箓

---

❶ 成都文物考古研究所、成都博物院编著：《成都出土历代墓铭券文图录综释》，文物出版社 2012 年版，第 151—160 页。

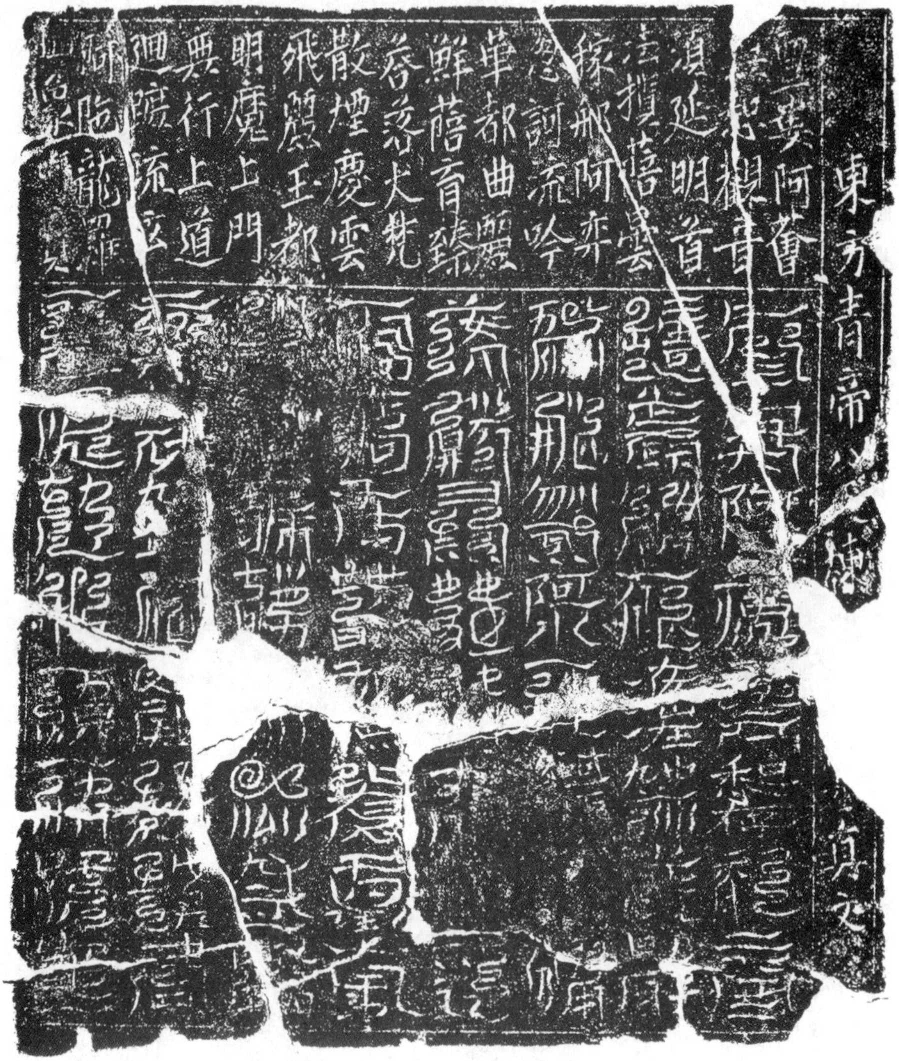

图二〇七　郭氏东方青帝炼度真文券拓片

北宋熙宁二年（1069）郭氏东方青帝炼度真文券[1]（图二〇七）

简介

该真文券出土于成都市东郊麻石桥四川省抗生素研究院，现存成都文物考古研究院。其券材为红砂石质。券石残损。券文右区镌刻“东方青帝八天炼□□□真文”，左区上部楷书16行，每行4字，共64字，均为道教符箓文字之译文；左区下部镌刻8行8排，共64字，均为道教符箓。

释文

右：

东方青帝八天炼[度][镇][墓]真文

左上：

亶娄阿荟

无惄观音

须延明首

法揽菩昙

稼那阿奔

忽诃流吟

华都曲丽

鲜菩育臻

答落大梵

散烟庆云

飞丽玉都

明魔上门

---

[1] 成都文物考古研究所、成都博物院编著：《成都出土历代墓铭券文图录综释》，文物出版社2012年版，第151—160页。

无行上道
回跖流玄
阿陀龙罗
四象[吁]员

左下：

道教符箓

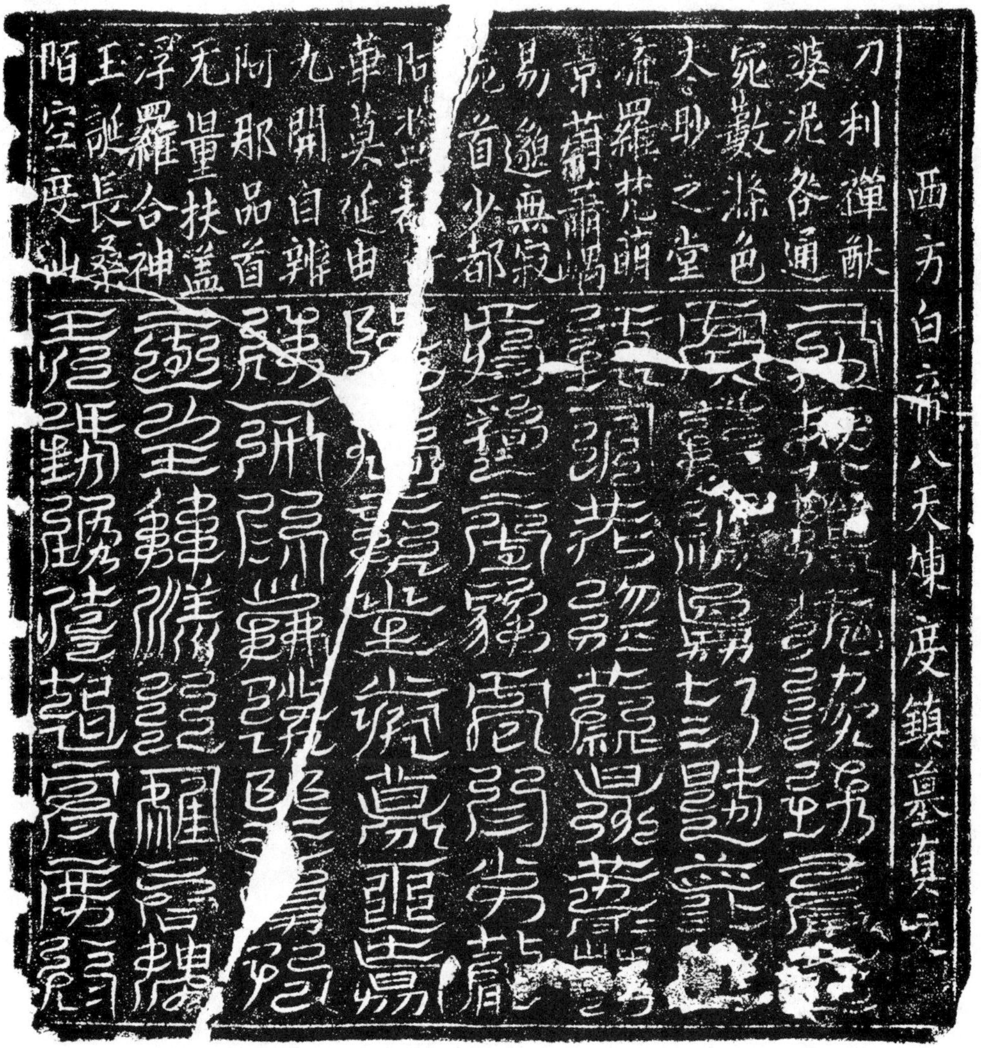

图二〇八　郭氏西方白帝炼度镇墓真文券拓片

北宋熙宁二年（1069）郭氏西方白帝炼度镇墓真文券❶

（图二〇八）

简介

该真文券出土于成都市东郊麻石桥四川省抗生素研究院，现存成都文物考古研究院。其券材为红砂石质，高 40.5 厘米，宽 39 厘米，厚 3 厘米。右侧镌刻“西方白帝八天炼度镇墓真文”，左侧上部楷书镌刻 16 行字，每行 4 字，共 64 字。左侧下部镌刻 8 行 8 排，共 64 字，为道教符箓。

释文

右：

西方白帝八天炼度镇墓真文

左上：

刀利禅猷
婆泥咎通
宛薮涤色
太眇之堂
流罗梵萌
景蔚萧嵎
易邈无寂
[宛]首少都
阿滥都竺
华莫延由
九开自辨

---

❶ 成都文物考古研究所、成都博物院编著：《成都出土历代墓铭券文图录综释》，文物出版社 2012 年版，第 151—160 页。

阿那品首

无量扶盖

浮罗合神

玉诞长桑

陌空度仙

左下：

道教符箓

图二〇九　郭氏北方黑帝八天炼度镇墓真文券拓片

北宋熙宁二年（1069）郭氏北方黑帝八天炼度镇墓真文券[1]

（图二〇九）

简介

该真文券出土于成都市东郊麻石桥四川省抗生素研究院，现存成都文物考古研究院。其券材为红砂石质。右侧镌刻“北方黑□□□炼度镇墓真文”，左侧上部楷书镌刻16行字，每行4字，共64字；左侧下部镌刻8行8排，共64字，为道教符箓。

释文

右：

北方黑[帝][八][天]炼度镇墓真文

左上：

□□自育

[九]日道乾

坤母东覆

形摄上玄

陀罗育邈

眇炁合云

[飞][天]大丑

□□上天

□陀劫量

---

[1] 成都文物考古研究所、成都博物院编著：《成都出土历代墓铭券文图录综释》，文物出版社2012年版，第151—160页。

□汉□□

……

□妙自真

元梵□□

□寂□人

左下:

道教符箓

图二一〇　东林四组M153：2南方炼度真文券拓片

北宋熙宁四年（1071）东林四组 M153：2 南方炼度真文券

（图二一〇）

简介

该真文券出土于成都市东林四组，现存于成都文物考古研究院。其券长 41.5 厘米，宽 38 厘米，厚 2.3 厘米。券石上部现存券文 12 行，每行 4 字，存 48 字；右下 8 行 8 排，共 64 字，为道教符篆。

释文

左：

南方炼度真文

上：

南焰洞浮

玉眸诜诜

梵形落空

□□推前

□□菩台

绿罗大千

眇莽九丑

诏谣缘邅

云上九都

飞生自骞

那育郁□

魔□□□

……

右下：

道教符篆

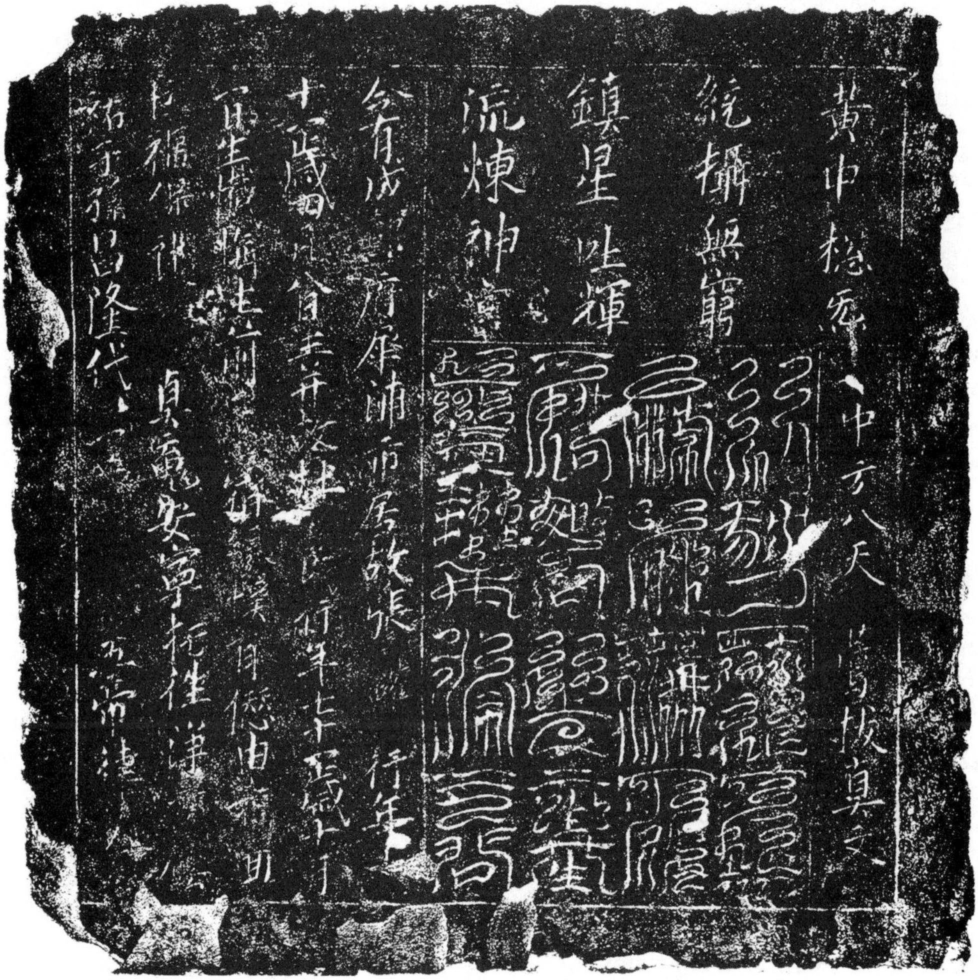

图二一一　张确夫妇中方八天荐拔真文券拓片

北宋元祐八年（1093）张确夫妇中方八天荐拔真文券[1]

（图二一一）

简介

该真文券出土于成都市东郊圣灯乡208厂北宋时期夫妻合葬墓，墓葬为长方形双室券顶砖室墓，现存成都文物考古研究院。其券材为红砂石质。券石呈正方形，边长40.5厘米，厚4厘米。券文分为左右两区，右区下部镌刻4行4排，为道教符箓文。在其右的长方形线框内镌刻“中方八天荐拔真文”，共8字；左区镌刻5行，共计80余字，字体楷书。

释文

左：

今有成都府犀浦市居故张确，行年七

十一岁，四月八日生，并故杜氏，行年七十一岁，十月

一日生。忏悔生前□□宿缘，误有愆由，希回

巨福，保护真魂安宁，托往净方，荫

佑子孙，昌隆代代。一如 五帝律令！

右上：

黄中总炁

统摄无穷

镇星吐粹

流炼神宫

右下：

中方八天 荐拔真文

道教符箓

---

[1] 成都文物考古研究所、成都博物院编著：《成都出土历代墓铭券文图录综释》，文物出版社2012年版，第192—200页；成都市博物馆考古队、翁善良、罗伟先：《成都东郊北宋张确夫妇墓》，《文物》1990年第3期。

图二一二　张确夫妇北方八天荐拔真文券拓片

北宋元祐八年（1093）张确夫妇北方八天荐拔真文券[1]

（图二一二）

简介

该真文券出土于成都市东郊圣灯乡208厂北宋时期夫妻合葬墓，墓葬为长方形双室券顶砖室墓，现存成都文物考古研究院。其券材为红砂石质，券石呈正方形，边长40厘米，厚3.5厘米。券文分为上下两区，上区镌刻16行，每行4字，共64字，为道教符篆之汉字译文，字体楷书；下区左侧镌刻8行，每行8字，共64字，为道教符箓；下区右侧镌刻“北方八天荐拔□□”，共8字。

释文

上：

玃无自育
九日道乾
坤母东覆
刑摄上玄
陀罗育邈
妙炁合云
飞天大丑
总监上天
沙陀劫量
龙汉瑛鲜
碧落浮黎

---

[1] 成都文物考古研究所、成都博物院编著：《成都出土历代墓铭券文图录综释》，文物出版社2012年版，第192—200页；成都市博物馆考古队、翁善良、罗伟先：《成都东郊北宋张确夫妇墓》，《文物》1990年第3期。

空歌保珍

恶奕无品

洞妙自真，

元梵恢漠

幽寂度人

下右：

北方八天　荐拔□□

下左：

道教符箓

图二一三　海滨湾M3右室西方八天荐拔真文券

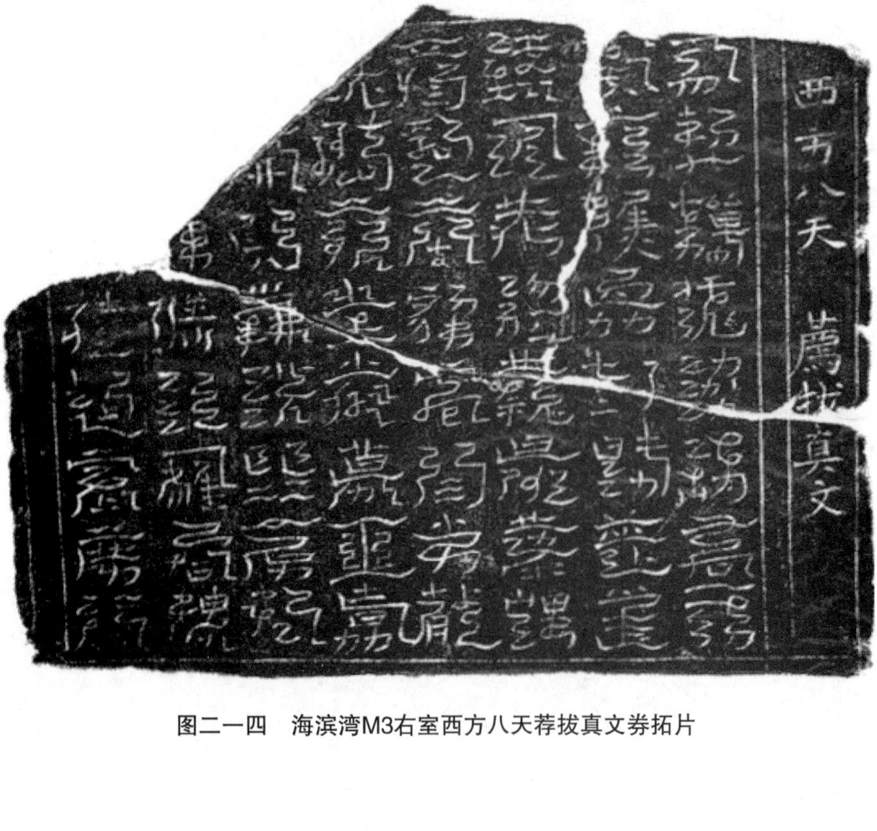

图二一四　海滨湾M3右室西方八天荐拔真文券拓片

北宋元祐八年（1093）海滨湾 M3 右室西方八天荐拔真文券

（图二一三、图二一四）

简介

该真文券出土于成都市海滨湾，现存于成都文物考古研究院。其券上部残缺，下部左侧为 8 行 8 排，共 64 字，均为道教符篆。

释文

右：

西方八天　荐拔真文

左：

券文均为道教符篆。

图二一五　海滨湾M3右室中央黄帝荐拔真文券

图二一六　海滨湾M3右室中央黄帝荐拔真文券拓片

北宋元祐八年（1093）海滨湾M3右室中央黄帝荐拔真文券

（图二一五、图二一六）

简介

该真文券出土于成都市海滨湾北宋墓中，现存于成都文物考古研究院。其券分左右两区，左区镌刻券文内容，共5行，每行约18字，共计90余字。右区上部刻4行4排，16字，为道教符箓之译文，字体楷书；右区下部刻4行4排，16字，为道教符箓。

释文

左：

中央黄帝荐拔真文。今有大宋国[剑]南道成都

府华阳县芳林坊居住故汤氏一娘子，行年八

十一岁，六月十六日生。忏悔生前切恐三世宿缘，

□有愆尤，希回巨福，保护灵魂宁，托往净方，

□[佑]子孙昌隆，代代不绝。一如五帝律令！

右上：

黄中总炁

统摄无穷

镇星吐辉

流炼神宫

右下：

道教符箓

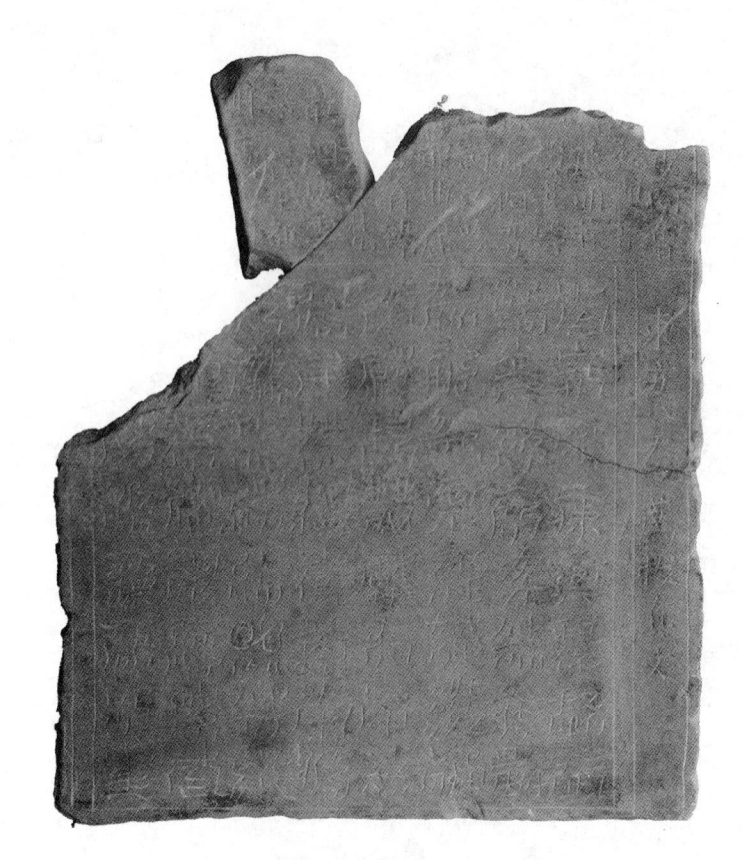

图二一七　海滨湾M3右室东方八天荐拔真文券

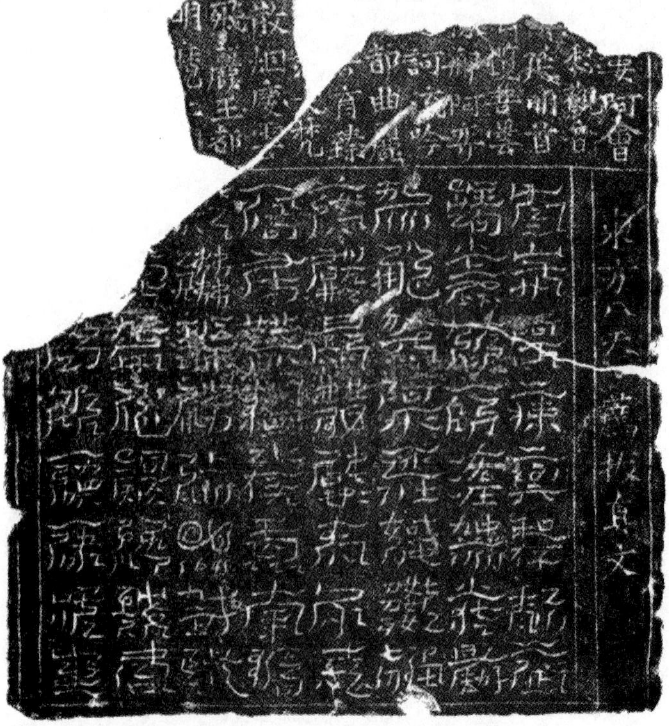

图二一八　海滨湾M3右室东方八天荐拔真文券拓片

北宋元祐八年（1093）海滨湾 M3 右室东方八天荐拔真文券
（图二一七、图二一八）

简介

该真文券出土于成都市海滨湾北宋墓中，现存于成都文物考古研究院。其券分上下两区，上部残，现存 12 行，每行 4 字，共计 48 字；下部右侧刻 8 字，下部右侧刻 8 行 8 排，共 64 字，为道教符箓。

释文

上：

□娄阿会

□悫观音

□延明首

□揽菩昙

□那阿弈

□诃流吟

□都曲丽

□□育臻

□□大梵

散烟庆云

飞丽玉都

明魔上门

……

下右：

东方八天　荐拔真文

下左：

道教符箓

图二一九　海滨湾M3右室北方八天荐拔真文券

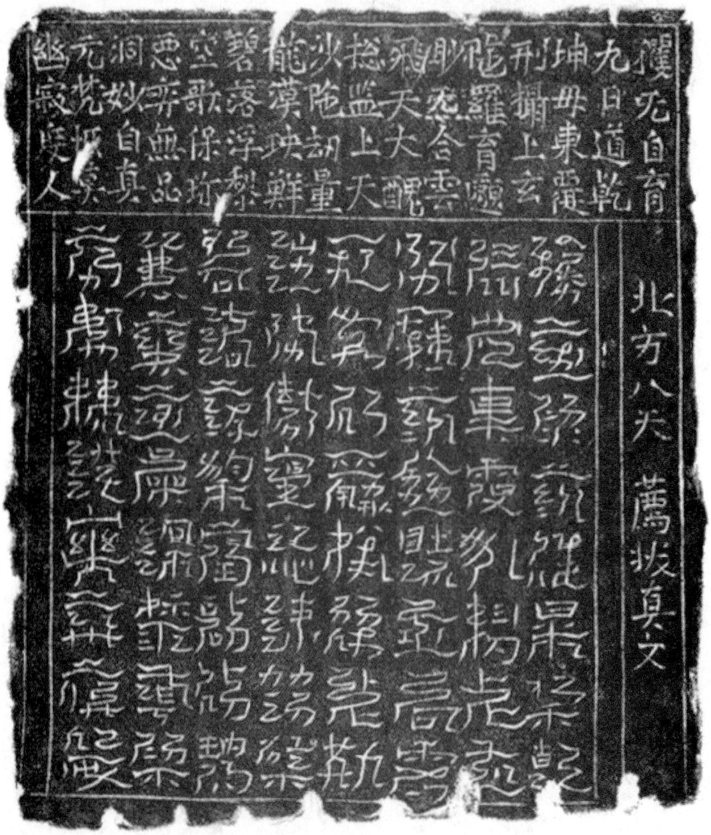

图二二〇　海滨湾M3右室北方八天荐拔真文券拓片

北宋元祐八年（1093）海滨湾M3右室北方八天荐拔真文券

（图二一九、图二二〇）

简介

该真文券出土于成都市海滨湾北宋墓中，现存于成都文物考古研究院。券文分上下两区，上部16行，每行4字，共计64字，为道教符箓之译文；下部右侧刻楷体1行8字。下部左侧刻8行8排，共64字，均为道教符箓。

释文

上：

玃无自育
九日道乾
坤母东覆
刑摄上玄
陀罗育邈
眇炁合云
飞天大丑
总监上天
沙陀劫量
龙漠玦鲜
碧落浮黎
空歌保珍
恶弈无品
洞妙自真
元梵恢莫
幽寂度人

下右：

北方八天　荐拔真文

下左：

道教符箓

图二二一　海滨湾M3右室南方八天荐拔真文券

图二二二　海滨湾M3右室南方八天荐拔真文券拓片

北宋元祐八年（1093）海滨湾 M3 右室南方八天荐拔真文券

（图二二一、图二二二）

简介

该真文券出土于成都市海滨湾北宋墓中，现存于成都文物考古研究院。券文分上下两区，上部 16 行，每行 4 字，共计 64 字，为道教符箓之译文；下部右侧刻楷体 1 行 8 字。下部左侧残存 8 行 6 排，均为道教符箓。

释文

上：

南烟洞浮

玉眸诜诜

梵形洛空

九灵推前

□□□台

□罗大千

□□九丑

□□缘邅

□□九都

□□□骞

□□□馥

□罗法轮

霐持无镜

揽姿运容

馥朗廓弈

神缨自宫

下右：

南方八天　荐拔真文

下左：

道教符箓

图二二三　海滨湾M3右室东方真文券

图二二四　海滨湾M3右室东方真文券拓片

北宋元祐八年（1093）海滨湾M3右室东方真文券

（图二二三、图二二四）

简介

该真文券出土于成都市海滨湾北宋墓中，现存于成都文物考古研究院。券文残损严重，仅余一块。分上下两区，上部仅存4行4排，下部右侧仅存一个“东”字；下部左侧仅存一字，为道教符箓。

释文

右：

东⊠

左上：

亶娄阿荟

无恝观音

须延明首

法揽菩□

……

左下：

残缺，所见部分均为道教符箓。

图二二五　刘起中方镇墓真文券拓片

北宋绍圣元年（1094）刘起中方镇墓真文券[1]（图二二五）

简介

该真文券出土于成都市成华区青龙乡海滨村第五号砖室墓中，现存成都文物考古研究院。其券材为红砂石质。券石高39厘米，宽38.5厘米，厚2.5厘米。该券文没有旁题券名，但根据内容可以判断为中方镇墓真文券，分左右两区，左区楷书镌刻5行，每行约18字，共计90余字。右区上栏楷书镌刻4行4排，共16字。右区下栏镌刻4行4排，为道教符箓。

释文

右上：

黄中总炁
统摄无穷
镇星吐辉
流炼神宫

右下：

道教符箓

左：

大宋剑南西川成都府成都县林亭坊住故刘起，
行年四十四岁，四月四日生。但起忏悔生前，切恐
三世宿缘，误有愆尤。死宅斯原，虑多忓犯，希回巨
福，保护真魂。已生未生，悉皆宁谧，然后子孙安
吉，万祸蠲除，五福遐备，有事无虞。一如律令！

---

[1] 成都文物考古研究所、成都博物院编著：《成都出土历代墓铭券文图录综释》，文物出版社2012年版，第201—211页；成都市文物考古研究所：《成都市青龙乡海滨村墓葬发掘简报》，《成都考古发现2003》，科学出版社2005年版，第266—307页。

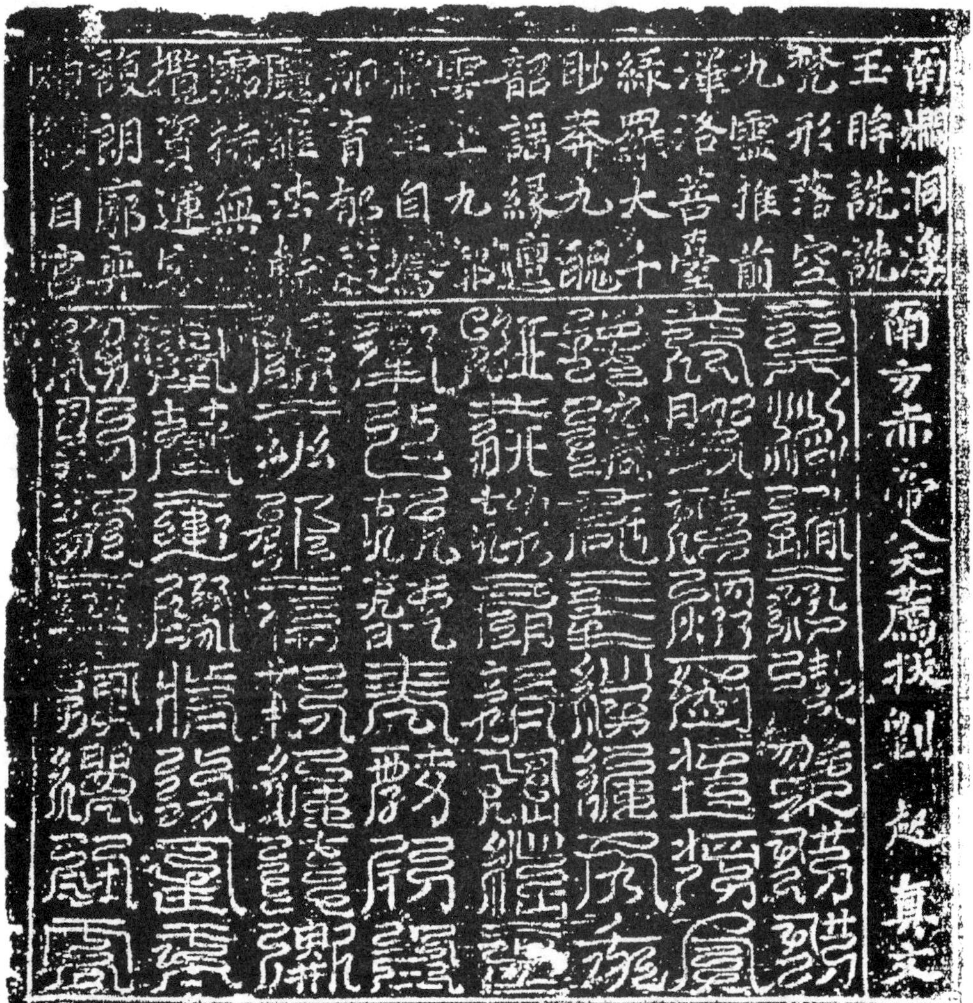

图二二六　刘起南方赤帝八天荐拔真文券拓片

北宋绍圣元年（1094）刘起南方赤帝八天荐拔真文券[1]

（图二二六）

简介

该真文券出土于成都市成华区青龙乡海滨村第五号砖室墓中，现存成都文物考古研究院。其券材为红砂石质。券石高 38 厘米，宽 36 厘米，厚 2.3 厘米，分为上下两栏，上栏 16 行，每行 4 字，共计 64 字，为道教符箓译文；下栏右侧镌刻“南方赤帝八天荐拔刘起真文”；下栏左侧 8 行 8 排，为道教符箓。

释文

上：

南熘洞浮

玉眸诜诜

梵形落空

九灵推前

泽洛菩台

绿罗大千

眇莽九丑

韶谣缘邅

云上九都

飞生自骞

---

[1] 成都文物考古研究所、成都博物院编著：《成都出土历代墓铭券文图录综释》，文物出版社 2012 年版，第 201—211 页；成都市文物考古研究所：《成都市青龙乡海滨村墓葬发掘简报》，《成都考古发现 2003》，科学出版社 2005 年版，第 266—307 页。

那育郁馥

魔罗法轮

霐持无□

揽资运容

馥朗廓奕

神缨自宫

下右：

南方赤帝八天荐拔刘起真文。

下左：

道教符箓

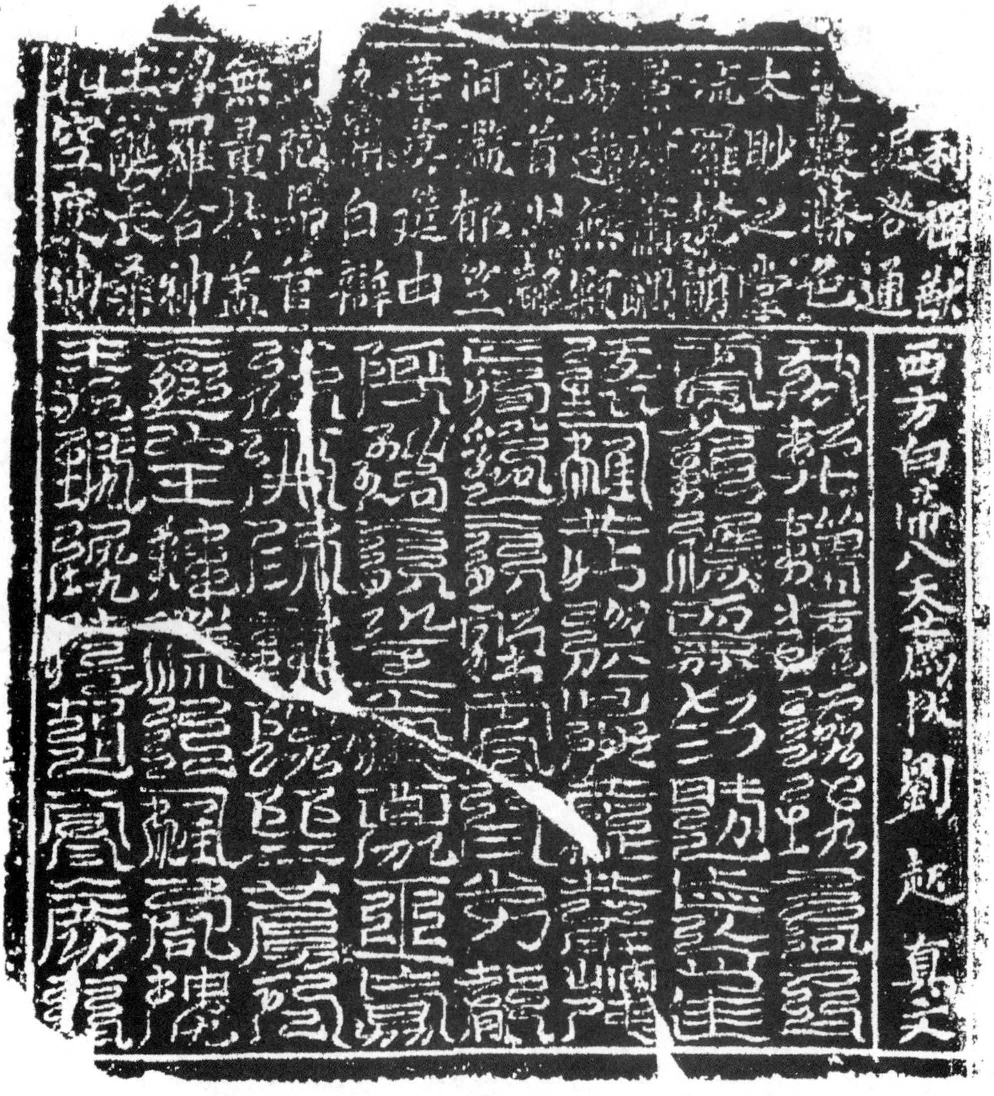

图二二七　刘起西方白帝八天荐拔真文券拓片

北宋绍圣元年（1094）刘起西方白帝八天荐拔真文券[1]

（图二二七）

简介

该真文券出土于成都市成华区青龙乡海滨村第五号砖室墓中，现存成都文物考古研究院。其券材为红砂石质。券石高 39.5 厘米，宽 38 厘米，厚 2.6 厘米，分为上下两栏，上栏 16 行，每行 4 字，共计 64 字，为道教符箓译文；下栏右侧镌刻“西方白帝八天荐拔刘起真文”；下栏左侧 8 行 8 排，为道教符箓。

释文

上：

□利禅猷

□泥咎通

宛薮绦色

太眇之堂

流罗梵萌

景蔚萧嵎

易邈无寂

宛首少都

阿滥郁竺

华莫筵由

[1] 成都文物考古研究所、成都博物院编著：《成都出土历代墓铭券文图录综释》，文物出版社 2012 年版，第 201—211 页；成都市文物考古研究所：《成都市青龙乡海滨村墓葬发掘简报》，《成都考古发现 2003》，科学出版社 2005 年版第 266—307 页。

九开自辩

阿陀品首

无量扶盖

浮罗合神

玉诞长桑

柏空度仙

下右：

西方白帝八天荐拔刘起真文。

下左：

道教符箓

图二二八　刘起妻张氏东方八天炼度荐拔镇墓真文券拓片

北宋绍圣元年（1094）刘起妻张氏东方八天炼度荐拔镇墓真文券[1]

（图二二八）

简介

该真文券出土于成都市成华区青龙乡海滨村第五号砖室墓中，现存成都文物考古研究院。其券材为红砂石质。券石高 40 厘米，宽 36.5 厘米，厚 2.6 厘米。分为上下两栏，上栏 16 行，每行 4 字，共计 64 字，为道教符箓译文，下栏右侧镌刻“东方八天炼度荐拔镇墓真文”；下栏左侧 8 行 8 排，为道教符箓。

释文

上：

□□□□

无恕观音

须延明首

法揽菩□

稼那阿奕

忽诃流吟

华都曲丽

鲜菩育臻

答落大梵

散烟庆云

飞丽玉都

---

[1] 成都文物考古研究所、成都博物院编著：《成都出土历代墓铭券文图录综释》，文物出版社 2012 年版，第 201—211 页；成都市文物考古研究所：《成都市青龙乡海滨村墓葬发掘简报》，《成都考古发现 2003》，科学出版社 2005 年版，第 266—307 页。

明魔上门

无行上道

回跖流玄

阿陀龙罗

□□□□

下右：

东方八天炼度荐拔镇墓真文。

下左：

道教符箓

图二二九　刘起妻张氏镇墓真文券拓片

北宋绍圣元年（1094）刘起妻张氏镇墓真文券[1]（图二二九）

简介

该真文券出土于成都市成华区青龙乡海滨村第五号砖室墓中，现存成都文物考古研究院。其券材为红砂石质。券石已残损，残高27厘米，宽26.5厘米，厚2.4厘米，右侧镌刻“□方八天荐拔镇墓真文”；左侧镌刻道教符箓，残存6行7排，共计31字。

释文

右：

□方八天炼度荐拔镇墓真文。

左：

道教符箓

[1] 成都文物考古研究所、成都博物院编著：《成都出土历代墓铭券文图录综释》，文物出版社2012年版，第201—211页；成都市文物考古研究所：《成都市青龙乡海滨村墓葬发掘简报》，《成都考古发现2003》，科学出版社2005年版，第266—307页。

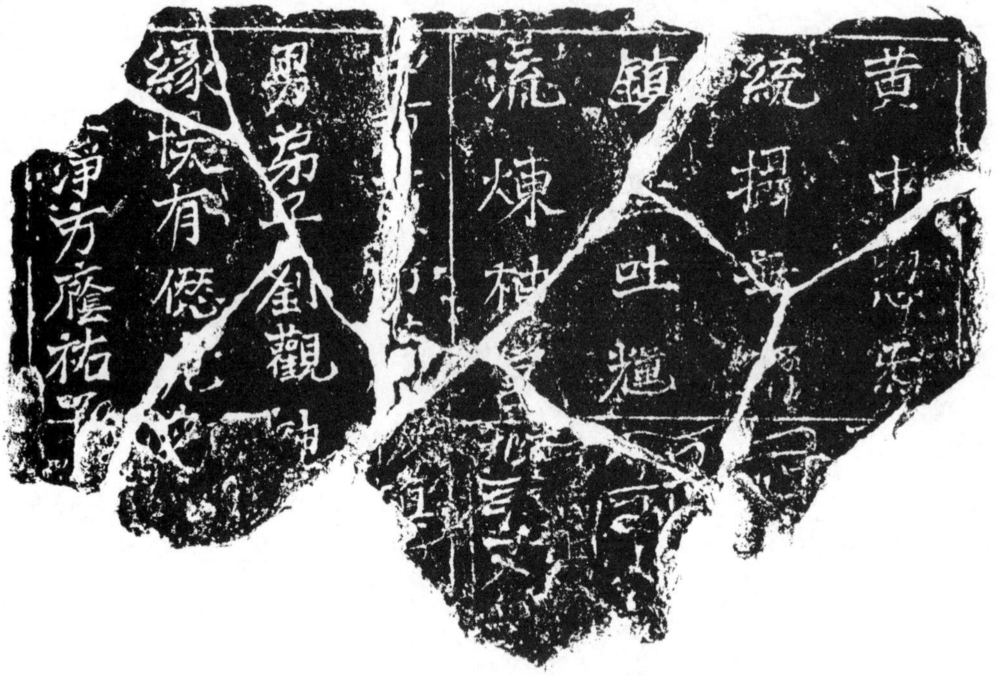

图二三〇　刘观中方镇墓真文券拓片

北宋绍圣二年（1095）刘观中方镇墓真文券[1]（图二三〇）

简介

该真文券出土于成都市成华区青龙乡海滨村第四号北宋砖室墓，现存成都文物考古研究院。其券材为红砂石质。券石下半部残损，残高37.5厘米，残宽25厘米，厚2.2厘米。券石周边线刻单栏边框，其中又线刻一竖一横两条线栏，将券面分为两区三个部分。中方镇墓真文券右区上栏刻4行4排，16字，为道教符箓之译文，字体楷书，右区下栏镌刻道教符箓，仅存5字。券石左区楷书4行，仅存20余字。

释文

右上：

黄中总炁
统摄无穷
镇星吐辉
流炼神宫

右下：

残缺，剩余部分均为道教符箓。

左：

中方☒
男弟子刘观[神]☒
缘，误有愆尤，☒
□净方，荫佑子☒

[1] 成都文物考古研究所、成都博物院编著：《成都出土历代墓铭券文图录综释》，文物出版社2012年版，第212—217页；成都市文物考古研究所：《成都市青龙乡海滨村墓葬发掘简报》，《成都考古发现2003》，科学出版社2005年版，第266—307页。

图二三一　刘观南方镇墓真文券拓片

北宋绍圣二年（1095）刘观南方镇墓真文券[1]（图二三一）

简介

该真文券出土于成都市成华区青龙乡海滨村第四号北宋砖室墓，现存成都文物考古研究院。其券材为红砂石质。券石右半部残缺，残高约 39.5 厘米，残宽 38 厘米，厚 2.5 厘米。其右侧边沿现存有“真文”2 字；其左侧上端现存 6 行 4 排道教符箓之译文，现存 22 字，字体楷书；下端则刻有 8 行 8 排，共 64 字，均为道教符箓。从其上端汉字内容判断为南方镇墓真文券。

释文

右：

⧄真文。

左上：

……

□□郁馥

魔罗法轮

霐持无镇

揽[姿]运容

[馥]朗廓弈

[神]缨自宫

左下：

残缺，剩余部分均为道教符箓。

[1] 成都文物考古研究所、成都博物院编著：《成都出土历代墓铭券文图录综释》，文物出版社 2012 年版，第 212—217 页；成都市文物考古研究所：《成都市青龙乡海滨村墓葬发掘简报》，《成都考古发现 2003》，科学出版社 2005 年版，第 266—307 页。

图二三二　海滨湾M3左室北方水星消灾真文券

图二三三　海滨湾M3左室北方水星消灾真文券拓片

北宋绍圣三年（1096）海滨湾 M3 左室北方水星消灾真文券

（图二三二、图二三三）

简介

该真文券出土于成都市海滨湾北宋墓中，现存于成都文物考古研究院。券文分三个部分，左侧刻 4 行，行 18 字—21 字不等，共计 80 字；中部竖刻 4 行 8 排，共计 32 字；右侧 4 行 8 排，共计 32 字，均为道教符箓。

释文

左：

北方水星消灾真文。乞为男弟子韩继元，行年

八十岁，五月二十五日生，解除冬之三月水星行度之

厄刑克临照之灾，将冀灾消于身宫，命位福集于用

箓紫微，四时无灾厄相侵，八节有殊祥之庆。一如律令！

中：

北辰辅肾，斗牛卫扉。

女虚危室，豁落四开。

辟总七星，执凶纠非。

祛灾扫秽，明道轮辉。

右：

券文为道教符箓。

图二三四　海滨湾M3左室南方消灾真文券拓片

北宋绍圣三年（1096）海滨湾M3左室南方消灾真文券

（图二三四）

简介

该真文券出土于成都市海滨湾北宋墓中，现存于成都文物考古研究院。券体上部残损，下部模糊不清。分三个部分，左侧刻4行；中部竖刻4行8排，共计32字；右侧4行8排，共计32字，均为道教符箓。

释文

左：

⊠星消灾真⊠

⊠年生解除⊠

⊠之灾，将□名□丹箓⊠

⊠春□保吉祥之庆⊠

中：

荧[惑]辅□，井鬼□□。

柳星□□，[揽]御□□。

□□□□，回转□□。

[召]运□□，□□□□。

右：

券文为道教符箓。

图二三五　海滨湾M3左室西方八天炼度荐拔镇墓真文券

图二三六　海滨湾M3左室西方八天炼度荐拔镇墓真文券拓片

北宋绍圣三年（1096）海滨湾 M3 左室西方八天炼度荐拔镇墓真文券

（图二三五、图二三六）

简介

出土于成都市海滨湾北宋墓中，现存于成都文物考古研究院。券体左右上角残损。分上下两区，上部残存 9 行，每行 4 字，共计 36 字，为道教符箓之译文。下部右侧残存楷体 1 行 9 字；下部左侧残存 8 行 6 排，均为道教符箓。

释文

上：

……

□罗梵萌

景蔚萧嵎

易邈无寂

宛首少都

□监郁竹

华莫延由

九开自辩

阿那品首

□ 量扶盖

……

下右：

□□□天炼度荐拔镇墓真文。

下左：

券文为道教符箓。

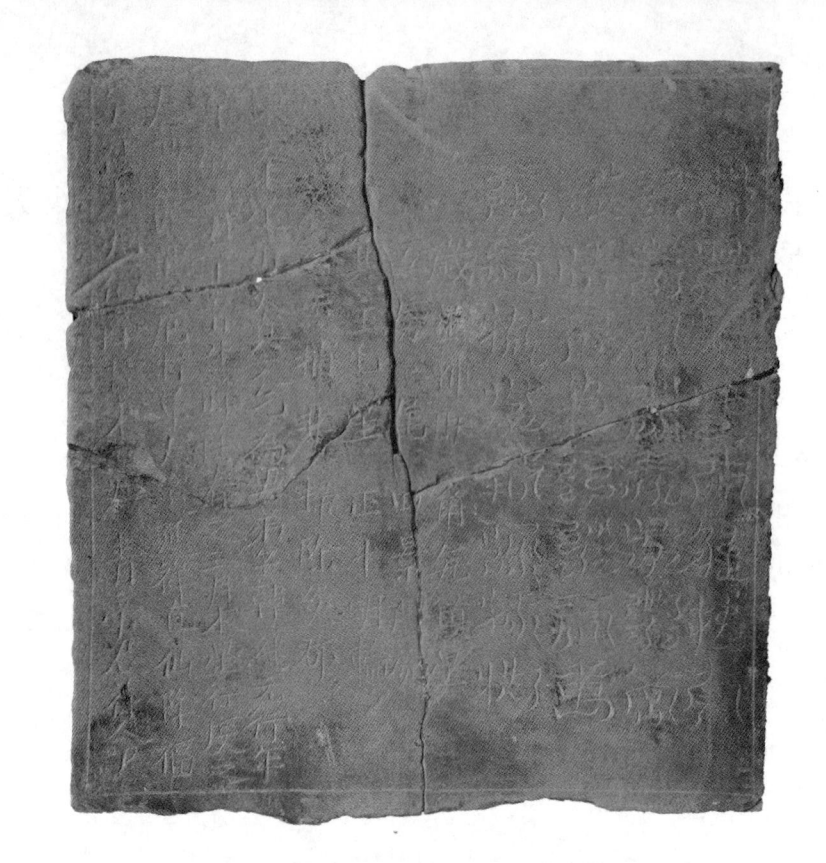

图二三七　海滨湾M3左室东方水星消灾真文券

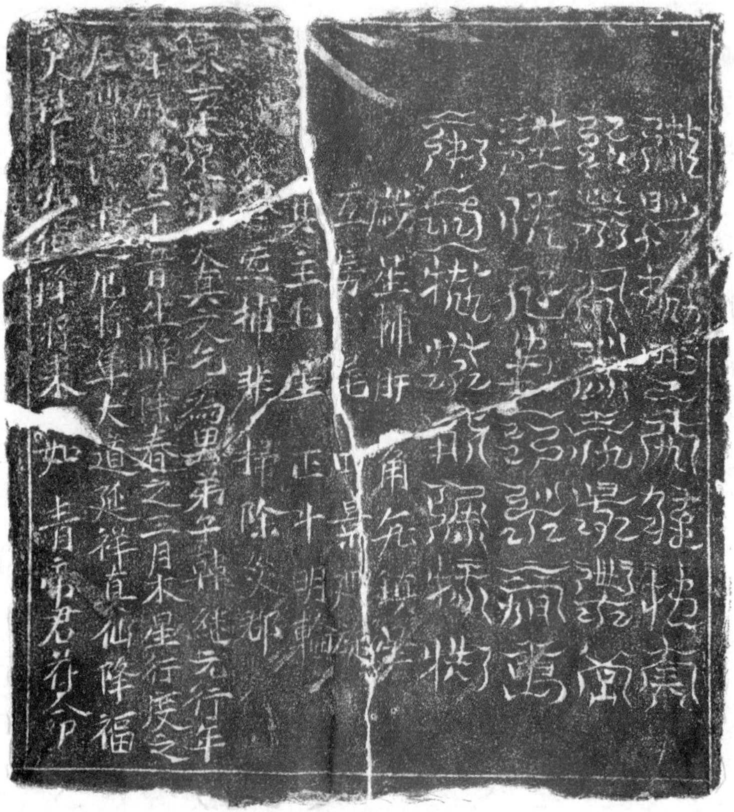

图二三八　海滨湾M3左室东方水星消灾真文券拓片

北宋绍圣三年（1096）海滨湾 M3 左室东方水星消灾真文券

（图二三七、图二三八）

简介

该真文券出土于成都市海滨湾北宋墓中，现存于成都文物考古研究院。券体分三个部分，左侧刻 4 行，行 15 字—21 字不等，共计 71 字；中部竖刻 4 行 8 排，共计 32 字；右侧 4 行 8 排，共计 32 字，均为道教符箓。

释文

左：

东方水星消灾真文。乞为男弟子韩 继元，行年

八十岁，五月二十五日生，解除春之三月木星行度之

厄，□□□□之厄，将军大道延祥，真仙降福，

灾祛未□福降将来。一如青帝君符命！

中：

岁星辅肝，角亢镇星。

互（氐）房心尾，四景回旋。

箕主七星，正斗明轮。

承炁捕非，扫除灾郡（群）。

右：

券文为道教符箓。

图二三九　海滨湾M3左室中央黄帝炼度荐拔镇墓真文券

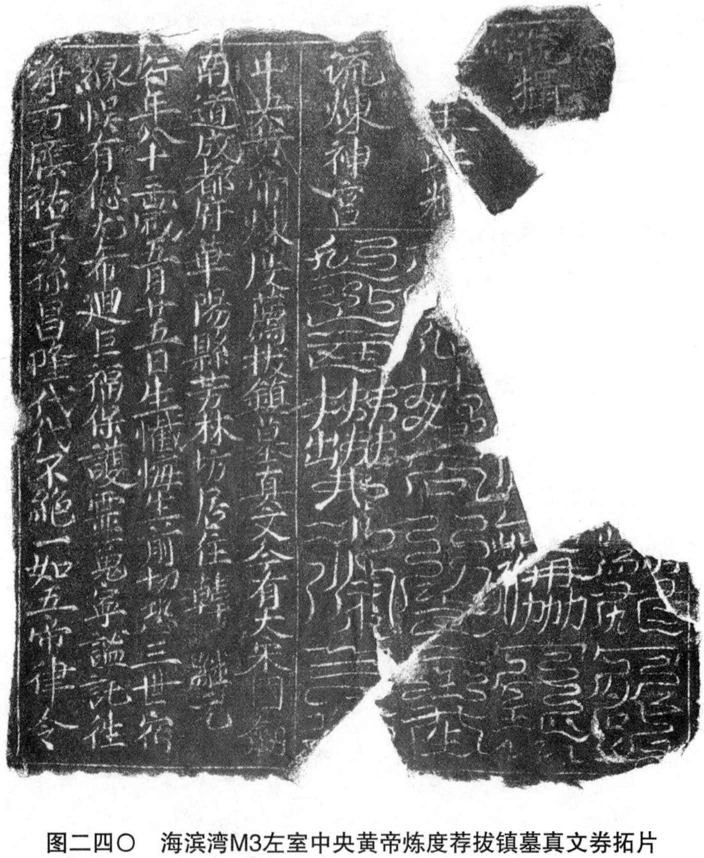

图二四〇　海滨湾M3左室中央黄帝炼度荐拔镇墓真文券拓片

北宋绍圣三年（1096）海滨湾 M3 左室中央黄帝炼度荐拔镇墓真文券

（图二三九、图二四〇）

简介

该真文券出土于成都市海滨湾北宋墓中，现存于成都文物考古研究院。券体右部残损严重。分左右两区，左区刻 5 行，每行约 18 字，共计 90 余字。右区上部刻楷体 4 行 4 排，共计 16 字；右区下部刻 4 行 4 排，共计 16 字，均为道教符箓。

释文

右上：

□□□□

统摄□□

□[星]吐辉

流炼神宫

右下：

券文为道教符箓。

左：

中央黄帝炼度荐拔镇墓真文。今有大宋国剑

南道成都府华阳县芳林坊居住韩继元，

行年八十三岁，五月廿五日生。忏悔生前，切恐三世宿

缘，误有愆尤，希回巨福，保护灵魂宁谧，托往

净方，荫佑子孙昌隆，代代不绝。一如五帝律令！

图二四一　海滨湾M3左室南方八天[炼]度荐拔镇墓真文券

图二四二　海滨湾M3左室南方八天[炼]度荐拔镇墓真文券拓片

北宋绍圣三年（1096）海滨湾M3左室南方八天炼度荐拔镇墓真文券

（图二四一、图二四二）

简介

该真文券出土于成都市海滨湾北宋墓中，现存于成都文物考古研究院。券体左上角残损。分上下两区，上部残存8行，每行4字，共计32字，为道教符箓之译文。下部右侧刻楷体1行12字。下部左侧刻8行8排，共64字，均为道教符箓。

释文

上：

南烱洞浮

玉眸诜诜

梵刑落空

九灵推前

泽落菩台

绿罗太千

眇莽九丑

□谣缘□

……

下右：

南方八天炼度荐拔镇墓真文。

下左：

券文为道教符箓。

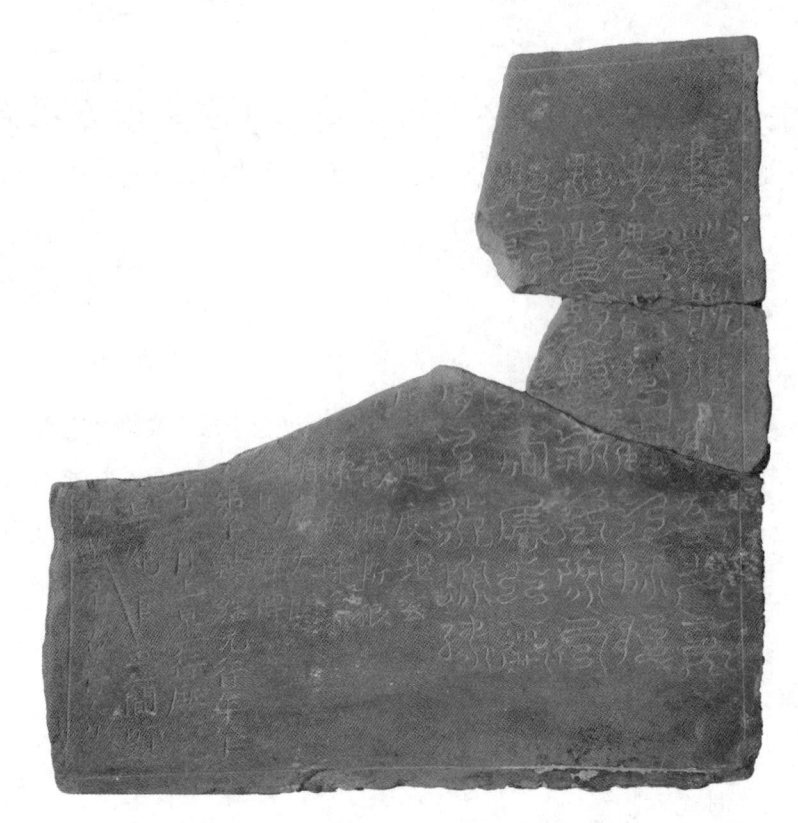

图二四三　海滨湾M3左室中央消灾真文券

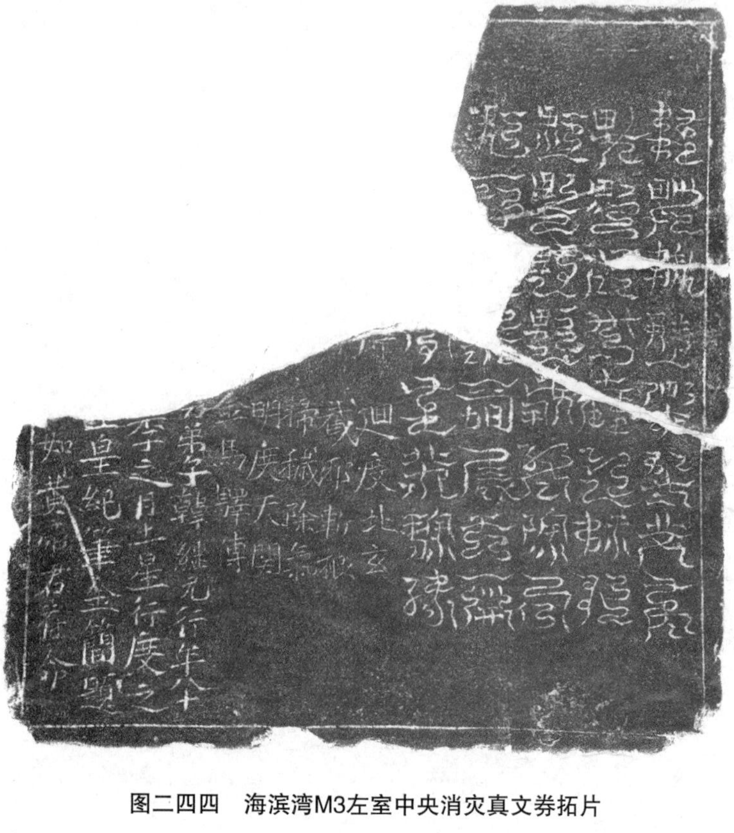

图二四四　海滨湾M3左室中央消灾真文券拓片

北宋绍圣三年（1096）海滨湾M3左室中央消灾真文券

（图二四三、图二四四）

简介

该真文券出土于成都市海滨湾北宋墓中，现存于成都文物考古研究院。券体左上部缺损。分三个部分，左侧刻4行，残存28字；中部竖刻4行8排，残存20字；右侧5行8排，共计40字，均为道教符篆。

释文

左：

☒弟子韩继 元，行年八十，

☒之月土星行度之

☒皇纪笔金简题，

☒如黄帝君符命！

中：

□□□□，回度北玄。

□□□□，截邪斩根。

□□□□，扫秽除气。

□□□□，明度天关。

□□□□，金马驿传。

右：

券文为道教符篆。

图二四五　槐荫路罗用章东方炼度真文券拓片

北宋崇宁四年（1105）槐荫路罗用章东方炼度真文券

（图二四五）

简介

该真文券出土于成都市成华区槐荫路北宋墓地，由成都文物考古研究院提供。券石下部残缺，应为方形，残长22.8厘米，宽36.4厘米，厚2.3厘米。四面阴刻单线框，再横向阴刻一道细线将券文分为上下两栏。下栏分为左右两部分，左区镌刻数列云篆符文，右区阴刻券石标题。上栏镌刻下栏之译文，4字16行，共64字。

释文

上：

□□阿荟

无恝观音

须延明[首]

法揽菩昙

稼郍阿弈

忽诃流吟

华都曲丽

鲜菩育臻

答落大梵

□烟庆云

飞洒王都

明魔上门

无行上道

□跖流玄

□陁龙罗

□象吁员

下右：

东☑

下左：

券文为道教符箓。

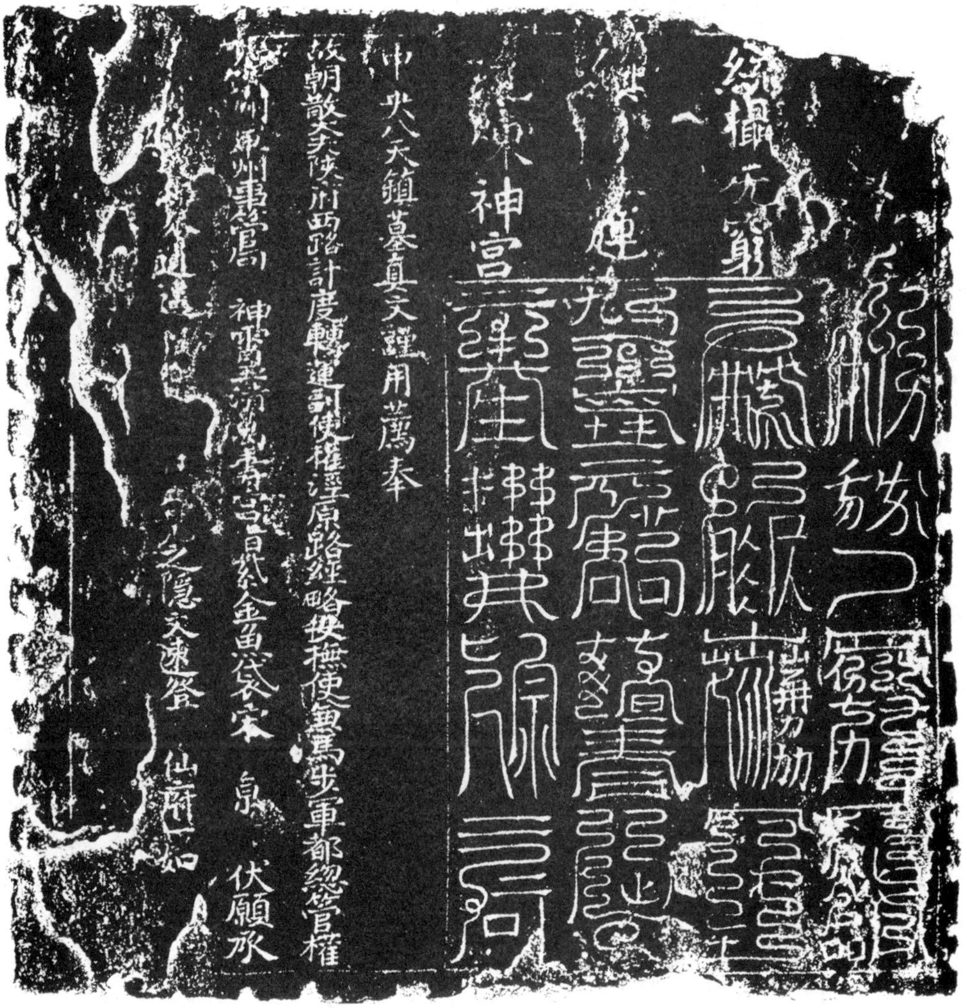

图二四六　宋京中方镇墓真文券拓片

北宋宣和七年（1125）宋京中方镇墓真文券[1]
（图二四六）

简介

该真文券出土于成都市东郊成华区龙潭乡保平六组北宋砖室墓，现存成都文物考古研究院。其券材为红砂石质。边长40厘米，厚3厘米。周边线刻单栏边框，框内一横一竖两条单线，将券面形成两区三部分。其中左区线框内从右至左，镌刻5行，共83字，字体楷书；右区上部镌刻4行，共16字；右区下部刻4行4排，共16字，均为道教符箓。

释文

右上：

□□□□

统摄无穷

[镇][星][吐]辉

流炼神宫

右下：

券文为道教符箓。

左：

中央八天镇墓真文谨用荐奉。

故朝散大夫陕府西路计度转运副使、权泾原路经略安抚使、兼马步军都总管权

□邠州军州事、管句神霄玉清万寿宫借紫金鱼袋宋京，伏愿承

☒逍遥……仅□梵之隐文，速登仙府，一如

……

---

[1] 成都文物考古研究所、成都博物院编著：《成都出土历代墓铭券文图录综释》，文物出版社2012年版，第273—283页。

图二四七　宋京西方八天镇墓真文券拓片

北宋宣和七年（1125）宋京西方八天镇墓真文券[1]（图二四七）

简介

该真文券出土于成都市东郊成华区龙潭乡保平六组北宋砖室墓，现存成都文物考古研究院。其材为红砂石质。券石右上角残缺，边长40厘米，厚3厘米。券文上方横额镌刻“西方八天镇墓真文”。其下方再线刻正方形方框，券文刻于方框中，共8行8排，共计64字，均为道教符箓。

释文

上：

西方八天镇墓真文。

下：

券文为道教符箓。

[1] 成都文物考古研究所、成都博物院编著：《成都出土历代墓铭券文图录综释》，文物出版社2012年版，第273—283页。

图二四八　蔡氏小九娘子中方八天荐拔炼度真文券拓片

北宋靖康元年（1126）蔡氏小九娘子中方八天荐拔炼度真文券[1]

（图二四八）

简介

该真文券出土于成都市成华区三圣乡花果村北宋砖室墓内，现存成都文物考古研究院。其券材为红砂石质。平面形状呈抹角方形，高约36.5厘米，宽约35.8厘米，厚2.1厘米。券石上部即额部横长方形线框内，从右至左镌刻提名。下区左部方框内从右至左，共5行，现存约40字。下区右部方框内共4行4排，计16字，均为道教符箓。

释文

上：

中方八天荐拔炼度□□。

下左：

五□□天五炼隐文并用荐奉。

□□□蔡氏小九娘子，伏万

□□三洞开，大洞以栖神，福堂

□[天]超梵天，□证□庆流，后裔

□□亲缘，一如□□帝符命！

右右：

道教符箓

[1] 成都市文物考古工作队：《成都市成华区三圣乡花果村宋墓发掘简报》，《成都考古发现2001》，科学出版社2003年版，第200—235页。

图二四九　蔡氏小九娘子东方八天荐拔炼度真文券拓片

北宋靖康元年（1126）蔡氏小九娘子东方八天荐拔炼度真文券[1]

（图二四九）

简介

该真文券出土于成都市成华区三圣乡花果村北宋砖室墓内，现存成都文物考古研究院。券材为红砂石质。平面形状呈方形，高约 35.8 厘米，宽约 35.6 厘米，厚约 2.1 厘米。券石分为左右两区，右区镌刻题名 10 字，左区镌刻 8 行 8 排，共计 64 字，为道教符箓。

释文

右：

东方八天荐拔炼度真文。

左：

券文为道教符箓。

---

[1] 成都市文物考古工作队：《成都市成华区三圣乡花果村宋墓发掘简报》，《成都考古发现 2001》，科学出版社 2003 年版，第 200—235 页。

图二五〇　蔡氏小九娘子北方八天荐拔炼度真文券拓片

北宋靖康元年（1126）蔡氏小九娘子北方八天荐拔炼度真文券[1]

（图二五〇）

简介

该真文券出土于成都市成华区三圣乡花果村北宋砖室墓内，现存成都文物考古研究院。其券材为红砂石质。平面形状呈方形，高约 36.5 厘米，宽约 35 厘米，厚约 2.2 厘米。券石分为左右两区，右区镌刻题名 10 字，左区镌刻 8 行 8 排，共计 64 字，为道教符箓。

释文

右：

北方八天荐拔□□□文。

左：

券文为道教符箓。

---

[1] 成都市文物考古工作队：《成都市成华区三圣乡花果村宋墓发掘简报》，《成都考古发现 2001》，科学出版社 2003 年版，第 200—235 页。

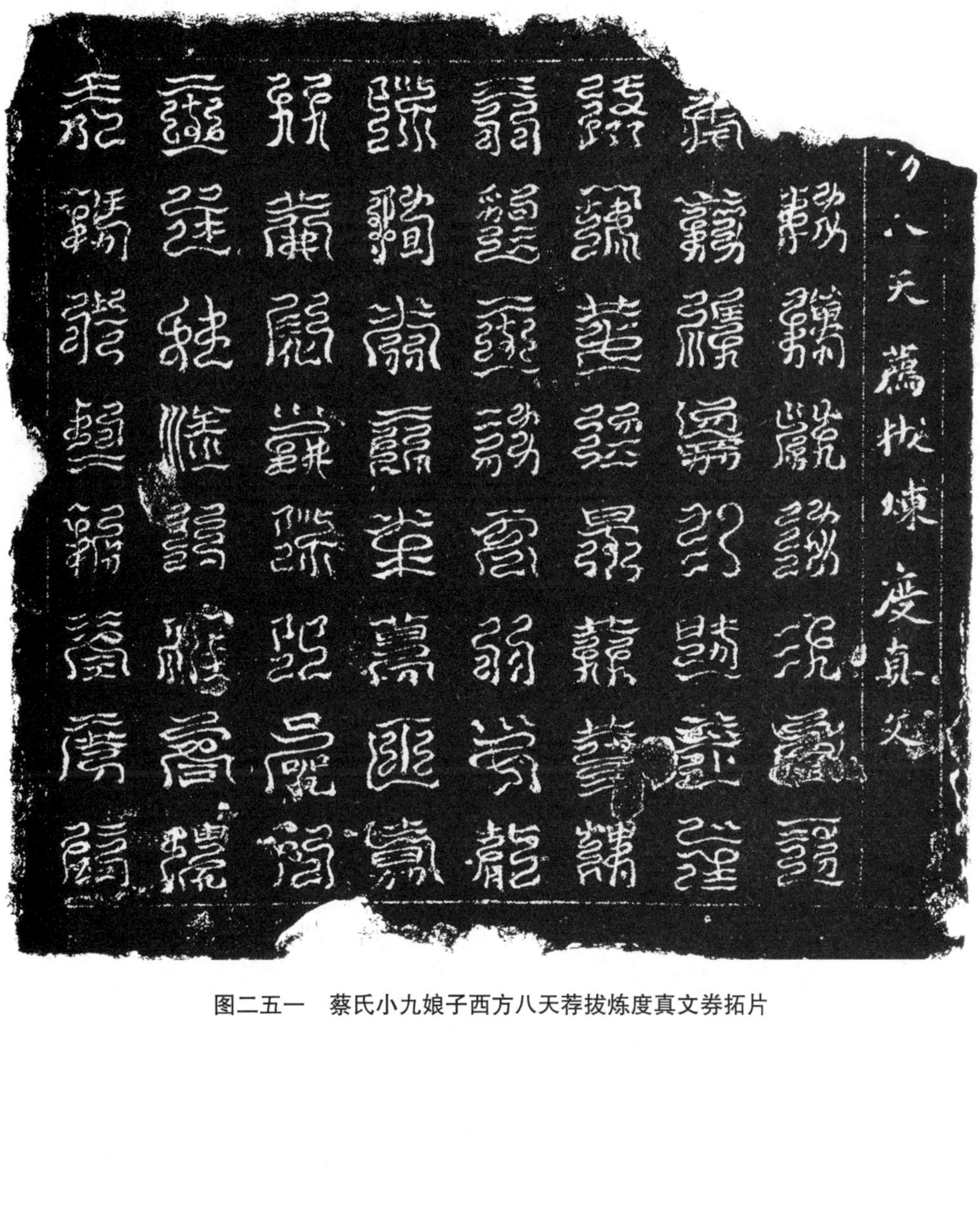

图二五一　蔡氏小九娘子西方八天荐拔炼度真文券拓片

北宋靖康元年（1126）蔡氏小九娘子西方八天荐拔炼度真文券[1]

（图二五一）

简介

该真文券出土于成都市成华区三圣乡花果村北宋砖室墓内，现存成都文物考古研究院。券材为红砂石质。券石分为左右两区，右区镌刻题名10字，左区镌刻8行8排，共计64字，为道教符箓。

释文

右：

[西]方八天荐拔炼度真文。

左：

券文为道教符箓。

---

[1] 成都市文物考古工作队：《成都市成华区三圣乡花果村宋墓发掘简报》，《成都考古发现2001》，科学出版社2003年版，第200—235页。

图二五二　蔡氏小九娘子南方八天荐拔炼度真文券拓片

北宋靖康元年（1126）蔡氏小九娘子南方八天荐拔炼度真文券[1]

（图二五二）

简介

该真文券出土于成都市成华区三圣乡花果村北宋砖室墓内，现存成都文物考古研究院。其券材为红砂石质。券石分为左右两区，右区镌刻题名10字，左区镌刻8行8排，共计64字，为道教符箓。

释文

右：

南方八天荐□□□□文。

左：

券文为道教符箓。

---

[1] 成都市文物考古工作队：《成都市成华区三圣乡花果村宋墓发掘简报》，《成都考古发现2001》，科学出版社2003年版，第200—235页。

图二五三　贾氏中方真文券拓片

南宋绍兴十六年（1146）贾氏中方真文券[1]

（图二五三）

简介

该真文券出土于成都市成华区成华广场地下停车场、南宋长方形双室券顶砖室墓中。其券材为红砂石质。券石分为左右两区，左区镌刻4行，每行12字，共计48字。右区上部镌刻4行4排，共计16字，字体楷书；右区下部镌刻4行4排，共16字，为道教符箓。

释文

右上：

[黄][中]总炁

[统]摄无穷

镇星[吐][辉]

流炼神[宫]

右下：

券文为道教符箓。

左：

□□镇星追奉真文，乞与殁故

□□，忏悔生前三世宿缘，悟有

□□，希回巨福，保佑真魂宁益，

托□□方，殊祥自□。[一]如律令！

---

❶ 成都文物考古研究院：《成都市成华区成华广场宋墓发掘简报》，《成都考古发现2015》，科学出版社2017年版，第694—714页。

图二五四　贾氏南方八天荐拔真文券拓片

南宋绍兴十六年（1146）贾氏南方八天荐拔真文券[1]（图二五四）

简介

该真文券出土于成都市成华区成华广场地下停车场、南宋长方形双室券顶砖室墓中。其券材为红砂石质。券石分为上下两栏，上栏楷书镌刻题名8字，下栏镌刻8行8排，共计64字，为道教符箓。

释文

上：

南方八天荐拔真[文]。

下：

券文为道教符箓。

---

[1] 成都文物考古研究院：《成都市成华区成华广场宋墓发掘简报》，《成都考古发现2015》，科学出版社2017年版，第694—714页。

图二五五　贾氏真文券拓片

南宋绍兴十六年（1146）贯氏真文券[1]
（图二五五）

简介

该真文券出土于成都市成华区成华广场地下停车场、南宋长方形双室券顶砖室墓中。其券材为红砂石质。券石分为上下两栏，上栏楷书镌刻题名8字，下栏镌刻8行8排，共计64字，为道教符箓。

释文

上：

☑天镇墓真文。

下：

券文为道教符箓。

---

[1] 成都文物考古研究院：《成都市成华区成华广场宋墓发掘简报》，《成都考古发现2015》，科学出版社2017年版，第694—714页。

图二五六　贾氏西方安灵真文券拓片

南宋绍兴十六年（1146）贾氏西方安灵真文券[1]（图二五六）

简介

该真文券出土于成都市成华区成华广场地下停车场、南宋长方形双室券顶砖室墓中。其券材为红砂石质。券石分为上下两栏，上栏楷书镌刻题名8字，下栏镌刻8行，部分文字缺失，为道教符篆。

释文

上：

西方□天安灵真文。

下：

券文为道教符篆。

[1] 成都文物考古研究院：《成都市成华区成华广场宋墓发掘简报》，《成都考古发现2015》，科学出版社2017年版，第694—714页。

图二五七　贾氏炼度真文券拓片

南宋绍兴十六年（1146）贾氏炼度真文券[1]（图二五七）

简介

该真文券出土于成都市成华区成华广场地下停车场、南宋长方形双室券顶砖室墓中。其券材为红砂石质。券石分为上下两栏，上栏楷书镌刻题名8字，下栏镌刻8行8排，部分文字缺失，为道教符箓。

释文

上：

□□□天炼度真文。

下：

券文为道教符箓。

[1] 成都文物考古研究院：《成都市成华区成华广场宋墓发掘简报》，《成都考古发现2015》，科学出版社2017年版，第694—714页。

图二五八　孙公南方八天荐拔真文拓片

南宋绍兴十六年（1146）孙公南方八天荐拔真文[1]（图二五八）

简介

该真文券出土于成都市成华区成华广场地下停车场、南宋长方形双室券顶砖室墓中。其券材为红砂石质。券石残损分为上下两栏，上栏镌刻题名8字，下栏镌刻8行8排，部分文字缺失，为道教符箓。

释文

上：

南方八天荐拔真□（文）。

下：

券文为道教符箓。

[1] 成都文物考古研究院：《成都市成华区成华广场宋墓发掘简报》，《成都考古发现2015》，科学出版社2017年版，第694—714页。

图二五九　孙公西方八天安灵真文券拓片

南宋绍兴十六年（1146）孙公西方八天安灵真文券[1]（图二五九）

简介

该真文券出土于成都市成华区成华广场地下停车场、南宋长方形双室券顶砖室墓中。其券材为红砂石质。券石分为上下两栏，上栏镌刻题名8字，下栏镌刻8行8排，共计64字，为道教符箓。

释文

上：

西方八天安灵真文。

下：

券文为道教符箓。

---

[1] 成都文物考古研究院：《成都市成华区成华广场宋墓发掘简报》，《成都考古发现2015》，科学出版社2017年版，第694—714页。

图二六〇　任公西方白帝镇墓真文券拓片

南宋绍兴二十二年（1152）任公西方白帝镇墓真文券[1]

（图二六〇）

简介

该真文券出土于成都市二仙桥东路12号路段、南宋同坟异穴夫妻合葬墓，现藏于成都文物考古研究院。其券材为红砂石质。券石左上角残损，分为上下两栏，上栏楷书镌刻题名，可识读4字。下栏镌刻8行8排，共计64字，均为道教符箓。

释文

上：

西方白帝☐

下：

券文为道教符箓。

---

[1] 成都文物考古研究所、成都博物院编著：《成都出土历代墓铭券文图录综释》，文物出版社2012年版，第329—345页。

图二六一　任公北方镇墓真文券拓片

南宋绍兴二十二年（1152）任公北方镇墓真文券[1]（图二六一）

简介

该真文券出土于成都市二仙桥东路12号路段、南宋同坟异穴夫妻合葬墓，现藏于成都文物考古研究院。其券材为红砂石质。券石残损。

释文

残损，所剩区域均为道教符箓。

---

❶成都文物考古研究所、成都博物院编著：《成都出土历代墓铭券文图录综释》，文物出版社2012年版，第329—345页。

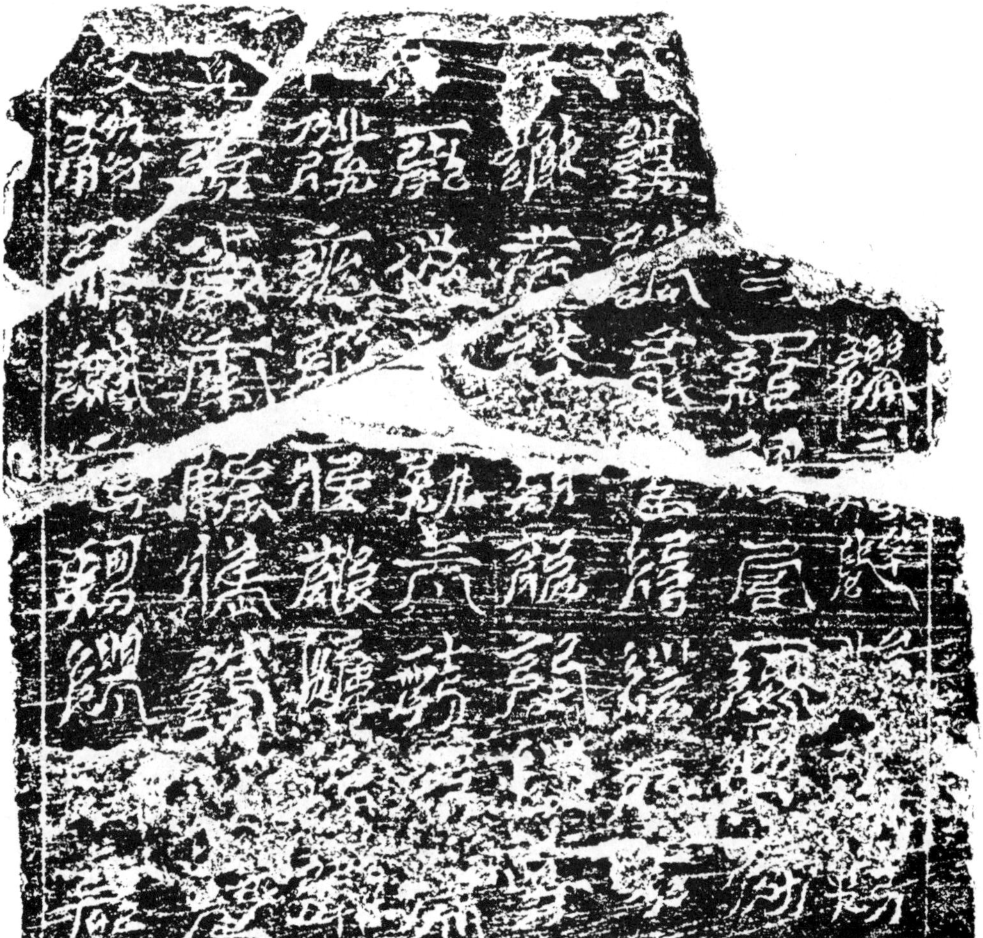

图二六二　任公南方镇墓真文券拓片

南宋绍兴二十二年（1152）任公南方镇墓真文券[1]

（图二六二）

简介

该真文券出土于成都市二仙桥东路12号路段、南宋同坟异穴夫妻合葬墓，现藏于成都文物考古研究院。其券材为红砂石质。券石残损，分为上下两栏，上栏楷书镌刻题名，可识读2字。下栏镌刻8行8排，共计64字，为道教符箓。

释文

上：

☐真文。

下：

券文为道教符箓。

[1] 成都文物考古研究所、成都博物院编著：《成都出土历代墓铭券文图录综释》，文物出版社2012年版，第329—345页。

图二六三　任公妻卫氏中方镇墓真文券拓片

南宋绍兴二十二年（1152）任公妻卫氏中方镇墓真文券[1]

（图二六三）

简介

该真文券出土于成都市二仙桥东路12号路段、南宋同坟异穴夫妻合葬墓，现藏于成都文物考古研究院。其券材为红砂石质。券石残损，分为上下两部分，上部仅存一“文”字，下部左侧刻楷体8字，下部中间刻4行4排道教符箓，下部右侧刻楷体8字。

释文

左：

镇星吐辉，流炼神宫。

中：

券文为道教符箓。

右：

□□[总]炁，统摄无穷。

---

[1] 成都文物考古研究所、成都博物院编著：《成都出土历代墓铭券文图录综释》，文物出版社2012年版，第329—345页。

图二六四　任公妻卫氏西方镇墓真文券拓片

南宋绍兴二十二年（1152）任公妻卫氏西方镇墓真文券[1]

（图二六四）

简介

该真文券出土于成都市二仙桥东路 12 号路段、南宋同坟异穴夫妻合葬墓，现藏于成都文物考古研究院。其券材为红砂石质。券石残损。

释文

券石残损严重，所剩部分均为道教符箓。

---

[1] 成都文物考古研究所、成都博物院编著：《成都出土历代墓铭券文图录综释》，文物出版社 2012 年版，第 329—345 页。

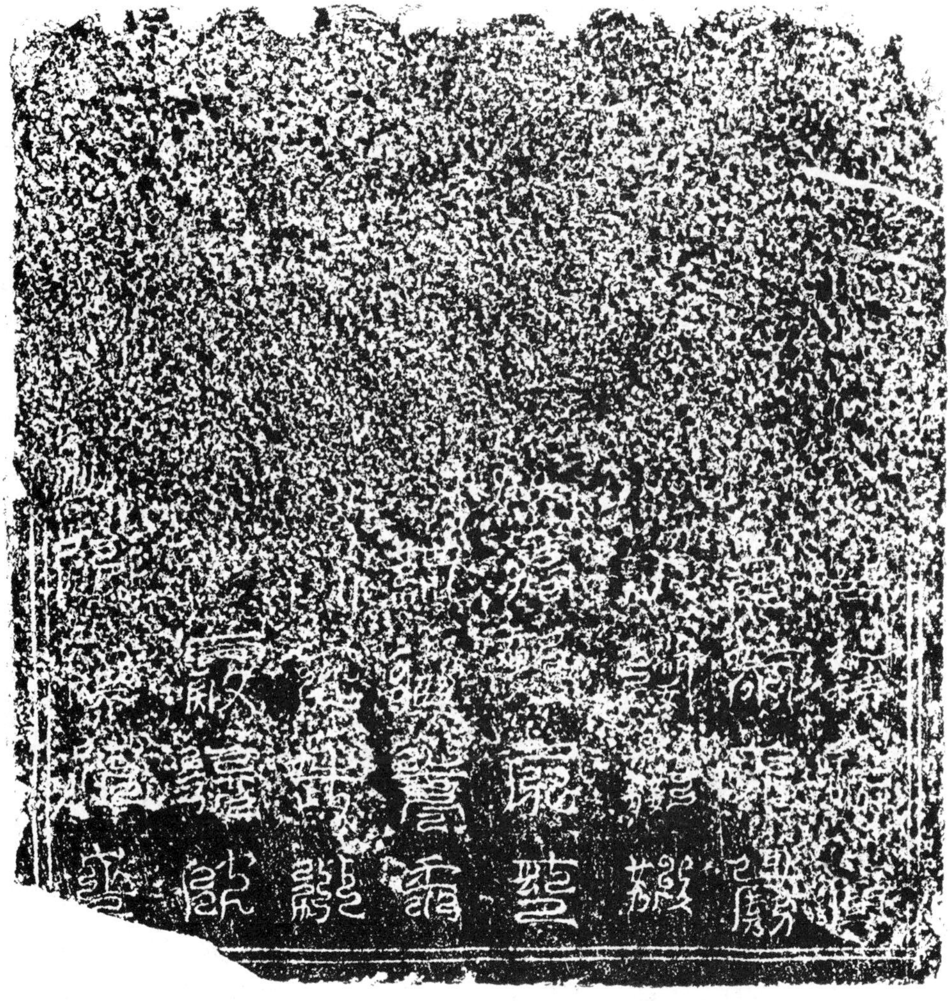

图二六五　任公妻卫氏东方镇墓真文券拓片

南宋绍兴二十二年（1152）任公妻卫氏东方镇墓真文券[1]

（图二六五）

简介

该真文券出土于成都市二仙桥东路12号路段、南宋同坟异穴夫妻合葬墓，现藏于成都文物考古研究院。其券材为红砂石质。券石残损。

释文

券文字迹漫漶不清，可见部分均为道教符箓。

[1] 成都文物考古研究所、成都博物院编著：《成都出土历代墓铭券文图录综释》，文物出版社2012年版，第329—345页。

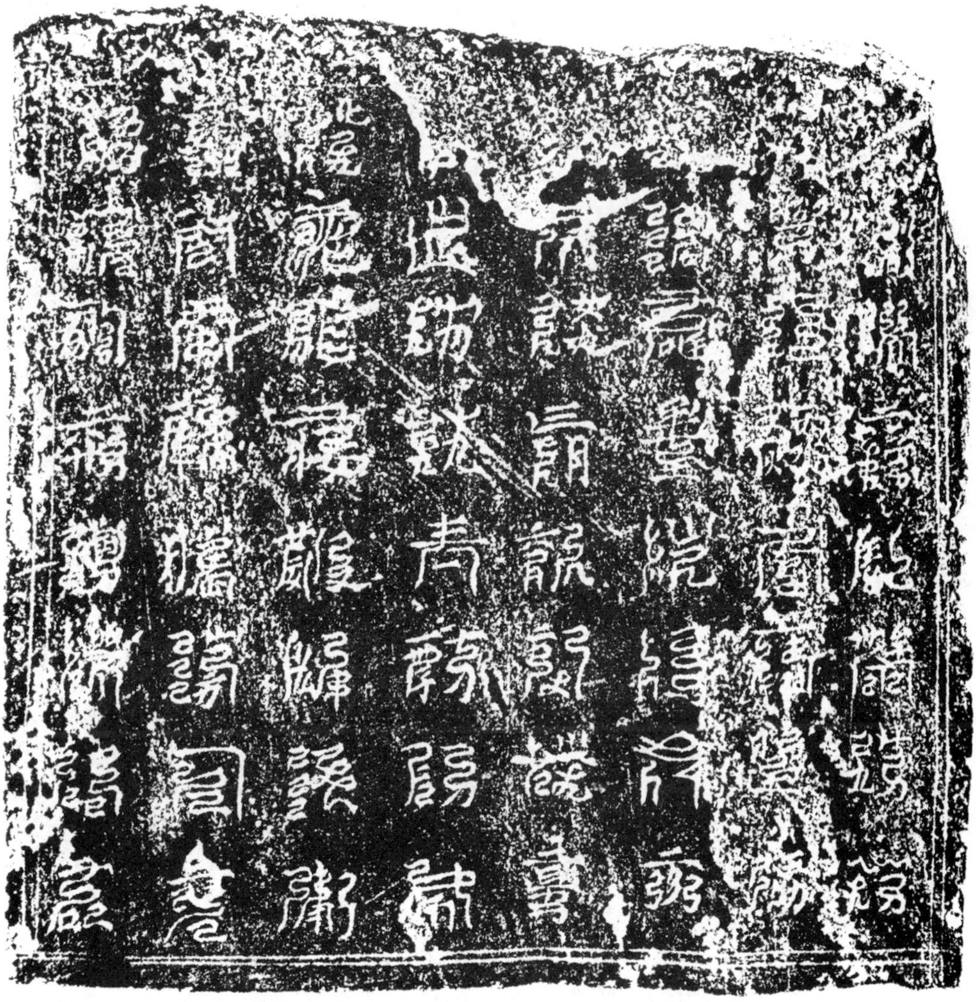

图二六六　任公妻卫氏南方镇墓真文券拓片

南宋绍兴二十二年（1152）任公妻卫氏南方镇墓真文券[1]

（图二六六）

简介

该真文券出土于成都市二仙桥东路12号路段、南宋同坟异穴夫妻合葬墓，现藏于成都文物考古研究院。其券材为红砂石质。券石残损。

释文

券文字迹漫漶模糊，可见部分均为道教符箓。

---

[1] 成都文物考古研究所、成都博物院编著：《成都出土历代墓铭券文图录综释》，文物出版社2012年版，第329—345页。

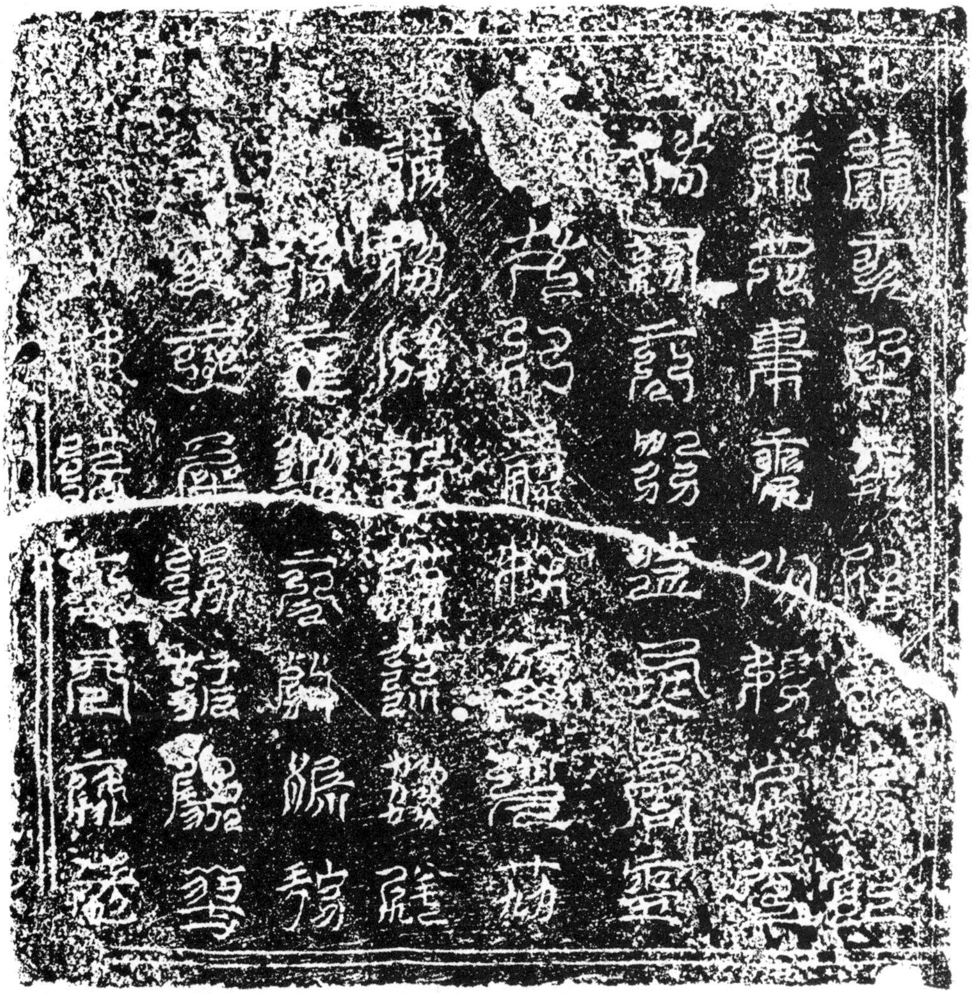

图二六七　任公妻卫氏北方镇墓真文券拓片

南宋绍兴二十二年（1152）任公妻卫氏北方镇墓真文券[1]

（图二六七）

简介

该真文券出土于成都市二仙桥东路 12 号路段、南宋同坟异穴夫妻合葬墓，现藏于成都文物考古研究院。其券材为红砂石质。券石残损。分为上下两栏，上栏镌刻题名，可识读 6 字。下栏镌刻 8 行 8 排，共计 64 字，为道教符箓。

释文

上：

北方黑帝安[墓]☐

下：

券文为道教符箓。

[1] 成都文物考古研究所、成都博物院编著：《成都出土历代墓铭券文图录综释》，文物出版社 2012 年版，第 329—345 页。

图二六八　陈氏中央八天镇墓真文券拓片

南宋嘉定六年（1213）陈氏中央八天镇墓真文券[1]（图二六八）

简介

该真文券出土于成都市成华区青龙乡石岭村七组、南宋砖室墓中，现存于成都文物考古研究院。其券材为陶质。其券高 39 厘米，宽 38 厘米，厚 3 厘米。券面有 5 横 5 竖单线，形成 16 格方框，框内镌刻 16 个道教符箓。方框上部刻 9 字，字体楷书。

释文

上：

中央八天[真]文镇大吉。

下：

券文为道教符箓。

---

[1] 成都文物考古研究所、成都博物院编著：《成都出土历代墓铭券文图录综释》，文物出版社 2012 年版，第 436—442 页。

图二六九　陈氏之夫中央八天镇墓真文券拓片

南宋嘉定六年（1213）陈氏之夫中央八天镇墓真文券[1]

（图二六九）

简介

该真文券出土于成都市成华区青龙乡石岭村七组、南宋砖室墓中，现存于成都文物考古研究院。其券材为陶质。其券长 39 厘米，宽 40 厘米，厚 3 厘米。中部撰写 9 字，字体楷书。两旁分别刻 3 竖 5 横，组成 16 个方框，方框内刻写 16 个道教符箓。

释文

中部：

中央八[天]镇墓大吉利。

两侧：

券文为道教符箓。

[1] 成都文物考古研究所、成都博物院编著：《成都出土历代墓铭券文图录综释》，文物出版社 2012 年版，第 436—442 页。

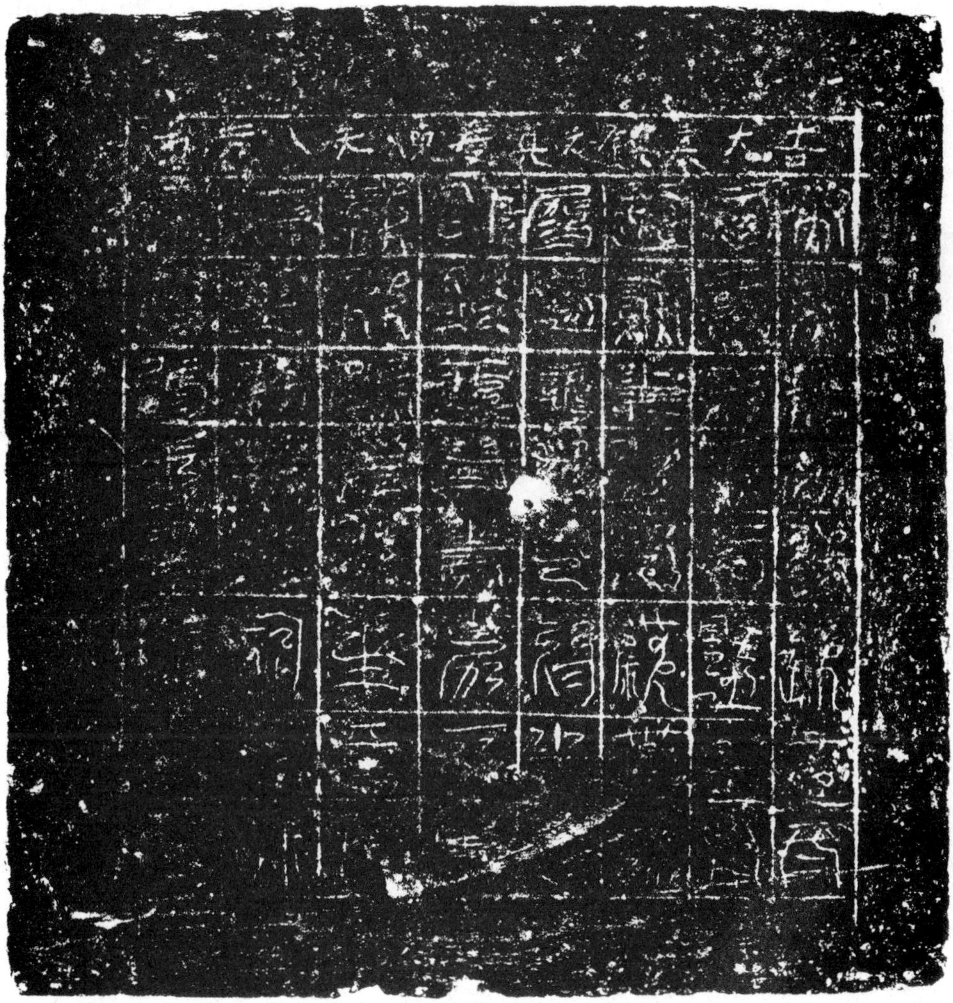

图二七〇　陈氏之夫西方八天炼度真文券拓片

南宋嘉定六年（1213）陈氏之夫西方八天炼度真文券[1]

（图二七〇）

简介

该真文券出土于成都市成华区青龙乡石岭村七组、南宋砖室墓中，现存于成都文物考古研究院。其券材为陶质。其券长42厘米，宽43厘米，厚3厘米。券文上部楷书镌刻12字，下部刻8行8排，共计64字，均为道教符箓。

释文

上：

西方八天炼度真文镇墓大吉。

下：

券文字迹模糊，均为道教符箓。

---

[1] 成都文物考古研究所、成都博物院编著：《成都出土历代墓铭券文图录综释》，文物出版社2012年版，第436—442页。

图二七一　陈氏夫妇墓东方八天炼度真文券拓片

南宋嘉定六年（1213）陈氏夫妇墓东方八天炼度真文券[1]

（图二七一）

简介

该真文券出土于成都市成华区青龙乡石岭村七组南宋砖室墓中，现存于成都文物考古研究院。其券材为陶质。其券长 42.5 厘米，残宽 26.3 厘米。上部残存楷书 6 字。下部可辨识文字仅有 36 字，为道教符箓。

释文

上：

东方八天炼度☐

下：

券石残缺漫漶，剩余部分均为道教符箓。

---

[1] 成都文物考古研究所、成都博物院编著：《成都出土历代墓铭券文图录综释》，文物出版社 2012 年版，第 436—442 页。

图二七二　四川博物院藏宋代北方八天镇墓真文券

四川博物院藏宋代北方八天镇墓真文券

（图二七二）

简介

该真文券出土时间、地点不详，现藏于四川博物院。其券分上下两部分，上部楷书8字，下部刻8行8排，共64字，均为道教符箓。

释文

上：

北方八天镇墓真文。

下：

券文字迹漫漶，疑均为道教符箓。

图二七三　四川博物院藏宋代镇墓真文券拓片

四川博物院藏宋代镇墓真文券

（图二七三）

简介

该真文券出土年代和地点不详，现藏于四川博物院。刻 8 行 8 排，共 64 字，均为道教符箓。

释文

券文为道教符箓。

图二七四　海滨湾M8中央黄帝荐拔真文券

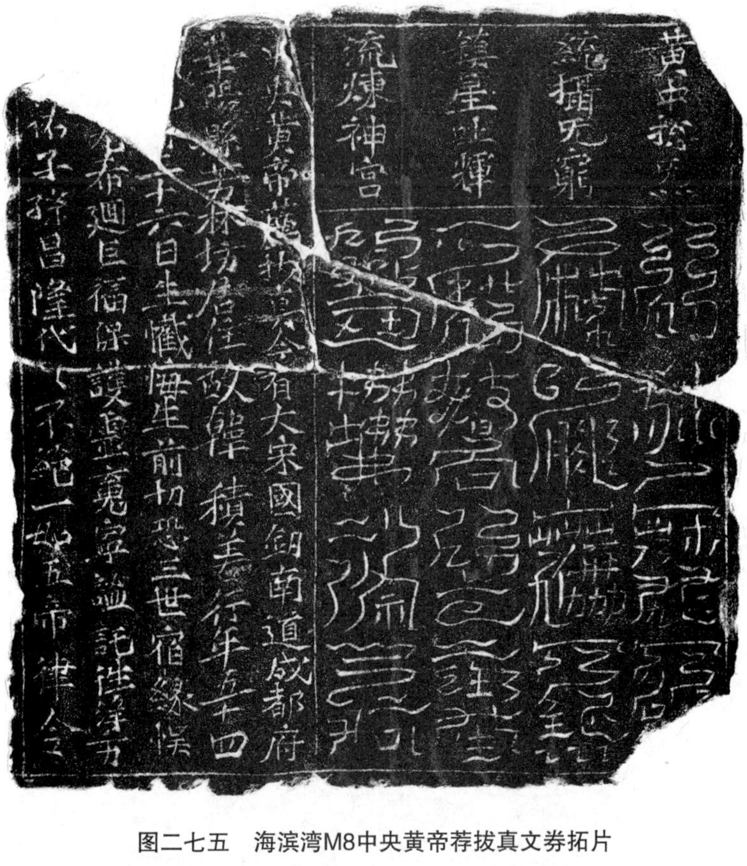

图二七五　海滨湾M8中央黄帝荐拔真文券拓片

海滨湾 M8 中央黄帝荐拔真文券

（图二七四、图二七五）

简介

该真文券出土于成都市海滨湾，现存于成都文物考古研究院。其券形制不详。券体分为三个部分，左侧刻楷体券文 5 行，每行约 18 字，共计 90 余字。右上部刻 4 行 4 排，共 16 字，为道教符篆之译文；右下部刻 4 行 4 排，共 16 字，均为道教符篆。

释文

右上：

黄中总炁
统摄无穷
镇星吐辉
流炼神宫

右下：

券文为道教符篆。

左：

中央黄帝荐拔真。今有大宋国剑南道成都府
华阳县芳林坊居住故韩积[姜]，行年五十四
□□□二十六日生。忏悔生前切恐三世宿缘，误
□□[尤]，希回巨福，保护灵魂宁谧，托往净方，
□[佑]子孙昌隆，代代不绝。一如五帝律令！

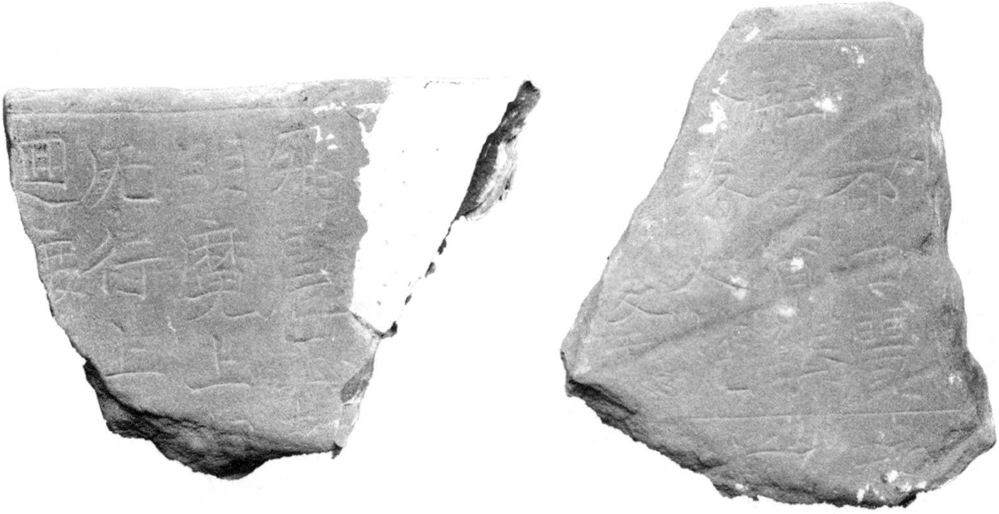

图二七六　海滨湾M8东方真文券[1]

图二七七　海滨湾M8东方真文券拓片

[1] 编者按，原照片如此，无补，一仍其旧。

海滨湾M8东方真文券

（图二七六、图二七七）

简介

该真文券出土于成都市海滨湾，现存于成都文物考古研究院。其券体残损，形制不详。券体残缺，券文仅存8行4排，32字，字体为楷体。

释文

……

华都曲丽

鲜菩育臻

[答]落大梵

□□[庆][云]

飞丽玉□

明魔上□

无行上□

回[𪂙]□□

……

图二七八　海滨湾M8南方真文券

图二七九　海滨湾M8南方真文券拓片

海滨湾 M8 南方真文券

（图二七八、图二七九）

简介

该真文券出土于成都市海滨湾，现存于成都文物考古研究院。券体破损严重，券文仅存 22 字。

释文

……

□莽九丑，

韶谣缘邅，

云上九都，

飞生自骞，

那育郁馥，

魔罗法□，

……

图二八〇　海滨湾M8荐拔真文券

图二八一　海滨湾M8荐拔真文券拓片

海滨湾 M8 荐拔真文券

（图二八〇、图二八一）

简介

该真文券出土于成都市海滨湾，现存于成都文物考古研究院。券体残缺，券文仅存下半部。右侧残存楷体 4 字，左侧残存 8 行 5 排，40 字，为道教符箓。

释文

右：

☒荐拔真文。

左：

残损，剩余部分均为道教符箓。

图二八二　海滨湾M8荐拔真文券拓片

海滨湾 M8 荐拔真文券

（图二八二）

简介

该真文券出土于成都市海滨湾，现存于成都文物考古研究院。券体残缺，仅存下半部。右侧残存楷体 4 字，左侧残存 8 行 5 排，40 字，均为道教符箓。

释文

右：

☒荐拔真文。

左：

残缺，剩余部位均为道教符箓。

图二八三　海滨湾M8北方八天荐拔真文券

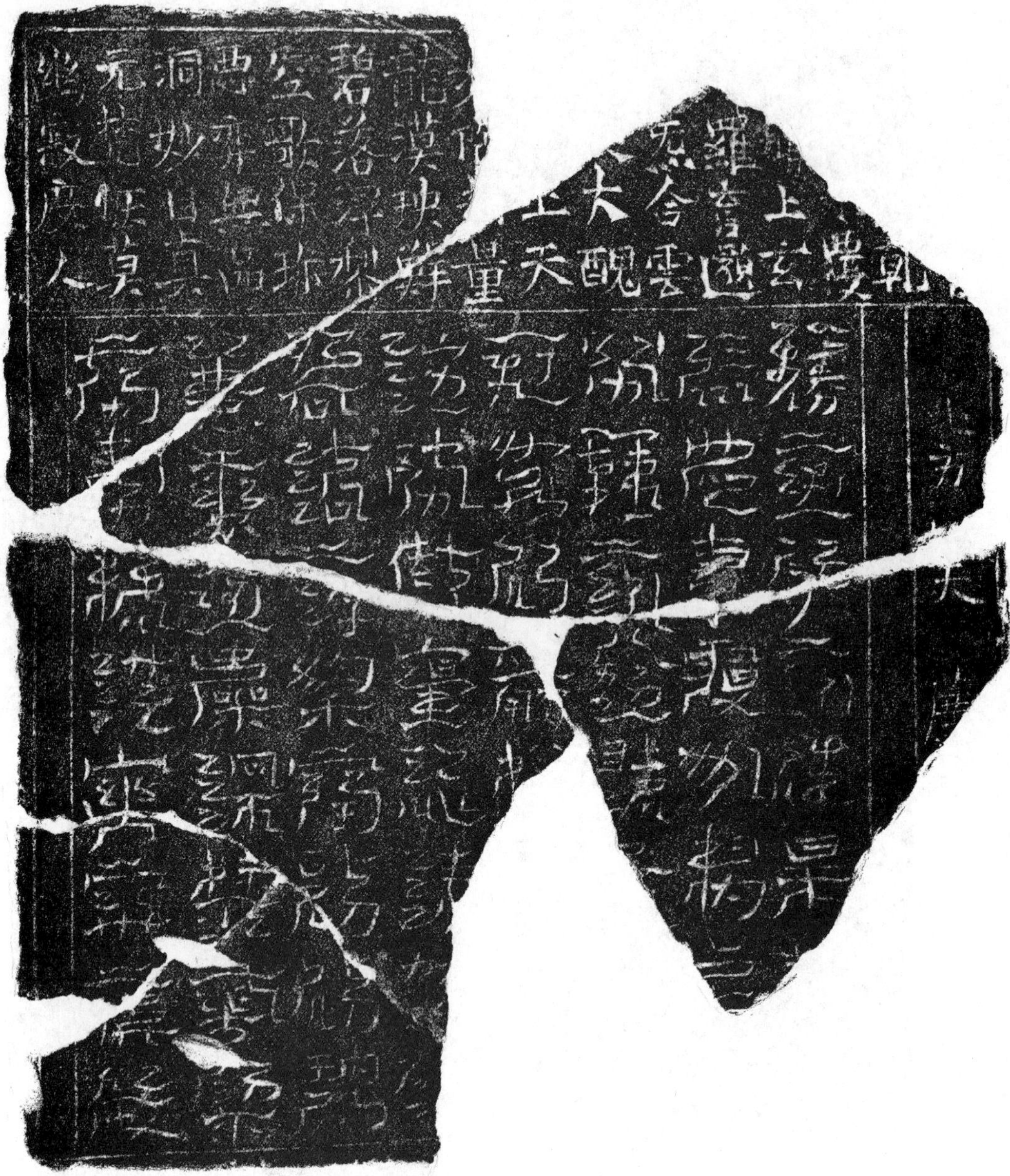

图二八四　海滨湾M8北方八天荐拔真文券拓片

海滨湾 M8 北方八天荐拔真文券

（图二八三、图二八四）

简介

该真文券出土于成都市海滨湾，现存于成都文物考古研究院。券体右上角和右下角残缺，券文分上下两区，上部残存16行，每行4字，共计64字，部分文字缺失，为道教符箓之译文；下部右侧刻残存楷体5字。下部左侧刻8行8排，共64字，部分文字缺失，均为道教符箓。

释文

右下：

北方八天，荐□□□。

上：

□□□□
□□□乾
□□□覆
□□上玄
□罗育邈
□炁合云
□□大丑
□□上天
沙陀劫量
龙漠玦鲜
碧落浮黎
空歌保珍
恶弈无品
洞妙自真
元梵恢莫
幽寂度人

左下：

券文为道教符箓。

图二八五　海滨湾M9真文券拓片

海滨湾 M9 真文券

（图二八五）

简介

该真文券出土于成都市海滨湾，现存于成都文物考古研究院。卷石残缺，券文模糊不清。

释文

券体残缺，其券文可识别部位均为道教符箓。

图二八六　海滨湾M9东方青帝八天炼度荐拔真文券拓片

海滨湾 M9 东方青帝八天炼度荐拔真文券

（图二八六）

简介

该真文券出土于成都市海滨湾，现存于成都文物考古研究院。券体分上下两区，券文上部刻 16 行，每行 4 字，共计 64 字，为道教符箓之译文；下部右侧刻楷体 14 字，下部左侧刻 8 行 8 排，共 64 字，均为道教符箓。

释文

上：

亶娄阿荟
□悫观音
□□明首
□揽菩昙
稼般阿弈
忽诃流吟
华□□□
□菩□□
答落大梵
□□□□
□□玉都
□□上门
□□上道
回蹠流玄
□陀龙罗
□□吁员

右下：

东方青帝八天炼度荐拔镇墓真文。

左下：

券文为道教符箓。

图二八七　海滨湾M9中方炼度荐拔镇墓真文券拓片

海滨湾 M9 中方炼度荐拔镇墓真文券

（图二八七）

简介

该真文券出土于成都市海滨湾，现存于成都文物考古研究院。券体残损严重，券文分为三个部分，左侧刻楷体券文 5 行。右上部残存楷体 2 字。右下部刻 4 行 4 排，共 16 字，均为道教符箓。

释文

右上：

□□□炁

□□□穷

□□□□

□□□□

右下：

券文为道教符箓。

左：

▨度荐拔镇墓真文。今有大宋[国]

▨华阳县芳林坊居住故▨

岁，十一月十二日……前切恐三世

▨，希回巨福，保□灵魂宁谧，托往

▨代不□。一如五帝律令！

图二八八　海滨湾M9北方黑帝八天炼度荐拔镇墓真文券拓片

海滨湾 M9 北方黑帝八天炼度荐拔镇墓真文券

（图二八八）

简介

该真文券出土于成都市海滨湾，现存于成都文物考古研究院。券体左上角残缺，券文分上下两区，上部残存 6 行，每行 4 字，共计 24 字，为道教符箓之译文；下部右侧刻楷体 14 字，下部左侧刻 8 行 8 排，共 64 字，均为道教符箓。

释文

上：

□无自育

□□导乾

坤毋东覆

刑摄上玄

陀罗育邈

眇炁合云

……

右下：

北方黑帝八天炼度荐拔镇墓真文。

左下：

券文为道教符箓。

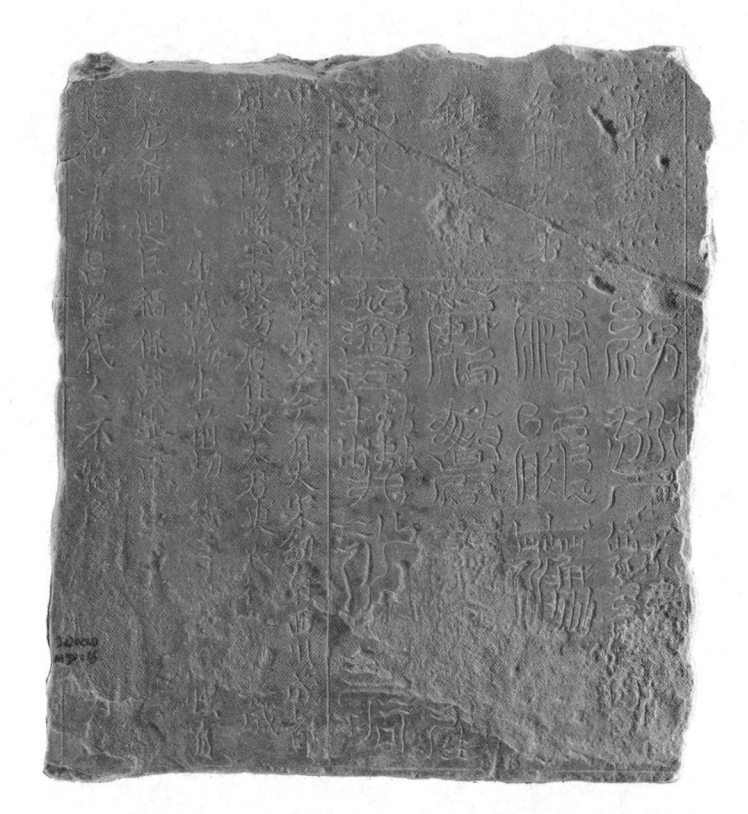

图二八九　东林四组M50：16中央黄帝镇墓真文券

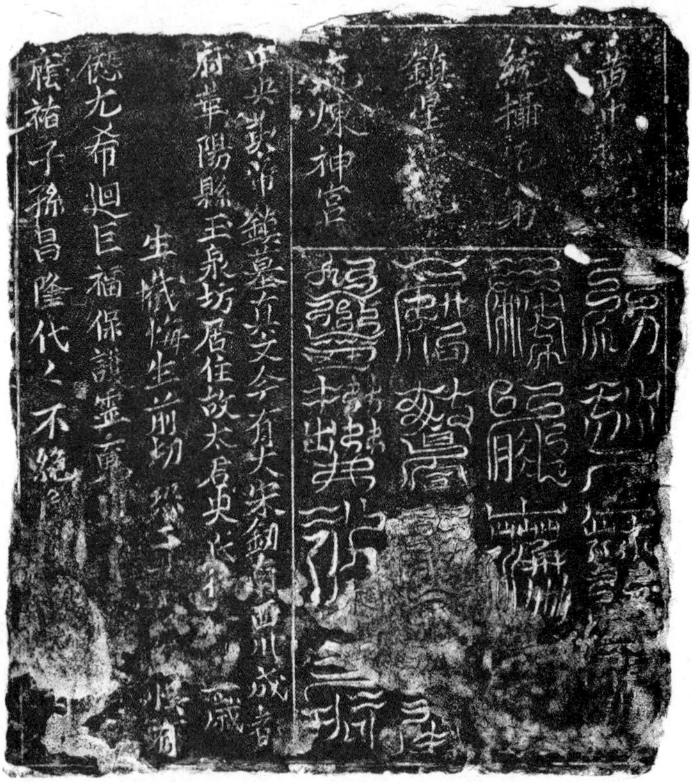

图二九〇　东林四组M50：16中央黄帝镇墓真文券拓片

东林四组 M50：16 中央黄帝镇墓真文券

（图二八九、图二九〇）

简介

该真文券出土于成都市东林四组，现存于成都文物考古研究院。券体分为三个部分，券文左侧刻楷体券文 5 行，可辨识约 64 字；右上部刻楷体 4 行 4 排，共 16 字，为道教符箓之译文；右下部刻 4 行 4 排，共 16 字，均为道教符箓。

释文

右上：

黄中总炁

统摄无穷

镇星[吐][辉]

流炼神宫

右下：

券文为道教符箓。

左：

中央黄帝镇墓真文。今有大宋剑南西川成都

府华阳县玉泉坊居住故太君史氏，□□□岁，

生忏悔生前切恐□□□□，误有

愆尤，希回巨福，保护灵魂⧄

荫佑子孙昌隆，代代不绝，⧄

图二九一　东林四组M50：17南方八天真文券

图二九二　东林四组M50：17南方八天真文券拓片

东林四组 M50：17 南方八天真文券

（图二九一、图二九二）

简介

该真文券出土于成都市东林四组，现存于成都文物考古研究院。券文漫漶不清。分上下两区，上部仅可辨识 7 字，为楷体。下部右侧刻楷体 8 字。下部左侧刻 8 行 8 排，共 64 字，均为道教符篆。

释文

上：

……

□罗大千

□□□丑

□□□逜

□□□都

□□□骞

……

右下：

南方八天，镇墓真文。

左下：

券文为道教符篆。

图二九三　东林四组M50：18东方八天镇墓真文券

图二九四　东林四组M50：18东方八天镇墓真文券拓片

东林四组 M50：18 东方八天镇墓真文券

（图二九三、图二九四）

简介

该真文券出土于成都市东林四组，现存于成都文物考古研究院。券体左上角残缺。券文分上下两区，上部刻 16 行，每行 4 字，共计 64 字，为道教符箓之译文；下部右侧刻楷体 8 字，下部左侧刻 8 行 8 排，共 64 字，均为道教符箓。

释文

上：

亶娄阿荟
无恕观音
须延明首
□揽菩昙
稼那阿奔
忽诃流吟
华都曲丽
鲜菩育臻
答落大梵
散烟庆云
飞洒玉都
明魔上门
无行上□
□蹠流玄
□陀□□
□□吁□

右下：

东方八[天]镇墓真文。

左下：

券文为道教符箓。

图二九五　东林四组M50：19西方八天镇墓真文券

图二九六　东林四组M50：19西方八天镇墓真文券拓片

东林四组 M50：19 西方八天镇墓真文券

（图二九五、图二九六）

简介

该真文券出土于成都市东林四组，现存于成都文物考古研究院。券体上部残缺。券文下部右侧刻楷体 8 字，下部左侧刻 8 行 8 排，共 64 字，均为道教符箓。

释文

上：

残缺。

右下：

西方八天，镇墓真文。

左下：

略有漫漶，可辨识部位均为道教符箓。

图二九七　东林四组M50：20镇墓真文券

图二九八　东林四组M50：20镇墓真文券拓片[1]

---

[1] 编者按，该拓片不全，左下缺一块，见图二九七。

东林四组 M50：20 镇墓真文券

（图二九七、图二九八）

简介

该真文券出土于成都市东林四组，现存于成都文物考古研究院。券体残缺。券文右侧残存楷体 4 字，左侧残存 6 行，均为道教符箓。

释文

右：

☒镇墓真文。

左：

残损，剩余部分均为道教符箓。

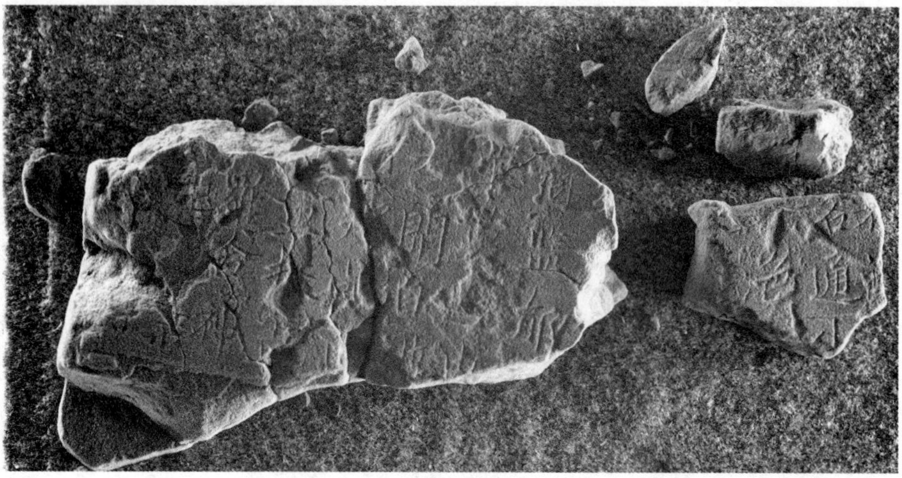

图二九九　东林四组M50：23西方镇墓真文券

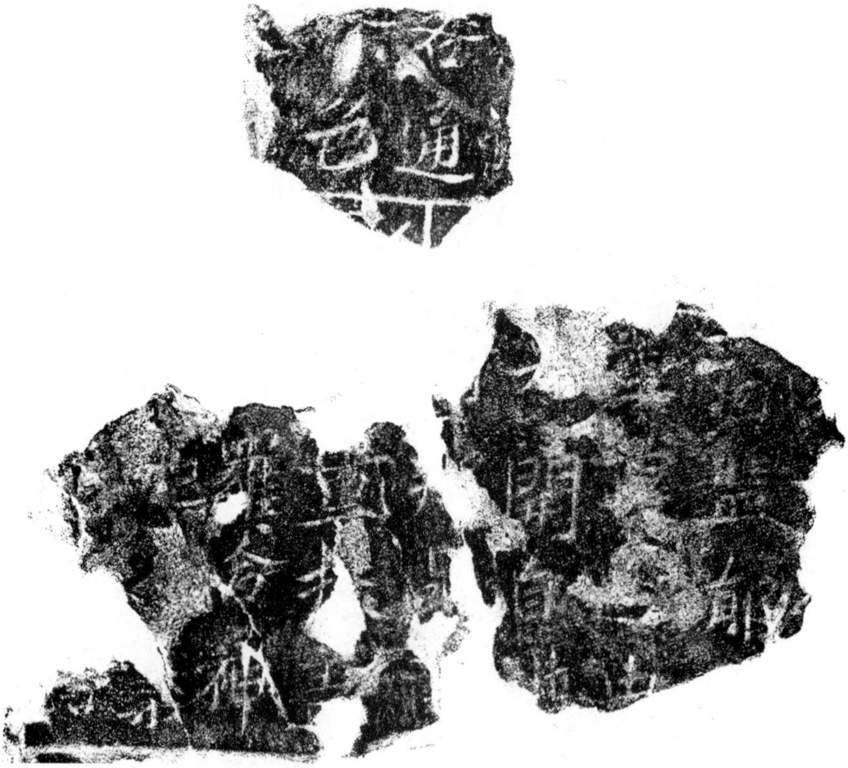

图三〇〇　东林四组M50：23西方镇墓真文券拓片[1]

[1] 编者按，该拓片与原照片（图二九九）比较有差异，仅供参考。以下类似情况，处理同！

东林四组 M50：23 西方镇墓真文券

（图二九九、图三〇〇）

简介

该真文券出土于成都市东林四组，现存于成都文物考古研究院。券体残缺，仅 11 字可辨识。

释文

……

▨咎通

▨色

……

阿监郁□

华莫延由

□开自□

□□□□

□□□□

□罗合神

□□□□

……

图三〇一　东林四组M191：2真文券

图三〇二　东林四组M191：2真文券拓片

东林四组 M191：2 真文券

（图三〇一、图三〇二）

简介

该真文券出土于成都市东林四组，现存于成都文物考古研究院。

释文

上：

☐炁镇☐

下：

券体残损，剩余部分券文均为道教符箓。

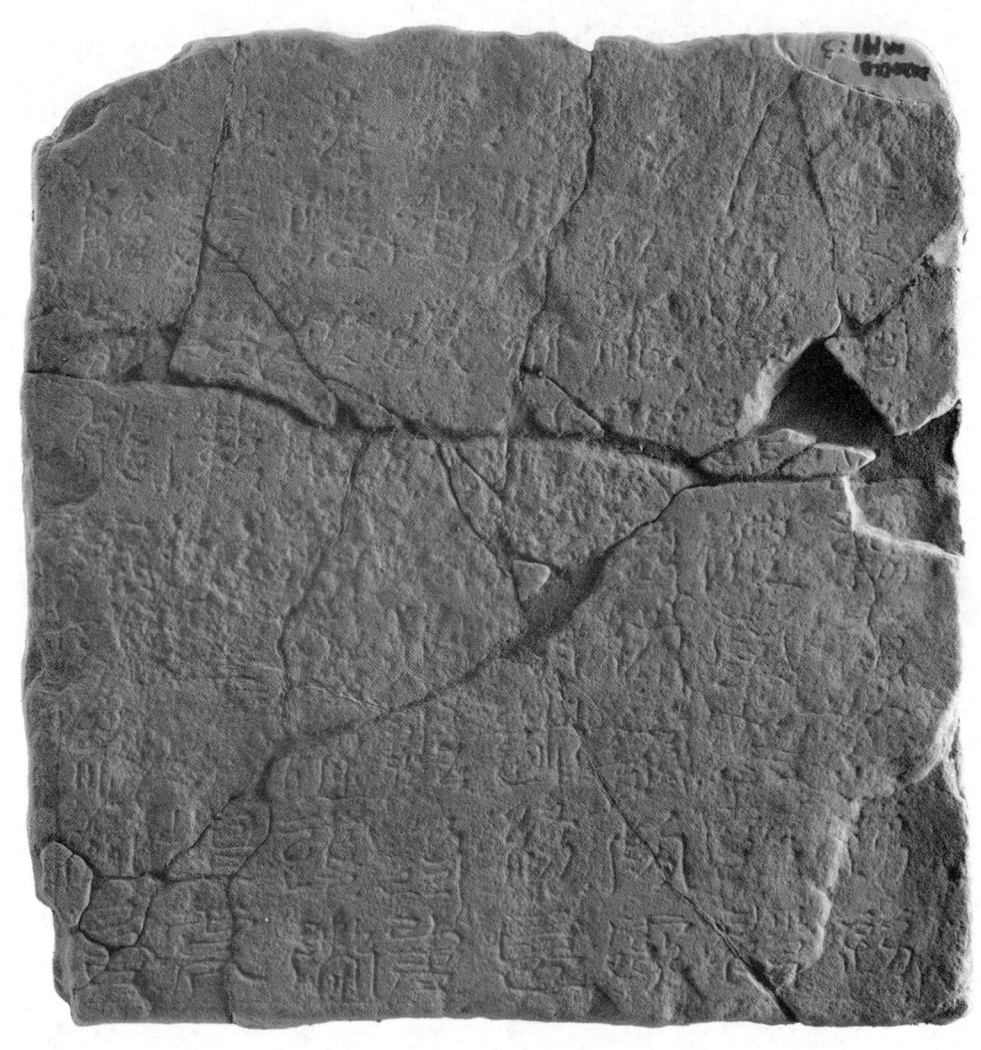

图三〇三　东林四组M191：3真文券

东林四组 M191：3 真文券

（图三〇三）

简介

该真文券出土于成都市东林四组，现存于成都文物考古研究院。券文漫漶不清。券文分上下两部分，上部可辨识楷体 3 字，下部均为道教符箓，模糊不清。

释文

上：

□□□□□墓真文。

下：

券文字迹漫漶，可见部分均为道教符箓。

图三〇四　东林四组M191：4真文券

东林四组 M191：4 真文券

（图三〇四）

简介

该真文券出土于成都市东林四组，现存于成都文物考古研究院。

释文

券文字迹漫漶，可见部分均为道教符箓。

图三〇五　东林四组M191：6北方镇墓真文券拓片

东林四组 M191：6 北方镇墓真文券

（图三〇五）

简介

该真文券出土于成都市东林四组，现存于成都文物考古研究院。券体残缺严重。券文上部可辨识楷书 4 字，下部均为道教符箓。

释文

上：

北□□炁镇墓☑

下：

券体残损，剩余部分券文均为道教符箓。

图三〇六　东林四组M191：8中方八天镇墓真文券

图三〇七　东林四组M191：8中方八天镇墓真文券拓片

东林四组 M191：8 中方八天镇墓真文券

（图三〇六、图三〇七）

简介

该真文券出土于成都市东林四组，现存于成都文物考古研究院。其券体残损，仅 10 余字可辨识。

释文

上：

中方八天镇墓▨

故□□道士杨▨

……

大□之隅▨

王□□□命▨

下：

券体残损，券文所剩均为道教符箓。

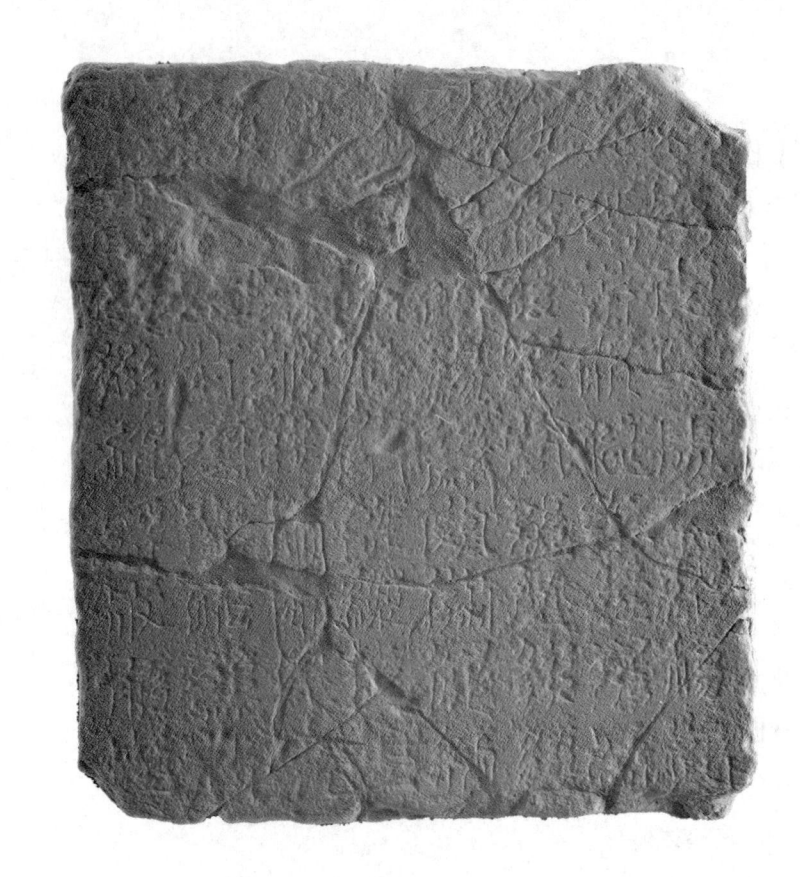

图三〇八　东林四组M191：9真文券

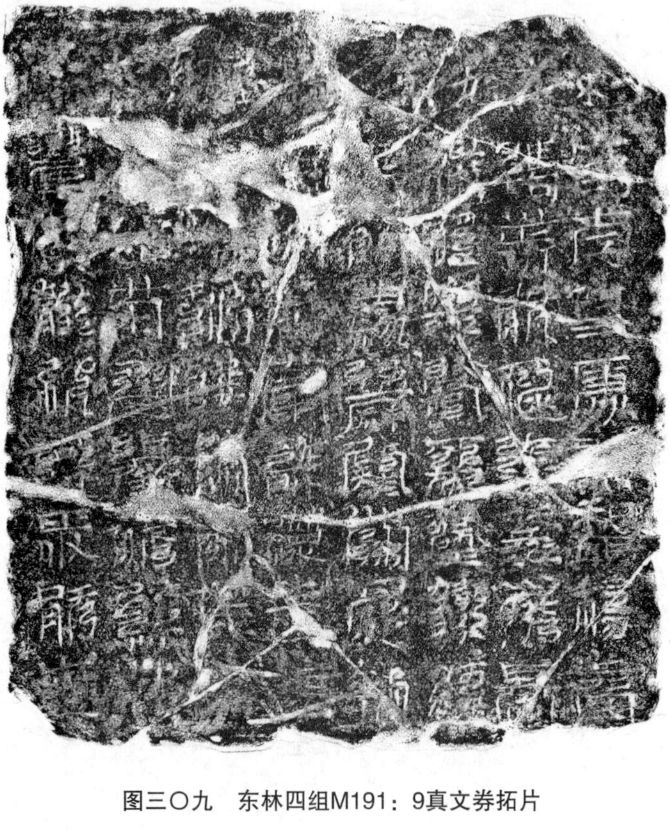

图三〇九　东林四组M191：9真文券拓片

东林四组 M191：9 真文券

（图三〇八、图三〇九）

简介

该真文券出土于成都市东林四组，现存于成都文物考古研究院。

释文

字迹漫漶，可辨识区域均为道教符篆。

图三一〇　民兴一路M4：16东方八天炼度真文券

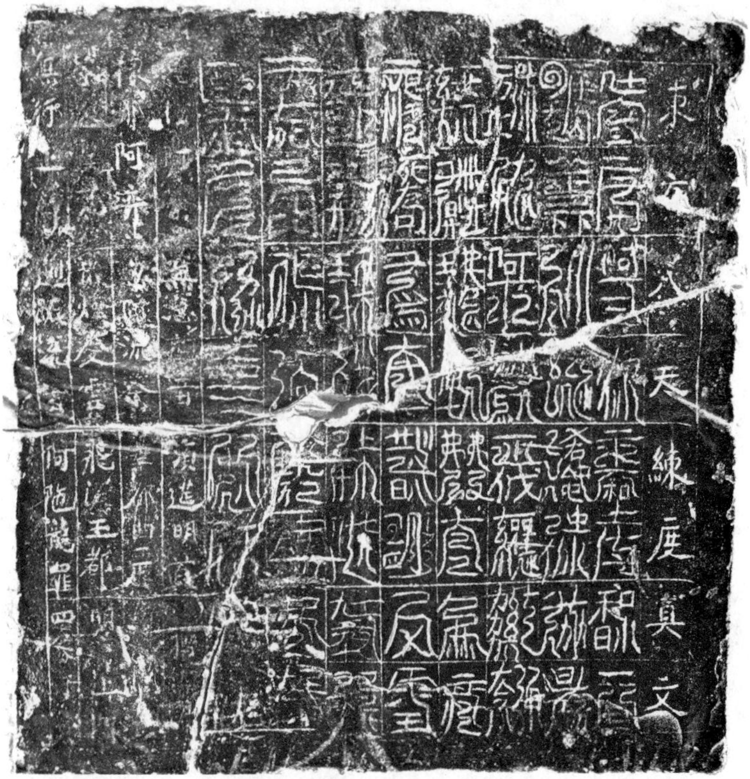

图三一一　民兴一路M4：16东方八天炼度真文券拓片

民兴一路 M4：16 东方八天炼度真文券

（图三一〇、图三一一）

简介

该真文券出土于成都市民兴一路，现存于成都文物考古研究院。券文分为三个部分，左侧刻 4 行，共 64 字，均为道教符箓之译文；中部刻 8 行 8 排，共 64 字，均为道教符箓；右侧刻楷体 8 字。

释文

右：

东方八天练度真文。

中：

券文为道教符箓。

左：

□□□□，无□□音。须筵明首，□揽□□。

□那阿弈，忽□流□。华都曲丽，□□□□。

□□□梵，散烟庆云。飞洒玉都，明□上门。

无行上□，回蹠流玄。阿陀龙罗，四象吁□。

图三一二　民兴一路M4：26中央黄帝炼度真文券

民兴一路 M4：26 中央黄帝炼度真文券
（图三一二）

简介

该真文券出土于成都市民兴一路，现存于成都文物考古研究院。券体下部残损。券文分为三个部分，左侧刻 6 行，部分文字缺失；中部刻 4 行，仅存 12 字，均为道教符箓；右侧残存楷体 8 字。

释文

右：

中央黄帝☐

中：

残缺，剩余部分为道教符箓。

左：

黄中总气，☐

镇星吐辉，☐

大宋西蜀成都府华阳县，积善☐

清信女弟子□□范氏三娘，同夫☐

亡过母亲侯氏小娘，伏愿承八☐

仗大梵之隐文，超升利乐☐

图三一三　民兴一路M4北：3真文券

图三一四　民兴一路M4北：3真文券拓片

民兴一路 M4 北：3 真文券

（图三一三、图三一四）

简介

该真文券出土于成都市民兴一路，现存于成都文物考古研究院。其券体残损严重。

释文

券体残损，剩余券文均为符箓。

图三一五　民兴一路M6：2中方真文券拓片

民兴一路 M6：2 中方真文券

（图三一五）

简介

该真文券出土于成都市民兴一路，现存于成都文物考古研究院。券体残损，券文上部仅存 5 字，下部疑为道教符箓文字。

释文

上：

中方黄

□真文

□□□

……

下：

残缺，可辨识部分均为道教符箓。

第六章

敕告文券及华盖宫文券

敕告文券是一种刻文文首有“天帝敕告”或“天帝告”的石刻，因刻文内容似天帝敕令而得名。石刻形状有六边形、八边形、方形。此种石刻流行于川西宋墓中，宋以后便基本消失。华盖宫文券与敕告文券近似，是一种刻文文首有“华盖宫”或“华盖神宫”的石刻，有八边形、方形两类。该石刻流行于唐时关洛地区，到了宋代，流行于川西地区。两种石刻通常与真文券伴出于墓葬中，是研究葬俗的实物资料。

本书收录敕告文券20件，华盖宫文券20件，其中有2件难以确定其类型。两类墓券均以宋代为主。石质多为红砂石。形状有长方形、六边形及缺角长方形等。

敕告文券

图三一六　东林四组M149：7何咏敕告文券

图三一七　东林四组M149：7何咏敕告文券拓片

北宋景德三年（1006）东林四组 M149：7 何咏敕告文券

（图三一六、图三一七）

简介

该敕告文券出土于成都市东林四组。现存于成都文物考古研究院。券石呈六边形，高 36 厘米，宽 35.5 厘米，厚 2.5 厘米；8 行，满行 13 字，共计 97 字。

释文

天帝告土下冢中王气五方诸
神、赵公明等：大道小兆臣何咏，
行年五十二岁，六月二十五日生。
生值青真之炁，死归神宫，翳身
冥乡，潜宁冲虚，辟斥诸禁忌，不
得妄为害气。当令子孙昌炽，武
备七德，文咏九功，世世富贵，与
天地同休。一如土下九天律令！

图三一八　双成五路M93：2刘信忠敕告文券

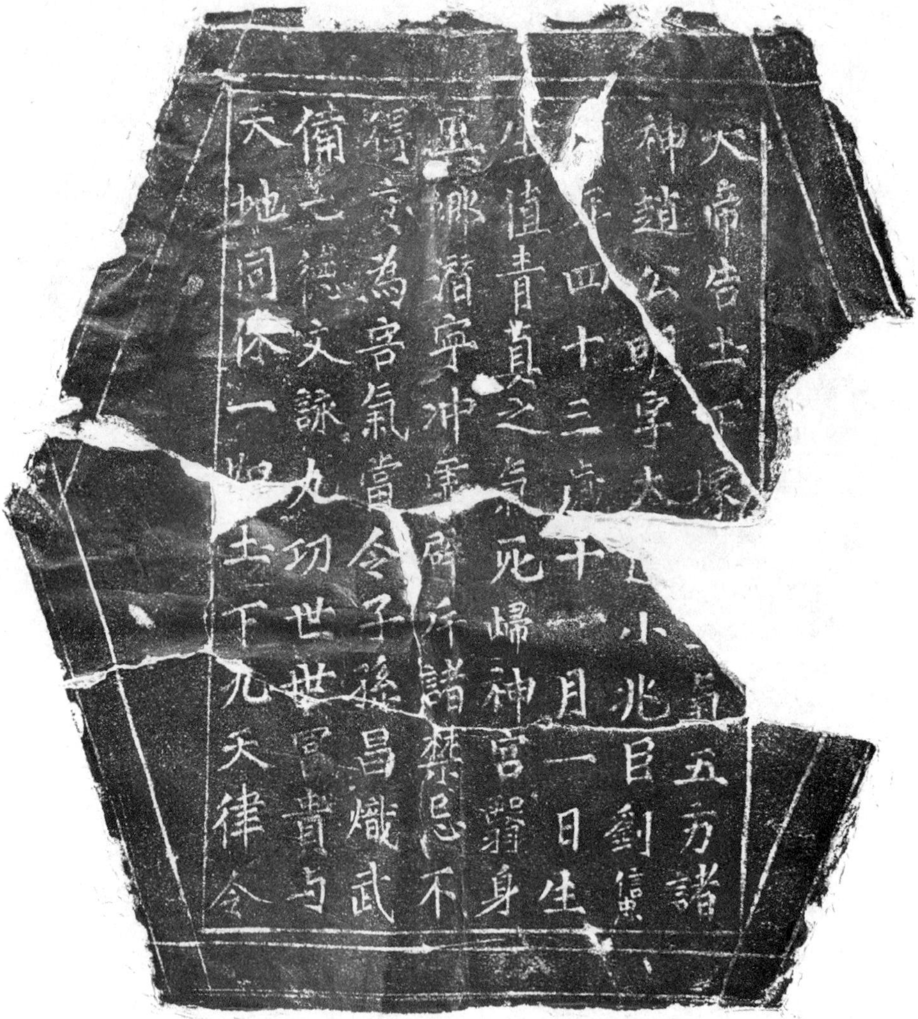

图三一九　双成五路M93：2刘信忠敕告文券拓片

北宋天圣五年（1027）双成五路 M93：2 刘信忠敕告文券

（图三一八、图三一九）

简介

该敕告文券：出土于成都市双成五路。现存于成都文物考古研究院。券石呈六边形，右侧中部残缺，高 36 厘米，残宽 31 厘米，厚 2.5 厘米；8 行，满行 13 字，共计 97 字。

释文

天帝告土下冢□（中）□（王）气五方诸

神、赵公明字：大[道]小兆臣刘信忠，

⊠年四十三岁，十一月一日生。

生值青真之气，死归神宫，翳身

冥乡，潜宁冲灵，辟斥诸禁忌，不

得妄为害气。当令子孙昌炽，武

备七德，文咏九功，世世富贵，与

天地同休。一如土下九天律令！

图三二〇　和泰路M48周氏敕告文券

北宋景祐四年（1037）和泰路 M48 周氏敕告文券
（图三二〇）

简介

该敕告文券出土于成都市和泰路宋墓中，现存于成都考古中心。券石呈六边形，右上角残缺，高 34 厘米，宽 34.5 厘米，厚 2 厘米；8 行，满行 12 字，共计 95 字。

释文

▨（天）帝告土下塚中王气五方诸
▨（神）、赵公明等：大道小兆臣周氏，
行年七十三岁，正月五日生。
生值□（清）真之气，死归神宫，翳身
冥乡，潜□（宁）冲虚，辟斥诸禁忌，不
得妄为害祸。当令子孙昌炽，武
备七德，文□（咏）九功，世世富贵，与
天地同休。□（一）□（如）土下九天律令！

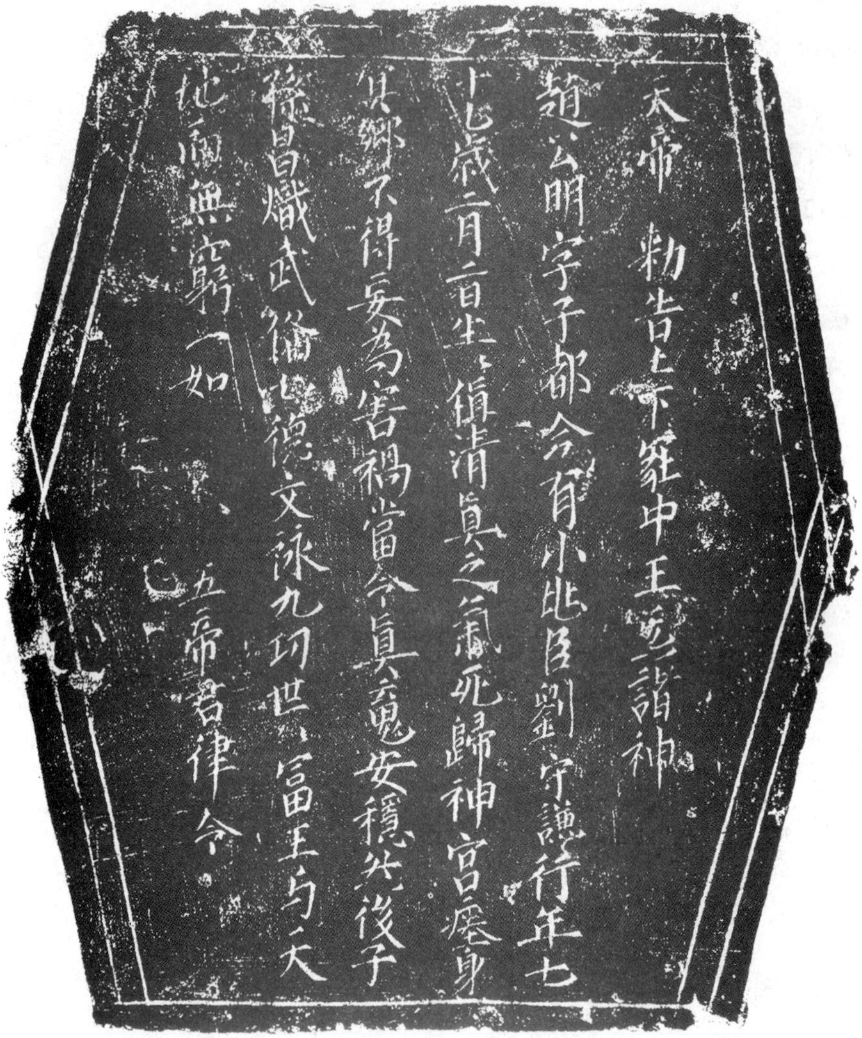

图三二一　刘守谦敕告文券拓片

北宋熙宁四年（1071）刘守谦敕告文券[1]

（图三二一）

简介

该敕告文券出土地不详，现存于成都文物考古研究院。其券材为红砂石质。券石呈六边形，近边沿处线刻双栏，底边为单栏，高 42 厘米，宽 37 厘米，厚 2.5 厘米。券文字体为楷书，从右至左共 6 行，满行 20 字，全文共计 94 字。

释文

天帝敕告土下冢中王气诸神、

赵公明，字子都：今有小兆臣刘守谦，行年七

十七岁，二月二日生。生值清真之气，死归神宫，瘗身

冥乡，不得妄为害祸。当令真魂安稳，然后子

孙昌炽，武备七德，文咏九功，世世富王，与天

地而无穷。一如五帝君律令！

[1] 成都文物考古研究所、成都博物院编著：《成都出土历代墓铭券文图录综释》，文物出版社 2012 年版，第 161—163 页。

图三二二　东林四组M153：3敕告文券

图三二三　东林四组M153：3敕告文券拓片

北宋熙宁四年（1071）东林四组 M153：3 敕告文券

（图三二二、图三二三）

简介

该敕告文券出土于成都市东林四组，现存于成都文物考古研究院。券石右上部残缺，高 43 厘米，宽 39.5 厘米，厚 2 厘米；共 7 行，残缺较多。

释文

天帝敕告土下冢中王[气]五方诸神、

赵公明等：今有清信男弟子何，行年

⧄日生。生值清

⧄瘗身冥乡，潜令（宁）冲虚，

⧄害祸，当使真魂安谧，

⧄满堂，世世[贵][王]。□□

⧄律令！

图三二四　双成五路M22敕告文券

北宋熙宁四年（1071）双成五路 M22 敕告文券

（图三二四）

简介

该敕告文券出土于成都市双成五路北宋墓，现存于成都文物考古研究院。其券残损。

释文

□归神宫，瘗身□

不得妄为，□

之精，转□

魂安适弼谐，……落□

北藉，男即……咏□

九功，□

使者律□

图三二五　张确夫妇敕告文券拓片

北宋元祐八年（1093）张确夫妇敕告文券[1]
（图三二五）

简介

该敕告文券出土于成都市东郊圣灯乡208厂北宋时期夫妻合葬墓，墓葬为长方形双室券顶砖室墓。现存于成都文物考古研究院。其券材为红砂石质。券石略呈正方形，边长40厘米，厚3.5厘米。券文字体为楷书，共6行，共计91字。

释文

[天][帝]敕告土下冢中王炁诸神、

[赵]公明，字子都：今有小兆臣张确并杜氏，

生值清真之气，死归神宫，瘗身冥乡，

[不][得]妄[为]害祸，当令真魂安宁，□[后]□

[昌]盛，武备[七]德，[文]咏九功，世世富王，与天

□同休。[一][如]土下九天女青律令！

---

[1] 成都文物考古研究所、成都博物院编著：《成都出土历代墓铭券文图录综释》，文物出版社2012年版，第192—200页。

图三二六　海滨湾M3左室敕告文券

图三二七　海滨湾M3左室敕告文券拓片

北宋绍圣三年（1096）海滨湾 M3 左室敕告文券

（图三二六、图三二七）

简介

该敕告文券出土于成都市海滨湾宋墓，现存于成都文物考古研究院。其券残损。

释文

四周：

▨（朱）雀立前

▨□□▨

玄武安后

▨□□▨

中：

……

生值清真……神宫，瘗身

冥乡，潜不得……然后男

▨，武备七德……昌盛

……

图三二八　槐荫路罗用章敕告文券拓片

北宋崇宁四年（1105）槐荫路罗用章敕告文券

（图三二八）

简介

该敕告文券出土于成都市成华区槐荫路北宋墓地。由成都文物考古研究院提供。券石残损，应为长方形，高 39.7 厘米，宽 36.2 厘米，厚 2.1 厘米。券面四边阴刻内外两组单线方框栏，内框边线出头，其外分别再刻一道斜向细线与外框相接。栏内四个方位分别镌刻 4 字。内框从右至左竖向行文 7 行，满行 15 字，残存部分共 78 字。

释文

四周：

〼雀在前

青龙□〼

玄□□〼

〼□居右

中部：

天帝敕告土下〼

赵公明□□□故罗〼

七十四岁，十二月十一日生。生值清真

之气，死归神宫，瘗身冥乡，潜令（宁）

冲……当使真魂安适

〼子孙昌盛，

〼与天地而无穷。一如律令！

图三二九　宋京敕告文券拓片

北宋宣和七年（1125）宋京敕告文券[1]

（图三二九）

简介

该敕告文券出土于成都市东郊成华区龙潭乡保平六组北宋砖室墓，现存于成都文物考古研究院。其券上半部残损，券石周边线刻双栏边框，双栏之间四个方位分别镌刻4个字。内部文字大多残损。

释文

四周：

⧄（虎）啸八垂

⧄☐☐⧄

青龙☐（秉）☐（气）

⧄☐☐⧄

中：

⧄中五方诸神

⧄百禁诸忌，不得妄为祸⧄

……

⧄运副使⧄

⧄北籍，然⧄

⧄世世贵⧄

---

[1] 成都文物考古研究所、成都博物院编著：《成都出土历代墓铭券文图录综释》，文物出版社2012年版，第273—283页。

图三三〇　张氏敕告文券拓片

北宋张氏敕告文券[1]

（图三三〇）

简介

该敕告文券出土于成都市成华区保和乡东桂村长方形单室券顶砖室墓，现存于成都文物考古研究院。其券材为红砂石质。券石平面呈六边形，高 40.5 厘米，宽 37.5 厘米，厚 3 厘米。券石线刻双栏边线，其中上下两边阴刻单线，其他四边阴刻双线。券文字体为楷书，从左至右共 6 行，每行 12 字—17 字，全文共计 94 字。

释文

天帝敕告土下冢墓之中王炁诸神、

赵公明，字子都：今有小兆臣张氏，行年五十

二岁，正月七日生。生值清（真）之气，死归神宫，瘗身

冥乡，不得妄为害祸，当令真魂安宁，然后

子孙昌炽，武备七德，文咏九功，世世贵王，与

天地而无穷。一如五帝君律令！

---

❶ 成都文物考古研究所、成都博物院编著：《成都出土历代墓铭券文图录综释》，文物出版社 2012 年版，第 301—303 页。

图三三一　任公敕告文券拓片

南宋绍兴二十二年（1152）任公敕告文券[1]

（图三三一）

简介

该敕告文券出土于成都市二仙桥东路 12 号路段宋代同坟异穴的夫妻合葬墓中，现存于成都文物考古研究院。其券材为红砂石质。券石呈正方形，边长 30 厘米，厚 1.5 厘米。券文字体为楷书，从右至左共 9 行，行 6 字—10 字，共 79 字。

释文

四周：

玄武□▨

▨□□□

朱雀僻非

▨（虎）啸八垂

中：

[天]帝敕[告]下土[五]方旺

[炁]诸神、赵公明等：今有

亡者任□，生值

清真之气，终存不死之

▨，□瘗身宫冥香（乡），潜宁

冲□，辟斥诸忌，不得妄

为祸□。当令子孙□庆，

▨利与天地而无

▨女青九天律令！

---

[1] 成都文物考古研究所、成都博物院编著：《成都出土历代墓铭券文图录综释》，文物出版社 2012 年版，第 329—345 页。

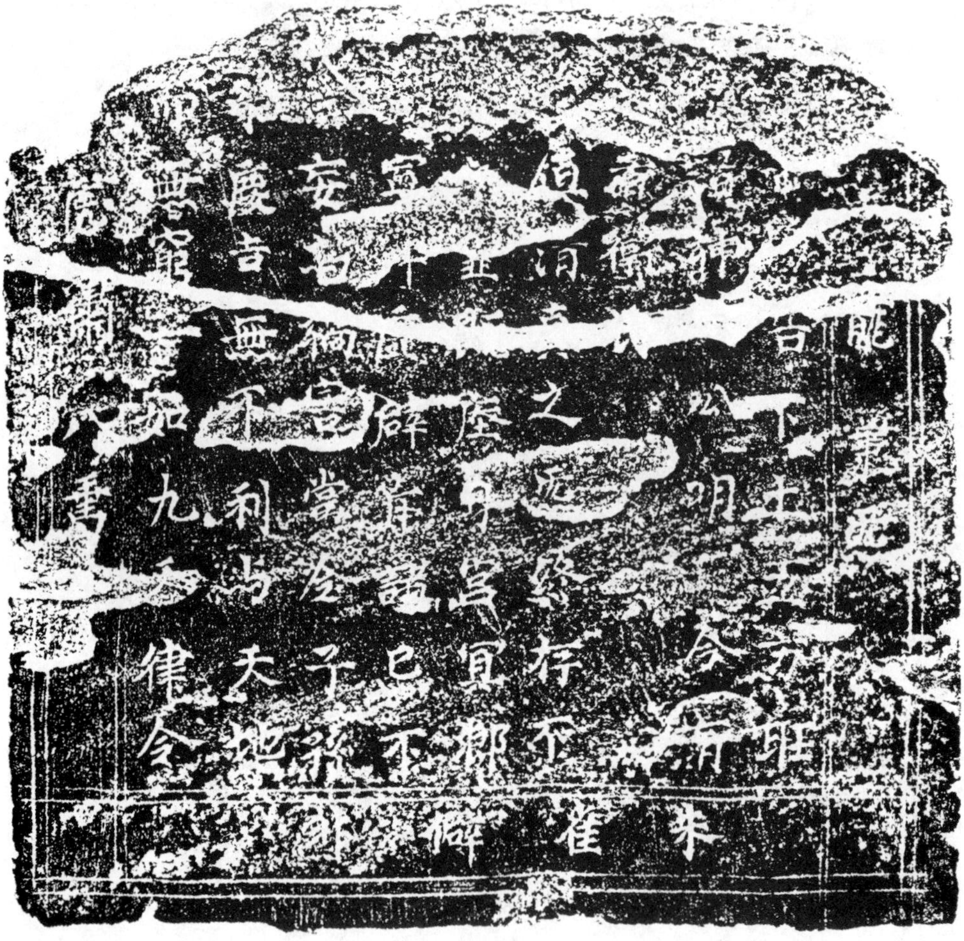

图三三二　任公妻卫氏敕告文券拓片

南宋绍兴二十二年（1152）任公妻卫氏敕告文券[1]（图三三二）

简介

该敕告文券出土于成都市二仙桥东路 12 号路段南宋同坟异穴的夫妻合葬墓中，现存于成都文物考古研究院。券文字体为楷书，从右至左共 9 行，行 4 字—9 字，共计约 76 字。

释文

四周：

⧄□□⧄

龙秉炁⧄

朱雀僻非

虎啸八垂

中：

⧄□□告下土五方旺

⧄诸神、□（赵）公明□：今有

⧄者卫氏，

⧄值清真之气，终存不

⧄□[灵]，既瘗身宫冥乡，

⧄宁[冲]虚，辟斥诸忌，不

⧄妄为祸害。当令子孙

永庆吉无不利，与天地

而无穷。一如九天律令！

---

[1] 成都文物考古研究所、成都博物院编著：《成都出土历代墓铭券文图录综释》，文物出版社 2012 年版，第 329—345 页。

图三三三　海滨湾M9敕告文券拓片

海滨湾 M9 敕告文券

（图三三三）

简介

该敕告文券出土于成都市海滨湾，现存于成都文物考古研究院。其券右上角残损，券石周边残刻双栏边框，双栏之间四个方位分别镌刻 4 个字；中部刻 7 行，满行 14 字，共计 80 余字。

释文

四周：

⧄□□⧄

青龙居左

白虎居右

玄武安后

中部：

⧄土下冢中王炁诸神、

⧄都：今有小兆臣韩奕

⧄□，行年□□岁，十一月十二日生。

生值清真之炁，死归神宫，瘞身

冥乡，潜不得妄为害祸。然后男

即武备七德，女乃文[咏]九功，世世昌

盛，与天地而同休。一如律令！

图三三四　和泰路M49-2梁翼敕告文券

和泰路 M49-2 梁翼敕告文券

（图三三四）

简介

该敕告文券出土于成都市和泰路，现存于成都考古中心。券石呈六边形，右下角残缺，高 34 厘米，宽 35 厘米，厚 3 厘米；共计 8 行，满行 12 字，共计 95 字。

释文

天帝告土下冢中王气五□（方）□（诸）
神、赵公明等：大道小兆臣梁翼，
行年六十岁，二月十七日生。
生值青真之气，死归神宫，翳身
冥乡，潜宁冲虚，辟斥诸禁忌，不
得妄为害气。当令子孙昌炽，武
备七德，文咏九功，世世富贵，与
天地同休。一如土下九天律令！

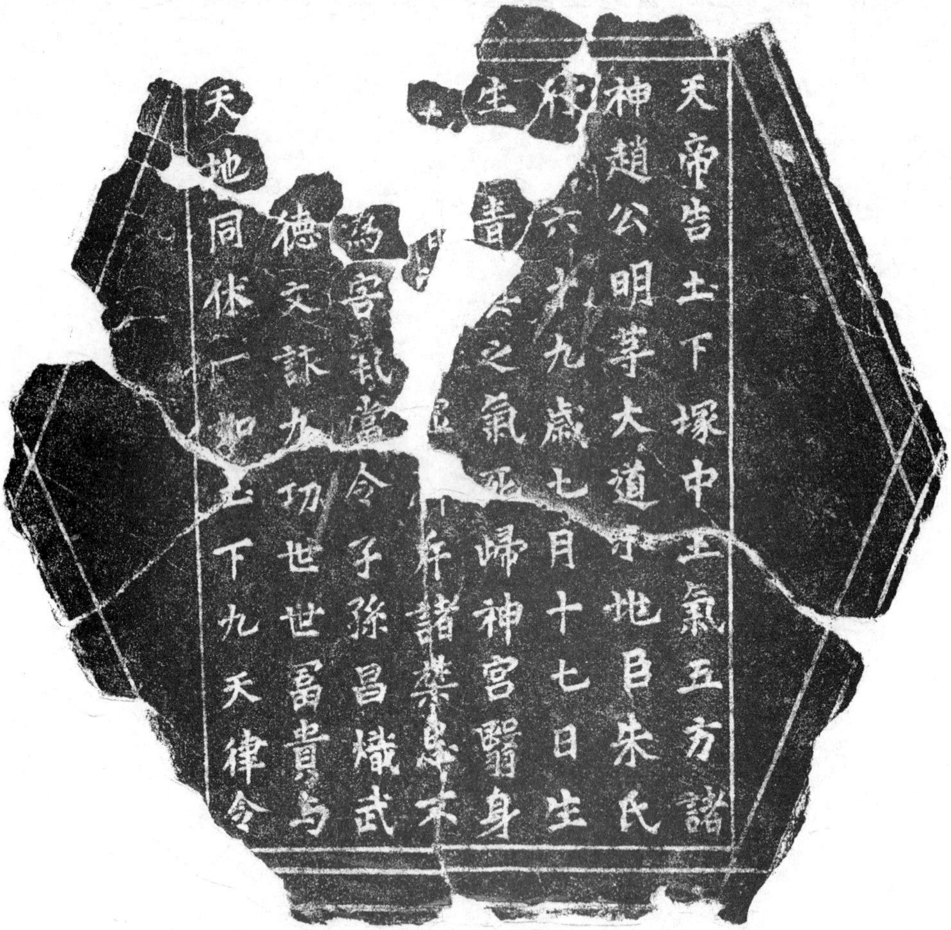

图三三五　东林四组M155：6朱氏敕告文券拓片

东林四组 M155：6 朱氏敕告文券

（图三三五）

简介

该敕告文券出土于成都市东林四组。现存于成都文物考古研究院。券石呈六边形，残损，高 33 厘米，宽 34 厘米，厚 3 厘米；8 行，满行 12 字，共计 90 余字。

释文

天帝告土下冢中王气五方诸

神、赵公明等：大道小兆臣朱氏，

行[年]六十九岁，七月十七日生。

生□（值）青[真]之气，死归神宫，翳身

⧄斥诸禁忌，不

⧄为害气。当令子孙昌炽，武

⧄□德，文咏九功，世世富贵，与

天地同休。一如土下九天律令！

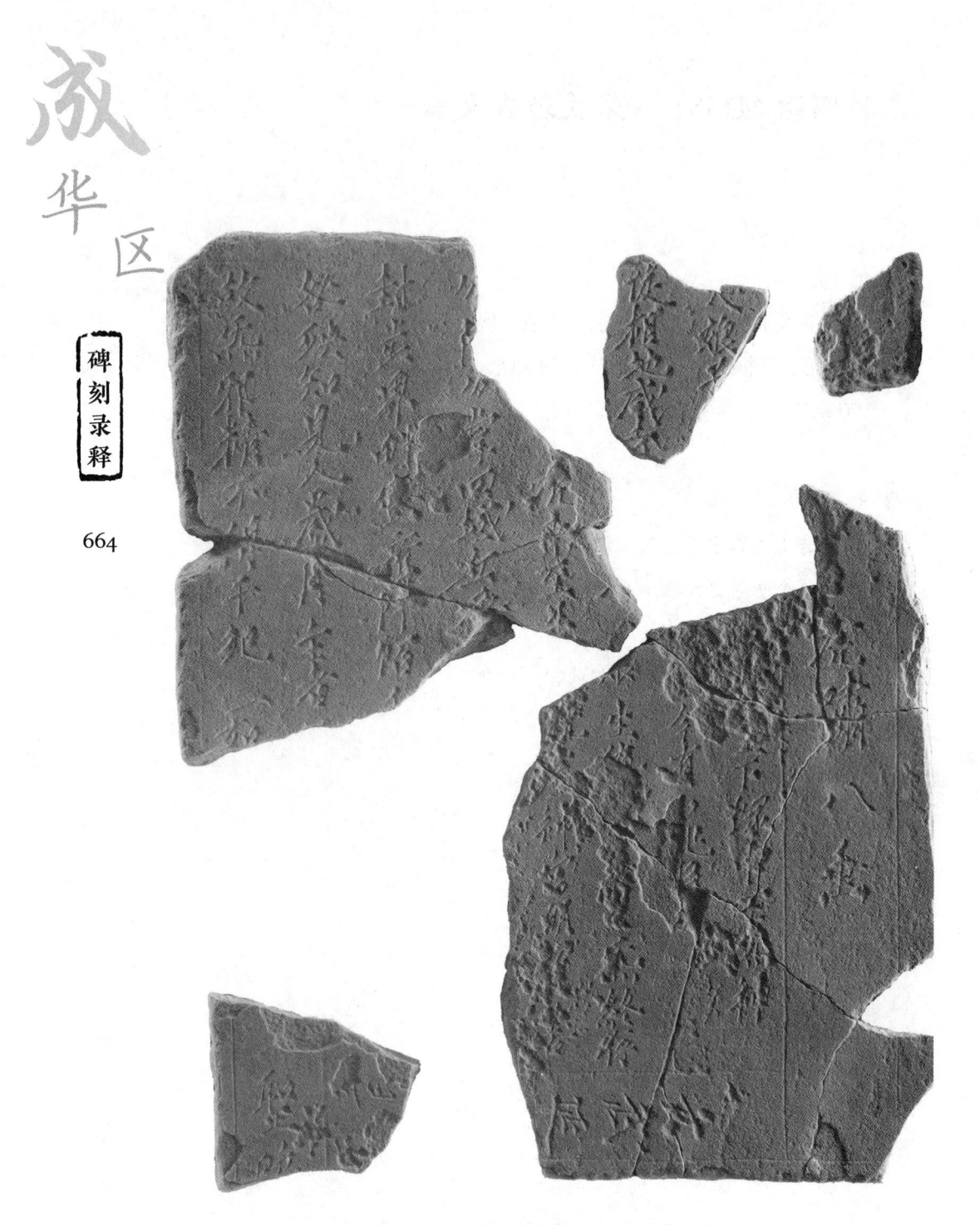

图三三六　东林四组M164：19敕告文券

图三三七　东林四组M164：19敕告文券拓片

东林四组 M164：19 敕告文券

（图三三六、图三三七）

简介

该敕告文券出土于成都市东林四组，现存于成都文物考古研究院。券石残损。

释文

四周：

⊘圣□⊘

虎啸八垂

玄武延□（躯）

⊘□□⊘

中：

⊘土下冢中王炁神

⊘今有小兆臣⊘

⊘生[值][清][真][之]炁，终存

⊘神宫⊘

图三三八　东林四组M191：6敕告文券拓片

东林四组 M191：6 敕告文券
（图三三八）

简介

该敕告文券出土于成都市东林四组，现存于成都文物考古研究院。券石残损。

释文

四周：

虎啸八垂，

玄武□〼

〼□□〼

〼□□〼

中部：

天帝敕告土下五方王炁诸神，

〼百禁诸忌，不得妄〼

图三三九　民兴一路M4：30侯氏敕告文券

图三四〇　民兴一路M4：30侯氏敕告文券拓片

民兴一路 M4：30 侯氏敕告文券

（图三三九、图三四〇）

简介

该敕告文券出土于成都市民兴一路，现存于成都文物考古研究院。券石呈长方形，高 32.5 厘米，宽 33 厘米，厚 1.5 厘米；共 8 行，满行 10 字，共计 74 字。

释文

天帝敕告土下冢中王炁
五方诸神、赵公明等：今
有殁故侯氏，伏自清真
之炁，魂归神宫，瘗身冥
乡，潜宁冲虚，僻斥诸禁，
不得妄为祸害，当令真
魂安适，福荫后□，子孙
昌滥，世世贵王，永远不绝。

图三四一　民兴一路M4北：30范延憘敕告文券

图三四二　民兴一路M4北：30范延憘敕告文券拓片

民兴一路 M4 北：30 范延憘敕告文券

（图三四一、图三四二）

简介

该敕告文券出土于成都市民兴一路，现存于成都文物考古研究院。券石呈长方形，高 34 厘米，宽 34.5 厘米，厚 1.5 厘米；共 8 行，满行 10 字，共 70 余字。

释文

天帝敕告土下冢[中][王][炁]

五方赵公明等：[今][有][清]信

⧄范延憘伏自真之

炁，□归宫堂，瘗身冥乡，

潜宁中（冲）虚，僻斥诸禁，不

⧄妄为祸害。当令男弟

子身心安乐，寿命长远，

永保吉昌。一如律令！

图三四三　东林四组M149：8华盖宫文券

图三四四　东林四组M149：8华盖宫文券拓片

北宋景德三年（1006）东林四组 M149：8 华盖宫文券

（图三四三、图三四四）

简介

该华盖宫文券出土于成都市东林四组。现存于成都文物考古研究院。券石呈六边形，高 36.3 厘米，宽 36 厘米，厚 3.8 厘米；四周分别镌刻 4 个字，中部刻有 7 行，每行 8 字，共计 56 字。

释文

四周：

玄武延躯

青龙秉气

上玄僻非

虎啸八垂

中部：

华盖宫王气神赵公

明字子都，冢墓之中

百忌百禁，害气之神，

尽可统属，御五土之

神精，转祸为福。当使

真魂安适，灵神弼谐。

一如土下九天律令！

图三四五　和泰路M48：3华盖宫文券

北宋景祐四年（1037）和泰路 M48：3 华盖宫文券

（图三四五）

简介

该华盖宫文券出土于成都市和泰路，现存于成都考古中心。券石呈六边形，左边部分残缺，高 35 厘米，残宽 23.5 厘米，厚 3 厘米。四周分别刻 4 字，中部残存 5 行，券文仅剩 38 字。

释文

四周：

青龙居左

☒（朱）雀立前

神武□☒

☒□□☒

中央：

华盖宫王气神赵公

明字子都，冢墓之中

百忌百禁，害气之神，

尽可统属，御五土之

[神]精，转祸为福☒

图三四六　槐荫路杨文贵华盖宫文券拓片

北宋至和二年（1055）槐荫路杨文贵华盖宫文券

（图三四六）

简介

该华盖宫文券出土于成都市成华区槐荫路北宋墓地，由成都文物考古研究院提供。券石为八边形，高 39.8 厘米，宽 34.3 厘米，厚 3.1 厘米。券面阴刻八边形外框和长方形内框，内框四角各有一阴刻线与外框相连，内外框之间四边书有四字短语，内框从左至右书文字共 8 行，每行 7 字—11 字，内外框共书 87 字。

释文

四周：

⊠□□气

上圣僻非

虎啸八垂

神武延躯

中部：

华盖宫王炁诸神、

赵公明等：冢墓之中

百禁诸忌，不得妄为害

祸，御五土之精，转祸为

福。当令真魂安适弼谐，

受度南宫，脱落北籍，然

后子孙昌盛，□□□⊠

与天地而同休。急急如律令！

图三四七　海滨湾M3左室华盖宫文券

图三四八　海滨湾M3左室华盖宫文券拓片

北宋绍圣三年（1096）海滨湾M3左室华盖宫文券
（图三四七、图三四八）

简介

该华盖宫文券出土于成都市海滨湾。现藏于成都文物考古研究院。券石呈八边形，左右两侧对边较长，其余边较短。券文8行，满行10字，共计68字。

释文

华盖宫王炁诸神、
赵公明等，冢墓之中百[禁]
诸忌，不得妄为害祸，御[五]
土之精，转祸为福。弼谐，受
度南宫，脱落北籍，然后子
孙昌盛，金玉满堂，与天□
而同休。一如五帝
九天律令！

图三四九　槐荫路罗用章华盖宫文券拓片

北宋崇宁四年（1105）槐荫路罗用章华盖宫文券
（图三四九）

简介

该华盖宫文券出土于成都市成华区槐荫路北宋墓地。由成都文物考古研究院提供。券石左部残缺，高 38.1 厘米，残宽 32 厘米，厚 2.2 厘米。券面四边阴刻内外两组单线八边形栏，内框八边外阴刻一周八卦。券文从左至右竖向行文，满行 13 字，残存部分共 47 字。

释文

华盖宫王炁神、

赵公明字子都，冢墓之中百禁

诸忌，御五土之精，转祸为福。当使

故罗用……安适弼谐，受度

南宫，脱落北籍，☐

☐地

……

图三五〇　宋京华盖宫文券拓片

北宋宣和七年（1125）宋京华盖宫文券[1]（图三五〇）

简介

该华盖宫文券出土于成都市东郊成华区龙潭乡保平六组北宋砖室墓。现存于成都文物考古研究院。券石上半部残缺，横长40厘米，厚3厘米。券石周边线刻单栏边框，框内四角用单线抹角，八个方位分别刻八卦图像，券石正中再用单线刻画出正方形方框，券文刻于方框内。券文字体为楷书，部分文字漫漶不清，可辨识18字。

释文

〼诸忌不

〼朝散大夫陕府

〼宋京

〼神宫宜

〼令干犯一如

……

---

[1] 成都文物考古研究所、成都博物院编著：《成都出土历代墓铭券文图录综释》，文物出版社2012年版，第273—283页。

图三五一　张氏华盖宫文券拓片

北宋张氏华盖宫文券[1]

（图三五一）

简介

该华盖宫文券出土于成都市成华区保和乡东桂村长方形单室券顶砖室墓。现存于成都文物考古研究院。其券材为红砂石质。高40厘米，宽36.5厘米，厚3厘米。券石方形抹角，四边边沿阴刻细小单栏，外侧为梯形，券面中部为方形，其单栏按顺时针方向阴刻4组4字。券文字体为楷书，从左至右共7行，每行7字—11字，共80余字。

释文

四周：

神武延躯

青龙秉气

上圣僻非

虎啸八垂

中部：

华盖宫王炁诸神、

赵公明等，冢墓之中百禁

诸忌，不得妄为害祸，御五土

之精，转为福。当令真魂安宁

弼谐，受度南宫，脱落北籍，

然后子孙昌隆，金玉满堂，

世世贵王，与天地而同休。一如律令！

---

[1] 成都文物考古研究所、成都博物院编著：《成都出土历代墓铭券文图录综释》，文物出版社2012年版，第301—303页。

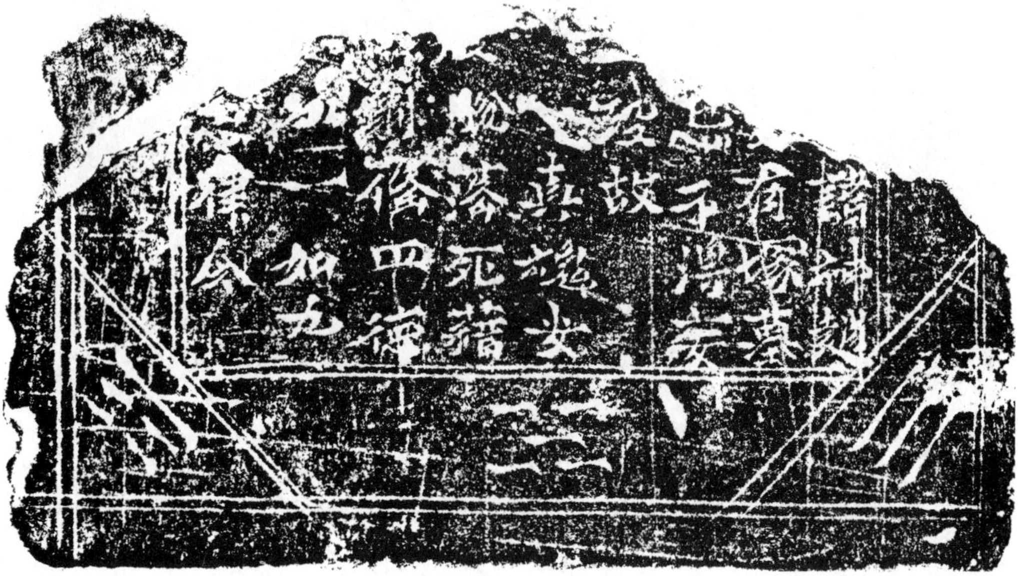

图三五二　任公华盖宫文券拓片

南宋绍兴二十二年（1152）任公华盖宫文券[1]（图三五二）

简介

该华盖宫文券出土于成都市二仙桥东路12号路段南宋同坟异穴的夫妻合葬墓中。现存于成都文物考古研究院。其券材为红砂石质，上半部残缺。

释文

☒诸神赵

☒有冢墓

☒忌，不得安

☒殁故

☒真魂安

☒脱落死籍，

☒备四德，

☒一如九

☒律令！

---

[1] 成都文物考古研究所、成都博物院编著：《成都出土历代墓铭券文图录综释》，文物出版社2012年版，第329—345页。

图三五三　任公妻卫氏华盖宫文券拓片

南宋绍兴二十二年（1152）任公妻卫氏华盖宫文券[1]（图三五三）

简介

该华盖宫文券出土于成都市二仙桥东路12号路段南宋同坟异穴的夫妻合葬墓中，现存于成都文物考古研究院。其券材为红砂石质，上部字迹漫漶。

释文

☑气诸

☑或有

☑忌不

☑当令故

☑真魂

☑脱落死

☑则备其

☑九功一

☑律令！

---

❶成都文物考古研究所、成都博物院编著：《成都出土历代墓铭券文图录综释》，文物出版社2012年版，第329—345页。

图三五四　双成五路M80：2华盖宫文券

图三五五　双成五路M80：2华盖宫文券拓片

双成五路 M80：2 华盖宫文券

（图三五四、图三五五）

简介

该华盖宫文券出土于成都市双成五路。现存于成都文物考古研究院。券石上部缺失，残高 32 厘米，宽 15 厘米，厚 1.5 厘米。

释文

□赵公明

□中百禁

□[之]精，转祸

□小娘子

□弼谐，受

□然后

□福

□如

□令！

图三五六　海滨湾M9华盖宫文券拓片

海滨湾 M9 华盖宫文券

（图三五六）

简介

该华盖宫文券出土于成都市海滨湾。现存于成都文物考古研究院。券石呈八边形，左右两侧对边较长，其余边较短。券文 7 行，满行 13 行，共计 60 余字。

释文

华盖宫[五]方王炁□⧄

赵公……诸忌，□⧄

⧄害祸，御□□精，转祸为福，□⧄

[受]度南宫，脱落北[籍]，然后子孙昌

盛，金玉满[堂]，与天地[而]同休。

一如五帝使

者律[令]！

图三五七　和泰路M49-1华盖宫文券

和泰路 M49-1 华盖宫文券

（图三五七）

简介

该华盖宫文券出土于成都市和泰路。现存于成都考古中心。券石左上、右下残缺，残高 35 厘米，宽 28 厘米，厚 2.5 厘米。券石四周分别镌刻 4 个字；中部刻 7 行，每行 8 字，共计 56 字。

释文

四周：

朱雀僻非

青龙秉□（气）

▨□□□

虎啸□（八）□（垂）

中部：

华盖宫王气神赵公

明字子都，冢墓之中

百忌百禁，害气之神，

尽可统属，御五土之

神精，转祸为福。当▨

真魂安适，灵神弼谐。

▨□□□九天律令！

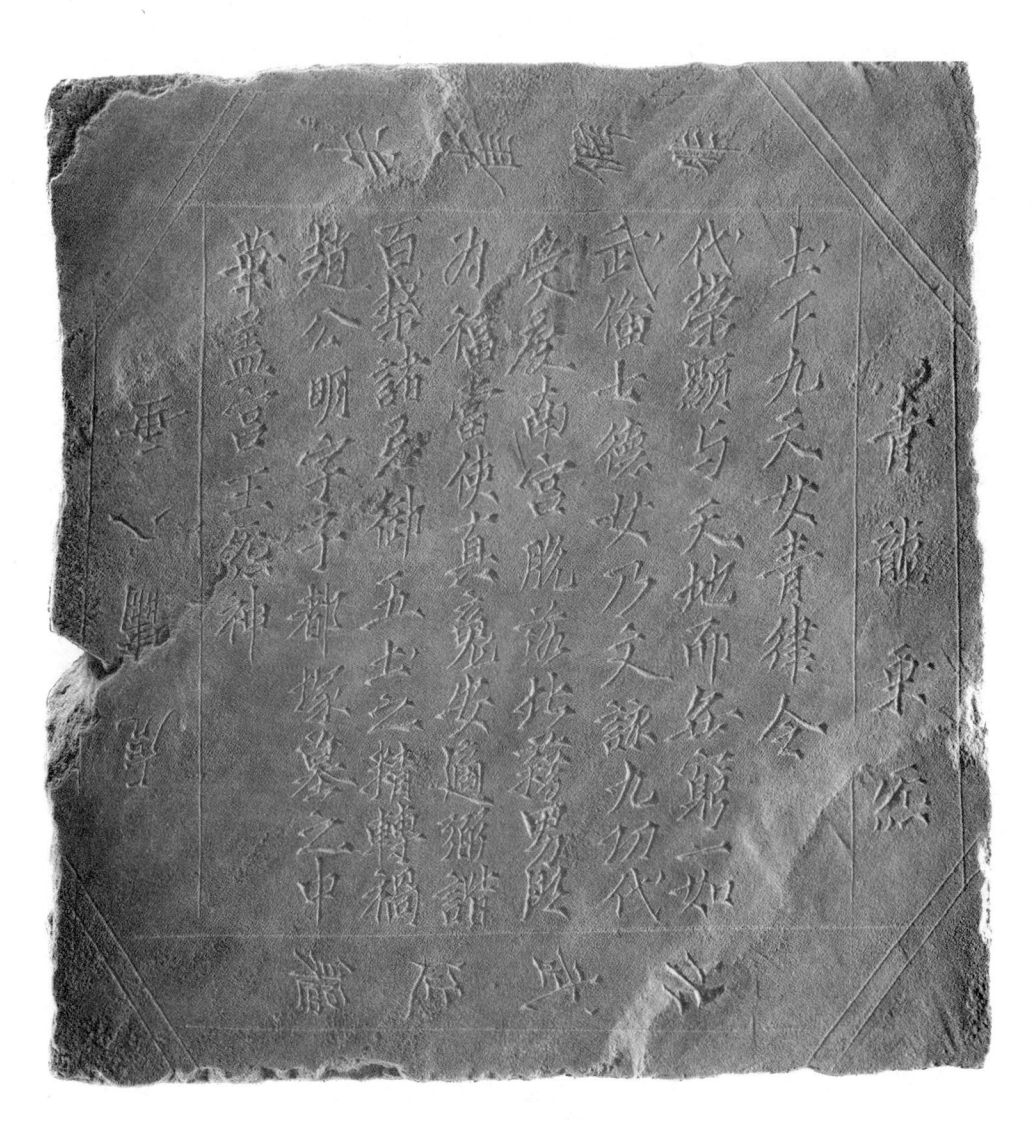

图三五八　东林四组M50：21华盖宫文券

图三五九　东林四组M50：21华盖宫文券拓片

东林四组 M50：21 华盖宫文券

（图三五八、图三五九）

简介

该华盖宫文券出土于成都市东林四组。现存于成都文物考古研究院。券石呈方形，高 38.5 厘米，宽 37.2 厘米，厚 1.7 厘米。券石四周分别镌刻 4 个字，中部刻 8 行，满行 11 字，共计 77 字。

释文

四周：

虎啸八垂

朱雀僻非

青龙秉炁

北武延躯

中：

华盖宫王炁神

赵公明字子都，冢墓之中

百禁诸忌，御五土之精，转祸

为福。当使真魂安适弼谐，

受度南宫，脱落北藉（籍），男即

武备七德，女乃文咏九功，代

代荣显，与天地而无穷。一如

土下九天女青律令！

图三六〇　东林四组M50：22华盖宫文券

图三六一　东林四组M50：22华盖宫文券拓片

东林四组 M50：22 华盖宫文券

（图三六〇、图三六一）

简介

该华盖宫文券出土于成都市东林四组。现存于成都文物考古研究院。券石呈八边形，左右两侧对边较长，其余边较短，高 41 厘米，宽 35.5 厘米，厚 3 厘米。7 行，满行 12 字，共计 68 字。

释文

华盖宫五方王炁诸神、

赵公明等，[冢]墓之中百禁诸忌，

不得妄为□祸，御五土之精，

转祸[为][福]。弼谐，受度南宫，

脱落北籍，[然]后子孙昌盛，金

[玉]满堂，□□地而同休。

一□□□□令！

图三六二　东林四组M164：17华盖宫文券

图三六三　东林四组M164：17华盖宫文券拓片

东林四组 M164：17 华盖宫文券

（图三六二、图三六三）

简介

该华盖宫文券出土于成都市东林四组。现存于成都文物考古研究院。券石呈长方形，高 30 厘米，宽 30.5 厘米，厚 1 厘米。券文 7 行，满行 12 字，共计 72 字。

释文

华盖宫□五方旺气神

赵公明字子都，冢墓之中百

禁诸忌，不得为祸，御五土之精，

[转]祸为福。当使

⊠□大娘真魂早生净界，

然后男则武备[七]德，文咏九功，

世世不绝。一如土下女青律令！

图三六四　东林四组M164：18华盖宫文券

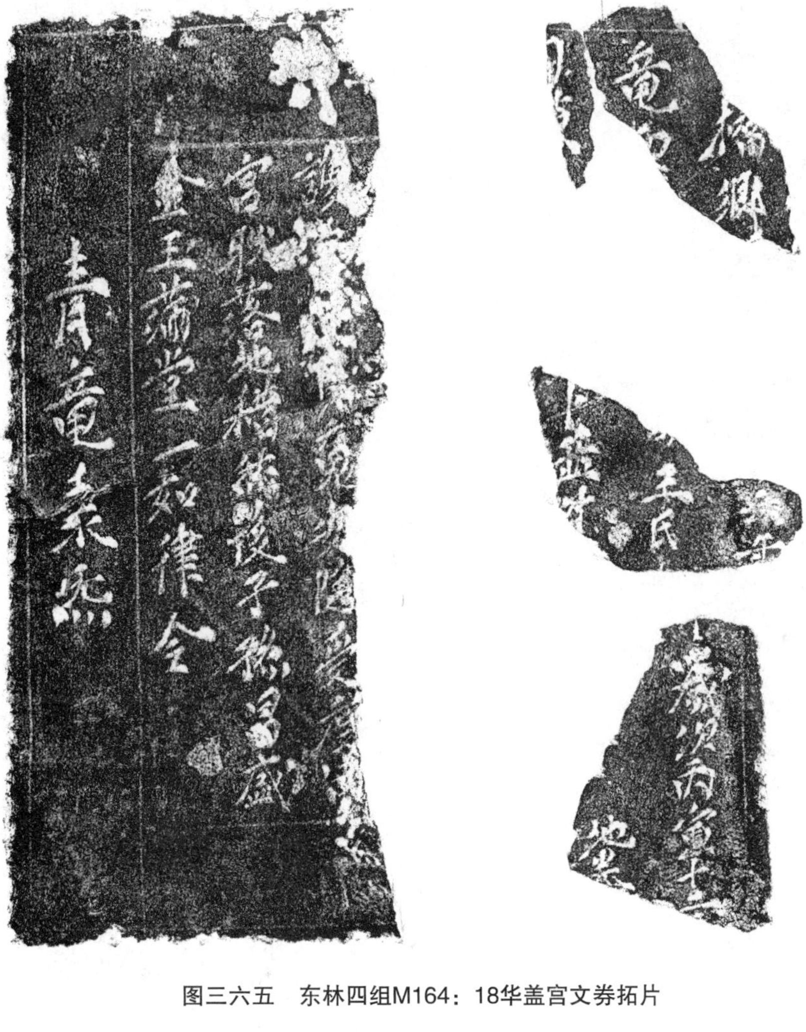

图三六五　东林四组M164：18华盖宫文券拓片

东林四组 M164：18 华盖宫文券

（图三六四、图三六五）

简介

该华盖宫文券出土于成都市东林四组。现存于成都文物考古研究院。券石右半部分残损，共存33字。

释文

四周：

青童秉炁

☐□□☐

☐□□☐

☐□□☐

中部：

……

护。当使真魂安隐，受度南

宫，脱落北耤（籍），然后子孙昌盛，

金玉满堂。一如律令！

图三六六　东林四组M191：7杨士宗华盖宫文券

图三六七　东林四组M191：7杨士宗华盖宫文券拓片

东林四组 M191：7 杨士宗华盖宫文券

（图三六六、图三六七）

简介

该华盖宫文券出土于成都市东林四组。现存于成都文物考古研究院。券石，高 36 厘米，宽 35.5 厘米，厚 2 厘米。券文 7 行，满行 12 字，共计 67 字。

释文

华盖宫五方王炁诸神、

赵公明字子都，今有小兆臣

道士杨士宗，生值□（清）真之炁，荐

不死之灵，□神宫，瘗身冥□，

善护，远离众□，辟斥诸禁，

一切神官侍□安正。急急一如

律令！

图三六八　东林四组M240：24华盖宫文券

东林四组 M240: 24 华盖宫文券

（图三六八）

简介

该华盖宫文券出土于成都市东林四组。现存于成都文物考古研究院。券石上半部残缺，共存 12 字。

释文

☐炁神

☐今有

……

☐死归

……

☐脱落

☐昌盛

☐律令！

图三六九　民兴一路M4：6范延憘华盖宫文券

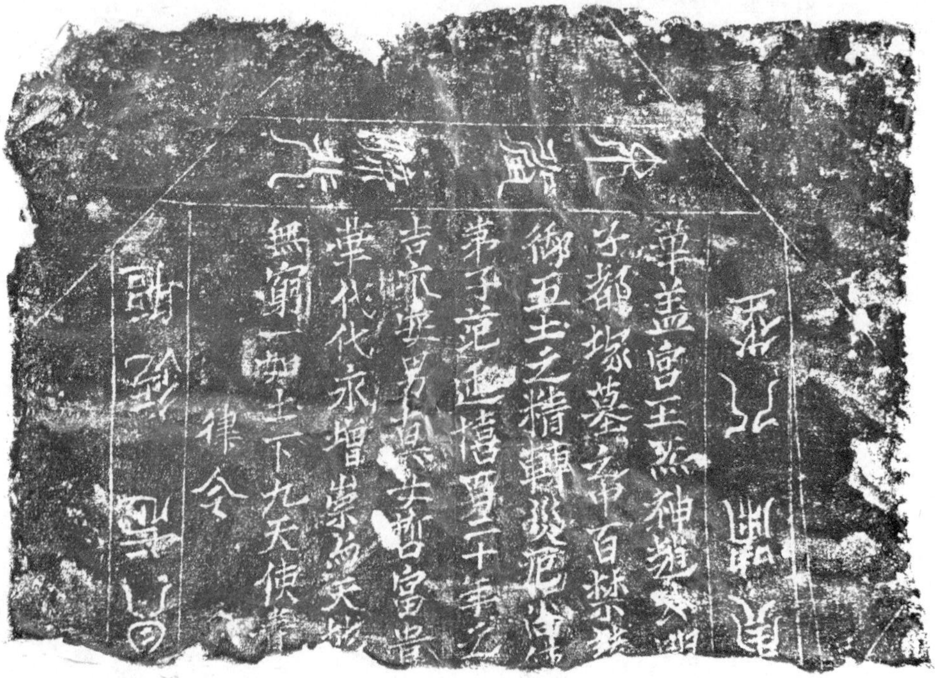

图三七〇　民兴一路M4：6范延憘华盖宫文券拓片

民兴一路 M4：6 范延憘华盖宫文券

（图三六九、图三七〇）

简介

该华盖宫文券出土于成都市民兴一路。现存于成都文物考古研究院。其券材为红砂石质。券石下半部缺失，残长 23 厘米，宽 32.5 厘米，厚 2 厘米。券文中部共计 8 行，共计 73 字。

释文

四周：

朱雀僻非，

虎啸八垂，

玄武延躯，

☒□□☒

中部：

华盖宫王炁神赵公明☒

子都，冢墓之中百禁诸☒

御五土之精，转灾厄尚☒

弟子范延憘□二十年亡☒

吉永安，男真女哲，富贵☒

华，代代永增，崇与天地☒

无穷。一如土下九天使者☒

律令！

图三七一　新山二组运动场华盖宫文券

新山二组运动场华盖宫文券

（图三七一）

简介

该华盖宫文券出土于成都市新山二组运动场。现存于成都考古中心。其券材为红砂石质。券石残损，共存10余字。

释文

▨（华）盖宫中五方旺▨

▨赵公明等□领▨

▨百禁百▨

▨不得[妄]▨

图三七二　东林四组M186：2墓券

图三七三　东林四组M186：2墓券拓片

东林四组 M186：2 墓券

（图三七二、图三七三）

简介

该华盖宫文券出土于成都市东林四组。现存于成都文物考古研究院。其券材为红砂石质，券石残损严重，仅存 11 字。

释文

☐昌

☐生值清

☐潜不

☐武备七德

☐地☐

……

东林四组 M191：5 墓券

简介

该华盖宫文券出土于成都市东林四组。现存于成都文物考古研究院。其券材为红砂石质，券石残损，字迹模糊不清，仅存 8 字。

释文

四周：

□龙秉气

中部：

□宫既□

□如律令

第七章

昭觉寺碑刻

昭觉寺，位于四川省成都市成华区昭青路333号，素有“川西第一禅林”之称。昭觉寺占地面积约20 000平方米，整体布局非常完善，中轴线由大山门、八角亭、天王殿、大雄宝殿、藏经楼组成，两侧是观音阁、御书楼、石佛殿（涅槃堂）、大师殿（御书楼）、先觉堂、钟楼、鼓楼、普同塔院、圆悟禅师塔、禅堂、客堂、僧房、斋堂、放生池等。昭觉寺至今仍被日本和东南亚一带的许多佛教寺庙视为祖庭，为中外文化交流做出了突出贡献。

撰于中和五年（885）的萧遘《唐昭觉寺碑》是最早的记载昭觉寺兴建历史的石刻碑文。[1]该寺本为眉州司马董常故宅，舍宅为寺后，名建元寺。董常为文中子王通（584—617）弟子，而王通为隋唐之际的著名学者，故董常亦应为隋末唐初人。晚年或死后，其宅舍建为寺院，推测应在唐太宗时，故昭觉寺当始建于唐贞观年间。僖宗乾符四年（877），高僧休梦禅师奉敕领住该寺，辟为禅刹。

---

❶［宋］赵明诚撰：《宋本金石录》卷一〇《唐昭觉寺碑》，中华书局2008年版，第270页。

剑南节度使崔安潜奏改寺名，敕赐为“昭觉寺”。昭觉寺兴起。

五代十国时，战乱迭起，昭觉寺遭到破坏。北宋大中祥符元年（1008），延美禅师领昭觉，用了30多年的时间对其进行全面修复，殿堂房舍增至300余间。

宋元丰八年（1085），禅宗临济宗禅师纯白任昭觉寺住持，号为“昭觉第一代”。昭觉寺遂成为成都地区的佛教圣地。宋崇宁年间（1102—1106）及南宋绍兴初年（1131），高僧圆悟克勤（原号佛果克勤）两度住持昭觉寺，将昭觉寺从一个地方大寺变成国家大寺。南宋绍兴五年（1135），圆悟克勤在昭觉寺圆寂，其墓至今尚存。

明洪武二十年（1387），朱元璋命蜀献王迎接智润禅师任昭觉寺住持，并扩建寺庙。明洪武二十七年（1394），朱元璋接受蜀献王的建议，以戒行高杰德智润禅师入主法席，赐号“光照禅师”。昭觉寺得到了进一步发展。明崇祯十七年（1644），毁于张献忠兵燹。

清康熙二年（1663），丈雪法师筹款重建，先后修建了大雄宝殿、圆觉殿、天王殿、金刚殿、说法堂、藏经楼、八角亭等殿宇，重塑佛像，迎请佛经，恢复丛林大观，并修筑石堰7.5千米。清康熙十二年（1673），佛冕法师任昭觉寺住持，又继建先觉堂、御后楼、五观堂、客堂、钟鼓楼及寮房300余间。❶

民国八年（1919），朱德曾在昭觉寺避难。

1983年，昭觉寺被中华人民共和国国务院公布为“汉族地区佛教全国重点寺院”。

自唐代以来，昭觉寺就是川西名寺，影响巨大。众多高僧入住，香火不断，文人、骚客游拜寺中，留下众多题记、铭刻，其中碑刻是昭觉寺重要的文化遗产。碑文中不乏文学和书法精品。特专辟章节将部分碑刻文字记录于此。

---

❶ 关于昭觉寺沿革，主要参考段玉明等著：《成都佛教史》，宗教文化出版社2017年版。

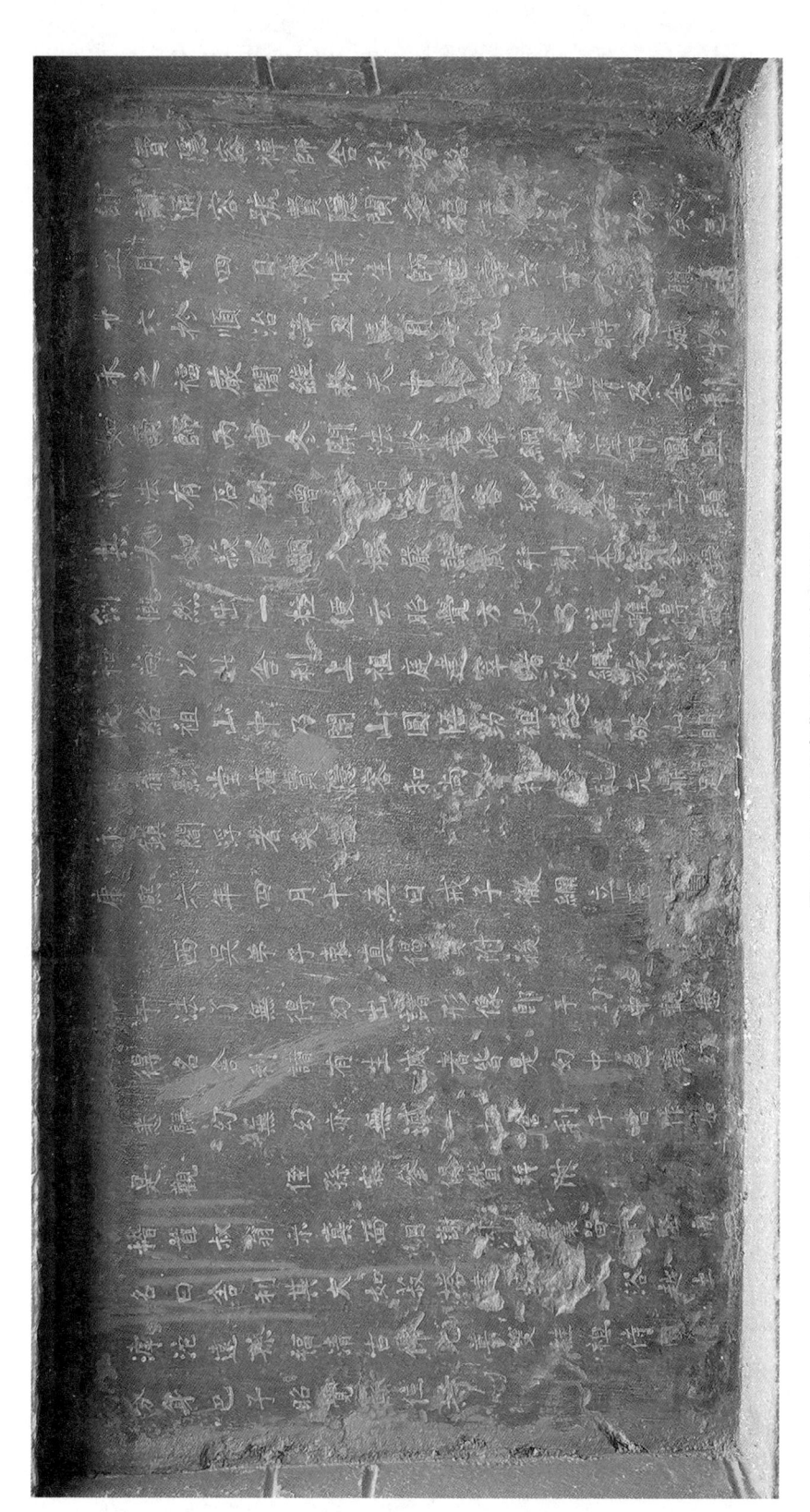

图三七四　昭觉寺费隐容禅师舍利塔铭

清康熙六年（1667）昭觉寺费隐容禅师舍利塔铭

（图三七四）

简介

该碑刻现存于成都市昭觉寺藏经楼。石质，长方形。铭文字体为楷书，从右至左竖向阴刻，共23行，满行17字，共计340余字。

释文

费隐容禅师舍利塔铭
师讳通容，号费隐，闽之福清何氏子，于癸巳
五月廿四日戌时生。师世寿六十九，法腊五
十六，于顺治辛丑三月廿九日未时入灭于
禾之福严。阇维于天中山北，烟光所及，舍利
如雨。师丙申冬开法于尧峰，纲于座下圆具
戒法。有石剑曾为师之典客，珍藏舍利二颗，
其大如菽，聆纲入楞严请藏，并刻本师全录。
剑慨然出一粒，便云昭觉方丈乃道雅得戒
和尚，以此舍利上祖庭建窣堵波。纲旋舣入，
院绍祖山中，乃开山圆悟勤祖塔，左破山明
师翁影堂，右费隐容和尚舍利塔，乾元鼎足，
永镇阎浮者矣哉。
康熙六年四月十五日戒子彻纲立启。
西吴弟子东真偈赞附后。
于法了无，得幻出诸形像，即于幻中观悉。
得名舍利，诸有生灭者，皆是幻中色。观幻
悉归幻无，幻亦无灭，一切舍利子当作如
是观。侄孙寂参偈赞拜附。
稽首叔翁示真面目，谢□□□留□坚固
名曰舍利，其大如菽，塔建□□□浴越土，
滹沱远孙福清古佛此奠双結祖侍□☑
分身巴子昭觉□住持。

图三七五　昭觉寺文修公和尚之塔碑拓片

清道光二十五年（1845）昭觉寺文修公和尚之塔碑

（图三七五）

简介

该碑刻现存于成都市昭觉寺。石质，呈碑形，下有长方体碑座，碑身高 123 厘米，宽 69 厘米，厚 10 厘米，碑座高 100 厘米，宽 43 厘米，厚 34.5 厘米。碑文字体为楷书，从右至左竖向阴刻，共 6 行，满行 19 字，共 93 字。

释文

东来也，乾隆丙申年十二月二十六日戊□□，巴

州生长人氏，享年六十九。秋于巴郡□官□被□

西去，于道光甲辰年三月二十日寅时，坐脱而化。

恭维山壬向。

昭觉堂上第八代上遇□文修公和尚之塔。

道光二十五年九月十二日寅时立。

图三七六　昭觉寺新建普同塔碑记

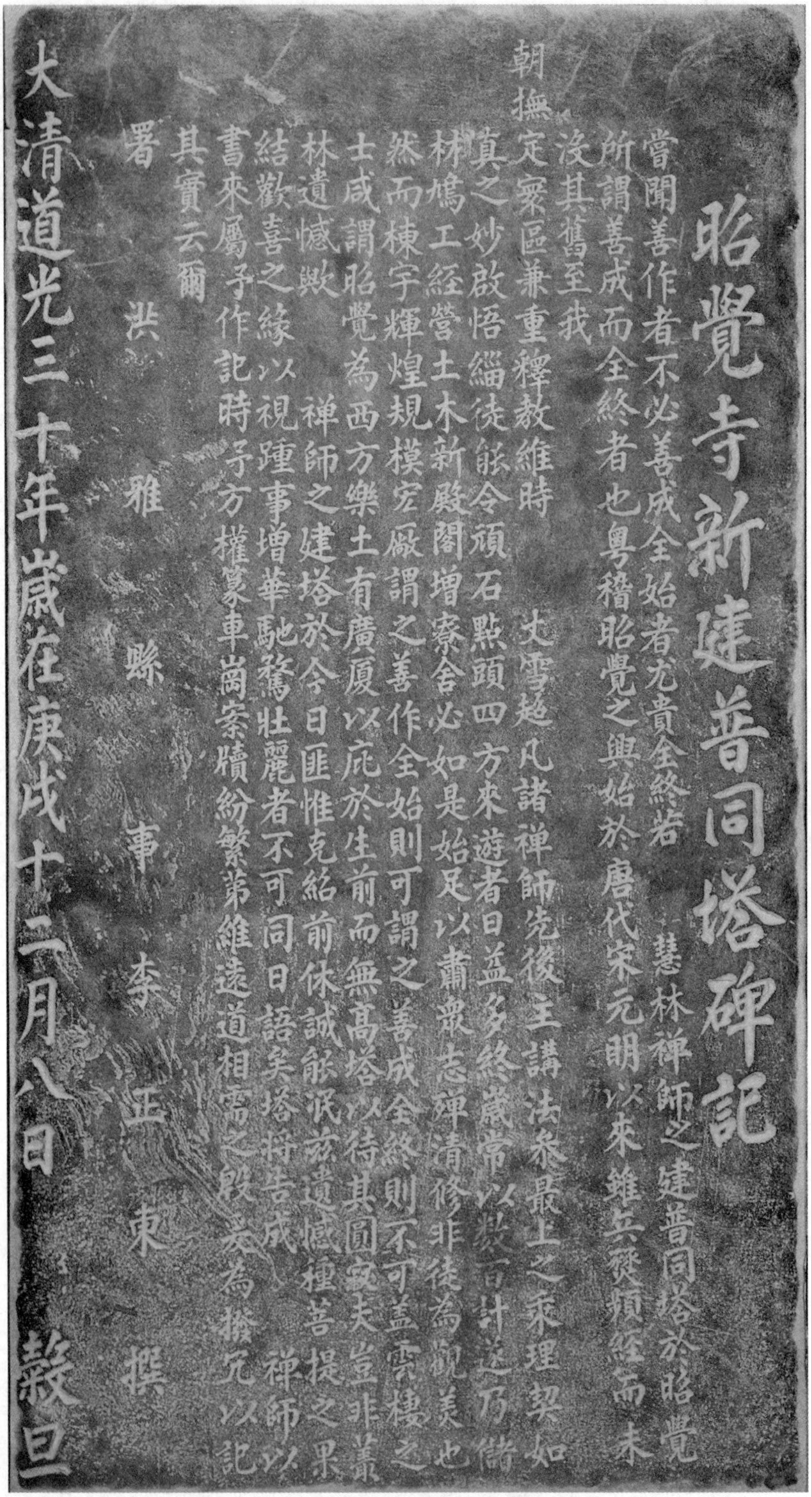
昭覺寺新建普同塔碑記
嘗聞善作者不必善成全始者尤貴全終若 慧林禪師之建普同塔於昭覺
所謂善成而全終者也粵稽昭覺之興始於唐代宋元明以來雖兵燹頻經而未
湮沒其舊至我
朝撫定寰區兼重釋教維時 丈雪超凡諸禪師先後主講法席最上之乘理契如
真之妙啟悟緇徒能令頑石點頭四方來遊者日益多終歲常以數百計迄乃備
材鳩工經營土木新殿閣增寮舍必如是始足以肅衆志禪清修非徒為觀美也
然而棟宇輝煌規模宏敞謂之善作全始則可謂之善成全終則不可蓋雲樓之
士咸謂昭覺為西方樂土有廣廈以庇於生前而無高塔以待其圓寂夫豈非叢
林遺憾歟 慧林禪師之建塔於今日匪惟克紹前休誠能泯茲遺憾種菩提之果
結歡喜之緣以視踵事增華馳騖壯麗者不可同日語矣塔將告成 禪師以
書來屬予作記時予方權篆東崗案牘紛繁第維遠道相需之殷爰為撿兄以記
其實云爾
署 洪雅縣事李正東撰
大清道光三十年歲在庚戌十二月八日 穀旦

图三七七 昭觉寺新建普同塔碑记拓片

清道光三十年（1850）昭觉寺新建普同塔碑记

（图三七六、图三七七）

简介

该碑刻现存于成都市昭觉寺。石质，呈长方形，高 175 厘米，宽 97 厘米。碑文字体为楷书，从右至左竖向阴刻，共 15 行，满行 31 字，共 350 字。

释文

昭觉寺新建普同塔碑记

尝闻善作者不必善成，全始者尤贵全终。若慧林禅师之建普同塔于昭觉，

所谓善成而全终者也。粤稽昭觉之兴，始于唐代，宋元明以来，虽兵燹频经而未

没，其旧至我

朝，抚定寰区，兼重释教维时。丈雪超凡诸禅师，先后主讲法参最上之乘理，契如

真之妙，启悟缁徒，能令顽石点头。四方来游者日益多，终岁常以数百计，遂乃储

材鸠工，经营土木，新殿阁，增寮舍，必如是，始足以肃众志，殚清修，非徒为观美也。

然而栋宇辉煌，规模宏厂，谓之善作，全始则可谓之善成，全终则不可盖云栖之。

士咸谓昭觉为西方乐土。有广厦以庇于生前，而无高塔以待其圆寂，夫岂非丛

林遗憾欤？禅师之建塔于今日，匪惟克绍，前休诚能泯。兹遗憾种菩

提之果，

结欢喜之缘，以视踵事，增华驰骛壮丽者，不可同日语矣。塔将告成，禅师以

书来属予作记。时予方权篆，车岗案牍纷繁，第维远道相需之殷，爰为拨冗以记

其实云尔。

署洪雅县事李正东撰。

大清道光三十年岁在庚戌十二月八日谷旦

图三七八　昭觉寺慧林智公和尚之塔碑

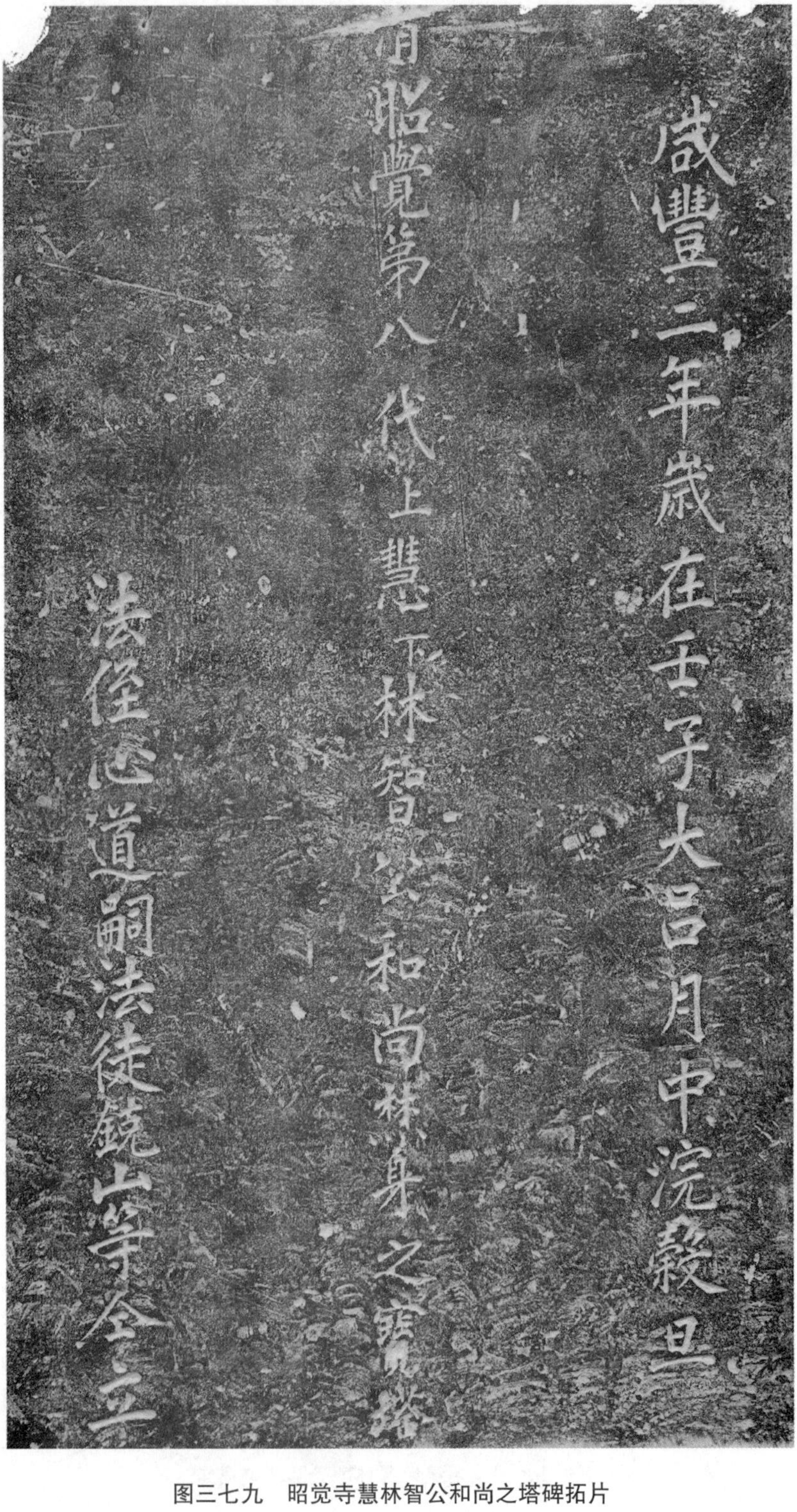
咸豐二年歲在壬子大呂月中浣穀旦
昭覺第八代上慧下林智公和尚
法侄心道嗣法徒饒山等仝立

图三七九　昭觉寺慧林智公和尚之塔碑拓片

清咸丰二年（1852）昭觉寺慧林智公和尚之塔碑
（图三七八、图三七九）

简介

该碑刻现存于成都市昭觉寺。石质，碑形，下有长方体碑座，碑身高114厘米，宽66.5厘米，厚13.5厘米。碑文字体为楷书，从右至左竖向阴刻，共3行，满行19字，共46字。

释文

咸丰二年，岁在壬子，大吕月中浣谷旦。

清昭觉第八代上慧下林智公和尚焚身之宝塔。

法侄心道嗣法徒銃山等仝立。

图三八〇　成都昭觉寺全图

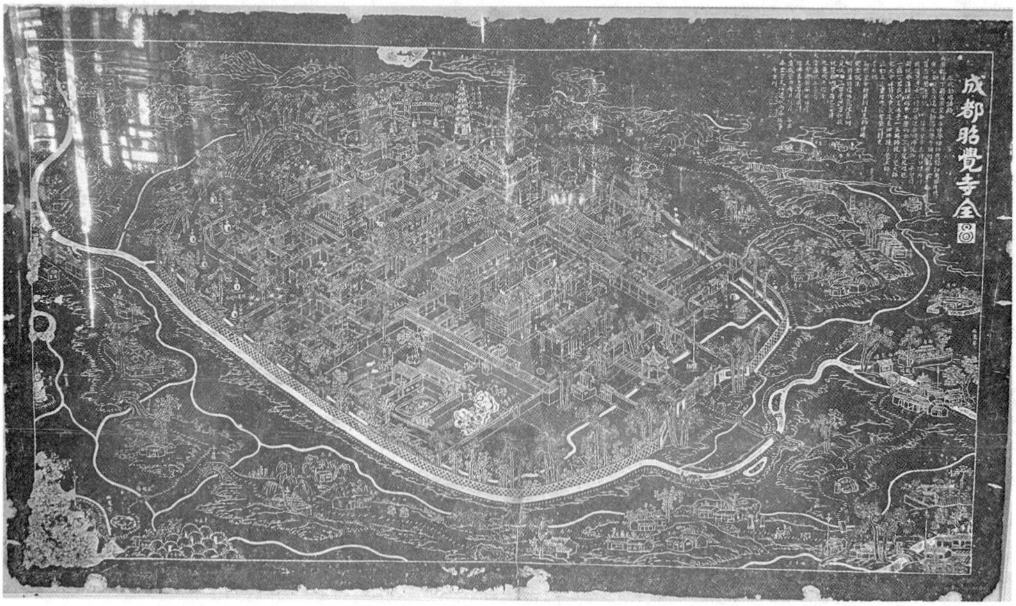

图三八一　成都昭觉寺全图拓片

清咸丰四年（1854）成都昭觉寺全图

（图三八〇、图三八一）

简介

该碑刻现存于成都市昭觉寺。石质，高94厘米，宽167.5厘米，厚9.5厘米。23行，满行22字，共计230余字。

释文

成都昭觉寺全图

历代敕赐诰敕

大唐乾符丁酉，宣宗皇帝召休梦禅师，应对剑南节度使。

崔公安□奏改，建元敕赐昭觉寺额，仍赐紫衣一袭。

有丞相萧□碑记，僖宗皇帝出狩，驻跸西川，

放随驾进士三榜题名，记召禅师说无上，秉圣情。

开悦眷漫弥深，赐□衣、磨衲衣三事，龙凤氍毯

一榻，宝器盛辟，支佛牙一函，赐师号了觉大师。

宋大中祥符戊申岁，延美禅师持了觉大师

诰敕三通，重增修复，有荣州刺史

李畋纪。

高宗皇帝敕黄到，请克勤禅师

开堂说法。

明蜀藩仍复昭觉，缘旧例，

免沃田三百产，供僧如数，

祝厘报国。申酉巳婴阳

九，竟成元砾今。

大清康熙二年，有

丈雪通醉，开拓祖庭。

彷佛旧志，百废俱兴。

大清咸丰四年，林钟月谷旦，

本堂方丈心道代两序戢事

等重刊。

遂前碑朽壞（以）查考誠恐人
害茲幸仁恩撫政澤遍
合行出示曉諭爲此示仰該寺
報驗所有刑仵差役需用飯食
有假冒屍親藉端滋事者許該
違特示
告示
同治三年十月

图三八二　昭觉寺告示

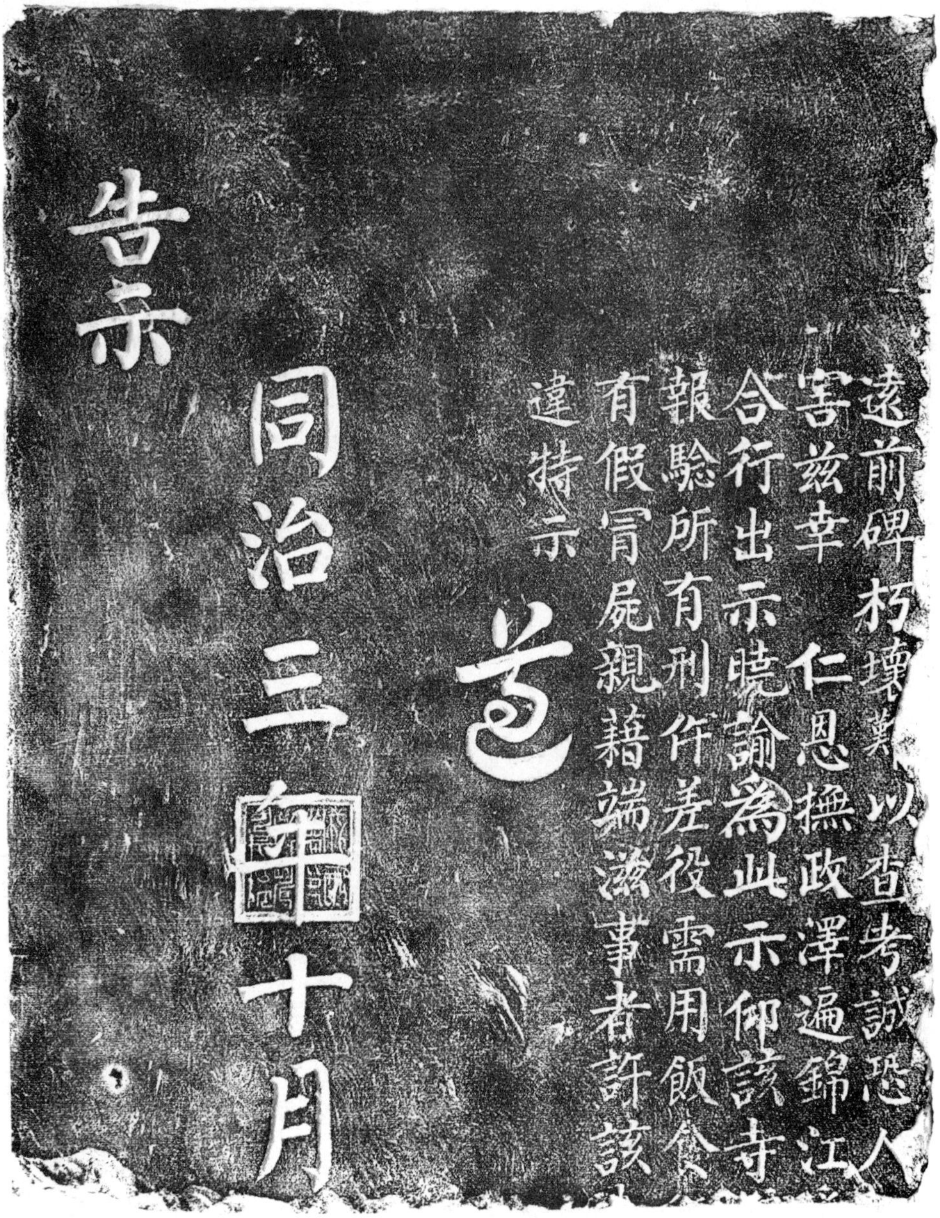
遠前碑朽壞無以查考誠恐人
害茲幸仁恩撫政澤遍錦江
合行出示曉諭爲此示仰該寺
報驗所有刑仵差役需用飯食
有假冒屍親藉端滋事者許該
違特示
道
同治三年十月
告示

图三八三　昭觉寺告示拓片

清同治三年（1864）昭觉寺告示

（图三八二、图三八三）

简介

该碑刻现存于成都市昭觉寺。石质，呈长方形，高 62 厘米，宽 49.5 厘米，厚 13 厘米。碑文字体为楷书，从右至左竖向阴刻 8 行，满行 12 字，共 70 字。中部阴刻一符号。

释文

远前碑朽坏，[难]以查考，诚恐人

害兹幸。仁恩抚政，泽遍锦江，

合行出示晓谕为此示，仰该寺

报验，所有刑件差役需用饭食，

有假冒尸亲藉端滋事者，许该

违特示。

同治三年十月。

告示。

图三八四　昭觉寺黄翔云游记碑

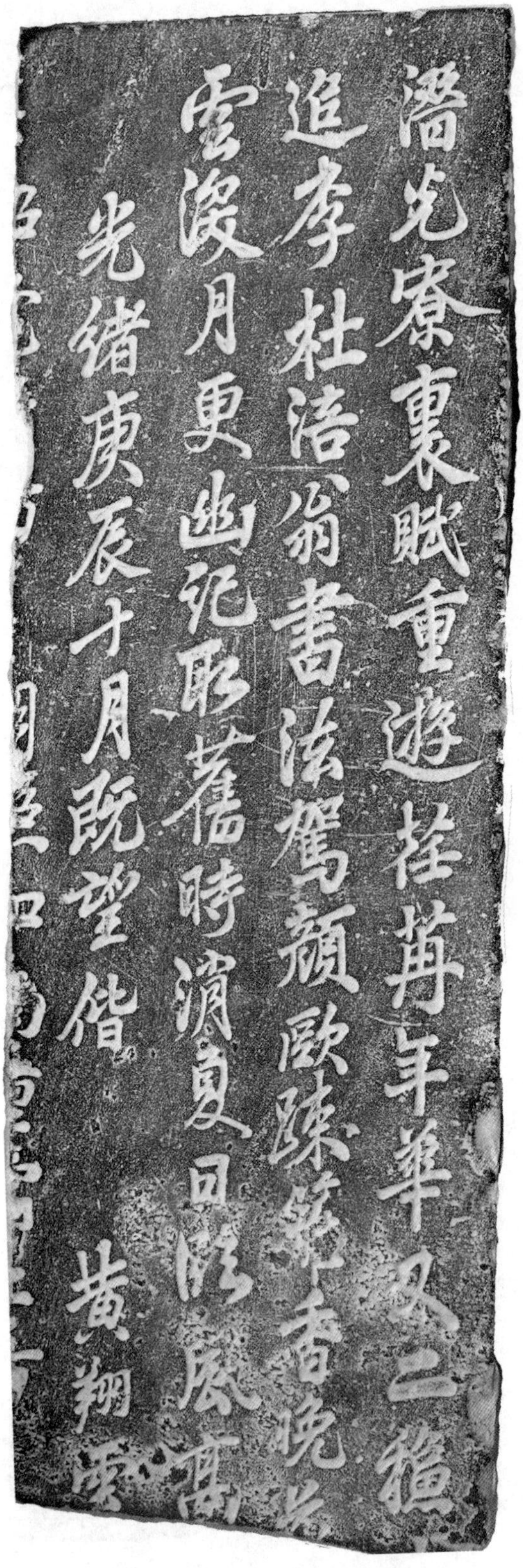

图三八五　昭觉寺黄翔云游记碑拓片

清光绪六年（1880）昭觉寺黄翔云游记碑

（图三八四、图三八五）

简介

该碑刻现存于成都市昭觉寺。石质，呈长方形，左侧和下侧均残缺，高 108 厘米，宽 36 厘米，厚 8.5 厘米。碑文字体为行书，从右至左竖向阴刻 5 行，满行 15 字，共 56 字。

释文

潜光寮里赋重游，荏苒年华又二秋 ☐

追李杜，涪翁书法驾颜欧。疏篱香晚花 ☐

云浚月更幽。记取旧时消夏日，临风高☐

光绪庚辰十月既望偕　黄翔云☐

……

图三八六　昭觉寺浮雕观音坐像南无阿弥陀佛石柱

图三八七　昭觉寺浮雕观音坐像南无阿弥陀佛石柱拓片

昭觉寺浮雕观音坐像南无阿弥陀佛石柱

（图三八六、图三八七）

简介

该碑刻现存于成都市昭觉寺。石质，呈长条形，高 159 厘米，宽 23.5 厘米，厚 22 厘米。四周竖向阴刻 6 字，字体为楷书，每面内容相同，共 24 字，唯正面上部高浮雕刻一观音坐像。

释文

南无阿弥陀佛。

图三八八　昭觉寺浮雕和尚头像南无阿弥陀佛石柱

图三八九　昭觉寺浮雕和尚头像南无阿弥陀佛石柱拓片

昭觉寺浮雕和尚头像南无阿弥陀佛石柱
（图三八八、图三八九）

简介

该碑刻现存于成都市昭觉寺。石质，呈长条形，上部雕刻一和尚头，高 155 厘米，宽 23.5 厘米，厚 22 厘米。四面有字，相对的两面内容相同。每面竖向阴刻 6 字，字体为楷书，共 24 字。

释文

一面：

（道符）南无阿弥陀佛。

另一面：

吽（梵文）唵嚒呢𡂨吶銘。

图三九〇　昭觉寺浮雕人坐像南无阿弥陀佛石柱

图三九一　昭觉寺浮雕人坐像南无阿弥陀佛石柱拓片

昭觉寺浮雕人坐像南无阿弥陀佛石柱
（图三九〇、图三九一）

简介

该碑刻现存于成都市昭觉寺。石质，呈长条形，高 159 厘米，宽 23 厘米，厚 23 厘米。上部高浮雕刻一和尚坐像，双腿盘坐，双手于胸前合十。和尚坐像下竖向阴刻 6 字，字体为楷书。

释文

南无阿弥陀佛。

图三九二　昭觉寺南无阿弥陀佛石柱

图三九三　昭觉寺南无阿弥陀佛石柱拓片

昭觉寺南无阿弥陀佛石柱

（图三九二、图三九三）

简介

该碑刻现存于成都市昭觉寺。石质，呈长条形，高 158 厘米，宽 29.5 厘米，厚 26 厘米。竖向阴刻 6 字，字体为楷书。

释文

南无阿弥陀佛。

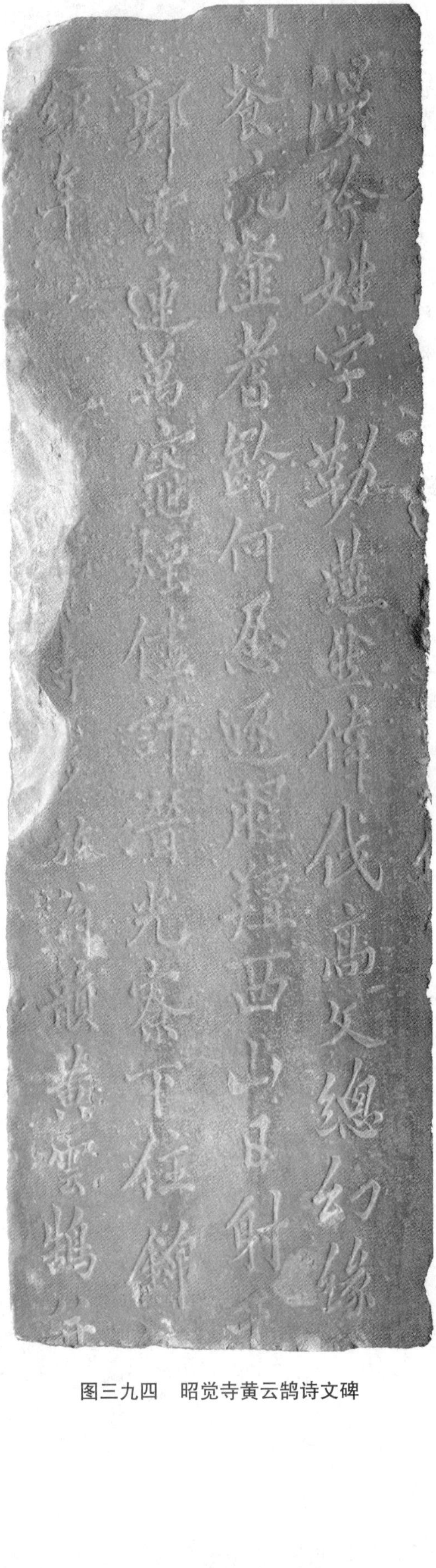

图三九四　昭觉寺黄云鹄诗文碑

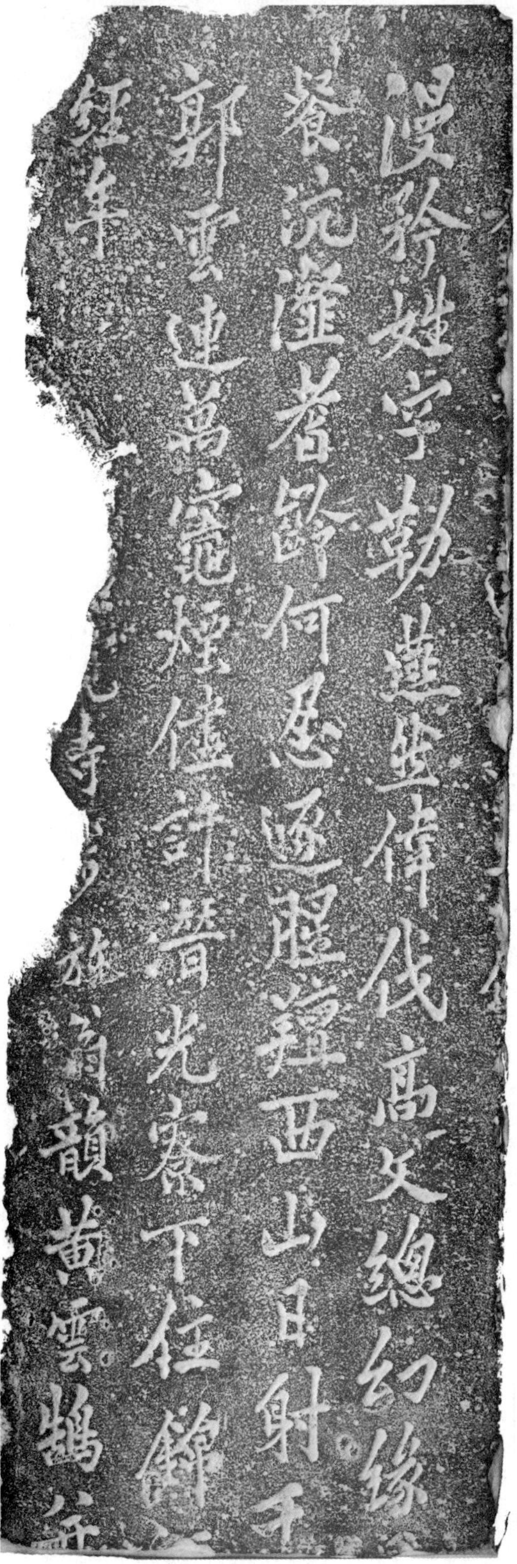

图三九五　昭觉寺黄云鹄诗文碑拓片

昭觉寺黄云鹄诗文碑
（图三九四、图三九五）

简介

该碑刻现存于成都市昭觉寺。红砂石质，呈长方形，左侧略有损坏，高 108 厘米，宽 36 厘米，厚 8.5 厘米。碑文字体为行书，从右至左竖向阴刻，共 4 行，满行 15 字，共约 57 字。

释文

漫矜姓字勒燕然，伟伐高文总幻缘。▨
餐沆瀣，耆龄何忍逐腥膻。西山日射千▨
郭云连万灶烟。尽许潜光寮下住，锦▨
经年。□昭觉寺□放翁韵黄云鹄□▨

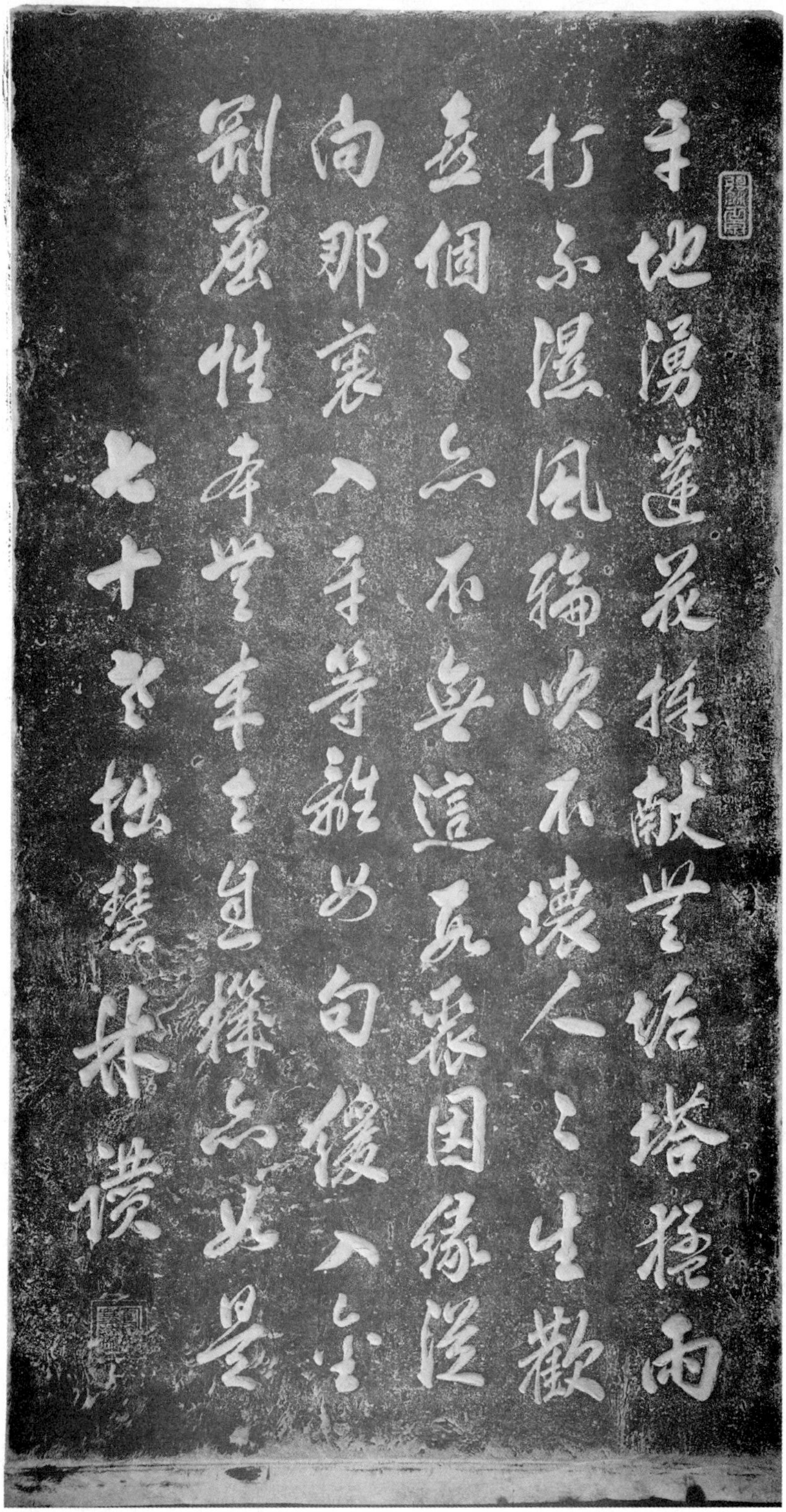

图三九六　昭觉寺慧林和尚赞碑拓片

昭觉寺慧林和尚赞碑

（图三九六）

简介

该碑刻现存于成都市昭觉寺。石质，呈长方形，高 175 厘米，宽 97 厘米。碑文字体为草书，竖向从右至左阴刻，共 6 行，满行 12 字，共 67 字。

释文

平地涌莲花，拣献世垢塔。猛雨
打不湿，风轮吹不坏。人人生欢
喜，个个亦不无，这如□因缘。滋
向那里入，平等离女句。缓入金
刚窟，性本无来去，息机亦如是。
七十老拙慧林赞。

图三九七　昭觉寺明照方丈重游昭觉寺碑

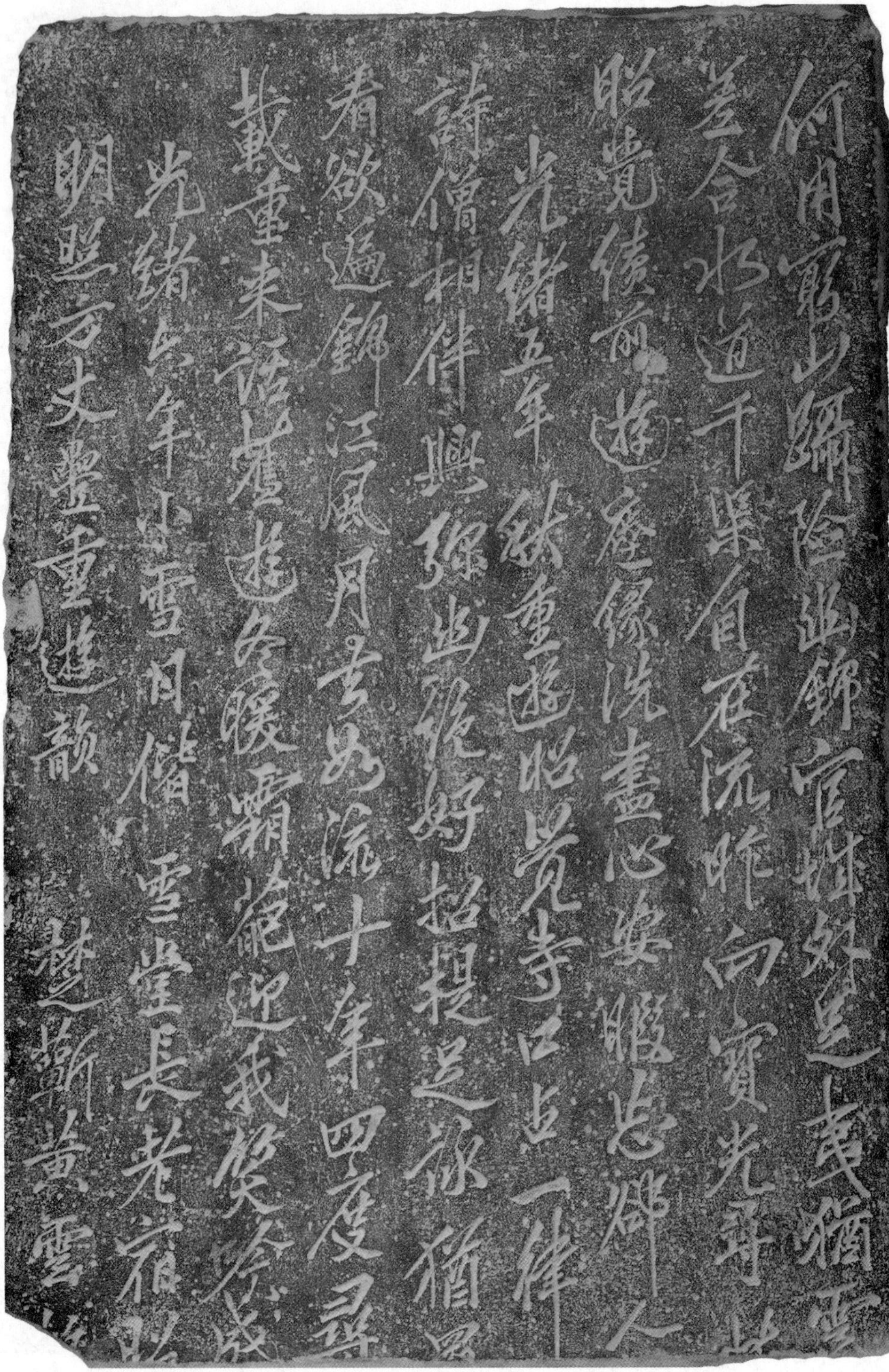

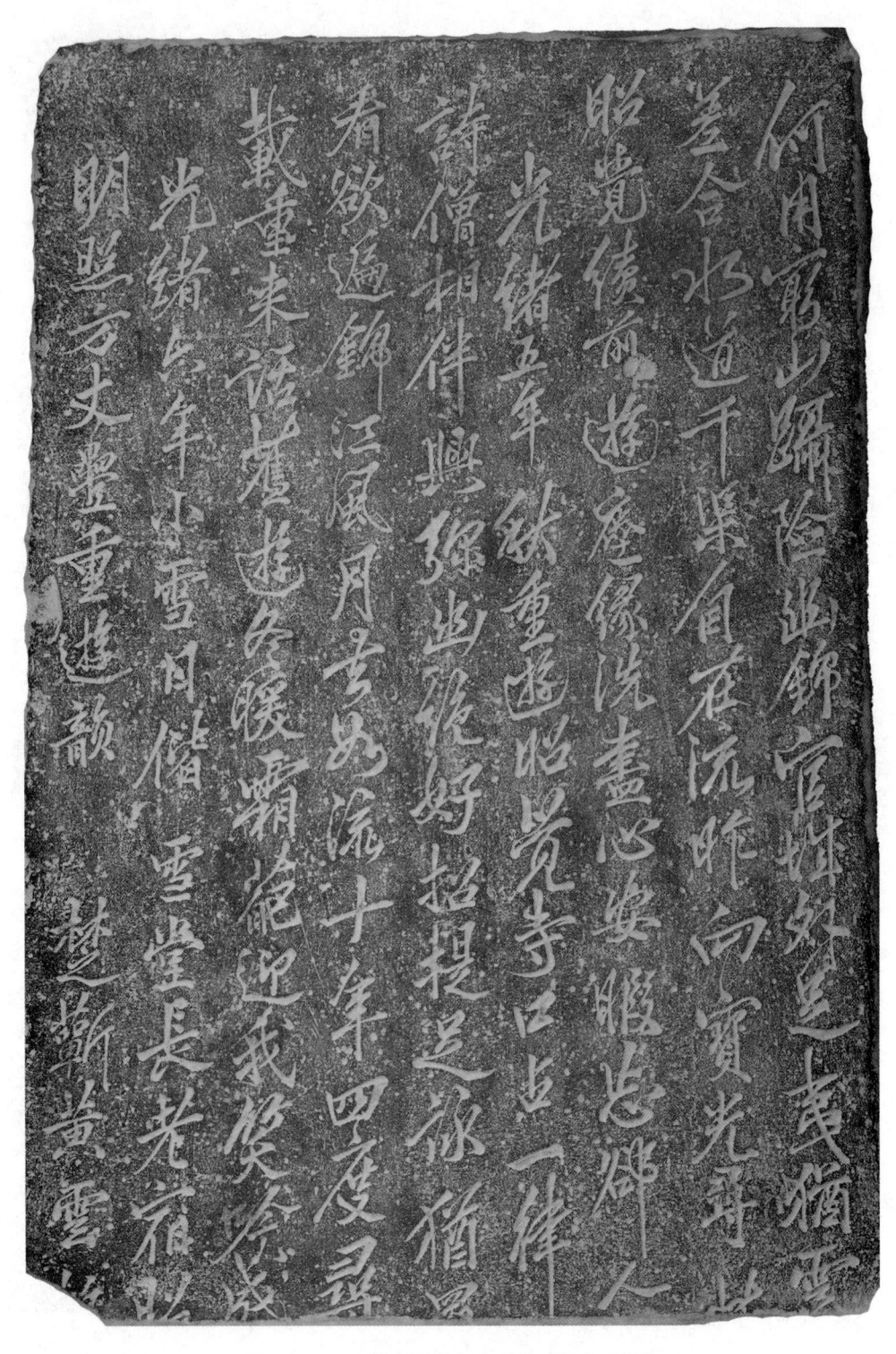

图三九八　昭觉寺明照方丈重游昭觉寺碑拓片

清光绪六年（1880）昭觉寺明照方丈重游昭觉寺碑

（图三九七、图三九八）

简介

该碑刻现存于成都市昭觉寺。石质，长方形，下部略有残损，高 110 厘米，宽 74 厘米，厚 7.5 厘米。碑文字体为行书，竖向从右至左阴刻，共 9 行，满行 15 字，共 133 字。

释文

何用穷山蹑险幽，锦官城外足夷犹。云⧄

差合，水道千渠自在流，昨向宝光寻[旧]⧄

昭觉续前游。尘缘洗尽心安暇，忘却人⧄

光绪五年秋重游昭觉寺口占一律⧄

诗僧相伴兴弥幽，绝好招提足咏犹。[蜀]⧄

看欲遍，锦江风月去如流。十年四度寻⧄

载重来话旧游。冬暖霜葩迎我笑，吟成⧄

光绪六年小雪日，偕雪堂长老宿昭[觉][寺]⧄

明照方丈叠重游韵楚蕲黄云[鹤]⧄

图三九九　清昭觉寺南无阿弥陀佛柱基座拓片

清昭觉寺南无阿弥陀佛柱基座

（图三九九）

简介

该碑刻现存于成都市昭觉寺。石质，呈六边形柱形，整体高94厘米，宽72厘米，刻字面每面高30厘米，宽36厘米。六面各用楷书阴刻，每面1字，共6字。

释文

南无阿弥陀佛。

图四〇〇 昭觉寺破山祖师记事碑正面拓片

图四〇一　昭觉寺破山祖师记事碑背面拓片

清代昭觉寺破山祖师记事碑

（图四〇〇、图四〇一）

简介

该碑刻现存于成都市昭觉寺。石质，碑形，下有长方体碑座，碑身高140厘米，宽45.5厘米，厚8厘米，碑座高84.5厘米，宽31厘米，厚17厘米。正面为草书，竖向阴刻，字迹飘逸流畅。背面为楷书，竖向阴刻，共4字。

释文

正面：

拏云自不容收放，喝月☑

能使倒行。破山☑

背面：

福寿

明照☑

图四〇二　昭觉寺破山祖师记事碑二

图四〇三　昭觉寺破山祖师记事碑二拓片

昭觉寺破山祖师记事碑二

（图四〇二、图四〇三）

简介

该碑刻现存于成都市昭觉寺。石质，碑形，下有长方体碑座，碑身高145厘米，宽45.5厘米，厚8厘米，碑座高84.5厘米，宽31厘米，厚17厘米。残损严重，字迹不清，疑为草书。

图四〇四　昭觉寺泰山石敢当

图四〇五　昭觉寺泰山石敢当拓片

昭觉寺泰山石敢当
（图四〇四、图四〇五）

简介

该碑刻现存于成都市昭觉寺。石质，长条形，高106厘米，宽20厘米，厚11.5厘米。上部高浮雕刻一兽头，兽头高眉深目，嘴角下撇龇牙。兽头下刻一道符，道符下竖向楷书阴刻5字。

释文

（道符）泰山石敢当。

图四〇六　昭觉寺泰山石敢当拓片

昭觉寺泰山石敢当

（图四〇六）

简介

该碑刻现存于成都市昭觉寺。石质，碑形，下有长方体碑座，碑身高130厘米，宽29.5厘米，厚10厘米，碑座高59.5厘米，宽34厘米，厚22.5厘米。上部高浮雕刻一狰狞兽头，怒目圆瞪，作张口欲食状。兽头下刻一道符，道符下竖向楷书阴刻。碑体残蚀剥落，字迹不清。

释文

（道符）泰山□敢☐

图四〇七　昭觉寺五游昭觉寺记事碑

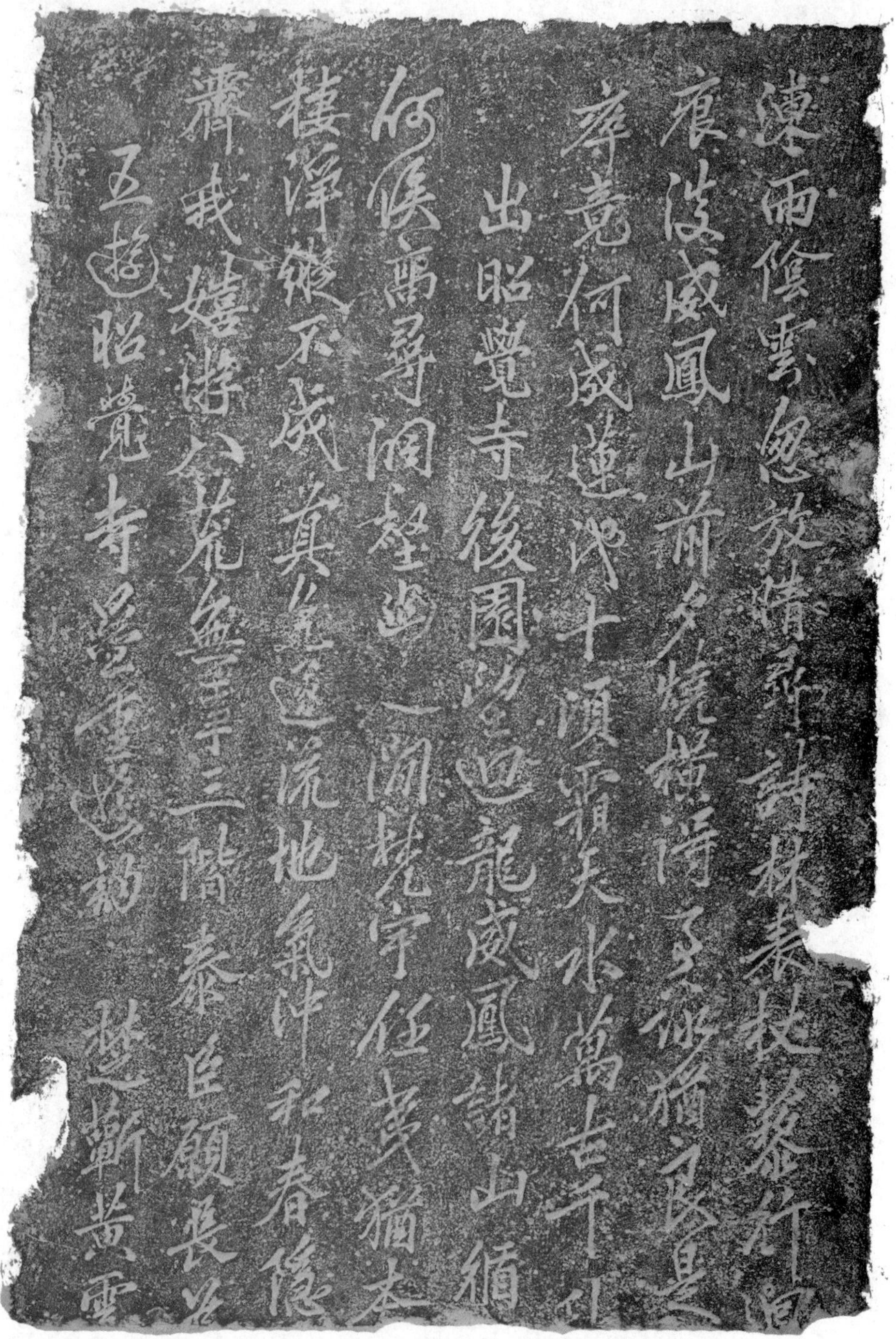

图四〇八　昭觉寺五游昭觉寺记事碑拓片

昭觉寺五游昭觉寺记事碑

（图四〇七、图四〇八）

简介

该碑刻现存于成都市昭觉寺。石质，呈长方体，底部略有残缺，高110厘米，宽74厘米，厚7.5厘米。碑文字体为草书，从右至左竖向阴刻8行，满行15字，全文现存计117字。

释文

冻雨阴云忽放晴，寻诗林表杖藜行。回⧄

痕波，威凤山前夕烧横。得[事][咏]犹良是⧄

瘁竟何成。莲池十顷霜天水，万古千□⧄

出昭觉寺后园望回龙威凤诸山循⧄

何俟高寻洞壑幽，人间梵宇任夷犹。本⧄

栖净，纵不成真免逐流。地气冲和春隐⧄

霁我嬉游。八荒无事三阶泰，臣愿长□⧄

五游昭觉寺叠重游韵楚蕲黄云⧄

图四〇九　昭觉寺超凡达阔禅师灵塔拓片

昭觉寺超凡达阔禅师灵塔

（图四〇九）

简介

该碑刻现存于成都市昭觉寺。石质，整体呈塔形，刻字部分呈长方形。楷书竖向阴刻，共 13 字。

释文

昭觉第七代超凡达阔禅师之塔。

图四一〇　昭觉寺成都县断案记事碑

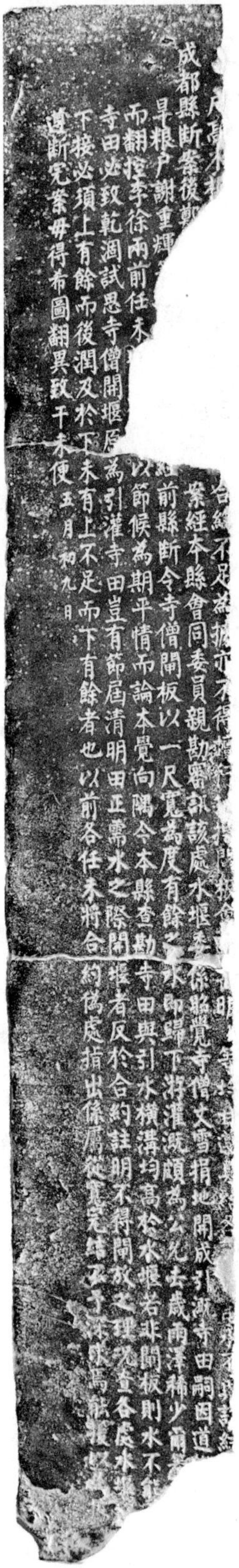

图四一一　昭觉寺成都县断案记事碑拓片

昭觉寺成都县断案记事碑

（图四一〇、图四一一）

简介

该碑刻现存于成都市昭觉寺。石质，长条形，下部、右部残缺，残高160厘米，宽26厘米，厚25厘米。碑文字体为楷书，从右至左竖向阴刻7行，全文约280字。

释文

☒□□□……□□不足为[据]，亦不得擅行，□□[问]□□□□[明]等[均]□□□□□……不□□□☒

成都县断案后，郑……案经本县会同委员亲勘审讯，该处水堰委系昭觉寺僧丈雪捐地开成，引溉寺田。嗣因道☒

旱，粮户谢重辉□……[经]前县断令寺僧，闸板以一尺宽为度，有余之水即归下游灌溉，颇为公允。去岁，雨泽稀少，尔□☒

而翻控李徐两前任未……以节候为期，平情而论，本觉向隅。今本县查勘，寺田与引水横沟均高于水堰，若非闸板，则水不能☒

寺田，必致干涸。试思寺僧开堰，原为引灌寺田，岂有节届清明，田正需水之际，开堰者反于合约注明不得闸放之理？况查各处水堰，☒

下接必须上有余，而后润及于下，未有上不足，而下有余者也。以前各任未将合约伪处指出系属从宽完结，不予深求焉。能援以☒

遵断完案，毋得希图翻异，致干未便。五月初九日。